普通高等学校精品课程教材

本书获得"2016年中国石油和化学工业优秀出版物奖·教材奖二等奖"

# 大学体育与健康教程

《大学体育与健康教程》编写组 编

化学工业出版社

·北京·

《大学体育与健康教程》的编写坚持"以人为本，健康第一，终身体育"的指导思想，课程内容上遵循健身性与文化性相结合、选择性与时效性相结合、科学性与可接受性相结合、民族性与世界性相结合、共性与个性相结合的原则。

《大学体育与健康教程》分为上下两篇，上篇为体育理论与健康教育，主要内容为大学体育与健康、大学生身心健康、体育锻炼的原则与方法、运动损伤与康复、体育文化与体育欣赏、《国家学生体质健康标准》测试及锻炼方法。下篇为运动实践，主要内容为田径运动、足球运动、篮球运动、排球运动、乒乓球运动、羽毛球运动、网球运动、武术运动、形体健美运动、健美操运动、体育舞蹈、瑜伽运动、轮滑运动、户外拓展运动、高尔夫运动、跆拳道运动、散打运动、防身术、八段锦、棋牌运动、毽球运动、游泳运动等。

《大学体育与健康教程》可作为普通高等学校大学体育课程的教材，也可供喜爱体育运动的爱好者学习参考。

**图书在版编目（CIP）数据**

大学体育与健康教程/《大学体育与健康教程》编写组编．—北京：化学工业出版社，2015.8（2024.8重印）
ISBN 978-7-122-24330-0

Ⅰ.①大… Ⅱ.①大… Ⅲ.①体育-高等学校-教材②健康教育-高等学校-教材 Ⅳ.①G807.4

中国版本图书馆CIP数据核字（2015）第129886号

---

责任编辑：宋　薇　　　　　　　　　　装帧设计：张　辉
责任校对：蒋　宇

---

出版发行：化学工业出版社（北京市东城区青年湖南街13号　邮政编码100011）
印　　装：河北延风印务有限公司
787mm×1092mm　1/16　印张20½　字数573千字　2024年8月北京第1版第9次印刷

---

购书咨询：010-64518888　　　　　　　售后服务：010-6 518899
网　　址：http://www.cip.com.cn
凡购买本书，如有缺损质量问题，本社销售中心负责调换。

---

定　价：56.00元　　　　　　　　　　　　　　　　　　　　　版权所有　违者必究

# 编写委员会

主　　任：张春义　万莉莉

副 主 任：陈邦军　徐素华

委　　员：王晓红　张　洁　黄恩洪　魏四成

秘　　书：汪　涵　陈　琰

主　　编：徐素华　郑　涛　范东芳

副 主 编：孙彩红　童为城　潘丛华　刘飞平　黄　林

# Foreword 前言

《大学体育与健康教程》的编写坚持"以人为本,健康第一,终身体育"的指导思想,尊重学生身心发展的特点,遵循教育和体育的发展规律,全面解析《全国普通高等学校体育课程教学指导纲要》的课程理念、课程性质和课程价值,着重突出运动参与、运动技能、身体发展、心理发展和社会适应的课程目标。在教材和课程内容上注重健身性与文化性相结合、选择性与时效性相结合、科学性与可接受性相结合、民族性与世界性相结合、共性与个性相结合的原则,充分反映和体现教育部、国家体育总局制定的《国家学生体质健康标准》的内容和要求,旨在为广大大学生提供素质教育和体育教学活动的指导。

《大学体育与健康教程》由陈邦军全面负责结构内容的设计,组织编写团队;徐素华、郑涛负责稿件的统编。具体编写分工为:陈邦军(第一章),涂永民(第二章),魏四成(第三章),张洁(第四章),王晓红(第五章),黄恩洪(第六章),潘丛华(第七章),李浩智、陈为、黄欣(第八章),徐素华、刘飞平(第九章),黄林(第十章),黄明哲、刘藤升(第十一章),孙彩红(第十二章),唐宝清、李赛(第十三章),汪金安(第十四章),郭浩(第十五章),郭冉冉、吴雪(第十六章),郑涛(第十七章),邵丽(第十八章),余娜(第十九章),吴东(第二十章第一节、第三节、第六节),贺新家(第二十章第二节、第四节),郑涛(第二十章第五节),童为城(第二十一章),黄亚彬(第二十二章),李圣傅(第二十三章),王佳茵(第二十四章),王昆(第二十五章),乐建军、王寒西(第二十六章),李郑迪(第二十七章),贺新家、吴刚(第二十八章)。

本教材在编写过程中参阅了大量相关资料,在此一并向关心、支持和帮助本套教材出版的各界人士表示衷心感谢!

真切希望本套教材能够对普通高等学校文化素质教育、体育课程改革、教材建设有所帮助,成为广大体育教师和普通大学生开展体育活动的有益指导。

# Contents 目录

## 上篇　体育理论与健康教育

第一章　大学体育与健康 /002
  第一节　现代体育起源 /002
  第二节　高校体育对师生健康发展的作用 /004
  第三节　高等学校体育教育 /005

第二章　大学生身心健康 /009
  第一节　健康基本概述 /009
  第二节　营养与健康 /011
  第三节　环境与健康 /018
  第四节　情绪与健康 /019
  第五节　睡眠与健康 /021

第三章　体育锻炼的原则与方法 /023
  第一节　体育锻炼的基本原理与原则 /023
  第二节　体育锻炼的方法 /025
  第三节　运动处方 /027
  第四节　体育锻炼效果的评定 /031

第四章　运动损伤与康复 /034
  第一节　体育运动中常见的运动损伤 /034
  第二节　体育运动中常见的急救方法 /039
  第三节　体育运动的注意事项 /041

第五章　体育文化与体育欣赏 /044
  第一节　体育文化概述 /044
  第二节　校园体育文化 /045
  第三节　体育欣赏 /048

第六章　《国家学生体质健康标准》测试及锻炼办法 /050
  第一节　《国家学生体质健康标准》解读 /050
  第二节　基本体能锻炼方法 /051
  附：《国家学生体质健康标准》（摘录）/057

# 下篇　运动实践

**第七章　田径运动** /068
　　第一节　田径运动的起源与发展 /068
　　第二节　田径运动的锻炼方法 /069
　　第三节　田径运动的竞赛组织与基本规则 /075

**第八章　足球运动** /077
　　第一节　足球运动的起源与发展 /077
　　第二节　足球运动的基本技术 /081
　　第三节　足球运动的基本战术 /088
　　第四节　足球运动的竞赛组织与基本规则 /089

**第九章　篮球运动** /091
　　第一节　篮球运动的起源与发展 /091
　　第二节　篮球运动的基本技术 /093
　　第三节　篮球运动的基本战术 /095
　　第四节　篮球运动的竞赛组织与基本规则 /101

**第十章　排球运动** /104
　　第一节　排球运动的起源与发展 /104
　　第二节　排球运动的基本技术 /107
　　第三节　排球运动的基本战术 /112
　　第四节　排球运动的竞赛组织与基本规则 /113

**第十一章　乒乓球运动** /116
　　第一节　乒乓球运动的起源与发展 /116
　　第二节　乒乓球运动的基本技术 /118
　　第三节　乒乓球运动的基本战术 /124
　　第四节　乒乓球运动的竞赛组织与基本规则 /125

**第十二章　羽毛球运动** /127
　　第一节　羽毛球运动的起源与发展 /127
　　第二节　羽毛球运动的基本技术 /128
　　第三节　羽毛球运动的基本战术 /134
　　第四节　羽毛球运动的竞赛组织与基本规则 /136

**第十三章　网球运动** /138
　　第一节　网球运动的起源与发展 /138
　　第二节　网球运动的基本技术 /142
　　第三节　网球运动的基本战术 /145
　　第四节　网球运动的竞赛组织与基本规则 /146

**第十四章　武术运动** /150
　　第一节　武术运动的起源与发展 /150
　　第二节　初级长拳 /151
　　第三节　初级刀术 /155
　　第四节　初级棍术 /160
　　第五节　初级剑术 /166

第六节 24式太极拳的练习方法 /173

## 第十五章　形体健美运动 /176
第一节　健美运动的起源与发展 /176
第二节　塑造健美体形 /178
第三节　健美运动的练习方法 /180
第四节　健美运动与饮食营养 /188

## 第十六章　健美操运动 /191
第一节　健美操运动概述 /191
第二节　健美操运动的练习方法 /194
第三节　健美操运动的科学锻炼与欣赏 /202

## 第十七章　体育舞蹈 /204
第一节　体育舞蹈的起源与发展 /204
第二节　体育舞蹈的练习方法 /206
第三节　体育舞蹈的评价与欣赏 /209

## 第十八章　瑜伽运动 /212
第一节　瑜伽运动的起源与发展 /212
第二节　经典瑜伽体式练习方法 /214
第三节　瑜伽运动练习的注意事项 /219

## 第十九章　轮滑运动 /220
第一节　轮滑运动概述 /220
第二节　轮滑运动基本技术 /221
第三节　轮滑运动损伤的处理 /227

## 第二十章　户外运动 /229
第一节　户外运动概述 /229
第二节　定向越野运动 /230
第三节　登山运动 /232
第四节　运动中的注意事项 /235
第五节　极限飞盘 /237
第六节　健步走 /243

## 第二十一章　高尔夫运动 /247
第一节　高尔夫的起源与发展 /247
第二节　高尔夫的练习方法 /248
第三节　高尔夫运动注意事项 /249

## 第二十二章　跆拳道运动 /251
第一节　跆拳道的起源与发展 /251
第二节　跆拳道的练习方法 /252
第三节　跆拳道运动注意事项 /255

## 第二十三章　散打 /256
第一节　散打运动概述 /256
第二节　基本技术与练习方法 /258
第三节　练习时的注意事项 /265

## 第二十四章　防身术 /266

## 第二十五章　八段锦 / 275

第一节　八段锦概述 / 275
第二节　健身气功·八段锦技术部分 / 277
第三节　学练健身气功·八段锦的注意事项 / 289

## 第二十六章　棋牌运动 / 291

第一节　桥牌 / 291
第二节　中国象棋 / 293
第三节　围棋 / 296

## 第二十七章　毽球 / 300

第一节　毽球运动概述 / 300
第二节　基本技术与练习方法 / 302
第三节　练习时的注意事项 / 310

## 第二十八章　游泳运动 / 312

第一节　游泳运动的起源与发展 / 312
第二节　游泳的练习方法 / 314
第三节　游泳运动的注意事项 / 317

# 上篇
## 体育理论与健康教育

# 第一章 大学体育与健康

## 第一节 现代体育起源

### 一、体育教育对培养现代人的作用

#### (一) 体育教育能促进现代人的身心健康

**1. 体育教育能促进人的体格健壮，全面发展体能，提高适应能力**

体格强健的主要标志是生长发育良好，科学的体育运动可以使人体的生长、发育更加完善。体育运动中人体常常处于非常状态的动作中（如倒立、翻滚等），及在严寒、酷暑、高山、海洋等条件下进行，因此能提高有机体对外界环境的适应能力。

**2. 体育教育能调节人的心理，使人充满活力，达到精神健康**

体育对于提高相关功能、培养现代社会所需人才起着不可忽视的作用，可为现代社会所需的人才打下坚实的物质基础。体育锻炼可以增强意志品质，催人奋发进取，培养集体观念，协调人际关系，使人态度积极、心胸宽阔、情绪良好，促进心理调节能力提高，有利于排除各种不健康的心理因素，使个体在与环境的和谐统一中变得欢快、轻松和活泼。

#### (二) 体育能促进现代人的智力发展

现代社会知识的更新越来越快，这就要求人们具有较强的学习能力。体育能提高大脑皮质的灵活性和工作能力，有激活脑细胞的功能，可以发展积极思维、良好的记忆力和集中注意力，而这些都是学习知识所必备的生理和心理品质。运动生理学研究表明：科学的体育运动，能对大脑中枢神经系统和内分泌系统产生良好的刺激，促进人体新陈代谢，加速血液循环，提高心脏功能，改善大脑供氧，从而消除大脑疲劳，恢复和提高大脑的工作能力。

现代人具有强烈的个人效能感。"效能"、"信心"、"效率"，在体育锻炼中也均有体现，特别是在长期的教学训练过程中，学生或运动员都能在这方面得到锻炼。这也是学生或运动员拼搏精神的心理基础。

### （三）体育能培养现代人高尚的道德情操

体育运动是一种有一定的约束力的社会活动，各种竞赛都有严格的规则，又是在一定的执法人员——裁判员、教练员的直接监督、教育下有组织地进行，参与运动和比赛的人必须遵守这些准则，这也是对培养人们遵守社会生活准则和职业道德的强化。体育运动，特别是集体项目的活动，要求个人之间相互配合才能进行。如排球运动，通过一传、二传和攻手的默契配合才能在比赛中取得胜利；足球从守门员到后卫队员，中场组织和前锋队员形成一个整体，团结协作才能赢得比赛。另外，观赏各种体育表演、体育比赛，在欣赏美和艺术的同时又可以净化人的心灵，陶冶人的情操，提高人对事物的鉴别和欣赏能力。体育运动的这些特性，对培养人们的团结协作精神和高尚情操起到了一定的强化作用。

## 二、教育在人的发展与社会发展关系中的重要地位

教育在人的发展与社会发展的关系中处于中介转化地位。谈到人的发展与社会发展的问题，就不能不涉及教育这个范畴。任何学习和教育都是针对人和社会的教育，即教育不可能脱离人与社会，人、社会和教育三者之间存在着复杂的多维关系，如教育与人的关系；教育与社会的关系；人与社会的关系等，环环相扣，错综复杂。

人的发展与社会发展的关系是一种对立统一的关系，二者既具有矛盾性，又具有一致性。从人的发展与社会发展的连续性上讲，二者之间是一种互为条件、互为因果的辩证关系。人的发展既必须适应和立足社会现实，又应力求超越社会现实和自身现实。而在人的发展与社会发展中处于中介和转化地位的是教育，教育是连接人和社会的重要中介。教育兴国，是社会文明进步和人类自身素养不断提升的至关重要的法宝，也是处理好人与社会、人与人协调发展的根本因素。因此，只有彻底了解教育在人与社会之间所处的重要地位，才能协调三者之间的关系，才能向社会提供更优质的服务。

## 三、人的发展与社会发展的关系

#### 1.人的发展与社会发展存在一致性

人的发展与社会的发展从整体上来看是一致的，即人的发展是社会发展的产物，而社会发展也是人的发展的产物。促使二者产生辩证关系的媒介就是人的社会实践，因为人的需要是在社会实践中得到满足和发展的。马克思的历史唯物主义和辩证唯物主义认为：人的发展既决定于又决定着社会的发展；人既被环境所创造，又创造环境；人既是历史的产物，又是历史的主体。再借用马克思一句名言来形象地总结，那就是："人既是历史的剧作者，又是历史的剧中人"。

#### 2.人的发展与社会发展存在矛盾性

人的发展与社会的发展是处在永恒的矛盾运动中的。由于社会总是处在不断发展变化之中，而人也总是希望社会不断发展变化，因而这种要求的一致性就决定了人对社会有了一定的认识之后，又会产生新的认识课题。人对社会有了一定的适应之后，又会出现新的不适应；人对社会有了一定的改造之后，又会面临新的改造任务，社会的发展具有无限的可能性。所以，人对社会的认识、适应、实践活动也是无穷无尽的，这种社会发展的无限可能性决定了人的发展的无限可能性。

# 第二节　高校体育对师生健康发展的作用

## 一、素质教育的基本内涵

素质教育的内涵应该具备的主要特点：一是弘扬人的主体性，注重开发人的智慧潜能，这是注重形成人的精神力量的教育；二是面向全体学生，使每一个学生都能在天赋的允许范围内得以充分发展，这是关注"差异"性教育；三是要求人的全面发展，德育、智育、体育、美育并重，这是发展人的全面素质的教育。

素质教育观念的明确提出，为高等院校的人才及人才培养问题指明了方向。构成人才的基本要素可以概括为知识、能力和素质。而人才的素质即思想道德素质、文化素质、业务素质、身心素质四个方面。高校体育素质教育是以提高人才素质作为重要内容和目的的教育。在人才培养上，融传授知识、培养能力、提高素质为一体，特别是应更加注重素质的提高，在提高素质中又应以提高思想道德素质为根本，提高文化素质为基础，全面提高人才的整体素质，这就是新型的人才培养观念，或称之为素质教育观念。素质教育就是更加注重人文精神的养成和提高，重视人格的不断健全和完善，也就是重视学生学会"做人"的教育理念。

## 二、高校体育在素质教育中的作用和地位

### 1.高校体育在素质教育中的作用

根据高校体育的任务、功能，可设想把它分解成生理层面、心理层面和社会层面三大部分，也可以说成是身体素质方面的能力、心理素质方面的能力和自我能力三部分。这三者相对独立，但又相互渗透、相互联系。

### 2.高校体育在素质教育中的地位

体育发展的历史表明，体育随着社会的发展而发展，不同的历史时期其价值取向也不相同，社会的需要就是体育价值的所在。高素质的人才必须以良好的身体素质为基石。身体素质是一切素质的根基，高校体育是提高学生身体素质的重要手段。同时，高校体育还渗透着对大学生心理素质、思想文化素质的培养。因此，高校体育是一门融生理学、心理学和社会科学为一体的综合性学科，是素质教育的重要内容，也是素质教育的重要手段，对高素质人才的培养有着重要作用。

## 三、高校体育中实施素质教育的意义

### 1.高校体育素质教育的特点

① 高校体育素质教育是一种重视个性发展的教育。素质教育的全面推进，给体育教育带来了新的挑战。素质教育尊重人格，承认个性差异，重视个性发展。为适应素质教育，体育教学过程当中应该重视学生兴趣爱好和特长的培养，促进学生个性发展，使学生不断地发展和完善自身的素质。

② 高校体育素质教育是一种科学性、全面性、全体性的教育。素质教育是国民的教育，是人的潜能的开发的教育，是提高受教育者全面素质的教育。因此，必须改变旧的体育教育观念，在促进学生身体和技能发展的同时，培养学生的养成意识、能力和习惯，以适应学生一生发展的需要。素质教育是一种面向全体学生的教育，注重提高每个学生的基本素质，使每个学生都学有所获，学有所成，都能健康成长。

③ 高校体育素质教育是一种与其他学科相互协调、相互渗透的教育。体育是德育和智育发展的重要条件。高校体育教育要从"育体"向"育人"的方向转变，全面完成增强体质，传授体育文化，树立正确的体育健康观念，培养意志品质等方面统一协调的发展。

④ 高校体育素质教育是一种以健康教育、终身体育为主导的教育。高校体育起着承前启后的"桥梁"作用，是建立体育意识的关键时期，是学校体育与社会体育的衔接点。大学生的健康状况关系到人才培养的质量。因此，高校体育应以健康教育为主线，重视培养学生的体育意识和健身能力，为终身体育服务。

2.高校体育教育与素质教育相结合的意义

体育教育是高校教育的重要组成部分，是学校培养和提高学生思想道德、文化知识、运动技能、身心发展、审美观念以及习惯能力等素质的有效途径。优良的身体素质是学生健康地进行学习、生活和工作的保障，是学生各种素质发展的生物学基础。高校体育素质教育强调以人的发展与完善为目标，对人的本质和身体施加良好影响，这就决定了素质教育必须是全方位的教育，高校体育中的素质教育因此就成为高校教育中有效的、必不可少的组成部分。大学生正处于身体生长发育的鼎盛期，其生理与心理的可塑性极强。他们思想活跃，思维敏捷，求知欲强，热爱新鲜事物，有强烈的好奇心，是形成世界观、人生观的重要时期。高校体育教学形式活泼、内容丰富、以动为主，适应大学生生理与心理的发展需要，是高校贯彻素质教育，培养全面发展的专业人才的有效教学形式。高校体育中的素质教育不仅是改革现行体育制度、内容和方法的需要，也是奠定受教育者完整的人生基础、提高其综合素质的需要，是人类社会发展和进步的根本教育方式之一。

# 第三节　高等学校体育教育

## 一、高校体育教育的目标

1.高校体育教育的基本目标

基本目标是根据大多数学生的基本要求而确定的，分为五个领域目标。

① 运动参与目标：积极参与各种体育活动并基本形成自觉锻炼的习惯，基本形成终身体育的意识，能够编制可行的个人锻炼计划，具有一定的体育文化欣赏能力。

② 运动技能目标：熟练掌握两项以上健身运动的基本方法和技能；能科学地进行体育锻炼，提高自己的运动能力；掌握常见运动损伤的处置方法。

③ 身体健康目标：能测试和评价体质健康状况，掌握有效提高身体素质、全面发展体能的知识与方法；能合理选择人体需要的健康营养食品；养成良好的行为习惯，形成健康的生活方式；具有健康的体魄。

④ 心理健康目标：根据自己的能力设置体育学习目标；自觉通过体育活动改善心理状态、克服心理障碍，养成积极乐观的生活态度；运用适宜的方法调节自己的情绪；在运动中体验运动的乐趣和成功的感觉。

⑤ 社会适应目标：表现出良好的体育道德和合作精神；正确处理竞争与合作的关系。

2.高校体育教育的发展目标

发展目标是针对部分学有所长和有余力的学生确定的，也可作为大多数学生的努力目标，分为五个领域目标。

① 运动参与目标：形成良好的体育锻炼习惯；能独立制订适用于自身需要的健身运动处

方；具有较高的体育文化素养和观赏水平。

② 运动技能目标：积极提高运动技术水平，发展自己的运动才能，在某个运动项目上达到或相当于国家等级运动员水平；能参加有挑战性的野外活动和运动竞赛。

③ 身体健康目标：能选择良好的运动环境，全面发展体能，提高自身科学锻炼的能力，练就强健的体魄。

④ 心理健康目标：在具有挑战性的运动环境中表现出勇敢顽强的意志品质。

⑤ 社会适应目标：形成良好的行为习惯，主动关心、积极参加社区体育事务。

## 二、高校体育对大学生的基本要求

### （一）建立正确的体育意识

随着现代科学文化的迅速发展，体育在现代社会中的地位和作用越来越被人们所重视，体育的作用和影响远远超出了文化和教育的范畴，具有广泛的社会学意义和心理学意义。体育意识是一种复杂的社会现象，体育意识作为人们的大脑对这一社会现象的反映自然也应该是十分丰富的。用通俗易懂的方式可将体育意识表述为：人们对体育及其重要性的认识，以及由此产生的思想观念、心理活动的总和。而大学生的体育意识是指大学生对体育的认识和理解，主要包括理解体育运动的意义和作用，具有参与体育活动的欲望和要求等。

### （二）提高体育能力

能力，是指人在顺利地完成某一活动时所表现出的身心统一、协调配合的才能。能力除与先天因素有关外，还需要一定条件的培养。个体的生理素质是能力发展的自然前提；教学训练及从事实践活动对能力发展又具有决定意义；生活的社会环境则是能力发展的根本保证。

体育能力是从事身体活动所必备的知识、身体素质、技能和方法。它应包括体育的认识能力、体育的审美能力、身体基本活动能力、运动能力、自我锻炼能力、自我评价能力等。学生的体育能力也可称之为学生"自学自练的能力"。一定量的体育运动对其他能力发展也有积极作用，通过体育运动能增强肌肉活动的力量，使循环呼吸机能得到改善等。

### （三）培养学生的体育锻炼兴趣和爱好

1. 兴趣是人们积极探究某一事物的认识倾向

人们对体育的兴趣往往首先是从对多姿多彩的运动竞赛、运动游戏、身体练习和运动场馆、设施的关注开始的，通过对体育的诸多的具体内容、方法、手段、设施等的关注和向往，人们的认识活动就会逐渐集中地指向与体育有关的事物。在较低级的需要基础上产生的兴趣只是暂时的，只有建立在文化和精神需要的基础上的兴趣才会是持久的，在需要得到满足后又会产生更加浓厚的兴趣。高文化层次的大学生理应将自己对体育的兴趣建立在高级需要的基础上。

2. 爱好是从事某种活动的倾向

当人们对体育的兴趣进一步发展成为从事体育活动的倾向时，就发展成了对体育运动的爱好。爱好总是和活动紧密地联系在一起的。有的大学生只对体育有观赏的兴趣，而没有积极从事体育活动的爱好，这样实在难以使体育运动真正地进入自己的生活，当然也就很难养成参与体育运动的良好习惯。

3. 正确对待体育的兴趣和爱好

首先，从教育的角度出发，对待兴趣。学生有兴趣的，要发扬；学生无兴趣的，但有价值的，还必须加以引导。其次，培养学生参加体育锻炼的兴趣、爱好与习惯，不仅是一种工作般的体育教育过程，而且更强调这是一个培养、教育的过程。以终身体育思想考察今日学校体育给我们的新的启迪，那就是：培养兴趣、发展爱好、形成习惯这一人们步入终身体育的三部曲，将与增强体质、传授"三基"、培养思想品德等学校体育的重要目标放在同等地位来考虑。

### （四）努力塑造强健的体魄

1. 大学阶段是塑造强健体魄的关键时期

大学生正处在青春后期和青年期，同化作用和异化作用基本平衡，生长发育日趋稳定，生理机能和适应能力发展到较高水平，是性发育成熟、生命活动最旺盛、身心健康加速发展的关键时期。在此关键时期，必须十分重视通过科学的身体锻炼过程来促进和完成自身正常生长发育，全面发展身体形态、机能、努力提高身体素质和基本活动能力，增加对疾病的抵抗力和对环境的适应能力，谋求塑造强健的体魄。

2. 认真接受体育教育

高等学校体育教育的过程主要是在教师的指导下，大学生主动积极地学习和掌握体育与运动、基本技术、基本技能的过程，是促使大学生获得参与运动实践的本领和掌握身体锻炼的科学方法，这是一个参与运动、掌握技术、发展智力、增强体力的综合过程。再加上高等学校校园体育文化整体氛围的影响，建立正确的体育意识，提高体育的基本能力，培养体育的兴趣和习惯，塑造强健的体魄的基本要求，定会在潜移默化的高校体育教育过程中，通过教师的引导和学生自身的主动陶冶而圆满达到，从而真正使体育教育促进学生受益终身。

## 三、树立健康第一的指导思想

《中共中央、国务院关于深化教育改革全面推进素质教育的决定》对学校教育明确提出了"健康第一"的指导思想。高校作为培养高素质人才的基地，体育教育应该全面贯彻健康第一的指导思想，把健康教育和素质教育有机地与体育教育融于一体，完成为国家现代化建设培养合格的建设者和接班人的历史重任。健康的体质是思想道德素质和科学文化素质的物质基础，是高素质人才的物质基础，"以人为本、健康第一"是新世纪合格人才和提高人类生活质量的新理念。

## 四、高校体育教育的发展方向

1. 体育教育思想应从"唯生物体育观"向"三维体育观"转变

随着社会经济的高速发展，社会生活发生了深刻变化。体育作为一种文化对于人们追求在运动过程中的心理愉悦和满足，提高生活质量与健康水平，发挥着积极作用，形成了包括生物、心理、社会三方面因素的"三维体育观"。"三维体育观"以人为本，注重学校体育在心理、社会和文化等方面的功能，是适应现代社会发展的新型体育观、教育观。高校体育教育思想必须适应形势、更新观念，实现"唯生物体育观"向"三维体育观"的转变，致力于提高学生的体育能力，发展学生的个性，促进学生全面发展。

2. 教师的主导性应向学生的主体性转变

体育教学是在教师的指导下，学生参加身体练习而达到教育目的的一种教学形式。它是参与性、主动性极强的学习过程。然而，一直以来，高校体育教学中，教师的主导地位十分突出。在教学计划的实施过程中，对学生的学习心态、个体差异考虑不足，师生间缺乏正常的沟通与交流，未实现真正意义上的教学双边活动，体育教学的效果欠佳。为配合教育改革，贯彻素质教育思想，高校体育的教学模式应由教师的主导性向学生的主体性转变。教学计划的制订应从学生的实际情况出发，尽量考虑学生的需求，激发其学习欲望与热情，视学生为教学活动的主体、中心，充分发挥学生的主观能动性。在教学过程中，应淡化教师的权威性，技术的传授以单独辅导的形式为佳，这既符合区别对待的教学原则，又能体现以学生为中心的教学理念。

### 3.优化课程结构，倡导"快乐体育"

（1）改革传统的教学模式

充分发挥学生的主体作用和教师的主导作用，努力倡导开放式、探究式教学，努力拓展体育课程的时间和空间，注重学生个性发展。如目前部分大学试行的"三自"体育教学和"体育俱乐部"型教学模式，其特点是：在教师的指导下，学生应具有自主选择课程内容、自主选择任课教师、自主选择上课时间的自由度，营造生动、活泼、主动的学习氛围。

（2）优化课程结构

培养实践能力，其关键是教学内容、教材结构及教学方法的改革。在教学内容的选项上，兼顾学生的兴趣和终身锻炼的价值等；在教材结构上，丰富科学锻炼知识和培养健身意识，理论与实践相结合，满足各层次学生的需求等；在教学方法上，发挥教师的引导、启发作用，注重学生实践能力的培养等。为实现体育课程目标，应使课堂教学与课外、校外的体育活动有机结合，学校与社会紧密联系。要把有目的、有计划、有组织的课外体育锻炼、校外（社会、野外）活动、运动训练等纳入体育课程，形成课内外、校内外有机联系的"一体化"课程结构。

（3）改革传统的评价方式

培养学生的创新素质。学生的学习评价应是对学习效果和过程的评价，主要包括体能与运动技能、认知、学习态度与行为、交往与合作精神、情意表现等，通过学生自评、互评和教师评定等方式进行。倡导"主动教育"、"快乐体育"，使学生在健康向上的体育活动中宣泄情感、陶冶情操，尽情体会体育运动的魅力。在运动技术的学习上，提倡"亚技术理念"，淡化技术、淡化考试，采用鼓励性的评分办法进行考核，促使不同水平的学生愉快地投入到体育活动中来，调节和改善学习生活。使高校体育为全面育人服务，为提高整体国民素质发挥重要作用。

# 第二章 大学生身心健康

## 第一节 健康基本概述

### 一、健康的含义

1948年，世界卫生组织（WHO）首先提出了健康的概念，认为："健康不仅是免于疾病和衰弱，而且是保持身体、精神和社会适应方面的完善状态"。1974年对健康的定义是："健康是人的肉体、精神与社会的康乐的完善状态，而不仅仅指无疾病或无体弱的状态。"1979年，世界卫生组织又在《阿拉木图宣言》中重申："健康不仅是疾病和体弱的匿迹，而且是身心健康、社会幸福的完美状态。"

近年来，世界卫生组织关于健康的概念再次将外延拓宽，即把道德修养和生殖质量也纳入到健康的范畴。将道德修养作为精神健康的内涵，其内容包括：健康者不以损害他人的利益来满足自己的需要，具有辨别真与伪、善与恶、美与丑、荣与辱等是非观念，能按照社会行为规范准则来约束自己及支配自己的思想和行为。加强道德修养不仅对自身健康有益，也对社会文明、人类长寿大有裨益。

根据生物、心理、社会多种因素对体育与医学的渗透和对健康的影响，世界卫生组织精辟地指出：健康乃是人在躯体上、精神上和社会上的完美状态，而不仅是没有疾病和衰弱状态。人的健康是同生物的、心理的、社会的、道德的、生殖的等五个因素联系在一起的。目前，世界各国学者公认它是一个全面的、明确的、广泛适用的科学的健康概念。

### 二、影响健康的因素

#### 1.健康的表现

我国医学专家认为健康的表现包括如下四个方面。

① 身体各部分发育正常，功能健全，没有疾病。

② 体质状况好，对疾病有高度的抵抗能力，并能刻苦耐劳，担负各种艰巨繁重的任务，能经受多种自然环境的考验。

③ 精力充沛，能经常保持清醒的头脑，全神贯注，思想集中，对工作、学习都有较高的效率。
④ 意志坚强，情绪正常，精神愉快。
世界卫生组织提出"五快三良好"的健康表现：
（1）是针对生理健康而言的"五快"
① 吃得快是指胃口好，不挑食，吃得迅速，表明内脏功能正常。
② 便得快是指上厕所时很快排通大小便，表明胃肠功能良好。
③ 睡得快是指上床即能熟睡，深睡，醒来时精神饱满，头脑清晰，表明中枢神经系统的兴奋、抑制功能协调，且内脏不受任何病理信息的干扰。
④ 说得快是指语言表达准确、清晰流利，表明思维敏锐，反应良好，心肺功能正常。
⑤ 走得快是指行动敏捷自如。
（2）针对人的心理健康而言的"三良好"
① 良好的个性是指性格温和，意志坚强，感情丰富，胸怀坦荡，心境达观，不为烦恼、痛苦、伤感所左右。
② 良好的处事能力是指沉浮自如，客观观察问题，具有自我控制能力而能适应复杂的社会环境，对事物的变迁保持良好的情绪，常有知足感。
③ 良好的人际关系是指待人接物宽和，不过分计较小事，能助人为乐，与人为善。

2. 健康的标志
① 精力充沛，对担负日常生活和繁重的工作不感到过分紧张疲劳。
② 乐观、积极、乐于承担责任，工作效率高。
③ 善于休息、睡眠良好。
④ 应变能力强，能适应环境的各种变化。
⑤ 抗疾病的能力强，能够抵抗一般性的感冒，传染病等。
⑥ 体重适当，身体匀称，站立时，头、肩、臂位置协调。
⑦ 眼睛明亮，反应敏锐。
⑧ 牙齿清洁，无空洞、无痛感、无龋齿、无出血现象、齿龈颜色正常。
⑨ 头发有光泽，无头屑。
⑩ 肌肉丰满，皮肤富有弹性，走路、活动感到轻松。

3. 亚健康及其状态
亚健康是指机体在内外环境不良刺激下引起心理、生理发生异常变化，但尚未引起器质性损伤，医学检查所得各项生理、生化指标均无明显异常，无法做出明确诊断。亚健康状态在心理上表现为：精神不振、情绪低沉、反应迟钝、失眠多梦、白天困倦、注意力不集中、记忆力减退、烦躁、焦虑、易惊等。亚健康状态在生理上表现为：疲劳、乏力、活动时气短、出汗、腰酸腿疼、心悸、心律不齐等。

国内外研究表明，现代社会完全符合健康标准的人约15%，属于有疾病的人约15%，其余近70%的人都处在不同程度的亚健康状态。处于亚健康状态的人虽然活力降低，功能减退，但由于没有明确的疾病诊断，仍可以进行正常的工作、学习和生活，以致平时忽视预防，任其缓慢发展，最终难免会导致疾病的发生。如果已处于亚健康状态，只要采取科学的生活方式，通过饮食、心理的调养和环境的改变，祛除致病因素，就能改善和消除亚健康状态。

# 第二节　营养与健康

## 一、营养与运动

### 1.运动营养的重要性

运动的饮食营养十分重要，其中以对体能依赖性较大的项目如马拉松、滑雪、十项全能、铁人三项、球类比赛等尤为显著。营养的应用包含了运动选手体重、身体组成比例的控制、训练期、赛前、赛中、赛后恢复期的饮食调配。因为营养对运动员或任何想保有健康的人关系甚为重大，所以营养因素须经过改善的意义如下：

① 增强肌肉和骨骼，提高训练效果和竞技水平。
② 比赛时保障肌纤维中能源物质的水平稳定，减少运动性创伤的发生率。
③ 活动后，可延缓运动性疲劳的发生或减轻其程度，还有助于剧烈运动后机体的恢复。
④ 有利于解决运动训练中的一些特殊医学问题。
⑤ 改善心肺功能与血压，提高机体免疫力。
⑥ 促进心理健康，提升生活质量。

### 2.运动营养的内容及意义

（1）合理营养

日常运动中除了要加强科学训练和科学恢复措施之外，还必须注重合理的膳食营养。膳食营养对运动能力和健康都有着十分重要的作用。营养不良，不但会降低运动能力，还会影响到运动后的恢复和健康水平。运动训练时，人的机体经常处于生理应激状态，如糖原耗竭，体液大量丢失，氧化过程增强，酸性物质堆积等一系列变化，只有通过合理的营养物质调节器官、组织和细胞功能，才有助于提高运动能力，促进运动后的恢复。

（2）合理营养膳食搭配

补充营养不可过于盲目，需要根据自身需求，适量补充。比如处于生长发育期的儿童及青少年、孕产妇、中老年人群等，对营养需求的量都是不同的。可以依据"膳食平衡金字塔"制订属于自己的日常膳食搭配，均衡吸收各种营养。

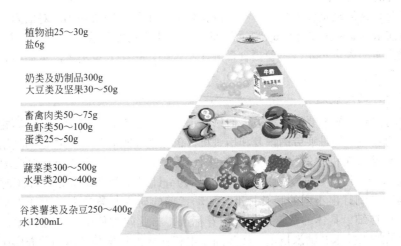

**膳食平衡金字塔**

### 3. 营养与运动的关系

（1）营养素与运动能力的关系

蛋白质是生命的物质基础，它不仅构成身体的基本部分，还构成具有调节机体生理功能作用的酶和某些激素等。血红蛋白有助于氧的转运，许多营养素以蛋白质为载体进入细胞内，免疫球蛋白的形成有助于免疫机能的提高。另外，蛋白质的营养不良可以造成血红蛋白下降，发生运动性贫血，体蛋白分解，生理功能降低，免疫功能及运动能力受损，但过多的动物蛋白的摄入，也给机体带来不良影响。

脂肪是人体内能量贮存的重要来源，体育运动可以提高人体氧化利用脂肪酸的能力，并且脂肪代谢加强后，可节约糖原的消耗，从而提高耐力。脂肪摄入过多会影响体型，及某些高难动作的完成如（体操、花样滑冰等），同时还会降低肌糖原和肝糖原的贮存及利用。糖是运动中主要的能源物质，它氧化供能时，耗氧少，产热高，体内的糖原与耐力密切相关。

（2）水、电解质、维生素与运动能力的关系

水占体重的60%，是生命必不可少的物质，它的作用有：是维持生命的必需物质；是各种物质的载体；可以调节体温；是机体关节、肌肉及脏器的润滑剂。

电解质是体液中带有正电荷和负电荷的离子，体液不同，电解质的组成不同。电解质的身体功能有：维持细胞内外液的渗透压和水平衡，维持体液的酸碱平衡，维持神经、细胞的应激性。

运动使机体代谢增强，并使维生素的需求量增加，维生素的营养不良可导致运动能力下降，疲劳早期发生抗过氧化能力，及免疫机能减退及运动后恢复过程延长，但过多的维生素摄入，特别是脂溶性维生素可在体内蓄积中毒。因此，合理的维生素营养对健康及运动能力的提高是十分重要的。

（3）营养补充品与运动能力的关系

由于运动训练是一项复杂而科学的系统工程，疲劳与恢复是决定训练成效的两个基本因素。因此，通过合理营养抗疲劳和提升疲劳后的恢复能力，成了运动营养补充品最为关注的热点。现在已经研究出许多著名的运动营养补充品，这些营养补充品与兴奋剂不同，它们不为国际奥委会所禁止。合理使用不仅不会对人的身心造成危害，反而会对促进人体健康和运动能力提高有极大的好处。在选择营养补充品时，除考虑其基本的理化性质，如分子量、溶解性等之外，还要考虑其在体内的代谢及影响代谢的因素，进食的速率影响，内分泌与之相关的营养素、抗营养素的影响等。

（4）运动时的合理膳食

膳食营养是保证运动员营养素的需要和维持体能最重要的物质基础。对国内、外膳食营养调查发现，目前膳食失衡主要涉及6个方面，即：碳水化合物摄入量不足，脂肪或蛋白质摄入量过多，部分维生素摄入量不足，三餐摄食量分配不合理，钙摄入量不足，运动中忽视了水和无机盐的及时补充。

### 4. 运动营养学的发展趋势

目前，运动营养学的重要性逐渐被人们所认识，人们逐渐认识到运动与营养相结合，对延缓运动性疲劳的发生、促进疲劳的恢复和增进机体健康的重要作用。适量运动是增强人体机能的有效途径，直接影响机体的物质代谢和能量代谢，科学合理的膳食能有效地增进人们的身体健康和运动水平。运动营养学的发展趋势归纳为：针对不同训练级别、训练时期、年龄阶段和性别的运动员制订出不同的膳食标准。运动营养的研究对象应面向大众水平，针对不同的运动人群制订详细、具体的营养素每日推荐标准。与此同时使生物工程技术、基因工程技术术、先进的食品加工技术、纳米技术、转基因技术和计算机科学等在运动营养学中得到广泛应用。

## 二、主要营养素

1. 水

（1）水是生命的源泉

水是无色、无味、无嗅的液体，人对水的需要仅次于氧气，是生物组织中含量最多的成分，称为人体的运输网，人体的60%～70%都是水。水在体内可帮助输送营养、调节体温、排出废物、滋润器官。水的需要量主要受年龄、体力活动、温度、膳食等因素的影响，故水需要量变化很大。建议日常多饮淡盐水，不饮浓茶、不饮可乐、不能单独长期饮用纯净水及饮料。《中国居民膳食指南》，建议每天定量饮水，合理选择饮料，成人每日6杯，1200mL。高温或强体力劳动应适当增加，主动饮用。

在正常情况下，成人每日有2.5～3.0L水进入和离开身体。人体每日摄入和排出水的量应该相等，保持着水平衡。水摄入人体的途径主要有食物中的水、饮料中的水、有机物在体内氧化产生的水。水排出人体的途径主要有肾脏代谢、皮肤蒸发的水、呼吸道、胃肠道。

（2）水与健康的关系

① 失水影响运动能力。水会严重影响运动能力，一般人的失水量达到体重的2%时，工作能力会下降10%～15%。失水量为体重的5%时，运动员的运动能力可下降10%～30%。

② 排汗率与排汗量。运动员在热环境下运动时，物质代谢产热过程激烈，加上外环境热的作用，使内环境变化大，体温明显升高，运动能力下降，所以，维持内环境相对稳定与保持运动能力十分重要。

③ 保持水平衡。运动时的水分摄取量以满足失水量及保持水分平衡为原则，人在感觉口渴时，往往已失去相当1%体重的水分。运动时为了预防失水，要采取少量多次补充的饮水方法。

（3）运动中的水分补充

一般每人每天需水量2000～2500mL，运动饮水量要根据年龄、天气和运动强度等来确定。运动前饮水300～500mL，保证运动员体内有充足的水分贮备；运动中每15min左右补水200～300mL；运动后补水以少量多次为原则。

进行重量训练及健身时，身体水分、盐分代谢旺盛，丧失的水分很多。合理适时的补充水分不仅有助于血液容量的维持，对身体的血液循环和身体的散热也是相当有利的。在运动中及运动后必须以少量多次的方式来补充水分，使得身体逐渐得到水分的补充，以保持水分的平衡。以每15min补充一次，每次250mL左右，每小时以不超过1000mL为宜，水温在8～12℃之间最佳，此温度的水对于降低运动时体温及预防过热较有帮助，水分的补充可以运动饮料代替，补水的同时也可以及时补充体内流失的维生素和无机盐。

2. 蛋白质

（1）蛋白质是人体合成的工程师

蛋白质被称为人体合成的工程师，是构成人体血液、肌肉、皮肤、头发、指甲等的原材料，由22种氨基酸组成，其中赖氨酸、色氨酸、苯丙氨酸、亮氨酸、异亮氨酸、苏氨酸、组氨酸、蛋氨酸和缬氨酸是人体必需的氨基酸，自身不能合成，必须由食物中供给，否则人体就不能维持正常代谢。

蛋白质经常处于自我更新的状态，人体没有储存蛋白质的特殊场所，肌肉是蛋白质的临时调节仓库。当机体出现疾病时，体内蛋白质被大量消耗，机体对蛋白质的有效利用率也随之减少。机体会出现不同程度的蛋白质缺乏，动手术、放化疗时也会对身体正常组织造成不同程度的损伤，这些组织损伤的恢复也需要大量的蛋白质来补充。

（2）蛋白质与健康的关系

各类食物中蛋白质含量的百分比例为：畜、禽、鱼10%～20%，鲜奶1.5%～4%，奶粉

25%～27%，蛋类12%～14%，大豆及豆类20%～40%，硬果类15%～25%，谷类6%～10%，薯类2%～3%，蔬菜水果类约为1%。畜、禽、鱼、蛋类和粮谷、豆类食物的蛋白质含量较高，能够为人体提供数量充足的蛋白质。人体蛋白质缺乏时会表现如下一些症状，如发生需及时就医诊治。

① 头发枯黄、断裂、指甲易裂、易断、生倒刺。
② 肌肉松弛、缺乏弹性、皮肤粗糙、无光泽。
③ 低血压、贫血、手脚冰凉。
④ 抵抗力低、易感冒。
⑤ 胃肠功能差、消化不良。
⑥ 严重缺乏可导致水肿。
⑦ 消瘦、儿童体形矮小。
⑧ 易疲劳、活动能力不足。

（3）蛋白质的补充

蛋白质的质量优劣取决于组成蛋白质的氨基酸模式，如果食物蛋白质的氨基酸模式越接近人体蛋白质的氨基酸模式，则这种食物蛋白质在人体内被利用的程度就越高，其营养价值就越好。蛋、奶、肉、鱼和大豆蛋白质的氨基酸模式较为接近人体蛋白质的氨基酸模式，是人体补充蛋白质的良好来源。

人体每日摄入蛋白质的量与性别、年龄、活动强度和生理状态有关。一般来说，男性多于女性；年少多于年长；强活动多于弱活动；孕妇乳母多于育龄妇女。蛋白质参考摄入量为成人每天每公斤体重1.16g。如某人体重65kg，则每天需摄入的蛋白质为$1.16×65=75.4g$。此数量的蛋白质大约可由摄入以下食物得到：大米或面粉400g；畜、禽、鱼类100g；蛋类50g；豆类50g；奶类100g。

**3. 脂肪**

（1）脂肪是人体的燃料

脂肪是人体细胞的重要成分，提供给人体所需的能量。脂肪分布于人体各大脏器之内，关节和神经组织的隔离层中，可以起到保护身体组织、对机体组织进行保温的作用。除此之外，脂肪还能促进脂溶性维生素（如维生素A、维生素D、维生素E、维生素K等）的吸收，保护人体皮肤的健康。研究工作发现导致身体疾病的产生与脂肪摄入量，尤其是动物脂肪（主要是饱和脂肪酸）摄入量相关。因此要重视脂肪供给量的限制，动物性脂肪（鱼油除外）的供给量应占总能量的10%～20%，其中饱和脂肪酸、单不饱和脂肪酸与多不饱和脂肪酸的比例为1∶1∶1。

（2）脂肪与健康的关系

① 运动时要达到中低强度的运动心率。中低强度的运动心律可以根据公式进行估算：

中低强度运动心率=（220–年龄）×60%～（220–年龄）×80%

例如，20岁的人中低强度的运动心率就是（220–20）×60%～（220–20）×80%，即120～160次，也就是说他的中低强度的运动心率是120次/min到160次/min之间，低于120次/min或者高于160次/min的运动心率，运动中燃烧的均不是脂肪。

② 中低强度运动要持续半个小时以上。中低强度运动心率下的运动要持续30min以上，这样才能达到燃烧脂肪的目的。因为一般运动的前段时间先燃烧糖原，糖原消耗差不多之后燃烧脂肪的比例才慢慢增加，因此中等强度运动持续越久会烧掉越多的脂肪，只要持续半小时至一小时，所消耗热量的五成，就都由燃烧脂肪来供应。

③ 中低强度运动必须是大肌肉群的运动。慢跑、游泳、健身操等运动项目能有效全面减掉身体脂肪。棋牌类运动属于典型的小肌肉群运动，虽然在棋牌运动中心率也可以达到中低强度，而且能持续时间超过30min，但由于它不是大肌肉群运动，所以不能达到减脂的效果。

（3）脂肪的主要膳食来源

脂肪是人体必需的营养素之一，膳食脂肪主要来源于动物脂肪、肉类及植物种子。植物油中的多不饱和脂肪酸以亚油酸为主，亚油酸含量较高的油有豆油（51.7%）、玉米油（56.4%）等。植物油中的单不饱和脂肪酸主要是油酸，其含量较高的油有茶油（含油酸78.8%）、橄榄油（83%）、花生油（40.4%）等。

当人体缺乏脂肪时会表现出如下症状：

① 皮肤无光泽、表皮变厚且易剥落。

② 性功能、生殖能力减弱。

③ 毛发变得干燥、稀少。

4. 碳水化合物

（1）碳水化合物是人体的驱动利器

碳水化合物是为人体提供能量的主要物质，1g碳水化合物在人体内氧化后可释放4千卡的热量，为肌肉和脑部活动提供能量，增强耐力和复原能力，帮助其他食物消化和吸收。作为人体主要供能物质的碳水化合物，供能量占总能量的60%～65%。供给足够的碳水化合物，可以改善人体的营养状况，减少蛋白质的消耗。

碳水化合物主要是粮谷类食物，粮谷类一般含碳水化合物60%～80%，薯类中含量为15%～29%，豆类是为40%～60%，还有蔗糖、甜食、糕点、甜味水果、蜂蜜等。

（2）碳水化合物与健康的关系

运动与膳食营养补给中，除了适量的蛋白质、脂肪和水外，最重要就是碳水化合物的补充。适宜的膳食能量构成是：来自碳水化合物的能量为55%～65%；来自脂肪的能量为20%～30%；来自蛋白质的能量为11%～15%。运动时机体主要依靠碳水化合物来参与提供能量，维持运动强度。

与蛋白质和脂肪不同，身体中的碳水化合物储备非常有限，如果运动时人体得不到充足的碳水化合物供应，可能会出现肌肉和肝脏的肝糖储备耗尽，进而导致肌肉出现疲乏无力等现象。如果膳食中长期缺乏碳水化合物会导致血糖含量降低，产生头晕、心悸等问题。碳水化合物缺乏还会导致蛋白质被燃烧供能，不能发挥蛋白质构成生命活性物质的功效，影响人体健康。因此，运动前和运动后充分摄入碳水化合物，才能保持人体足够的糖原储备。

（3）碳水化合物的主要膳食来源

碳水化合物的主要食物来源有：蔗糖、谷物（如水稻、小麦、玉米、大麦、燕麦、高粱等）、水果（如甘蔗、甜瓜、西瓜、香蕉、葡萄等）、坚果、蔬菜（如胡萝卜、红薯等）等。

一般来说，人对碳水化合物没有特定的饮食要求。主要是应该从碳水化合物中获得合理比例的热量摄入。另外，每天应至少摄入50～100g可消化的碳水化合物，以预防碳水化合物缺乏症。

5. 维生素

（1）维生素是营养催化剂

维生素是细胞的新陈代谢、身体发育、成长、维持人体健康必不可少的物质。它有助于蛋白质、脂肪、碳水化合物和矿物质吸收和利用，帮助形成血液、细胞、激素、神经系统的生化反应，以维持人体各系统的正常机能。

① 脂溶性维生素。脂溶性维生素包括：维生素A、维生素D、维生素E、维生素K，此类维生素储存于人体脂肪组织内，起到保证人体各器官功能健全的作用。例如，维生素A能促进人眼部组织健康，保护视力以及黏膜组织健康；维生素D帮助人体吸收钙质维护骨骼健康；维生素E是强力抗氧化剂，保护细胞膜、血管、心脏、皮肤等组织，减少自由基的伤害，起到延缓衰老、抗癌等作用。脂溶性维生素大量存在于芝麻、花生、葵花子、豆类、金枪鱼、沙丁鱼、三文鱼、甘薯等食物当中。

② 水溶性维生素。水溶性维生素包括：维生素B族和维生素C，这些维生素在体液和血液中发挥保护作用，体内不能大量储存，因此每天必须从食物中摄入。维生素B主要存在于全谷类、糙米、全麦、牛奶、动物肝脏及肉类中。维生素C主要存在于山楂、猕猴桃、橘子、青椒、西红柿等水果、蔬菜当中。

（2）维生素与健康的关系

① 维生素B族。维生素B族也称辅酶，包括维生素$B_1$、维生素$B_2$、泛酸、烟酸、维生素$B_6$、维生素$B_{12}$、叶酸、生物素等。其共同特点是能帮助蛋白质分解旧的物质，合成新的物质。其个性是维持不同器官的健康。

a. 维生素$B_1$（硫胺素）维持体内正常代谢，尤其是碳水化合物的正常代谢。维生素$B_1$典型缺乏表现：脚气病、周围神经炎、心力衰竭、水肿、胃肠道蠕动慢、食欲减退等。

b. 维生素$B_2$（核黄素）缺乏造成口腔、生殖系统综合征：唇炎、口角炎、舌炎、口腔黏膜水肿充血、鼻及脸部脂溢性皮炎、外阴（阴囊）周围性皮肤炎症。眼部症状：眼睑炎、怕光、流泪、视力模糊、角膜血管增生。视力功能失调、末梢周围神经炎。

c. 维生素$B_3$（烟酸）缺乏造成：癞皮病起病缓慢，常有前期症状，如体重减轻、疲乏无力、记忆力差、失眠等。如不及时治疗，则可出现癞皮病"3D"症状；（皮炎、腹泻、痴呆）。

d. B族维生素（叶酸）典型缺乏表现：胎儿脑及神经管畸形。B族维生素（泛酸）缺乏表现：呕吐、胃肠窘迫、失眠、疲劳、神经系统受损等。

② 维生素C（别名抗坏血酸）。维生素C又称抗坏血酸，其在人体中起到的主要作用如下：

a. 胶原蛋白的合成；有助于维持骨骼和牙的正常发育及血管壁的弹性和通透性；

b. 抗氧化剂，清除自由基，增强免疫力，有助于预防癌症；

c. 促进铁的吸收与利用，有助造血功能；

d. 促进胆固醇转化为胆汁酸，有助于降低血液中胆固醇；

e. 促进重金属排出体外，缓解重金属如铅、汞、砷等对机体的毒性。

人体缺乏维生素C时的表现是：

a. 坏血病：牙龈肿胀、牙龈出血、牙龈萎缩、出血、紫癜、月经过多或便血、骨质疏松等；

b. 伤口愈合缓慢、免疫力低下易感染等；

c. 维生素C缺乏致铁吸收下降，引起缺铁性贫血；

d. 胆固醇转化为胆汁酸减少，而在肝内蓄积，血中胆固醇浓度升高。

（3）维生素的膳食摄入

正确摄入维生素，需要调整饮食习惯，全面摄入蔬菜、水果、谷物等不同种类的食物，平均膳食，不偏食、不挑食。保证每天从食物中获取足够的维生素来供给人体代谢，不需要再通过其他的补充剂或保健品来摄入。

6. 矿物质

（1）矿物质是身心调控员

矿物质是构成人体各组织的重要材料，如钙、磷、镁是骨骼、牙齿的重要成分；钠、钾是细胞内、外液的重要成分。人体内的新陈代谢每天均有一定量的矿物质参与。矿物质包括常量元素和微量元素。

① 常量元素。矿物质中，人体含量大于体重0.01%的元素，如钙、磷、镁、钠、钾等。

② 微量元素。矿物质中，人体含量小于体重0.01%的元素，如铁、铜、锰、铬、硒等。

（2）矿物质与健康的关系

现实生活中，多种疾病的发生都与机体某些矿物质缺乏密切相关。

① 缺钙。钙缺乏症是比较常见的营养性疾病，主要表现为骨骼的病变，即儿童时期的佝偻病；成年人的骨质疏松症。奶和奶制品是钙的主要来源，因为奶上含钙量丰富，吸收率也高。

蛋黄、豆类、坚果类、海带、花生、木耳、苋菜等绿色蔬菜也是钙的较好来源。

②缺镁。镁缺乏会有肌肉痉挛（颤抖、抽搐）和心率过快、精神错乱、幻觉、定向力的障碍；缺乏食欲、倦怠、恶心呕吐等表现，直接影响工作生活。绿叶蔬菜富含镁，大麦、荞麦、大豆、坚果也含丰富的镁，水果中香蕉最多。

③缺硒。硒缺乏会有肌肉退化及疼痛，白内障，精子减少，红细胞变脆，胰脏受损，儿童停止生长等表现。硒可改善机体免疫功能，还能通过调整细胞分裂、分化，使癌细胞行为向正常方向转化，具有防癌抗癌作用。深紫色的蔬菜及根茎类的蔬菜都含有一定的硒。

④缺锌。

a.儿童缺乏锌会发育迟缓、垂体调节功能障碍、食欲不振、味觉迟钝甚至丧失、皮肤创伤不易愈合、易感染、免疫力低下等。

b.青少年缺乏锌表现为性成熟延迟、第二性特征发育不明显。

c.成年男子缺乏锌则表现为性功能减退、精子数量过少、精子活力降低等。

d.孕妇缺乏锌、胎儿生长发育缓慢、甚至出现畸形等。

含锌食物的主要来源是贝壳类海产品、红色肉类、干果类、谷类胚芽、虾、花生等。

⑤缺铬。铬缺乏会导致葡萄糖代谢失常，因为铬是生成葡萄糖耐量因子重要元素之一，具有加强胰岛素的作用。铬还会影响脂类代谢，有降低血清胆固醇，提到高密度脂蛋白的作用，预防动脉粥样硬化。含有铬元素的食物有粗粮、小麦、花生、蘑菇、肝脏、牛肉、鸡蛋、红糖、乳制品等。

（3）矿物质的膳食摄入

机体矿物质应保持正常水平，如大量缺乏，饮食调整是不能满足需要的，可直接补充相应的营养补充制剂，以保证摄入足够的矿物质。建议：每天吃1份富含矿物质的食物，如紫衣甘蓝、卷心菜、根茎类蔬菜、低脂的乳制品如酸奶、植物种子或坚果，以及大量的新鲜水果、蔬菜、天然食品如小扁豆、蚕豆和粗粮。

7.膳食纤维

（1）膳食纤维（被称为人体肠道清道夫）

膳食纤维存在于蔬菜中，它能保持人体肠道的清洁、促进肠道蠕动排泄毒素、帮助消化、消除体内废物；减低胆固醇吸收率；延缓餐后血糖的快速升高；产生饱腹感觉；还有助于控制体重。

食物纤维中，纤维素，木质素和某些半纤维素通常不溶于水，不能被发酵；而果胶和其他半纤维素通常溶于水，易被发酵，不发酵的纤维素可以通过吸收水分增加粪便体积，改善肠蠕动功能，稀释潜在的致癌物，缩短食物残渣排出体外时间，可发酵的纤维素能刺激肠道微生物生长，生成短期脂肪酸，降低肠pH值，抵制结肠癌、直肠癌发生。

（2）膳食纤维与健康的关系

①增强肠道功能，防止便秘。膳食纤维影响大肠功能的作用包括：缩短粪便通过时间、增加粪便量及排便次数、稀释大肠内容物以及为正常存在于大肠内的菌群提供可发酵的底物。水溶性膳食纤维在大肠中就像吸水的海绵，可增加粪便的含水量使其变软，同时膳食纤维还能促进肠道的蠕动，从而加速排便，产生自然通便作用。排便时间的缩短有利于减少肠内有害细菌的生长，并能避免胆汁酸大量转变为致癌物。

②控制体重、有利于减肥。膳食纤维，特别是可溶性纤维，可以减缓食物由胃进入肠道的速度并具有吸水作用，吸水后体积增大，从而产生饱腹感而减少能量摄入，达到控制体重和减肥的作用。

③降低血液胆固醇含量、预防心血管疾病。高脂肪和高胆固醇是引发心血管疾病的主要原因。肝脏中的胆固醇经人体代谢而转变成胆酸，胆酸到达小肠以消化脂肪，然后胆酸再被小肠

吸收回肝脏而转变成胆固醇。膳食纤维在小肠中能形成胶状物质，从而将胆酸包围，被膳食纤维包围的胆酸便不能通过小肠壁被吸收回肝脏，而是通过消化道被排出体外。因此，为了消化不断进入小肠的食物，肝脏只能靠吸收血液中的胆固醇来补充消耗的胆酸，从而就降低了血液中的胆固醇，这有利于降低因高胆固醇而引发的冠心病、中风等疾病的发病率。

④血糖生成反应、预防糖尿病。水溶性纤维可降低餐后血糖和血胰岛素升高反应，这是因为膳食纤维中的果酸可延长食物在胃肠内的停留时间，延长胃排空时间，减慢人体对葡萄糖的吸收速度，使人体进餐后的血糖值不会急剧上升。并降低人体对胰岛素的需求，从而有利于糖尿病病情的改善。

(3) 膳食纤维的膳食摄入

有效提升日常食物的膳食纤维摄入，可以通过以下一些方法：用全麦制品（如全麦面包、全麦馒头、全麦面条等）代替精米精面制品（如普通面包、馒头、面条）；用糙米、小米、玉米、高粱米、燕麦等煮粥，代替白米粥；米饭中添加绿豆、红豆、芸豆等；用地瓜、土豆、芋头等薯类食物代替部分粮食；多吃蔬菜水果，尤其是芹菜、韭菜、洋葱、大白菜、莴笋、香蕉、苹果、杏子等含膳食纤维比较丰富的品种，尽量吃皮、吃籽。

# 第三节　环境与健康

## 一、人类与自然环境

自然环境是指由地球表层的大气圈、岩石圈、水圈、生物圈所组成的相互渗透、相互制约和相互作用的庞大、独特、复杂的物质体系。

自然环境中某些化学元素含量的多少，会影响人体的生理功能，对健康不利而形成疾病。尽管人体的生理功能具有一定适应和调节能力，但这种调节能力是有一定限度的。如果环境中的某些化学元素含量过多或过少，超过人体生理的调节范围时，便会使人和环境之间的平衡遭到破坏，从而使机体的健康受到不同程度的影响，甚至形成地方病和流行病。例如，在环境中缺乏碘，可导致地方性甲状腺肿的发生和流行；环境中含氟量过多可引起氟骨症；饮用软水的地区，易患心脏病，饮用硬水的地区，冠心病的发生率低。所以，人类的各种疾病都与生活的环境条件有密切关系。环境因素是如何影响人体健康的，本教材第十章将详细阐述。

## 二、人类与社会环境

社会环境主要是指聚落环境，它以人群聚集和活动作为环境的主要特征和标志。这种环境是人类有目的有计划创造出来的生存环境，是人类利用自然、改造自然以及创造更加良好的生存环境的产物和基地。社会环境包括社会体制、社会经济状况和文化教育等几方面。

1. 体制与健康

一个国家的政治局势稳定、政治制度完备，有助于国民健康的提高，所以人民的健康水平需要国家政府的保障和支持。

2. 经济与健康

经济与健康的关系是辩证统一的关系。经济的发展是人民健康水平提高的根本保证，是确保人民体质健康的物质基础。如要保证国民的身体健康，国家和社会就需要对卫生投资，卫生投资的效益表现为国民健康水平提高。健康水平的提高必然带来经济效益，对社会经济发展起到积极作用。

3. 教育与健康

教育水平的高低将直接影响人类社会发展和民族整体素质的提高。体育教育是教育的重要组成部分，它对人类的健康发展起着积极的促进作用。时代的发展呼唤着体育教育。学校体育教育作为终身体育的起始阶段，将为每个人一生的不断发展奠定基础。这一基础不仅仅局限于增强体质方面，而且在于健康、心理发展各个方面，以及余暇生活质量的提高。体育教育的总目的是增强体质健康，建立终身体育意识，要求人们从小开始就培养对体育的兴趣和体育效益意识，培养良好的卫生习惯和生活方式，使国民从体质健康水平的全面增强中获得终身效益。体育教育将为人们提供获得身心可能发展的基础，它将是现代人设计和选择未来健康生活的基础。

# 第四节　情绪与健康

## 一、情绪对健康的危害

1. 不良情绪与癌症

大量研究表明，长期压抑和不满的情绪，诸如抑郁、悲哀、恐惧、愤怒等，都容易诱发癌症。情绪与癌症的治疗效果和癌症的复发率，有着明显的联系。愉快的情绪有利于癌症的治疗；悲观、绝望的情绪往往使癌症加剧。对癌症患者的研究中发现，在同样抗癌治疗条件下，对疾病的态度正确和情绪良好的患者，其疗效较高，生命的延续日期较长；而对癌症持焦虑、恐惧、悲观情绪的患者，其病情恶化的趋势比较明显。

2. 不良情绪与高血压病

血压对于情绪的变化是极为敏感的。情绪状态的改变可以引起血压和心率的变化。愤怒、仇恨、焦虑、恐惧、抑郁等情绪，可使血压升高，尤其以愤怒、焦虑、仇恨与血压的关系最为密切。被抑制的敌视情绪也是血压升高的重要原因。通过对高血压患者的研究发现，大部分患有高血压病症的患者病前有急躁易怒、要求过高的特点。如果处于长期而反复的过度紧张状态，或者在强烈的情绪激动状态下，则容易发展为高血压病患者。

3. 不良情绪与心脏病

心脏和血管对情绪反应最为敏感。反复而持续出现的不良情绪，是导致心血管疾病的主要因素。有焦虑、恐惧、愤怒、悲哀情绪者，其冠心病发病率或复发率较高。许多研究发现，高度焦虑者的心绞痛发病率为低焦虑者的2倍。有焦虑、抑郁情绪者，心肌梗死的发病率也明显增高。愤怒、焦虑、惊恐以及其他情绪突变都容易导致突然死亡。许多冠心病患者就是在不良情绪刺激下，导致心绞痛和心肌梗死发作，甚至死亡。

所以，不管生活中还是工作，我们都要调理好情绪，不要让不良情绪轻易影响到健康。

## 二、控制情绪的方法

1. 学会宣泄和转移不良情绪

人在生活中难免会产生各种不良情绪，如果不采取适当的方法加以宣泄和调节，对身心都将产生消极影响。因此，如果有不愉快的事情发生，不良情绪不要积压在心里，要积极向知心朋友或者亲人倾诉，这种发泄可以释放积于内心的郁积。当火气上涌时，有意识地转移话题或做其他的事来分散注意力，便可使情绪得到缓解。

2.学会语言节制不良情绪

在情绪激动时，自己默诵或轻声告诫自己要"冷静"、"不能发火"、"健康第一"等语言，可辅助抑制自己的不良情绪。也可以针对自己的弱点，准备一些写有"制怒"、"镇定"等字样的小纸条，随身携带或者摆放在案头，时刻提醒自己。

3.学会自我暗示和愉快记忆

在可预见某些场合下可能会产生紧张情绪时，提前为自己寻找几条不应产生这种情绪的理由，尝试说服自己保持情绪稳定。在不良情绪萌发时尽量回忆以往经历中遇到过的让自己高兴或者有成就感的事，重温成功时的愉快体验，也可以尝试特别去回忆那些与眼前不愉快相关的曾有的愉快体验。

4.学会环境转换化解不良情绪

处在情绪波动状态时，可以通过暂时离开激起情绪变化的环境和有关人或者物。可以用寓意深长的语言尝试劝服自己，在需要对引起不良情绪的对象宣泄时，也可以通过丰富的表情或动作巧妙地表达自己的想法，避免过激的现象发生。

5.学会保持豁达应对不良情绪

人生不如意的事常有，为一些小事纠结或者由此悲观，情绪低落，甚至厌世，是不明智也不值得的。生活中，人人会遇到坎坷和不顺心，关注实事，使自己对社会有一个较深刻的了解和认识，更容易保持豁达的人生态度。要相信即便今天身处逆境，情绪不佳，但通过奋斗，就可能获得成功，受人尊敬。社会是在发展变化着的，人应该适应社会，保持达观态度，对生活、对人生应充满信心。

6.提高认识和修养水平

不善于控制不良情绪的人，往往会出口成"脏"。通过不断提升自我修养，可以避免多种不文明行为。同时，还能不断提升自我情绪调控和管理的能力。因此，提高自己的认识和修养水平，对保持愉快情绪，自我调节情绪状态是很有帮助的。

## 三、情绪管理的方法

1.觉察根源，适当释放

如果我们能够清楚自己的感觉，觉察情绪的根源，就可以真正的和要处理的事、要接触的人进行"心理的接触"，而不是用自己的害怕、担忧去控制对方。对于棘手的问题，尝试说出自己的害怕、担忧、难过、生气等感觉，反而更能够因为真诚的表达出自己内心的感受，而得到他人诚挚的回应。

有人怀疑常常表达自己的感觉是不是会给别人留下情绪化过于严重的印象，事实上却正好相反，越害怕表达自己情绪的人，遇事越容易情绪化。因为被压抑的内心感觉，积压过久总会爆发。因此每当情绪或感觉出现时，要适时、适度地去表达，在日常过程中细水长流般地释放出来。

2.不要压抑，打开内心世界

当自己发觉在被负面情绪左右时，要尽量多花些时间和精力去除内心的感觉。弄清楚自己对人对事的感觉很重要，一味让自己因害怕而压抑情绪，其实是在和自己形成对抗。可以尝试给自己一个安全的独处空间，认真对待自己的情绪，享受独处的感觉，让情绪向正能量方向流动，长此以往就可以疏解忧郁沮丧。

表面上的开朗完美，有时常常反而封闭了自己的感觉，同时也阻碍了自己和他人有近距离接触的机会，所以才会总有人发出"相识满天下，知音无几人"的感叹。这种孤独源自于不正确的自我认知，总以为在别人面前，表面上必须要做个乐观开朗、坚强理性、自制完美的人，其实在内心深处却自认为表现困难、情绪软弱、甚至低人一等。而且认为自己的过去、家庭某一部分是有问题的，因此随时把自己的心"包装"起来，陷入越好强、越孤独的死循环。要尝试去表达真正的自己，说出内心真正的感觉，打开尘封的内心世界。

3. 快乐处世

关注并了解自己的情绪，经常这样做可以改变自己对事物的感觉，进一步改变自己为人处世的态度。面对同样的问题，当自己对事情的感觉改变了，诠释的角度也会不一样。人活着追求的就是要能够相信自己、照顾自己，并且认可自己的价值，自我认知才能快乐健康地活出真正的自己。

# 第五节　睡眠与健康

## 一、健康睡眠

健康睡眠是生理状况的复原，可以通过健康的睡眠来调节生理的内分泌系统。健康的睡眠可以让我们在清醒的时刻保持最佳的状况。人的睡眠周期可分为假睡阶段、浅睡阶段、熟睡阶段、沉睡阶段、深睡阶段、快速动眼阶段6个阶段。人最佳的睡眠时长是：儿童10个小时，成人7个小时。如果按照每天睡眠8个小时计算，人的一生有1/3的时间是在睡眠中度过的，睡眠的好坏与人的心理和身体健康息息相关。

（1）睡眠的时间

睡眠时间一般应维持7～8小时，但不一定强求，应视个体差异而定。入睡快而睡眠深、一般无梦或少梦者，睡上6个小时即可完全恢复精力；入睡慢而浅睡眠多、常多梦甚至噩梦者，即使睡上10个小时，仍难精神清爽。应通过各种治疗，以获得有效睡眠。

（2）睡眠的环境

冬季关门闭窗后，吸烟留下的烟雾以及遗漏的燃烧不全的煤气，会使人不能安睡。在发射高频电离电磁辐射源附近居住、长期睡眠不好而非自身疾病所致者，也很难获得高质量的睡眠。

（3）睡眠的早晚

由于每个人有不同的生理节奏，在睡眠早晚的安排上也要因人而异。因为存在个体差异，所以不同生理节奏会引发两种情况，即"夜猫子"和"百灵鸟"。顺应自身的生理节奏，才能有利于提高工作效率和生活质量，反之，则对健康不利。

## 二、睡眠不好的表现和危害

睡眠问题首先是生理问题，失眠患者往往身体会出现很多问题，比如免疫力、抵抗力以及身体自我的修复能力衰退等。解决生理性失眠，往往要通过治疗和调理。失眠患者可通过药物干预等方法，让身体机能重新恢复正常，达到解决失眠的问题。

睡眠不仅仅是生理行为，还是一种主体的心理行为。事实证明，情绪焦虑、紧张，长期处于强烈压迫感之下的人，会出现睡眠问题。如果不能及时调节，很可能会造成神经衰弱等心理疾病。要提高睡眠质量，首先应该学会正确的引导自己的心理，舒缓自己的情绪，不要让负面情绪占据主导地位。

1.睡眠不好的表现

① 入睡迟：睡眠好的人半小时以内一般就能进入睡眠状态，睡眠不好的要很久才能进入睡眠。

② 睡不实：晚上经常起夜，每晚要醒4次以上。

③ 睡眠少：常见于老年人，睡眠时间较少，睡得晚却很早就会醒。

④ 睡醒累：醒后感觉浑身疲劳，浑身没力气，整个人没有精神。

2.睡眠不好的危害

① 白天嗜睡、疲倦昏沉、沮丧易怒、学习力低落、判断力失常、反应力迟钝、注意力不集中、容易发生车祸。

② 免疫力下降、心血管疾病、糖尿病、内分泌失调、忧郁症、肠胃问题、加速老化、身体功能衰退等。

## 三、改善睡眠质量的方法

保证睡眠质量并不是只有失眠患者才关心的问题，而是应该引起所有人的重视。坚持规律作息，即便在假期也不例外，要培养规律的生活节奏。尝试能够让人放松的睡眠习惯，比如洗热水澡，睡前看能使人心静的书或听催眠的音乐。睡觉时尽量防止卧室有噪声或其他干扰，睡前避免吃含有咖啡因的食物，比如咖啡、茶、软饮料、巧克力等。

1.运动

保持每天半个小时能够流汗的运动。运动除了能锻炼我们身体机能，还能刺激我们的大脑产生一种放松愉悦的神经递质，以帮助自己获得良好的睡眠。

2.饮食

睡眠与生理时钟的节奏息息相关，日常生活中的许多安排会影响到生理时钟，所以要尽可能养成按时作息饮食的习惯，这样有助于提高睡眠质量。暴饮暴食、烟酒过量、油腻辛辣等不良的饮食结构都对睡眠造成一定程度的影响。

3.洗澡

睡前一个小时洗个热水澡，卧室保持通风。人在入睡时的体温比白天醒着的时候要低，到了快起床之前会降到一天的最低点。所以，要让自己清醒，起床后可以洗个热水澡。

4.氛围

睡眠的氛围，找到自己焦虑的根源，然后解决源头问题是制造良好睡眠的根本。将心存疑虑或者有待解决的事情放在心里，反复纠结、担心、焦虑是引发不良睡眠的根源。学习和工作的压力常常是导致失眠的重要原因，那些跟学习、工作相关的东西，最好不要放在床边或者卧室。如果觉得有需要，适当的音乐放松很有帮助，也可以看看书或电视。

# 第三章
# 体育锻炼的原则与方法

体育锻炼是人们运用各种身体练习方法,并结合自然力和卫生因素以及发展身体、增进健康、增强体质、调节精神、丰富文化生活为目的的身体活动。要想使体育锻炼能够有效地增强体质,提高健康水平,达到预期的最佳效果,就必须按照科学的原理,遵循一定的原则,讲究锻炼的方法。

## 第一节 体育锻炼的基本原理与原则

### 一、体育锻炼的基本原理

#### (一)刺激与适应性的改变和增强

体育锻炼实际上就是对身体施加的一种运动刺激。在运动的刺激下,引起了机体的多种反应,并随着刺激次数的增加与时间的延续、负荷量与强度的增长,使人体在形态、机能、素质、体能等方面,产生适应性的变化和增强。原则上讲,有了这种刺激,人体才可能产生这些变化;没有这种刺激,人体就不可能产生这些变化。

#### (二)运动疲劳与疲劳恢复

体育锻炼的过程就是:运动——疲劳——休息——恢复。有人讲"没有疲劳,就没有锻炼",这话是有一定科学道理的。运动中只有出现疲劳,才可能通过休息,使体力得以恢复,并进而提高身体对疲劳的耐受力。例如,在长跑锻炼中,一个人在开始的一段时间里跑一千多米就感到体力不支,而他通过一个时期的锻炼,能跑两三千米仍不感到十分疲劳。可见,人的体力及各种运动能力,必须通过运动所产生的疲劳锻炼才能得以增强和提高。

#### (三)能量消耗与营养补充

运动必然要消耗体内更多的能量物质。因此,运动后就必须注意营养物质的补充,这样才能使体内的机能代谢逐步提高到新的水平上，这不仅能够加强人体对营养物质的吸收和利用，而且可使体质的增强得到充分的物质保障。

### （四）用进废退

人的各种运动能力，人体各组织、器官、系统的生理机能，无一不遵循着"用进废退"的自然法则。就以我们大、中、小学体育教材中都有的"前滚翻"动作来说，其实这是还不会走路的幼儿在床上很容易做出的动作。然而，在大学的体育课上，却有学生做不出，但有的学生能很快地学会头手翻、前手翻，甚至更为复杂的动作，但这不能不使我们吃惊地看到，人的各种原本就有的运动能力，是能够在不使用、不锻炼中渐渐消退的；而这些能力又能在经常的锻炼中得到惊人的提高和发展。这就是游泳运动员的肺活量为什么会比一般人大得多，球类运动员的反应比一般人快得多，体操运动员能做出令人叹为观止的难新动作的最基本道理。

## 二、体育锻炼的基本原则

### （一）自觉性原则

自觉性原则是体育锻炼者应有明确的锻炼目的，要有"善其身者无过于体育"的思想认识，自觉积极地进行体育锻炼。毛泽东同志在《体育之研究》一文中指出："欲图体育之有效，非动其主观，促其对于体育之自觉不可。"也就是说，要想收到体育锻炼的预期效果，必须以主动积极的态度，自觉地坚持锻炼才行。

贯彻自觉性的原则，应注意以下几点。

1. 要做到自觉锻炼，首先必须明确锻炼目的。

学校是培养人才的地方。学生都应遵照"坚持四项基本原则"和德、智、体全面发展的教育方针，把自己锻炼成为一个有理想、有道德、有文化、有纪律的人，将来更好地为四个现代化和人类的进步事业多做贡献。一个人只有树立起这一远大目标，才能使体育锻炼更具有长久的动力和自觉性。另外，参加体育锻炼更多的是带有直接目的和动机的。例如：为了丰富文化生活、调节情绪、活泼身心、陶冶情操、锻炼意志等，或是为增进健康，促进身体的正常发育和造就一个健美的形体，以及防病治病等。不管带着哪种目的和需求，主要是有目的地去锻炼，这种锻炼就更具主动性和自觉性。

2. 应充分认识体育锻炼的特点和作用。

体育锻炼的内容与形式是多种多样的，每个人都可以选择自己较喜爱的运动项目和形式，并有意识地培养锻炼的兴趣。当一个人对体育锻炼产生兴趣之后，他进行锻炼的情绪才是高涨的，感受才是积极的。但是，仅仅停留在兴趣阶段是不够的，而是应从兴趣入门，逐渐形成一种自觉行动和良好的体育锻炼习惯。

3. 要使锻炼更具自觉性，还应经常检验锻炼的效果。

如定期测试一下身体素质、形态，某些生理机能指标和运动成绩等方面的增长、变化及提高情况，也可用饮食、睡眠、精神状态以及学习时的注意力等情况的对比来检验锻炼的效果。这样不仅可以检查锻炼方法是否得当有效，而且，还可以看到锻炼的成效，从而使体育锻炼的兴趣与信心进一步增强，自觉性更加提高。

### （二）循序渐进原则

循序渐进原则是指体育锻炼的内容、方法和运动负荷等，必须根据人对事物的认识规律、动作技能形成规律和生理机能的负荷规律，由小到大、由易到难、由简到繁、由低级到高级地逐步进行。在体育锻炼中，最忌急于求成，想"一口吃个胖子"，只能事与愿违，甚至还会造成伤害事故或给身体带来某些生理损伤。因此，进行体育锻炼时，学习动作要由易到难、运动量由小到大、运动强度（刺激强度）应由弱到强。同时，还应根据年龄、性别、身体素质水平，因人而异地安排练习的内容，这样才能收到良好的效果。

### （三）全面性原则

全面性原则是指身体锻炼应全面发展身体的各个部位、各器官系统的机能、各种身体素质和活动能力，追求身心的和谐发展。体育锻炼，不仅应包括不同身体部位的活动，更重要的是应该包括多种项目和不同性质的活动，进行全面锻炼。身体各系统都是相互联系、相互制约的，身体某一方面的发展必然会影响到其他方面的发展，而全面发展，就能相互促进，共同提高。目前，大学生年龄多处在17~23岁之间，为身体发育逐渐成熟的阶段，具有一定的可塑性。因此，在体育锻炼中贯彻全面性原则尤为重要。

### （四）经常性原则

经常性的原则是指身体锻炼必须持之以恒，使之成为日常生活中的重要内容。我们做什么事情都要有恒心，体育锻炼也是这样。运动技术的形成和提高，人体各组织系统机能的改善，是肌肉活动反复多次强化的结果。锻炼不经常，后一次锻炼时，前次锻炼的痕迹已经消失，失去了累积性的影响作用，因此效果也就很小，甚至不起作用。同时，运动技能的形成，人体结构、机能的改善，身体素质提高，都受着生物界"用进废退"规律的制约。不经常锻炼，对已取得的效果即会逐渐消退。俗话说："拳不离手，曲不离口。"所提示的就是这个道理。

上述锻炼身体应遵循的几项原则，是互相联系、互相制约的。只有科学地、有目的地、全面地贯彻这些原则，才能不断增强体质，取得预期效果。

## 第二节　体育锻炼的方法

### 一、体育锻炼的内容与形式

体育锻炼的内容极为丰富，形式也多种多样。在学校，我们可将内容分为：推行《国家体育锻炼标准》与实施《大学生体育合格标准》；体育竞技（如篮球、排球、足球、乒乓球、羽毛球、网球等）；传统保健体育（如武术、气功等）和娱乐体育（如登山、郊游、棋牌、垂钓等）以及各种健身操、健美、体育舞蹈等。体育锻炼的组织形式有：早操、课间操、课外体育活动和运动竞赛等。

### 二、体育锻炼的内容与自我选择

1. 锻炼内容的选择

① 健壮型：肌肉特别发达，肌纤维的线条轮廓非常清晰，身体健康，有较好活动基础者，可根据自己的实际情况和兴趣爱好，在田径、球类、游泳、举重、滑冰、滑雪等项目中选1～2项作为主要锻炼内容。

② 体能型：肌肉比较发达，身高与体重的比例协调、适中，身体健康，有一定的运动基础者，最好选择形式活泼，对增强体质有明显效果的锻炼内容，可仿照"健壮型"，但要科学控制运动负荷。

2.锻炼内容的分类（表3-1）

表3-1 锻炼内容的分类

| | |
|---|---|
| 按锻炼目的和要求分类 | ① 健身运动 |
| | ② 健美运动 |
| | ③ 娱乐性体育 |
| | ④ 格斗性体育 |
| 按竞技项目分类 | 竞技体育的项目有田径、游泳、球类、体操、举重、摔跤、滑冰、滑雪等，绝大部分项目在学校体育课程中开设 |
| 按发展不同身体素质的要求分类 | 身体素质主要包括力量、速度、耐力、灵敏和柔耐等素质，其中力量、速度、耐力是发展体能的主要素质。锻炼时，要根据发展不同素质的要求，选择相应的锻炼内容 |

3.锻炼内容与负荷量的选择

（1）锻炼内容

① 线条明显，体形优美，身体健康者：主要采用轻器械力量练习、有氧运动及柔韧性练习等综合性的身体练习。

② 瘦长型：肌肉不发达，身体瘦长，体重指标低于正常范围者，主要选择体操、负重练习等，使身体壮实，肌肉丰满，促使身高与体重的比例协调。

③ 肥胖型：体重超过正常标准者，最好选择长跑、长距离游泳、网球、健美等锻炼内容，通过锻炼减肥来使身体变得匀称、结实。

④ 瘦弱（小）型：身体瘦弱（小）或多病及发育不良者，适宜选择慢跑、散步、太极拳等锻炼内容，通过锻炼增强体质，战胜疾病，增进健康。

（2）负荷量的选择

负荷量是否适合会将决定锻炼的效果。进行体育锻炼的负荷量，是指人体在生理上承受的负荷程度，其大小取决于运动练习的强度、密度、持续时间和数量。一般情况，每次练习的持续时间至少应达到30min以上，才能收到较为理想的锻炼效果。

# 三、体育锻炼方法

1.体育锻炼的一般方法

学生进行体育锻炼所能直观的效果就是肌肉、体形的变化，这也是学生最感兴趣的。下面针对此特点介绍几种发展不同部位肌肉力量和耐力的方法。学生在选用时要根据自身实际状况及教师指导，理解每种方法的准备姿势、动作过程、呼吸方法、锻炼功效、注意要点，然后方可进行具体的锻炼实施（表3-2）。

表3-2 体育锻炼的一般方法

| 发展的肌肉 | 练习方法 |
|---|---|
| 颈部肌肉 | 头颈前后左右屈伸等 |
| 肩部肌肉 | 肩部提沉左右转、双臂前平举、两臂侧平举、提铃耸肩等 |
| 臂部肌肉 | 两臂弯举、头上臂屈伸、反握引体向上、腕屈伸、双杠屈伸、攀杠等 |
| 胸部肌肉 | 俯卧撑、仰卧飞鸟、双杠屈伸、倒立支撑等 |
| 背部肌肉 | 引体向上、负重躬身等 |
| 腰腹肌肉 | 仰卧举腿、两头起、悬垂举腿等 |
| 臀部和腿部肌肉 | 屈膝蹲伸、负重提踵、单腿蹲伸、俯卧后举腿等 |

2.发展关节柔韧性的方法（表3-3）

表3-3　发展关节柔韧性的方法

| 发展的关节 | 练习方法 |
| --- | --- |
| 肩关节 | 正压肩、反压肩、吊肩、转肩 |
| 腰腹部 | 体前屈、体侧屈、转体 |
| 下肢 | 弓步压腿、正压腿、侧压腿 |
| 踝关节 | 跪压、侧压 |

3.常见的运动锻炼方法

（1）健身跑

① 长跑及慢速度的持续跑锻炼。这种方法是用一种舒服的慢速度跑一段较长的距离，但要比快走快些。这是有氧代谢的锻炼，各锻炼水平者都能参加，运动的时间较随意，早晚均可，持续时间一般为20～60min，心率一般应控制在130～150次/min。运动过程中，呼吸应该是轻松的，以没有透不过气来的感觉为好。

② 中等速度的持续跑。此练习法对体质较好者更为适用，练习时间不宜太早、太晚；持续运动20～40min即可，心率应控制在140～160次/min之间，尽管这种练习要比慢速长距离跑要快一些，呼吸次数多，但在跑的过程中还是要调整好呼吸方式，以有氧代谢供能为主。

（2）健身步行

步行是一项简便易行，受场地、服装等条件限制较少的主要健身锻炼方法，每日万步走的社会性健身锻炼，在发达国家已经十分广泛。我国大学生的学习、生活走步每天6000～8000步，教职工日常生活走步仅在5000～8000步，都低于10000步。所以，我们应积极行动起来，首先在意识上重视健身步行，并贯彻实施；其次是科学规划、形成好习惯。

（3）跳绳

跳绳是一项全身运动，跳前要做准备活动，跳完后也要做整理活动。跳绳时用前脚掌着地，不宜穿硬底鞋和皮鞋，并要根据个人的体质状况来定速度，应由慢到快。据测定，以120次/min的速度连续跳5min，其运动量不亚于中等速度跑步750m。如果感到运动负荷大了，可采用间歇式的跳法，每次跳30s，共跳10次，这样累计也可达到5min。每天练习两次为好，如隔天练习一次，其效果只能达到预期的90%。器具简单、活动方便的跳绳运动除增强人体内脏器官的功能外，对发展弹跳、灵敏、力量、耐力等素质也都有很好的作用。

## 第三节　运动处方

### 一、运动处方的概念

运动处方是根据个体的健康、体力状况及心血管功能状态，用处方的形式规定运动的种类和运动负荷，并指出运动中的注意事项，以便有计划地经常性锻炼，达到增进健康的目的。

"处方"在医学上指的是医师给病人开药方，不同的病或同一种病而程度不同，所开药方就不相同。同样，要科学地锻炼身体，提高健康水平，预防或治疗疾病，也必须"对症下药"。所以，参加锻炼者必须根据目前的身心综合状况制订科学的运动处方，才能获得个人期望的锻炼效果。

## 二、运动处方的分类

① 预防和保健性运动处方：是针对健康者的运动处方，可以增强体质，提高健康水平。
② 治疗性运动处方：是针对某些有疾病或外伤者的运动处方，可以治疗疾病，提高康复医疗的效果。
③ 竞技训练运动处方：是针对运动员的运动处方，可以提高身体素质和运动技术水平。

## 三、运动处方的特点

① 目的性强：运动处方有明确的近期目标和远期目标，运动处方的制订和实施都是围绕运动处方的目标进行的。
② 计划性强：运动处方的内容安排必须要有较强的计划性，使运动处方更易实施。
③ 针对性强：运动处方是根据每一个参加锻炼者的具体情况进行制订和实施的，针对性越强，锻炼效果越好。
④ 科学性强：运动处方的制订和实施过程是严格按照康复体育、临床医学、运动学等学科的要求进行的，有较强的科学性，按运动处方进行锻炼能在较短的时间内，取得较明显的锻炼效果。
⑤ 普及面广：运动处方简明易懂，容易被大众所接受。

## 四、学习运动处方的意义

① 运动处方是体育锻炼的核心部分，运动处方的制订和实施是体育锻炼科学化、定量化、个体化（因人而异）的保证。学习和掌握运动处方对健身和康复具有重要的作用。
② 通过对运动处方知识的学习，可以帮助人们转变锻炼观念。研究证明，疾病一般是有潜伏期的，我们不能等身体有不良反应才开始锻炼，而应在身体状况良好时就做好健康的蓄积，即青少年时期就要为终身健康积极锻炼，珍爱自身健康。
③ 运动处方是落实《全民健身计划》的措施。该计划向公众推荐200多种小型多样的健身运动方式，学习和掌握运动处方能更好地进行全民健身计划的推广，使锻炼取得事半功倍的好效果。

## 五、运动处方的制订与实施

### 1.制订运动处方的基本原则

① 因人而异的原则：根据每一个参加锻炼者或病人的具体情况，制订出符合个人身体客观条件及要求的运动处方，切忌千篇一律。
② 有效的原则：运动处方的制订和实施应使参加锻炼者或病人的功能状态有所改善，在制订运动处方时，要科学、合理地安排各项内容，在运动处方的实施过程中要按质、按量认真完成各项练习。
③ 安全的原则：按运动处方运动，应保证在安全范围内进行，若超出了安全的界限，则可能发生伤病。在制订和实施运动处方时，应严格遵循各项规定和要求，以确保安全。
④ 全面的原则：运动处方应遵循全面身心健康的原则，在运动处方的制订和实施中，要注意维持人体生理和心理的平衡，以达到全面身心健康的目的。
⑤ 调整的原则：再好的运动处方，也不适合所有的人或人的一生，一个安全有效的处方应该是根据个人情况制订的，而且应在实施过程中，不断调整。一般情况下，坚持锻炼8周就能收到较好的锻炼效果；若再按原处方规定的运动负荷锻炼，则效果不大，此时，就需对运动处方进行调整。

## 2.运动处方的基本内容

运动处方应包括运动目的、运动种类、运动强度、运动持续时间、运动频率、注意事项与微调整。

（1）运动目的

运动目的有消遣娱乐、强身保健、健美减肥、防治疾病、提高运动成绩等。目的主要根据锻炼者的性别、年龄、职业、爱好和身体健康状况等的不同而定。

（2）运动种类

应根据运动处方的制订目的来选择运动种类。另外，锻炼者的体力、运动水平、运动设施及有无指导者均会对运动种类的选择产生影响，适用于一般健康者和慢性病人的项目，可分为五类。

① 耐力性锻炼项目，如步行、长跑、骑自行车、长距离游泳、爬山等。

② 力量性锻炼项目，如拉力器、哑铃练习，克服自身体重的单、双杠器械练习等。

③ 放松性锻炼项目，如散步、旅行、按摩、打太极拳等。

④ 一般健身性锻炼项目，如各种球类、游戏、广播体操、八段锦等。

⑤ 专门体操锻炼项目，如医疗体操、矫正体操等。

一般锻炼者运动项目的选择应以有氧运动为主，锻炼时要有一定节律性，无呼吸紊乱或憋气现象，并能使身体得到较全面的锻炼。

（3）运动强度

运动强度是运动处方制订的核心部分，不同锻炼者的运动能力是有差异的，需要通过科学的监测来确定适宜的运动强度。运动强度是指单位时间内的运动量。

训练有素的运动强度：为提高运动成绩，应在最大强度85%以上。

一般锻炼的运动强度：不超过最大强度80%和低于50%，较适宜为60%～70%。

有疾病（如心脏病）的运动强度：不超过最大强度60%和低于40%左右。

运动强度可根据心率、最大吸氧量的百分数、代谢当量、自觉疲劳程度等来确定。

（4）运动持续时间

每次运动的持续时间为15～60min，达到适宜心率的时间须15min以上。在运动处方的设计中，运动量的确定是至关重要的，它将直接影响锻炼的效果。运动量是由运动强度和运动时间共同决定的（运动量=运动强度×运动时间）。运动强度与运动时间成反比。运动强度较大则运动时间较短，运动强度较小时运动时间较长，前者适宜于年轻及体力较好者，后者适宜于老年及体力较弱者。

（5）运动频率

每周锻炼3～4次，即隔一天锻炼一次，运动效果可得到较好蓄积，锻炼效果好。研究证实：

① 每周运动1次时，肌肉酸痛和疲劳每次都发生，运动后1～3天身体不适，且易发生伤病，运动效果不蓄积。

② 每周运动2次时，肌肉酸痛和疲劳减轻，身体无不适感觉，运动效果有一点蓄积，但不明显。

③ 每周运动3～5次时，肌肉较为适应，运动效果蓄积明显。

④ 每周运动5次以上时，运动效果增加并不多（与每周运动3～5次比），并有增加运动损伤的倾向。

所以，以健身为目的进行锻炼时，应采用次日不残留疲劳的小运动负荷，选择适合自身情况的锻炼次数，也可坚持每天锻炼，但最重要的是养成运动习惯和使运动生活化。

（6）注意事项及微调整

① 提出禁忌的运动项目和易发生危险的动作：如心脏病人禁忌做大强度、高刺激的运动；学生不应在缺少保护的情况下，在器械上做腾空、翻转等动作。

② 提出运动中自我观察指标及出现异常时停止运动的标准：如心脏病人在运动中出现全身无力、头晕、气短、运动中或运动后关节疼痛或背痛等就应停止运动。

③ 每次锻炼前、后要做好准备活动和整理活动。

在运动处方实施过程中，应根据实际情况进行必要的微调整。由于运动环境、个人身体条件等的变化性，使得运动前制订的处方可能有不适合的地方，人们只有通过在实践中反复地调整、修正，才能使运动处方更科学合理，保证人们在安全、有效的运动中愉悦身心，增强体质。所以，体育锻炼者必须时刻注意调整自己的运动处方。

### 3.运动处方制订的程序

运动处方可根据个人所需制订周、月、季、年、多年锻炼内容及要求。

① 了解锻炼者的基础情况：包括姓名、性别、年龄、职业、疾病史、过去及现在身体锻炼状况，此外还包括锻炼者的食欲、睡眠和精神状态等。

② 健康诊断：对锻炼者健康程度的判断，是制订运动处方的重要依据之一。可采用直接的医学检查，也可以直接索取近期的身体检查证明，来获取人体器官系统的功能状况指标。

③ 运动负荷测定：是锻炼者身体机能对运动承受能力的检测和评定。一般进行安静和运动状态下生理机能的检测，主要应测定心跳频率，最大吸氧量等机能指标。

④ 体力测定：主要是对锻炼者身体素质的检定，内容包括身体各部分的力量、速度、耐力、灵敏、柔韧等。为便于评价，可将测试指标与较大样本的同项指标对比，以确定该项素质的优劣程度。

⑤ 制订运动处方：根据以上四项调查、测定的结果结合身体锻炼的原则，制订锻炼者的锻炼内容、强度、时间等在内的锻炼方案。

⑥ 实施锻炼方案，完善处方：按运动处方的要求锻炼一个阶段后，应再次进行健康检查、运动负荷测定和体力测定，这样一方面可以评价运动处方的实效和锻炼效果，另一方面也可根据身体的变化，修改和调整运动处方，使处方更具有针对性和实效性。

### 4.运动处方的实施

运动处方的实施应以每一次运动锻炼的合理安排为核心，以运动量的监控及医务监督为重点，在确保安全的基础上，蓄积锻炼效果，实现运动处方的近期与远期目标。

### 5.一次运动锻炼的安排

（1）准备阶段

是通过准备活动，使身体机能从相对安静状态过渡到适宜强度的运动状态过程。准备阶段常采用运动强度小的有氧运动和伸展性体操，如：步行、慢跑、徒手操等，准备活动的时间，可根据不同的锻炼阶段有所变化，开始锻炼的早期阶段，准备活动时间为 10～15min。

（2）锻炼阶段

是使身体维持在相对较高机能状态下持续运动锻炼的过程。是运动处方的主要内容，是达到康复或健身目的的主要途径。其运动内容、运动强度、运动时间等，应按照具体运动处方的规定实施，而运动时间至少应在 30min 以上。

（3）整理阶段

是指机体由激烈运动状态逐渐过渡到相对安静状态的过程。是通过做一些较轻松的身体练习来实现。如散步、慢跑、放松操、自我按摩等。整理活动的时间一般为 5min 左右。

### 6.运动量的监控

运动量的监控是指根据运动过程中和运动后身体的反应情况，锻炼者进行自我监测和调节运动量。常采用的方法有：自觉疲劳程度（RPE）、靶心率等。目前，一种简单而有效的评价运动量的方法是：观察每次运动后疲劳的恢复情况。即运动量适宜的标志是第二天早晨起床疲劳感完全消除，感觉轻松愉快，睡眠良好，体力充沛。如果运动锻炼后，数日内有脉搏、血压明显的持续上升，或肺活量、体重等明显的持续下降，说明运动量偏大，有疲劳积累的征兆，应及时减少运动量。

7.运动中的医务监督

在运动处方的实施过程中，应对一般的健康人进行自我监督，对治疗性运动处方实施医务监督。

8.运动处方范例

一般肥胖者的运动处方如下。

（1）锻炼目的

减轻体重，防止肥胖；保持和增强体力，预防肥胖合并症。

（2）运动项目

耐力运动，如长距离步行、跑步、自行车、游泳等。

（3）运动强度

心率掌握在120～135次/min的运动量。

（4）锻炼方法

① 准备活动5min，可做腰、腿、髋关节轻微活动。

② 慢走与快走交替20min，如步行以慢—快—慢相结合；用10min走完1200m，速度2步/s，再用10min走完1300m；也可以慢跑20min。

③ 基础体力练习15min，仰卧起坐20个（手抱头或不抱头均可），仰卧撑20个×2组，俯卧抬起上体20个，提踵50次，蹲跳起20次。

④ 放松整理活动5min，做放松操，调整呼吸。

⑤ 以上全部内容锻炼45min，共消耗约1300kJ（315kcal），此热量相当于米饭95g，或3个煎鸡蛋。

（5）运动时间和频率

每次40～50min，每周3～4次。

（6）注意事项

① 锻炼时感觉轻松或过于吃力时，可稍微调节内容和次数；

② 以锻炼后第二天不感到疲劳为宜，可每周适当增加运动量；

③ 严寒、酷暑或身体不适时应停止锻炼，不可蛮干；

④ 科学进餐，平衡营养。

# 第四节　体育锻炼效果的评定

定期评定体育锻炼的效果，是科学锻炼身体的重要措施之一。通过评定可以及时了解锻炼的效果，掌握身体发展、变化情况，从而使锻炼的计划和采用的方法更为合理与有效。这里仅就身体发展自我评价的几种简单方法介绍如下，以便对体育锻炼的效果进行评定。

## 一、身高

人的高矮，主要取决于遗传因素，然而，生活环境、营养条件和体育锻炼等均产生着重要影响。将预测应长身高与现实实际身高进行比较，可较客观地评价自己的身高发育情况。

应长身高系指由遗传因素决定的身体生长高度。其预测方法，可用湖北省体育科研所参照捷克的哈利晋克根据父母与子女身高的相关系数而总结的公式。它是通过对我国青少年的调查统计推算出的，能较客观反映我国青少年遗传规律的预测方法：

子身高（厘米）＝ 56.699 ＋ 0.419 × 父高 ＋ 0.265 × 母高

女身高（厘米）＝ 40.089 ＋ 0.306 × 父高 ＋ 0.431 × 母高

评价身高的方法为：预测应长身高减实际身高，其差数为正值，年龄在18岁以上，可视为身高发育不足；其差数为负值，为身高发育良好。

## 二、体重

体重是评定营养与健康状况较为敏感的一项指标，也是评定体育锻炼效果的一项重要指标。评价体重的方法，一般都采用与标准体重对照的办法。标准体重的计算是根据一个人的身高与体重的比例关系来确定的。目前采用的一般方法为：

标准体重＝身高（165厘米以下者）－ 100

标准体重＝身高（166厘米至175厘米者）－ 105

标准体重＝身高（176厘米以上者）－ 110

一个健康人的体重（公斤），浮动幅度应不超过标准体重的百分之十。

## 三、胸围

胸围应是身高的一半。胸围与身高的关系指数（胸围－ 1/2身高）可反映体形的匀称度及胸腔容积。指数小于零为不同程度的细长型，等于零为匀称型。发育正常的青少年，在17岁之后，其关系指数都应等于或稍大于零。

## 四、（体重／身高）×100

体重与身高的比值是评价身体胖瘦程度的一项指标。根据我国于1979年和1985年进行的体质调查，我国17岁青年的平均比值，男为32.01，女为31.49。高于此平均值，可视为胖或较胖，低于此平均值可视为瘦或较瘦。

## 五、整体形态

对人体的整体形态评价，可采用：

身高（厘米）－体重（公斤）－胸围（厘米）所得指数，来评价人体形态发育状况的好与差（见表3-4）。

表3-4　整体形态指数评定

| 指数 | 10以下 | 11～12 | 21～25 | 26～36 |
|---|---|---|---|---|
| 状况 | 好 | 良 | 一般 | 差 |

## 六、脉搏

脉搏频率是评价心血管系统功能状况的重要指标。对脉搏频率的评价可以从以下几种状态进行：安静时脉搏、运动时脉搏、运动后的恢复脉搏。

① 安静时的脉搏，一般人为75次／分；运动员，特别是长期从事耐力项目训练的运动员为40～50次／分或更少些。

② 运动时或运动后的即时脉搏，一般人可达到160~170次/分；运动员可达到200次/分以上。

③ 运动后的恢复脉搏，由运动停止的即时脉搏降低到运动前时脉搏，其恢复时间应不超过5~6分钟；运动后的次日晨脉，波动次数应不超过通常晨脉的2次/分。

据此，有体育锻炼习惯与爱好的人，安静时的脉搏频率出现递减的趋势，剧烈运动后的即时脉搏频率出现递增趋势为正常、良好；运动后，由即时脉搏到正常时脉搏恢复时间缩短的趋势为正常、良好。运动负荷强度的大小，可采用运动时每分钟的平均脉搏，除以安静时每分钟的脉搏，以其所得指数进行评价（见表3-5）。

表3-5　强度指数评定

| 强度 | 大 | 较大 | 中 | 小 | 较小 |
|---|---|---|---|---|---|
| 指数 | 2以上 | 1.8-2 | 1.5-1.8 | 1.2-1.5 | 1.2以下 |

## 七、身体机能状况

对身体机能状况的评价，可以用库珀的12分钟跑评定法进行。这种方法是根据不同的年龄、性别，在12分钟内所跑的距离来进行评定的（见表3-6）。

表3-6　库珀的《12分钟跑评定法》

| 实跑距离健康水平 年龄 | 很不好 | 不及格 | 及格 | 好 | 很好 |
|---|---|---|---|---|---|
| 30岁以下 | 1.6公里以下 | 1.6~1.9公里 | 2~2.4公里 | 2.5~2.7公里 | 2.8公里以上 |
| 30~39岁 | 1.5公里以下 | 1.5~1.8公里 | 1.9~2.2公里 | 2.3~2.6公里 | 2.7公里以上 |
| 40~49岁 | 1.3公里以下 | 1.3~1.6公里 | 1.7~2.1公里 | 2.2~2.4公里 | 2.5公里以上 |
| 50岁以上 | 1.2公里以下 | 1.2~1.5公里 | 1.6~1.9公里 | 2~2.4公里 | 2.5公里以上 |

# 第四章
# 运动损伤与康复

## 第一节 体育运动中常见的运动损伤

### 一、常见运动损伤的分类

**1. 按受伤形式分类**

主要包括肌肉和韧带的撕裂及断裂、挫伤、四肢骨折、颅骨骨折、脊椎骨折、关节脱臼、脑震荡、内脏破裂、冻伤、溺水等。

**2. 按受伤组织名称分类**

主要包括皮肤损伤、肌肉和肌腱损伤、关节损伤、骨损伤、神经损伤和内脏器官损伤等。

**3. 按损伤后皮肤或黏膜的完整性分类**

① 开放性损伤。开放性损伤主要指伤口与外界相通，易感染。

② 闭合性损伤。闭合性损伤主要是指没有伤口的损伤。

**4. 按损伤轻重分类**

① 轻度伤。轻度伤一般指在伤后不影响体育锻炼的损伤。

② 中度伤。中度伤一般指受伤局部及周围不能正常活动，需停止或减少该部位活动的损伤。

③ 重度伤。重度伤是指需要休息或进行治疗的损伤。

**5. 按损伤病程分类**

① 急性损伤。急性损伤一般是指在受伤因素作用后立即出现异常症状的损伤。

② 亚急性损伤。亚急性损伤一般是指受伤6h后出现症状的损伤。

③ 慢性损伤。慢性损伤是急性细微损伤积累成的劳损，或急性损伤迁延不愈而转化成的陈旧性的损伤。

## 二、常见运动损伤的原因

1. 潜在因素

（1）各项运动的技术特点

由于各个运动项目的表现形式不同，造成了运动技术特点的不同，对身体各部位造成的负荷压力也就不同。例如，篮球运动员经常做急停跳投的动作，导致膝关节的负担量过大，特别是髌骨的极易损伤；足球运动员由于经常进行足球射门动作，极易使大腿骨后肌群拉伤；田径中的标枪运动员在进行投掷时，要求肩关节急剧旋转约180°，容易使肩肘和肱二头肌腱损伤，在标枪"出手"时由于枪的反作用力迫使前臂突然外展，也会容易引起肘关节内侧副韧带的损伤；中长跑运动员由于经常处于运动疲劳状态，会造成胫骨内侧疼痛发炎等。

（2）解剖生理特点

身体各部位所处的解剖位置与运动项目的特点决定了某些部位或组织较易损伤。这些部位在运动中易与周围组织发生摩擦和挤压，如肩肘；或局部某一组织在结构上较为薄弱，抗拉或抗折能力较差，如髌软骨板，还有某些关节容易受到关节角度的影响，使关节的稳定性降低，如膝关节半蹲位"发力"；或某些关节在运动时，关节面承受几个不同方面的应力，使关节面间既有滑动又有旋转而导致组织发生损伤。

2. 直接因素

由于人体的某些部位解剖生理的弱点，与运动动作对身体的特殊要求，只能说有发生外伤的可能性，但不一定都发生外伤。事实上，有不少运动员，经过多年的系统训练，运动成绩稳步的提高而未发生运动损伤，分析起来，直接引起外伤的原因如下。

（1）思想因素

对发生运动损伤不够重视，忽视了必要的安全教育，通常认为进行体育锻炼发生损伤是必不可免的。还有的学生在进行难度较大的动作练习时，往往心里产生畏惧，动作做得不够舒展，容易引起损伤的发生。在进行比赛时，有的运动员违反比赛的规则，动作野蛮，甚至搞小动作故意伤害别人，这不仅违背了体育道德精神，也增加了自己发生运动损伤的危险性。

（2）准备活动

① 不做准备活动。在神经系统和其他各器官系统功能没有做好准备的情况下，就立即投入紧张的体育运动中，这时，肌肉的力量不够，黏滞性比较大，神经系统还不能很好地控制肌肉运动，因而肌肉拉伤与关节损伤的可能性将增大，这也是体育课外活动常见的。

② 准备活动不够充分。在神经系统和其他各个器官系统的功能尚未达到适宜水平时，就进入紧张的正式运动，或者在做准备活动时，马虎敷衍，这将非常容易导致运动损伤的发生。

③ 准备活动与体育课或者训练课脱节。准备活动的运动形式与所要进行的身体活动不相适应，内容没有结合好，负担较重的部位没有充分的改善，因休息而减退的条件反射性联系没有得到恢复，此时也较容易发生运动损伤。

④ 准备活动的量过大或者过小。当活动量过大时，身体在进入正式运动以前已经感到疲劳，当进行训练或比赛时，身体功能不是处于最佳状态，也容易导致损伤的发生。当运动量过小时，身体的各个系统没有充分动员，之后进行较大强度或动作幅度的训练，就容易造成损伤的发生。

⑤ 准备活动距正式运动的时间过长。当身体进入正式运动时，准备活动所引起的生理作用已经减弱或消失，失去做准备活动的意义。这种现象，多见于比赛时，如临时更换比赛时间或替补队员的临时上场等。

（3）训练水平不够

在运动员损伤中，有相当一部分是由于训练内容不全面致成外伤或使外伤加重，很多人对此缺乏认识。从生理的角度讲，无论哪一种内容的训练与培养，都是条件反射的建立过程。在这个过程中，专项技术训练不够，动作要领掌握不好，就容易发生外伤。例如在体操的空翻转体360°练习时，如果掌握不好，就很容易造成摔伤。另外力量的缺乏也是致使损伤的一个原因之一，在短跑运动中，如果动作幅度过大，肌肉力量难以维持，就会容易造成肌腱断裂和软组织损伤。此外缺乏肌肉耐力也会致伤的例子也不少见，这主要是因为疲劳导致大脑皮层的活动处于抑制状态，致使已经建立起来的巩固的条件反射性联系受到影响，肌肉关节反应迟钝，造成动作出现偏差，易造成损伤的发生。

（4）技术动作错误

由于技术动作上的缺点和错误，违反了人体结构的特点和各器官系统功能活动的规律，以及运动时的力学原理，也容易引起机体组织损伤。技术动作上的缺点和错误，是开始从事运动训练或学习新动作时最常导致运动损伤的原因之一。尤其对于青少年儿童来说，神经活动的兴奋和抑制过程发育还不很均衡，分化动作的能力较差，学习动作时常常一些关键的要领掌握不好，容易发生各种错误的技术动作而造成损伤的发生。例如，排球传接球时，由于手形不正确很容易导致手指扭伤；在投掷手榴弹时，常因为在上臂低于肩的错误姿势下出手，导致肌肉拉伤的发生，甚至发生肱骨的骨折。

（5）违背循序渐进的规律

循序渐进是指安排的教学内容或练习内容要由易到难，根据学生或自己的能力对训练负荷的安排要有系统性、科学性、逐步深化，要使运动技能的形成规律与人体机能的变化规律结合起来。只有这样，才能使身体素质和技能的发展有一个良好的基础，不仅能达到锻炼身体、提高运动技能的目的，还能避免一些不必要的身体损伤。

（6）身体状况不佳

身体状况不佳一般是指处于身体疲劳、过度疲劳的状态或者患病，比赛前的心理紧张抑郁等阶段。身体状况不佳一般包括生理上的和心理上的。生理上的不佳，运动员通常所表现出来的力量、精确度、耐力等都会与平常相比有较大的差距，甚至在技术上表现特别出色的运动员，也会发生技术上的失误，而引起严重的损伤。心理上的不佳，一般表现为比赛前的胆怯、信心不足、比赛抑郁等，这样会造成运动员的警觉性与注意力减退，机体反应迟钝，容易造成运动损伤。

（7）身体的适应性不足

① 缺乏肌肉力量导致的运动损伤。不经常参与拉伸的肌纤维在剧烈的运动中就容易导致损伤，特别是一些力量不足的肌肉很容易被一些力量较强的肌肉拉伤。比如在进行高速的运动项目中四头肌的力量比较强，很容易导致大腿的后肌群拉伤。肌肉力量不足，特别是关节周围的肌肉力量不足也会使身体的稳定性降低，造成与关节有关的损伤。比如，肩关节周围的肌肉群不够发达，就容易引起脱臼的危险。

② 缺乏肌肉持久耐力导致的运动损伤。缺乏肌肉持久耐力会由于疲劳而造成运动损伤。例如，体操运动员容易在比赛的后几个项目中受伤，这是因为运动员的大脑皮层已经处于抑制状态，使已经建立起来的条件反射性关节受到影响，肌肉与关节不能再继续运动下去，从而造成了动作的失误。

③ 肌肉柔软度不足导致的运动损伤。肌肉柔软度不足是造成软组织受伤的一个重要原因，如果某一块肌肉或肌肉群拉得过紧，而又被强调伸展时，就很容易被拉伤。比如，一名跨栏运动员的大腿后部肌群的柔软度较差，在起跨时就很容易被拉伤；同样，肩关节肌群的柔软度较差，在进行伸展时就容易造成脱臼或软组织损伤。

（8）场地、器材、设备不合要求

运动场地的不平整、跑道太硬或太滑、单双杠年久失修、跳远沙坑太硬或有小石块、踏跳板与地面不平，运动时缺乏必要的护具，如：护腕、护膝、护腿等，以及运动时的服装和鞋袜不符合运动的要求都会导致运动损伤的发生。

(9) 不良的天气因素

当气温过高时，很容易发生中暑和疲劳。当气温过低时，很容易发生冻伤或由于肌肉僵硬身体协调性下降而引起的肌肉拉伤。当天气湿度过大且温度过高时，容易使人大量出汗，造成体内的大量的无机盐随汗液流失造成肌肉痉挛等，都是造成运动损伤的重要原因。

## 三、预防运动损伤的原则

### 1. 提高安全意识

较强的安全意识是防止运动损伤发生的根本保证，体育教师和运动员必须提高安全意识，加强组织纪律观念，严格遵守运动场的规章制度，才能避免不必要的损伤发生。

### 2. 训练方法要合理

在平时的体育锻炼中，要掌握正确的训练方法和运动技术，要科学地增加运动量与运动强度。对于不同的年龄、性别、运动年限及运动水平的运动员的训练计划，要因人而异、循序渐进。例如，在运动训练的初级阶段，应该以身体练习为主，当身体的各项素质有了较为全面的发展时，才能进入以专项练习为主的阶段，在运动量与运动强度的安排上，开始应以较小的运动量和强度进行。

### 3. 充分的准备活动

准备活动可以加速血液循环，减少肌肉的黏滞性，增强肌肉和韧带的力量，增加关节滑液的分泌，从而有效地防止运动损伤。在运动的实践中，大多数运动损伤是由于准备活动不够充分造成的。准备活动可以使皮肤以及肌肉的血流量增加，毛细血管的开放数量增加同时提高中枢神经系统的兴奋性，克服机体的生理惰性，为正式的训练和比赛做好准备。在进行准备活动时，除了一些大肌肉群、大关节的活动外，还要进行一些小肌肉块及小关节的活动，才能使身体完全活动开。

### 4. 注意间隔休息

在体育训练活动中，组与组之间的休息是十分重要的。这段时间的休息可以很好地消除疲劳，预防运动损伤，同时也为下一组的进行做好准备。在间隔中得到充分休息，才能使训练后身体得到更好的恢复，以至于下次训练机体不会过于疲劳，从而减少运动损伤的发生。

### 5. 避免身体局部负担过重

由于运动技术的要求，身体的某一环节或部位会经常处于比较疲劳的状态。比如，在三级跳远中，踝关节的用力比较集中，容易造成踝关节的损伤。因此，在训练中应该尽量避免片面单一的训练方法，防止某一环节或部位负担量过重而造成运动损伤的发生。

### 6. 加强易伤部位肌肉力量练习

在体育运动的实践中，肌肉、韧带等软组织所受到的损伤概率最大。因此，加强这些比较容易伤部位的肌肉力量练习，对于防止运动损伤的发生具有十分重要的意义。比如，平时注意加强股四头肌的力量练习可以防止膝关节损伤。防止肩关节损伤则应加强三角肌、肩胛肌、胸大肌和肱二头肌等肩关节周围肌群的力量练习。

### 7. 加强保护和自我保护意识

加强保护和自我保护的意识是预防运动损伤发生的重要手段之一，尤其在体操中，很容易发生技术动作上的失误或失手跌下。肌肉力量不足、判断与控制能力较差的人，在进行器械练习尤其是在接受新动作时，都应加强保护，并强调保护意识的重要性。教师应将保护和自我保护的正确方法传授给学生，比如，当从高处跳下时，用前脚掌先着地的同时要屈膝，以增加缓冲来减少来自地面对膝关节的损伤等。

8.加强医务监督

医务监督是运用医学的主要内容和方法，以体育锻炼和人体生理机制的规律为基础来指导人们进行合理的体育教学、训练和比赛，以促进身体发育，增进健康，积极预防运动创伤和运动性疾病，提高运动技术水平。对学生或经常参加体育锻炼的人，要经常进行身体检查，以全面了解自己所能进行的负荷强度，禁止伤病患者或身体缺乏训练的人，参加剧烈的运动比赛。

9.维修场地和器材

器材场地也是导致运动损伤的一个重要的原因。在运动场地较小、器械偏少的情况下，体育教师和学生要定期维修场地和器材。在上课以前还应仔细检查场地和器材，发现安全隐患应及时消除，以确保安全的进行体育活动。

## 四、预防运动损伤的意义

参加运动的目的是增强体质，增进身心健康，促进德、智、体全面发展，更好地为社会主义国家服务。如在运动中，不重视运动损伤的预防工作，没有采取积极的预防措施，就可能发生各级各类的伤害事故，轻者影响学习和工作，重者可造成残疾或危及生命。因此积极预防运动损伤对增强身体素质和提高运动技术水平都具有积极的作用。

## 五、应对运动损伤的措施

1.加强思想教育

平时要加强安全教育，在教学训练和比赛中，克服麻痹思想，认真贯彻以预防为主的方针，发扬良好的体育道德风貌。

2.合理安排教学训练和比赛

教师要根据学生的年龄、性别、健康状况和运动技术水平，认真研究教材，做到心中有数，事先相应采取预防措施。加强全面训练和基本技术教学，运用各种练习手段和方法，全面提高学生的身体素质，合理安排运动负荷，避免单一的训练方法，防止引起局部负担量过大。要遵守循序渐进，个别对待教学原则，负荷要逐渐增加，在学习新动作时要注意正确规则，做到从易到难，从简到繁，从分解动作到完整动作的教学。

3.认真做好准备活动

剧烈性运动前都要认真做好准备活动。准备活动的内容要根据教学训练和比赛的内容而定，既有一般性的准备活动，又有专项准备活动。对运动中负担较大和易伤的部位，要特别注意做好准备活动，适当做一些力量性和伸展性的练习，易伤部位的准备活动要谨慎小心，防止伤势的加强，全套准备活动要循序渐进，以身体感到发热微微出汗为宜。

4.加强易伤部位的训练

循序渐进地加强易伤部位或相对较弱部位的训练，提高它们的功能，是预防运动损伤的一种积极有效的手段，如：为防治髌骨劳损，可采用"站桩"的方法来增强股四头肌和髌骨的功能；为了防治腰肌劳损，除加强腰背肌的训练以外，还应加强腹肌的力量训练，有利于防止脊柱过伸而造成腰部损伤等。

5.加强保健指导工作

对参加体育运动的人，都要定期进行检查和复查，了解他们身体发生的变化。要做好自我保健工作，身体若有不良反应时，应及时，认真分析原因，必要时请医生作医学检查。要认真地做好场地，器材和个人防护用具（如护腿板）的管理和卫生安全检查，对已损坏的场地设备要及时维修。以避免不必要的伤害事故的发生。平时要加强保健知识的宣传和教育,增强自我保健意识,提高遵守体育卫生要求的自觉性。

## 第二节　体育运动中常见的急救方法

1.人工呼吸

当受伤运动员受到呼吸停止或抑制的危险时,应该采用手法和器械辅助病人呼吸,已达到体内充分换气,使受伤的运动员能进行自主的呼吸,这种方法称为人工呼吸,人工呼吸的具体步骤如下。

(1)检查

在对患者进行抢救时,第一步就是检查有无自主的呼吸,抢救者需要在保持空气畅通的情况下,将其耳部贴近患者的鼻和口,聆听呼气时是否有空气溢出,检查有无呼吸,同时也要观察胸部是否有起伏,以上大约需要几秒钟。抢救者只有确定患者呼吸已经停止或者极其微弱的情况下,才能进行人工呼吸,以免引起不必要的复苏所造成的损伤。

(2)保持气道畅通

要使患者处于仰头抬颌放的体位,清除气道的异物,保持气道畅通。这种情况也包括患者已经有了自主呼吸后仍要保持气道的畅通。

(3)人工呼吸

我们首先来了解一下简单的呼吸原理,当胸廓扩大时,肺即随着进行扩张,此时肺所容纳的气体量增加,外部空气进入肺内,形成吸气;当胸廓缩小时,肺受到挤压,肺内的气体被排出,形成呼气。根据呼吸这一原理,我们就可以采用人工呼吸的方法来使刚刚停止工作的肺重新恢复呼吸运动,在平时有许多的人工呼吸方法可供使用,下面主要介绍常用的三种。

① 口对口法:这是人工呼吸中最常使用的方法,因为它较容易实行,效果也比较好。在对患者进行人工呼吸时,使患者仰卧于平坦的地面,然后将其下颌托起处于极度后仰的位置。抢救者用一只手的拇指开患者的口唇,其余的四指轻轻按住环状软骨,目的是压住食管,避免气体进入胃肠道,另一只手捏住患者的鼻孔,避免漏气。然后深吸一口气,向患者的口里进行吹气,当看到上胸部升起,停止吹气。吹起停止后,离开患者的口部,同时松开鼻孔,让气体从肺里排出。如上所述反复进行,每分钟15次左右,青少年儿童可为20次左右。

在进行人工呼吸之前要注意几点,将患者的裤带、上衣的衣扣及领口解开,同时清除口腔的异物。吹气的压力和气体量在开始的时候要稍大些,1min后再减小,主要维持胸部的升起。

② 俯卧压背法:患者俯卧于地面,抢救者骑跪在大腿两侧,两臂伸直,双手放在腰部以上(胸廓下部),双臂向下向前用力压迫,使患者进行呼气,然后松开手,使胸廓收回自行吸气,每分钟进行15次左右,青少年儿童进行20次左右。

③ 举臂压胸人工呼吸法:这种方法是让患者仰卧于地面,抢救者跪在患者头前,握住患者的前臂向斜后方拉直,使胸廓被动的增大从而形成吸气,然后将患者手臂放回到胸廓的下半部,稍用力下压,使胸廓减小,形成呼气,每分钟15次左右,青少年儿童进行20次左右。

在进行人工呼吸的过程中,主动吸气法要好于被动吸气法,在抢救没有呼吸与心跳的患者,不仅要进行人工呼吸,还要进行胸外心脏按压,如果抢救者是一个人,两者的比例应为2∶10,即吹气两次,按压10次。

2.胸外心脏按压

(1)胸外心脏按压的机理

当心脏停止3~5min跳动时,人的大脑就会受到严重的危害,甚至在更短的时间内也会留下严重的后遗症，因此在进行抢救时，提前一秒钟对患者进行救治，将会为下一步的治疗创造良好的条件和奠定稳定的基础。在事故现场，将人工呼吸与胸外心脏按压很好地结合起来，将显得非常重要。

当心脏停止跳动时，应立刻对患者进行心脏按压。抢救者如果在颈动脉或股动脉处不能摸到搏动，即表明心脏跳动停止。心脏停止跳动所伴有的现象是瞳孔的散大，呼吸的停止，心前区听不到心音等。在这种情况下，最重要也是最有效的方法就是胸外心脏按压。

因为心脏位于胸廓内，胸廓本身具有一定的弹性，故可通过轻度的挤压胸廓而间接地挤压心脏，又加之昏迷患者的胸壁较为松软，较容易进行挤压，在挤压时，心脏内的血液可以排空，挤压结束后，由于胸廓恢复原状，血管壁的弹性回缩，促使静脉血流回心脏，反复进行挤压和放松胸骨，可以使心脏恢复原来的跳动。

（2）胸外心脏按压的步骤

① 检查：一般认为，颈动脉无脉搏是心脏停搏的表现，股动脉也是确定心脏跳动的表现。但在具体的情况中，我们要注意以下几点：首先，有些人的脉搏需要5～10s才能查出，如果不仔细进行检查就对患者进行胸外心脏按压，将可能导致严重的后果。其次，对于有脉搏但呼吸停止的患者来说，只需要进行人工呼吸。再次，抢救者必须分秒必争进行抢救。

② 胸外心脏按压法：患者仰卧于地面上，面部转向一侧，抢救者跪在患者胸部一侧，以右手根部放在胸骨的上2/3和下1/3处，左手放在右手的手背上，伸直肘关节，向下有节律地压迫胸骨，下陷的深度为4cm左右，反复进行，每次压迫后随即放松，让胸骨复原，成人每分钟70次左右。

③ 注意事项：首先，可以边挤压边摸颈动脉及股动脉是否有搏动，口唇是否变红以及瞳孔有否变小。其次，压迫部位不能太高也不能太低，太高胸骨不能下陷，太低则可能压到胃部，引起恶心等。再次，压迫力度要适中，压力太大容易引起胸骨骨折和组织损伤，用力太轻，不利于心脏的血液排空。

当进行此方法时，如果按压1h仍无体征变化，复苏希望已很小，可停止进行。在复苏的成功案例看，大多数复苏在15min内开始。

3. 止血

在运动中经常有外伤的发生，外伤容易导致大量出血，如果不及时处理，常常会因失血过多而危及生命。一般在500mL以内的出血不会危及生命，如果失血量达到身体的总血量的25%时，就会出现血压下降，缺氧休克等，如果失血量超过50%就会导致死亡。

一般按出血的状态可以分为：动脉出血，颜色鲜红，呈喷射状，出血速度快；静脉出血，颜色暗红，呈涌出状，出血速度慢；毛细血管出血，颜色鲜红，多为渗透性出血，出血量较少，速度慢。按出血的部位分：皮下出血，常见有皮下组织形成的瘀斑或血肿；外出血，血从伤口向体外流出；内出血，一般指体内的内脏或者组织受到损伤后血液流入体内，从体表不易观察，对患者的生命有较大的危险。常见的止血方法如下。

（1）加压包扎法

加压包扎法一般适用于较小的损伤，如毛细血管出血和静脉出血，此法较容易进行，只要将消毒的纱布盖在伤口，用三角巾或绷带加压包扎即可。

（2）止血带止血法

止血带止血适用于大动脉出血，一般使用橡皮带或止血带，在使用止血带进行止血时，不能将其直接压在皮肤上，应首先在其受伤部位用三角巾、毛巾或其他软物垫好，然后再将止血带敷绕在止血部位，上完止血带要定时松解，以免因为血液不流通造成受伤肢体缺血而坏死，一般上肢每隔25min进行松解一次，下肢每隔50min松解一次。

（3）手指压迫止血法

手指压迫止血法也应用于大动脉出血，是指将手指放在出血动脉的近心端，然后用力压向相邻的肌肉达到止血的目的。根据止血的部位所进行的手指压迫止血法如下：

① 面部出血：当面部出血时，可在出血的一侧的下颌角前约1厘米处，用大拇指将颌外动脉压向颌骨。

② 口腔、咽喉出血：用四指将同侧颈总动脉压向颈椎横突，在进行按压的同时，要注意不要将气管压迫，更不能压迫两侧的颈总动脉。

③ 肩关节以及上肢出血：当肩关节及上肢出血时，用拇指将同侧锁骨上窝内侧1/3处，将锁骨下动脉压向第一肋骨。

④ 前臂出血：当遇到前臂出血时，在肱二头肌处摸到动脉搏动，将其压向肱骨，即可使前臂止血。

⑤ 下肢出血：当遇到下肢大量出血时，应在腹股沟中点处的稍下方，用拇指将股动脉压向股骨的方向。

4. 包扎

包扎是急救中一项非常重要的技术，它可以防止伤口受到外界的感染，同时起到止血和固定受伤肢体的作用。包扎常用绷带和三角巾，有时在没有这些用品的情况下，也可使用毛巾和衣服。在进行包扎的时候方法一定要正确，以免引起不必要的疼痛和过量出血。

## 第三节　体育运动的注意事项

### 一、运动前后的注意事项

1. 运动前的准备

每次运动前的准备活动包括一般性练习和专门性练习两部分。一般性准备活动包括走、跑、跳、徒手操等，活动部位较全面，从颈、躯干、臂、腿直到脚，练习时应柔和且细致。专门性准备活动则是根据不同项目的特点和要求而采用的一些练习，其作用是使大脑皮层对某一项运动或某一技能产生特有的适宜兴奋性。在运动前应慢跑3～5min，让血液循环加速，跑动结束后再伸展一下全身的肌肉和关节，这样更有利于为后续要进行的运动做好准备。准备活动量的大小和时间应因时、因地、因人而异。一般是冬季时间较长，夏季时间较短，强度以全身发热、微微出汗为准；以心率、血压比安静时增强为宜；运动到四肢关节灵活，身体初步进入运动状态为宜。

2. 运动后的整理

运动前进行准备活动和运动后的放松整理是相辅相成的。运动后首先需要的是身体的放松，使整个人从运动状态逐渐过渡到平静状态。可以躺在垫子上休息片刻，平躺时双脚放置的位置应略高于头，或是与头的高度齐平，这样更有利于末端血液循环。休息片刻后可进行头手倒立或是靠墙手倒立，重复几次有利于下肢血液回流心脏。然后抖动、拍打大腿或手臂，再抖动、拍打小腿或前臂。运动后进行按摩也是消除疲劳的重要手段，运动后的按摩对于身体的恢复是有好处的，可起到良好的放松效果，人体运动机能恢复得也快，对人体的脏器保健也有积极的作用。

### 二、四季运动的注意事项

1. 春季运动注意事项

① 重视做准备活动。由于春季天气开始由冷向暖转化，气温较低时，体温调节中枢和内脏

器官的机能都不同程度地降低，肌肉、关节等器官黏滞性强，因此，锻炼前必须做好充分的准备活动，以免发生肌肉或韧带拉伤以及关节扭伤等事故。

② 根据天气情况锻炼。遇到风沙天气时尽量选择避风的环境进行锻炼，雾霾等天气尽量选择空气流动大的环境锻炼，严重雾霾情况下可暂停。

③ 掌握好运动量。开春后运动量可以逐渐增加，但不要急于求成突然加大运动负荷，更不要盲目超量，以免引起过度疲劳。

④ 不宜用嘴呼吸。锻炼时应养成用鼻子呼吸的习惯，呼吸过程中鼻毛可以辅助滤清空气，使气管和肺部减少受到尘埃、病菌的侵害。

⑤ 不宜忽视保暖。开始锻炼时不应立即脱掉外衣，要等身体微热后再逐渐减少衣物，锻炼结束时，应擦干身上的汗液，立即穿上衣服，以防着凉。

⑥ 不宜空腹进行锻炼。清晨除了血糖偏低外，人体血液黏稠度高，加上气温低、血管收缩等因素影响，若空腹锻炼很可能使人因低血糖和心脏疾病而猝死。

2. 夏季运动注意事项

① 锻炼时间过长。一次锻炼时间不宜过长，以20～30min为宜，以免出汗过多，体温上升过高而引起中暑。

② 锻炼后大量饮水。夏季锻炼出汗多，如果大量饮水，会给血液循环系统、消化系统，特别是心脏增加负担。同时，饮水后出汗过多，会引起盐分的进一步丢失，从而引发痉挛、抽筋等症状。

③ 锻炼后立即洗冷水澡。夏季运动后皮肤的毛细血管大量扩张，以利于身体散热。运动后马上洗冷水澡会因为过冷刺激使体表已打开的毛孔突然关闭，造成身体内脏器功能紊乱，大脑体温调节失常。

④ 忌锻炼后大量吃冷饮。体育锻炼会使大量血液涌向肌肉和体表，而消化系统则处于相对贫血的状态。锻炼后为了凉爽而大量饮用冷饮不仅会降低胃的温度，而且也冲淡了胃液，轻则引起消化不良，重则导致急性胃炎等疾病。

⑤ 防止中暑。夏季参加户外运动，身体内的热量的积累量大于散发量，如果不注意防范，就很容易发生中暑。

3. 秋季运动注意事项

① 预防受凉。秋日清晨气温降低，进行体育锻炼时应根据户外的气温变化来增减衣服。锻炼时不宜马上脱掉外衣，应待身体发热后，再减少衣物。锻炼后切忌穿着湿衣服在冷风中逗留，以防着凉。

② 预防拉伤。人的肌肉和韧带在气温较低的情况下会反射性地引起血管收缩，黏滞性增加，伸展度下降，关节的活动幅度减小，神经系统对肌肉的指挥能力下降，运动前若不充分做好准备活动，会引起关节韧带拉伤、肌肉拉伤等。准备活动的时间和内容可因人而异，一般以做到身体发热为宜。

③ 预防秋燥。秋天气候干燥，温度较低，是肝气偏旺、肝气偏衰的季节，易引起咽喉干燥、口舌少津、嘴唇干裂、鼻出血、便秘等症。对于运动者来说，锻炼后应多吃些滋阴、润肺、补液生津的食物，如梨、芝麻、蜂蜜、银耳等。运动后还要多喝开水，多吃甘蔗、梨、苹果、乳类、芝麻、新鲜蔬菜等柔润食物，以保持上呼吸道黏膜的正常分泌，防止咽喉肿痛。

④ 注意拉伸和放松。秋季天气转凉，运动后肌肉疲劳，容易变得僵硬而没有弹性，短时间内很难恢复，拉伸和放松可以很好地解决这一难题，还可以通过热水浴、心理放松等方式达到放松肌肉和身心的目的。

4. 冬季运动注意事项

① 控制运动量。冬季天气寒冷，参与体育运动时更要注意循序渐进的原则，把握住运动量由小到大的原则。

② 注意保暖。运动前后都要注意保暖，运动时衣服不能穿得太多，运动以后及时擦汗并添加衣物。

③ 谨防运动创伤。冬季人体的肌肉、韧带在寒冷的刺激下黏滞性会增加，肌肉的弹性和伸展性会有不同程度的降低，各关节的生理活动度减少。因此，每次锻炼前一定要注意做好充分的准备活动，以防造成损伤。

④ 呼吸方法要得当。冬季气候寒冷，风沙又大。因此，锻炼时不要大口呼吸，而应采用鼻腔或口鼻混合呼吸的方法，在减轻寒冷空气对呼吸道的不良刺激。

⑤ 防止受寒冻伤。冬天锻炼应根据户外寒冷变化来增减衣服，对暴露在外的手、脸、鼻和耳朵等部位，除了经常搓、擦以促进局部血液循环外，还可以通过擦防冻膏、抗寒霜、油脂等来预防皮肤冻伤。

## 三、体育锻炼中如何避免伤害

体育锻炼可以强身健体，是维护人体健康的重要手段之一。但是，如果锻炼中不注意可能存在的隐患，不仅不能起到强身健体的作用，反而可能会对身体造成伤害。对于参与体育锻炼的人来说，要对以下几个问题引起注意。

① 运动完后的身体正处于发热状态，全身毛细血管扩张，体表毛孔张开，这时需要通过流汗的方式去散热，如果图快强行用冷水冲凉反而会使汗液不能排出。

② 参与运动锻炼后，不应马上喝冰水。因为身体各个器官在运动过后不能马上恢复到平静状态，此时大量饮用冰水，会严重刺激腹内脏器。

③ 参与运动锻炼后，不要立即大量饮水。大量饮水往往会导致体内盐分浓度降低，严重时有可能引发休克。

④ 参与运动锻炼后，不宜蹲坐休息。因为运动后马上蹲下休息，不利于下肢血液回流，进而影响到体内血液循环，反而会加重肌体的疲劳感。

⑤ 锻炼时间宜"晚"不宜"早"。清晨空气中二氧化碳的含量比下午要高，由于夜间缺乏太阳能的辐射与紫外线的照射，清晨太阳尚未出来时空气中的有害物质及病原微生物密度较高，对人体十分不利。选择清晨锻炼，尤其是摸黑起来立即进行体育锻炼是不可取的。在下午或黄昏时参加体育锻炼更适合。

⑥ 锻炼手段宜"杂"不宜"单"。在锻炼手段的选择上应注意全面性，避免长期使用单一的手段进行锻炼。长期以某一侧肢体活动，则会影响整个机体的匀称发展。

⑦ 锻炼地点宜"开"不宜"闭"。要注意保持锻炼空间的开放性。但是最好不要在车流量大的马路旁或烟尘及噪音较多的工厂区、闹市进行锻炼，否则容易出现头昏目眩、肌肉酸软、神经衰弱等症状，严重时还可能导致支气管及肺部炎症、贫血等症状。

# 第五章 体育文化与体育欣赏

## 第一节 体育文化概述

### 一、体育文化的特性

体育文化作为一种社会现象，同人类社会活动息息相关。体育文化是在人类从动物野性变为人性的过程中综合演化的结果。从文化总体的角度看，人的体育活动是在社会提供的一定文化背景、文化环境、文化条件下进行的，归根结底是由物质生产和精神生产来提供物质文化和精神文化两方面的生活资料，服务于人本身的生存、享受和发展。

体育的历史与人类历史一样悠久，在人类文明的历史长河中，体育文化是一个逐渐发展的过程，是人类整个文化的重要组成部分。随着世界整体科学的发展，体育科技工作者从体育哲学、人文社会学角度开展了广泛的研究，并逐步地由感性认识向理性方面发展，逐渐形成了今天如此灿烂夺目的体育文化。

### 二、体育文化的价值

1.体育文化的依据

（1）体育是非遗传性的身体活动

体育不是动物本能的肢体活动和嬉戏，它是人类思维方式的表达和传递，因此体育的产生具有文化的意义。

（2）体育运动具备文化的特质

体育不仅具有外在的身体活动形式，以及设施、器材等物态体系，而且具有内在的价值观念、意识形态、行为规范等心路历程，以及心物结合的中间层次的内容。

（3）体育可以实现社会价值的转变

体育是人通过活动实现自身价值和社会价值转变的过程。体育本身已经超过了物质文化体系，成为社会上层建筑的一部分。

（4）体育运动的发展历程具有文化属性

表达了文化的时代性、民族性、继承性、世界性、阶级性等。所以，体育是一种在全世界都通行的特殊文化。

2.体育文化的定义

体育文化是人类关于体育运动的物质、制度、精神文化的总和。它涵盖了人类的体育认识、体育情感、体育价值、体育理想、体育道德、体育制度和体育物质条件等。体育文化是广义文化的一个组成部分，它综合各种利用身体练习来提高人的生物学和精神潜力的范畴、规律、制度和物质设施。

# 第二节 校园体育文化

## 一、体育文化与素质教育

1.促进人的全面发展，为社会培养高素质人才

竞争是竞技体育文化的核心，体育文化的竞争性包含着广泛而深刻地对人类认识能力和创造能力的挑战，体育文化对培养出当今社会人才所需的努力拼搏、不断创新、百折不挠、公平竞争和团结协作的团队精神有着重要的作用，同时体育文化也是促进人的全面发展过程中不可替代的一个重要环节。

2.丰富人们业余文化生活，促进全民健身运动广泛开展

随着世界经济的发展，各国人们生活水平不断提高，人们生活方式也产生了显著变化，在不断满足物质生活的同时，精神生活要求也随之提高，人们对文化需求日益广泛。体育文化作为人类文化的重要组成部分，为丰富人们业余文化生活具有不可替代的作用。

3.体现公平竞争原则，表现民族自尊

体育文化是人类社会文化的特殊组成部分，它的兴衰直接反映着社会政治、经济的发展；它的荣辱直接反映着国家、民族的精神，体现民族自尊。人类追求公平竞争，表现民族自尊的精神，在体育运动中得到完美的体现。

4.促进社会经济的进步和发展

体育文化的功能因社会发展的需要而不断衍生新的功能，体育文化的经济功能就是这样一种新的功能。体育文化经济功能的发挥，不仅推动了体育运动的迅速发展，为社会提供了大量的就业机会，还为社会创造了大量的物质财富。

## 二、校园体育活动的组织与管理

大学体育活动策划方案范例，供组织各项体育活动进行参考。

**大学生篮球赛活动策划方案**

为了构建健康、文明的校园文化氛围，营造朝气蓬勃的校园环境，丰富同学们的课外娱乐生活，也为了给个院系间提供互相交流、互相学习的平台，进一步增强团队凝聚力，特组织举办第×届"××杯"篮球赛。

活动意义：

本次活动是××大学传统的大型赛事，旨在增强各院系、班级之间的凝聚力，展示出新时代大学生的蓬勃朝气和竞技热情。在学习之余锻炼身体、挖掘才能、展现自我，为美好的大学生活描绘出绚烂的色彩。

弘扬体育精神，增加团队凝聚力，在这个充满活力的时代，有挑战才有未来。有理由相信，此次篮球赛会一如往届一样成功，××大学的篮球健儿们也会一如既往，勇往直前，发扬拼搏精神，征得荣耀。本届"××杯"篮球赛仍将本着"友谊第一，比赛第二"的原则进行。

一、组织机构：

批准单位：××大学。

策划主办单位：××大学工部、团委、各院系学生会。

承办单位：××大学××学院（××系）。

协办单位：××学院（××系）、××学院（××系）、××学院（××系）、××学院（××系）。

参赛单位：各院系团总支组队参加比赛。

日期和地点：××年××月××日至××日在学校篮球场举行。

二、活动流程

1. 开幕式

（1）活动目的：通过比赛增强同学们的体魄，培养同学们的团队意识和集体荣誉感，提高同学们的素质和修养。

（2）活动时间：××年××月××日。

（3）活动地点：××大学篮球场。

（4）参与人员：本次比赛参赛选手及工作人员。

（5）邀请嘉宾：××大学校领导××，××大学团委书记××、副书记××，各院系领导及负责老师。

（6）工作分配：

1）篮球队、篮球协会：通知参赛人员开幕式穿各队队服，组织花样篮球表演。

2）国旗护卫队：升旗仪式。

3）大学生艺术团：现场礼仪人员的安排、开场表演。

4）广播站：广播稿、球员代表宣誓词、领导讲话稿、裁判代表宣誓词、主持人演讲稿。

5）摄影协会、DV协会（等）：负责现场拍照、摄像。

6）主办院系学生会：开幕式现场布置，请帖送达。

（7）活动流程：

1）开幕式开始之前各篮球队和本校篮球协会负责现场队形的整理和现场纪律维持。

2）现场一切准备就绪后，由礼仪人员请领导入场。

3）主持人致欢迎词并请领导就座。

4）球队入场。

5）主持人介绍比赛相关事宜和活动目的。

6）主持人分别请领导、球员代表、裁判代表讲话。

7）开幕式节目表演。

8）领导宣布比赛正式开始。

9）主持人致辞并请领导退场，观看比赛。

2. 比赛

（1）分组方法

A组

| 成绩\队名 | 13级（13班） | 13级（3班） | 13级（15班） | | 积分 | 名次 |
|---|---|---|---|---|---|---|
| 13级（13班） | | | | | | |
| 13级（3班） | | | | | | |
| 13级（15班） | | | | | | |
| | | | | | | |

B组

| 成绩\队名 | 13级（13班） | 14级（17班） | 13级（12班） | 13级（5班） | 积分 | 名次 |
|---|---|---|---|---|---|---|
| 13级（13班） | | | | | | |
| 14级（17班） | | | | | | |
| 13级（12班） | | | | | | |
| 13级（5班） | | | | | | |

（2）比赛形式：采取积分淘汰制，以系为单位抽签进行循环赛，进入决赛后抽签进行淘汰。

（3）活动细则。

1）每队人数不得超过12人。每队每场比赛需要统一篮球比赛服。

2）××年××月××日前参赛人员名单必须报到团委，逾期不报者，按弃权处理。

3）每队报一个不超过12人的注册名单，联赛开始后，注册名单不能补充和更改。没有报名的同学不得出场参加比赛。

4）参赛队员必须为球队所代表院系学生，球队如有未经报名注册或不符合规定的球员出赛，一经发现，即视为弃权。

5）每队必须准时到场，迟到10min当作弃权（有特殊情况应事先向体育部说明情况）。

6）如因天气原因不能进行比赛，具体比赛时间另行安排。

（4）比赛规则：具体规则参考最新国际篮联比赛规则。

3.闭幕式

（1）活动嘉宾：各院系负责人。

（2）活动时间：××年××月××日。

（3）活动地点：××大学篮球场。

（4）活动内容：颁奖仪式。

本活动最终解释权归××大学社团中心策划公关部。

××大学社团中心策划公关部<br>××年××月××日

# 第三节　体育欣赏

观看体育比赛时需要遵守一定的礼仪规范，具体可分为行为礼仪和着装礼仪，行为礼仪更为凸显。比赛现场对于观赛人群的衣着一般不会有特殊规定，出于礼节自觉地做到服装整洁、大方即可。不同运动项目的特点决定了该项目场馆的形状、规模和设施，由此也形成了特有的看台形式和时空布局。根据运动内容的不同，观众所表现的道德、素质、审美情趣也不尽相同。各个项目的观赛礼仪有共同点，也有不尽相同之处。

## 一、赛场行为礼仪

① 准时到场，在比赛开始前就对号入座，以免入座时打扰别人。
② 不要在人群拥挤的入场口逗留或闲聊，进场后应尽快找到座位坐下，不要踩踏座位和高声讲话。
③ 观看比赛时，车辆要按指定地点存放。
④ 如想在入场口附近等候退票，要注意礼节礼貌，不可纠缠他人，不可争论，得到退票应向人道谢。
⑤ 在赛前升国旗、演奏国歌时，即便不是自己国家的，也应面向国旗庄重肃立。
⑥ 在介绍运动员时，鼓掌表示鼓励。
⑦ 可以为喜欢的运动员欢呼喊，但观看到精彩处不要忘乎所以，大叫大嚷。
⑧ 不要辱骂对抗方的运动员。观众与运动员之间、不同支持方的观众之间要互相尊重，不要围攻、辱骂对抗方的支持者。
⑨ 不要嘘、哄、辱骂裁判，尊敬裁判，并允许裁判出现偶尔的失误。
⑩ 即便处于比赛紧要关头，也尽量不要从座位上跳起来，以免影响身后观众观赛。
⑪ 观赛期间到吸烟区吸烟，尽量不在观赛区饮食。
⑫ 除足球等少数项目外，观众在拍照时应关闭闪光灯，特定时间（如发球或在器械上做动作时）最好不要拍照。
⑬ 比赛开始后手机保持震动或者静音状态，尽量不要接打手机，建议使用短信交流。
⑭ 观赛上厕所时要排队，方便之后自觉冲水。
⑮ 不随地吐痰，不乱扔东西，比赛结束后把垃圾随身带走，不要遗弃在看台上，保持座位整洁。
⑯ 退场时不要推挤，出场后自动离开。
⑰ 不要尾追、堵截运动员或他们的车辆，不要纠缠明星签名、合影。
⑱ 比赛结束后，除特殊情况外，要等场内所有仪式包括颁奖结束之后再离场。

## 二、观赛常识

1. 配合安检

每位入场观看比赛的观众都应该配合安全检查，这不仅是为了自己，更是为了大家。配合安检首先要求每位观众不携带易燃易爆等危险品。如果遇到不配合安检的人，耽误了大家进场的时间，仍要保持冷静，耐心等待，不要发生争执。

2. 升国旗奏国歌

在国际大型体育比赛中，运动员获得金牌后，赛场上会升起该运动员所属国家的国旗、奏响国歌，表示对运动员及其国家的肯定和尊重。在赛场上，升国旗奏国歌的环节不亚于激动人心的竞技环节。观众不仅要尊重本国国旗、国歌，也要本着国家不分大小，一律平等的原则，尊重别国的国旗、国歌，在升国旗奏国歌的仪式中肃立致敬。

### 3. 控制赛场情绪

赛场的热烈气氛令人向往，但应避免情绪高涨时的忘乎所以，失落时的歇斯底里，以免因为情绪失控而破坏赛场的文明秩序。高水平竞赛需要积极、热情、文明、懂礼的观众，观赛时要从我做起，努力学习赛场的文明礼仪，必能成为文明礼仪的观众。

### 4. 保持安静

适宜的掌声不仅能够激发运动员的斗志，而且可以烘托赛场气氛。如果遇到比赛关键时刻，赛场内应该保持安静，在体操、射箭、举重、花样滑冰、台球等项目的竞技过程中，运动员一整套动作过程中，观众任何的鼓掌、呐喊都会对运动员造成干扰，分散其注意力，严重的还会造成运动员动作失误，影响到比赛的结果。因此在这些项目上，切忌在运动员比赛的过程中加油助威。

### 5. 防范赛场安全隐患

不要在赛场内吸烟，如有吸烟的需要应该到不影响其他观众的吸烟区去吸烟。吸烟有可能导致公共安全隐患，也会影响他人的正常观赛。

### 6. 自觉清理杂物

现场观看比赛时不吃东西，也是对运动员的一种尊重。如果饮食，尽量随身携带垃圾袋，把自己的杂物及垃圾收集起来，扔进垃圾箱。在比赛结束后，观赛者带走自己身边的杂物，自觉维护干净、整洁的赛场卫生。

### 7. 宽容心态

观众观看比赛要有宽容的心态，要理解运动员和裁判员，不要在他人情绪的影响下丧失理智、失去判断力，跟着起哄。运动员首先做好表率尊重裁判，或者在裁判与观众有不同意见的情况下协助化解不良情绪，对于维护整个赛场的良好秩序都是很有帮助的。

### 8. 尊重每一位运动员

体育竞技重要的是参与，无论是胜利还是失败，出对体育运动的欣赏，赛场上的每一位运动员都值得尊重。作为观众，观看比赛时要避免发生诸如对运动员起哄，或者是喝倒彩，甚至一些不礼貌的行为。

### 9. 避免入场迟到

观看比赛时迟到，一般会不允马上入场，这是文明观众应该在入口处等待，听候工作人员的安排入场。准许入场后尽量从场外绕到自己座位所属的看台，不要从其他观众面前挤来挤去。

### 10. 赛场的行为禁忌

不向比赛场地、运动员扔果皮、饮料瓶等杂物，以免发生受伤事故。不要掏出反光镜，晃运动员的眼睛，影响他们的正常比赛。比赛结束后，未经许可不能冲入场内，向获胜的运动员索要签名、要求合影。

# 第六章
# 《国家学生体质健康标准》测试及锻炼办法

## 第一节 《国家学生体质健康标准》解读

①《国家学生体质健康标准》(以下简称《标准》)是国家学校教育工作的基础性指导文件和教育质量基本标准,是评价学生综合素质、评估学校工作和衡量各地教育发展的重要依据,是《国家体育锻炼标准》在学校的具体实施,适用于全日制普通小学、初中、普通高中、中等职业学校、普通高等学校的学生。

② 本标准的修订坚持健康第一,落实《国家中长期教育改革和发展规划纲要(2010—2020年)》、《国务院办公厅转发教育部等部门关于进一步加强学校体育工作若干意见的通知》(国办发〔2012〕53号)和《教育部关于印发〈学生体质健康监测评价办法〉等三个文件的通知》(教体艺〔2014〕3号)有关要求,着重提高《标准》应用的信度、效度和区分度,着重强化其教育激励、反馈调整和引导锻炼的功能,着重提高其教育监测和绩效评价的支撑能力。

③ 本标准从身体形态、身体机能和身体素质等方面综合评定学生的体质健康水平,是促进学生体质健康发展、激励学生积极进行身体锻炼的教育手段,是国家学生发展核心素养体系和学业质量标准的重要组成部分,是学生体质健康的个体评价标准。

④ 本标准将适用对象划分为以下组别:小学、初中、高中按每个年级为一组,其中小学为6组、初中为3组、高中为3组。大学一、二年级为一组,三、四年级为一组。

⑤ 小学、初中、高中、大学各组别的测试指标均为必测指标。其中,身体形态类中的身高、体重,身体机能类中的肺活量,以及身体素质类中的50m跑、坐位体前屈为各年级学生共性指标。

⑥ 本标准的学年总分由标准分与附加分之和构成,满分为120分。标准分由各单项指标得分与权重乘积之和组成,满分为100分。附加分根据实测成绩确定,即对成绩超过100分的加分指标进行加分,满分为20分;小学的加分指标为1min跳绳,加分幅度为20分;初中、高中和大学的加分指标为男生引体向上和1000m跑,女生1min仰卧起坐和800m跑,各指标加分幅度均为10分。

⑦ 根据学生学年总分评定等级:90.0分及以上为优秀,80.0～89.9分为良好,60.0～79.9

分为及格，59.9分及以下为不及格。

⑧ 每个学生每学年评定一次，记入《〈国家学生体质健康标准〉登记卡》。特殊学制的学校，在填写登记卡时可以按规定和需求相应地增减栏目。学生毕业时的成绩和等级，按毕业当年学年总分的50%与其他学年总分平均得分的50%之和进行评定。

⑨ 学生测试成绩评定达到良好及以上者，方可参加评优与评奖；成绩达到优秀者，方可获体育奖学分。测试成绩评定不及格者，在本学年度准予补测一次，补测仍不及格，则学年成绩评定为不及格。普通高中、中等职业学校和普通高等学校学生毕业时，《标准》测试的成绩达不到50分者按结业或肄业处理。

⑩ 学生因病或残疾可向学校提交暂缓或免予执行《标准》的申请，经医疗单位证明，体育教学部门核准，可暂缓或免予执行《标准》，并填写《免予执行〈国家学生体质健康标准〉申请表》，存入学生档案。确实丧失运动能力、被免予执行《标准》的残疾学生，仍可参加评优与评奖，毕业时《标准》成绩需注明免测。

⑪ 各学校每学年开展覆盖本校各年级学生的《标准》测试工作，《标准》测试数据经当地教育行政部门按要求审核后，通过"中国学生体质健康网"上传至"国家学生体质健康标准数据管理系统"。测试和数据上传时间由教育行政部门确定。

⑫ 本标准由教育部负责解释。

# 第二节　基本体能锻炼方法

## 一、身体各部位的锻炼方法

1.头和肩

跑步动作要领：保持头与肩的稳定。头要正对前方，除非道路不平，不要前探，两眼注视前方。肩部适当放松，避免含胸。

锻炼方法：耸肩。肩部放松下垂，然后尽可能上耸。

2.臂与手

跑步动作要领：摆臂应是以肩为轴的前后动作，左右动作幅度不超过身体正中线。手指、腕与臂应是放松的，肘关节角度约为90°。

锻炼方法：抬肘摆臂。两臂一前一后成预备起跑姿势，后摆臂肘关节尽量抬高，然后放松前摆。随着动作加快时越抬越高。

3.躯干与髋

跑步动作要领：从颈倒腹保持直立，而非前倾（除非加速或上坡）或后仰，这样有利于呼吸、保持平衡和步幅。躯干不要左右摇晃或上下起伏太大。腿前摆时积极送髋，跑步时要注意髋部的转动和放松。

锻炼方法：弓步压腿。两腿前后开立，与肩同宽，身体中心缓慢下压至肌肉紧张，然后放松还原。躯干始终保持直立。

4.腰

跑步动作要领：腰部保持自然直立，不宜过于挺直。肌肉稍微紧张，维持躯干姿势，同时注意缓冲脚着地的冲击。

锻炼方法：体前屈伸。自然站立，两脚开立，与肩同宽。躯干缓慢前屈至两手下垂至脚尖，保持一会儿，然后复原。

5. 大腿与膝

跑步动作要领：大腿和膝用力前摆，而不是上抬。腿的任何侧向动作都是多余的，而且容易引起膝关节受伤，因此大腿的前摆要正。

锻炼方法：前弓身，两脚站距同髋宽，双手放在头后，从髋关节屈体向前，保持腰背挺直，直到股二头肌感到紧张。

6. 小腿与跟腱

跑步动作要领：脚应落在身体前约一尺的位置，靠近正中线。小腿不宜跨得太远，避免跟腱因受力过大而劳损。同时要注意小腿肌肉和跟腱在着地时的缓冲，落地时小腿应积极向后扒地，使身体积极向前。小腿前摆方向要正，脚应该尽量朝前，不要外翻或后翻，否则膝关节和踝关节容易受伤。可在沙滩上跑步时以检查脚印作为参考。

锻炼方法：撑壁提踵。面向墙壁约1m站立，两臂前伸与肩同宽，手撑壁。提踵，再放下，感觉小腿和跟腱紧张。

7. 脚跟与脚趾

跑步动作要领：如果步幅过大，小腿前伸过远，会以脚跟着地，产生制动刹车反作用力，对骨和关节损伤很大。正确的落地是用脚的中部着地，并让冲击力迅速分散到全脚掌。

锻炼方法：坐式伸踝，跪在地上，臀部靠近脚跟，上体保持直立，慢慢向下给踝关节压力直到趾伸肌与脚前掌感到足够拉力，然后抬臀后重复，动作要有节奏、缓慢。

## 二、提升跑步速度的锻炼方法

1. 变速跑、间歇跑

800m跑和1000m跑对有氧供能和无氧供能的要求都很高，因此，训练既要改善心脏和循环系统功能，增强有氧供能能力；又要改善肌肉工作能力，增强无氧供能的能力。

① 变速跑的生理效果是在跑的过程中，提升心脏对循环系统的供血能力，提高有氧代谢，即提高耐久能力。

② 间歇跑的生理效果是引起肌肉中血液的"过度酸化"，为了消除"过度酸化"对肌肉工作能力的影响，就要求血液中有大量的碱储备，发挥中和作用。通过锻炼使机体具备更好抵抗较长时间"过度酸化"和供氧不足的能力，提高无氧供能的能力，即提高速度耐力。

2. 周训练计划

周训练计划是根据阶段训练计划所规定的任务、内容与要求制订的。在制订周训练计划时，要根据现有的训练水平，周密地考虑训练的运动负荷量，兼顾各专项训练。周训练计划中的800m、1000m的训练安排：在第一阶段、第二阶段，每周一般要有两次，第三阶段每周不得少于一次，训练间隔不得少于两天；不能与力量素质训练（特别是杠铃负重练习）重叠，一般安排在大强度力量素质训练前一到两天，或者周末，通过星期天的调整，以求达到超量恢复。

3. 一次训练课运动量及强度安排

第一阶段逐渐增加运动负荷量，第二阶段在增加运动负荷量的同时加大运动负荷强度，第三阶段只上强度而不增加运动量（或适量减小运动量）。下面是第二阶段800m训练运动量及强度的课计划安排：

① 变速跑的运动量及强度安排

每次训练课的跑量是800m、1000m距离的4倍左右，如采用150m、200m快速跑，中间用100m慢跑作为调整。

训练量为：跑12～14个快跑150m+慢跑100m；或者跑10～12个快跑200m+慢跑100m。

快跑段的强度不低于70%，慢跑段的时间不超过快跑段时间的3倍。

②间歇跑的运动量及强度安排

每次训练课的跑量是800m、1000m的3倍左右，如采用200m、300m、400m的间歇跑。

训练量为：10～12个200m跑；或者6～8个300m跑；或者5～6个400m跑。跑的强度不低于自己最高速度的80%为最佳。如果跑的强度在70%以下，对人的机体就没有足够刺激，对提高成绩意义不大。

## 三、引体向上的锻炼方法

引体向上是要把人体以两手为着力点、把身体向上提拉起来，需要上肢与肩带肌群的力量支持。通过一定时间的练习，完成引体向上并不困难。体重超常的学生，往往上肢及肩带力量不足，除加倍练习上肢及肩带力量外，还需要控制体重，实施减肥计划。

1. 引体向上的动作要领

①动作过程：预备姿势——跳起悬垂——引体向上（下颌过杠）——跳下。

②技术要领：提脚跟。身体成半蹲，两臂后张，五指伸直并拢，掌心相对。跳起抓杠成直臂悬垂，两手用力拉杠，使身体向上，下颌过杠后还原成悬垂，再拉杠做第二次引体。落地时两腿顺势弯曲，两臂前平举，五指并拢伸直，上体保持正直，恢复立正姿势。

2. 引体向上的保护与帮助

保护者站在练习者后面或侧面，当练习者屈臂拉杠力不足时，可用手扶腰或大腿帮助上托。

3. 引体向上的练习方法

①引体向上凡是能完成一个以上的学生，应以练习引体向上为主。按自己完成最大量为指标练习一次，稍事休息后再练习1～2次。如只能完成一个，则需反复多做，以6～10次为宜。

②正握或反握悬垂，向前或向侧移动。平梯移行在平梯上做移行，每次手向前移动一个横杠，两手交替行进。移行一个横梯长为一次，练习4～5次。

③悬垂：屈臂悬垂练习者站于凳上，两臂全屈反握横杠，两手与肩同宽，使横杠位于颌下，然后双脚离凳做静止用力的悬垂姿势，但下颌不得挂在杠上。为了提高握杠力量可以做负重悬垂。为了发展力量耐力，可逐渐延长悬垂时间。直臂悬垂时，手要握紧，身体放松，呼吸自然，练习2～4次。

④斜身引体：要求两手与肩同宽正握杠，身体要挺直，两脚前伸蹬地，使两臂与躯干成90°的斜悬垂，脚不得移动，由同伴压住两脚，做屈臂引体，使下颌触到或超过横杠，然后伸臂复原为一次。不能利用臀部上下摆动的力量。30～45次为一组，练习3～4组。如无单杠，可利用树干或木桩。

⑤仰卧悬垂臂屈伸（抬高脚的位置）学生在低单杠上做仰卧悬垂姿势，另一学生握其脚腕或小腿，将练习者的脚抬至水平部位（也可将练习者的脚放在稍高的器械上）。25～40次为一组，练习3～4组。

⑥高杠悬垂，同伴两手托腰，帮助引体向上。

⑦反握悬垂臂屈伸。

⑧在中杠轻轻蹬地练习引体向上。

⑨可每天做俯卧撑（持哑铃做上臂屈伸）来训练上肢力量。力量大的同学可做快速俯卧撑或俯卧撑击掌练习。

⑩腹、背肌练习。

⑪两人一组，手伸直撑其肩膀，做"斗牛"练习；推小车游戏。

⑫哑铃、杠铃、拉力器练习。

- 屈举哑铃：上体正直，肩关节固定，做屈肘上举。此练习能有效地锻炼肱二头肌肉、肱肌。
- 卧拉哑铃。俯握长凳上，双手握哑铃直臂下垂。屈臂将哑铃拉近凳面。拉铃时，不要抬起上体和屈腕，双肘靠近体侧。
- 坐拉拉力器。坐矮凳子上，两臂侧上举，双手握拉力架把手，双臂用力下拉，使肘关节贴近体侧。

引体向上的练习，对尚不能完成者要先争取"0"的突破，然后再追求完成的次数。

4.引体向上的练习注意事项

① 引体向上是上肢力量耐力项目，练习有一定难度，同样需要持久性意志努力。
② 对引体向上一个也完不成的同学可进行帮助，即由三人一组，托腰向上推举帮助练习。
③ 能完成一个以上的同学，要增加练习的重复次数，力争在短期内达到较高水平，而且要持之以恒。
④ 快速吸气时引体向上，放下放松呼气。
⑤ 注意克服易犯的错误动作：拉杠时，仰头挺胸，造成上体后仰，上拉困难。纠正方法是拉杠时，含胸微屈髋，快速拉。
⑥ 下颌要过杠后才能还原为悬垂姿势。

## 四、仰卧起坐的锻炼方法

1.仰卧起坐的技术要领

双膝关节屈曲双足平放在地面身体躺在地上。双手交叉于胸前，推动腰骶部更多触摸到地面。比平常更多地吸气，当你抬头、肩膀和上肢离开地面时屏气，尽可能地让上身与大腿靠近。缓慢呼气，然后，返回到初始的位置。在整个的运动过程中，颈椎保持伸直状态，双目注视天花板。

仰卧起坐通常应该是每组20次一组，或者20多次一组。每2组之间休息30s。但是训练要充分考虑个体的体质差异。运动是缓慢的，不要强调运动的次数而是关注让肌肉生产疲劳的维度。

2.仰卧起坐的锻炼方法

（1）身体的蠕动训练

初始体位如基本的仰卧起坐，手臂伸直置于身体侧方，然后，抬高手臂和上背离开地面，维持这样的体位，尽可能地单侧伸手向踝的方向，然后，返回到初始的体位，重复另外一侧的肢体动作。交替进行，在进行训练的时候，保持肩关节离地的状态。保持目光看天花板或者始终向上看。说明：这种训练是缓慢的目的是尽可能达到最大的活动范围，伸直手臂的时候应该要求是最大程度的远，重复16～20次，或者每侧8～10次为一组。

（2）腿部的弯曲训练

目的是通过屈曲髋关节来刺激腹直肌的强壮。屈曲髋关节90°。身体成仰卧姿势，手臂放在下腰部。身体微微成反弓形状。然后，有力让腰部下降尽可能接触地面使你的手臂感觉到腰部对它的压力，随呼吸的节奏来压迫手臂，呼吸时向下压手臂，吸气时减少压力！在保持腰部对手的压力状态下，缓慢增加屈曲髋关节的角度，尽可能贴近腹部，然后，缓慢伸直下肢，但是脚不触地。重复训练10～20次，交替训练。然后，进入下个训练动作。与上个动作不同的是在进行伸直髋关节的时候，另一条腿保持弯曲90°，伸直的下肢伸直到几乎与地面接触。保持10s。重复10～20次为一组，进行2～3组的训练。

（3）俯卧位的平板训练

用脚趾和手臂来支持身体呈俯卧的体位。双足稍微分开，双肘与肩等宽。头与背部保持水平，不要向下或者向侧方看。维持体位，保持正常呼吸。

① 保持高髋的体位，可以减少对腹、背部的肌肉压力。推荐腰部疼痛或者新手初学者采用该方法。

② 保持髋关节处于水平位置，这种姿势对高水平的运动员更适宜。身体的垂线通过肩、髋、踝之间。

③ 常见的错误：髋关节放得太低。如果有腰疼痛的人尽量避免做这种平髋的动作。采用训练时间与休息时间是1∶1。要求维持体位10s到60s。

（4）拱桥的训练

身体仰卧位，屈曲膝关节90°，双足平放地面手放体侧。足与肩等髋，足尖向前。抬臀离地越高越好。维持体位5s。然后，臀部回到地面。重复10次，练习2～3组。通过双手在胸前交叉或者在腹部放沙袋或者其他重物来增加训练的难度。说明：做8～10次。维持体位5s。休息2s，重复下一次动作。可以用单脚支持身体，一条膝关节伸直位来增加训练难度。

## 五、跳跃的锻炼方法

田径运动中的跳远、三级跳、跳高、撑竿跳高等跳跃项目，是运用人体自身的能力（借助于器械）通过一定的运动形式，尽可能跳过高的横杆和跳过尽可能远的距离。跳跃项目的基本运动规律都是从静止开始水平位移，而后转变为抛射运动。

1.跳远

跳远的基本技术由助跑、踏跳、腾空和落地四个部分组成。跳远的最终距离主要由助跑速度和合理的有力踏跳所决定，腾空落地保证了踏跳所取得的效果。四个部分是统一的整体，不能把它们分割开来。

（1）助跑

助跑是决定跳远成绩的先决条件。它是为获得最大的水平速度，并强有力地踏跳做准备。助跑的距离根据个人发挥速度的迟早而定。助跑的动作与途中跑相似，最后一步应比倒数第二步小，以利于快速而有力地踏跳。助跑的方法一般采用站立式起跑，有两个标志，第一标志是助跑的起点，第二标志为离踏跳板一般相距6～8步的地方。助跑时要用踏跳脚踏在第二标志上。标志的作用，特别是第二标志，主要是用来检查步点的准确性。

（2）踏跳

踏跳应尽量保持水平速度以获得较大的垂直速度，并获得最理想的腾起初速度。腾起初速度与起飞角是决定跳远远度的主要因素。起跳动作是从助跑最后一步开始的，起跳时，大腿积极下压，小腿迅速前伸和全脚掌着板并迅速转至前脚掌。当身体重心移至起跳腿的支撑点时，起跳腿迅速用力蹬伸，使踝、膝、髋关节充分伸直，同时摆动腿以膝领先积极向前上方摆起，两臂积极配合腿部动作用力摆，当双臂肘关节摆至略低于肩或与肩同高时，做"突停"动作，这样借助摆臂的惯性提肩、拔腰、挺胸、顶头，帮助身体重心提高，增大起跳效果。

（3）腾空

经过助跑与起跑，身体便进入腾空阶段。如果没有外力的作用，任何空中动作都不能改变身体重心抛物线的轨迹。腾空动作主要是保持身体平衡，为落地做好准备。腾空后起跳腿留在后面，膝稍屈，在空中形成腾空步。空中姿势一般有蹲踞式、挺身式和走步式三种。

① 蹲踞式。腾空步后，上体仍保持正直，摆动腿的大腿继续抬高，两臂向前摆，起跳腿向前上方提起与摆动腿并拢，形成空中蹲踞的姿势。随后两腿上收，上体前倾。将要落地时，两臂由前向下、向后摆动同时向前伸小腿落地。

② 挺身式。腾空步后，随后摆动腿的大腿积极地下放，小腿向前、向下、向后弧形摆动，使髋关节伸展，两臂向下、向后上方摆振，这时留在身后的起跳腿向后摆的摆动腿靠拢，臀部前移，胸腰稍向前挺，形成展体挺身的姿势，落地前两臂由后上方向前、向下、向后方摆动，两

腿向前摆,收腹举大腿,接着小腿前伸,上体前倾准备落地。

③ 走步式。腾空后,摆动腿下落后摆,起跳腿屈膝前摆,完成自然换步,成为起跳腿在前,摆动腿在后的空中动作,换步时,保持跑的自然动作,大腿带动小腿走动,摆动幅度要大。在走步式中,起跳后两腿在两臂的配合下,在腾空时采用二步半和三步半两种动作技术。要求在空中做大幅度的前后绕环摆动迈步换腿动作来维持身体的平衡,并与两臂协调配合。落地前,收腹举小腿前伸,上体前倾,两臂同时向下后方摆动。

(4) 落地

落地的好坏直接影响到跳远的远度,而且有可能影响身体健康,因此,落地也是跳远技术中的一个重要环节。在完成腾空动作后,两大腿向前提举,腿向前伸,同时臀部向前移动,上体前倾,落地时,双腿膝关节伸直,脚尖勾起,两臂在体后,待脚跟接触沙面后,双腿迅速屈膝,双臂积极前摆,借助向前的惯性作用,使身体尽快移过支撑点,避免后坐或后倒。

2.跳高

跳高是一项由节奏性助跑、单脚起跳、越过横杆落地等动作组成,以越过横杆上缘的高度来计算成绩的田径比赛项目。这里主要介绍背越式跳高。

(1) 背越式跳高的助跑

① 预先助跑。预先助跑的任务是使运动员摆脱静止状态,在助跑前获得一定的适宜速度,为运动员全程助跑建立起合理的节奏。预先助跑的形式概括起来有三种:走几步踏上第一标志线开始正式助跑;走几步后,加一小跳步踏上第一标志线开始正式助跑;慢跑几步踏上第一标志线开始正式助跑。

② 助跑。助跑的任务是为了使运动员获得适合自己力量与技术的理想速度,获得良好的助跑节奏,使运动员进入适宜的起跳位置,为起跳做好准备。背越式跳高运动员采用曲线助跑,大多数运动员跑8～12步,少数运动员跑6～17步。助跑的长度为16～30m。启动时助跑方向在70°～90°,在开始进入弧线时的助跑方向在25°～35°,放脚方向在15°～35°或与横杆平行。

(2) 背越式跳高的起跳

背越式起跳在垂直支撑瞬间起跳腿的膝关节角度为140°～148°,摆动腿弯曲大,未超过起跳腿大腿,上体稍在起跳腿的内侧,髋关节夹角为130°～140°,摆髋仍领先并高于跳髋,摆肩仍领先并高于跳肩,身体重心基本在支撑点上面稍偏内,整个身体内倾。

摆动腿的摆动。背越式跳高采用的是屈腿或折叠式的摆动方法。摆动的最大垂直速度是2.6m/s,直腿摆动的惯性力可占体重的137%～148.5%。屈腿摆动的惯性力可占体重的70.6%。

两臂的摆动。摆臂的方法有交叉双臂摆动和交叉单臂摆动两种。前者有利于加大摆动力量,后者由于积极快速,则有利于迅速完成起跳动作。交叉双臂摆动的方法是在起跳放腿阶段,随着起跳腿的前伸,起跳腿同侧臂交叉后引,而异侧臂像自然跑进一样向前摆出,但保持在相对较低的位置。当起跳腿同侧臂屈肘前摆时,双臂同时向前上方摆起,带动躯干伸展。为了加速身体围绕纵轴旋转和防止上体过早倒向横杆,摆动腿同侧臂最后一摆应略高于另一臂,并带动肩部超越横杆。交叉单臂摆动的方法是当起跳腿踏向起跳点时,两臂仍然自然地做前后摆动,随着摆动腿的摆动,起跳腿的同侧臂顺势迅速上举。无论是哪种摆臂方法都应与摆动腿摆动一样,在起跳蹬伸结束阶段与摆动腿相配合,采用制动动作,以增加起跳的蹬地力量。

(3) 背越式跳高的过杆

过杆的位置为:从起跳脚离地至两小腿过杆。攻杆阶段:起跳结束后身体向横杆上方腾起的过程。起跳结束后身体在摆侧臂的引导下,保持起跳结束时的身体姿势(此时身体的倾角为94°±1.49°),以头顶部和脊椎为冲击轴向横杆上方腾起并完成背对横杆的旋转动作。过杆阶段是指运动员身体越过横杆的过程。当运动员的头部超越横杆后,两肩开始放松,头部积极后仰,两臂也由肩上方开始向身体两侧下放,当运动员的胸部越过横杆后积极向上顶髋,头和两肩继续后仰,两大腿下放,两小腿放松下垂完成杆上"桥"的动作。

(4)背越式跳高的落地

落地是指运动员过杆后身体重心下落到身体着地的过程。当运动员的臀部和大腿越过横杆后,身体重心已经下落,此时应在挺髋的基础上,以大腿带动小腿加速向后上方甩腿,使整个身体脱离横杆,然后低头含胸,屈髋伸膝,以肩背部及双臂着垫并借过杆旋转力顺势后翻,做好缓冲。

## 附:《国家学生体质健康标准》(摘录,表6-1)

表6-1 《国家学生体质健康标准》单项指标与权重

| 测试对象 | 单项指标 | 权重/% |
| --- | --- | --- |
| 小学一年级至大学四年级 | 体重指数(BMI) | 15 |
| | 肺活量 | 15 |
| 小学一、二年级 | 50m跑 | 20 |
| | 坐位体前屈 | 30 |
| | 1min跳绳 | 20 |
| 小学三、四年级 | 50m跑 | 20 |
| | 坐位体前屈 | 20 |
| | 1min跳绳 | 20 |
| | 1min仰卧起坐 | 10 |
| 小学五、六年级 | 50m跑 | 20 |
| | 坐位体前屈 | 10 |
| | 1min跳绳 | 10 |
| | 1min仰卧起坐 | 20 |
| | 50m×8往返跑 | 10 |
| 初中、高中、大学各年级 | 50m跑 | 20 |
| | 坐位体前屈 | 10 |
| | 立定跳远 | 10 |
| | 引体向上(男)/1min仰卧起坐(女) | 10 |
| | 1000m跑(男)/800m跑(女) | 20 |

注:体重指数(BMI)=体重(kg)/身高$^2$(m$^2$)。

## 《国家学生体质健康标准》评分标准

### 1. 单项指标评分表（表6-2～表6-15）

表6-2　男生体重指数（BMI）单项评分表　　　　单位：kg/m²

| 等级 | 单项得分 | 大学 |
|---|---|---|
| 正常 | 100 | 17.9～23.9 |
| 低体重 | 80 | ≤17.8 |
| 超重 | | 24.0～27.9 |
| 肥胖 | 60 | ≥28.0 |

表6-3　女生体重指数（BMI）单项评分表　　　　单位：kg/m²

| 等级 | 单项得分 | 大学 |
|---|---|---|
| 正常 | 100 | 17.2～23.9 |
| 低体重 | 80 | ≤17.1 |
| 超重 | | 24.0～27.9 |
| 肥胖 | 60 | ≥28.0 |

表6-4　男生肺活量单项评分表　　　　单位：mL

| 等级 | 单项得分 | 大一、大二 | 大三、大四 |
|---|---|---|---|
| 优秀 | 100 | 5040 | 5140 |
| | 95 | 4920 | 5020 |
| | 90 | 4800 | 4900 |
| 良好 | 85 | 4550 | 4650 |
| | 80 | 4300 | 4400 |
| 及格 | 78 | 4180 | 4280 |
| | 76 | 4060 | 4160 |
| | 74 | 3940 | 4040 |
| | 72 | 3820 | 3920 |
| | 70 | 3700 | 3800 |
| | 68 | 3580 | 3680 |
| | 66 | 3460 | 3560 |
| | 64 | 3340 | 3440 |
| | 62 | 3220 | 3320 |
| | 60 | 3100 | 3200 |
| 不及格 | 50 | 2940 | 3030 |
| | 40 | 2780 | 2860 |
| | 30 | 2620 | 2690 |
| | 20 | 2460 | 2520 |
| | 10 | 2300 | 2350 |

表6-5 女生肺活量单项评分表　　　　　　　　　　　　单位：mL

| 等级 | 单项得分 | 大一、大二 | 大三、大四 |
|---|---|---|---|
| 优秀 | 100 | 3400 | 3450 |
| | 95 | 3350 | 3400 |
| | 90 | 3300 | 3350 |
| 良好 | 85 | 3150 | 3200 |
| | 80 | 3000 | 3050 |
| 及格 | 78 | 2900 | 2950 |
| | 76 | 2800 | 2850 |
| | 74 | 2700 | 2750 |
| | 72 | 2600 | 2650 |
| | 70 | 2500 | 2550 |
| | 68 | 2400 | 2450 |
| | 66 | 2300 | 2350 |
| | 64 | 2200 | 2250 |
| | 62 | 2100 | 2150 |
| | 60 | 2000 | 2050 |
| 不及格 | 50 | 1960 | 2010 |
| | 40 | 1920 | 1970 |
| | 30 | 1880 | 1930 |
| | 20 | 1840 | 1890 |
| | 10 | 1800 | 1850 |

表6-6 男生50m跑单项评分表　　　　　　　　　　　　单位：s

| 等级 | 单项得分 | 大一、大二 | 大三、大四 |
|---|---|---|---|
| 优秀 | 100 | 6.7 | 6.6 |
| | 95 | 6.8 | 6.7 |
| | 90 | 6.9 | 6.8 |
| 良好 | 85 | 7.0 | 6.9 |
| | 80 | 7.1 | 7.0 |
| 及格 | 78 | 7.3 | 7.2 |
| | 76 | 7.5 | 7.4 |
| | 74 | 7.7 | 7.6 |
| | 72 | 7.9 | 7.8 |
| | 70 | 8.1 | 8.0 |
| | 68 | 8.3 | 8.2 |
| | 66 | 8.5 | 8.4 |
| | 64 | 8.7 | 8.6 |
| | 62 | 8.9 | 8.8 |
| | 60 | 9.1 | 9.0 |
| 不及格 | 50 | 9.3 | 9.2 |
| | 40 | 9.5 | 9.4 |
| | 30 | 9.7 | 9.6 |
| | 20 | 9.9 | 9.8 |
| | 10 | 10.1 | 10.0 |

表6-7 女生50m跑单项评分表　　　　　　　　　　　　　　　　　　　　　单位：s

| 等级 | 单项得分 | 大一、大二 | 大三、大四 |
|---|---|---|---|
| 优秀 | 100 | 7.5 | 7.4 |
| 优秀 | 95 | 7.6 | 7.5 |
| 优秀 | 90 | 7.7 | 7.6 |
| 良好 | 85 | 8.0 | 7.9 |
| 良好 | 80 | 8.3 | 8.2 |
| 及格 | 78 | 8.5 | 8.4 |
| 及格 | 76 | 8.7 | 8.6 |
| 及格 | 74 | 8.9 | 8.8 |
| 及格 | 72 | 9.1 | 9.0 |
| 及格 | 70 | 9.3 | 9.2 |
| 及格 | 68 | 9.5 | 9.4 |
| 及格 | 66 | 9.7 | 9.6 |
| 及格 | 64 | 9.9 | 9.8 |
| 及格 | 62 | 10.1 | 10.0 |
| 及格 | 60 | 10.3 | 10.2 |
| 不及格 | 50 | 10.5 | 10.4 |
| 不及格 | 40 | 10.7 | 10.6 |
| 不及格 | 30 | 10.9 | 10.8 |
| 不及格 | 20 | 11.1 | 11.0 |
| 不及格 | 10 | 11.3 | 11.2 |

表6-8 男生坐位体前屈单项评分表　　　　　　　　　　　　　　　　　　单位：cm

| 等级 | 单项得分 | 大一、大二 | 大三、大四 |
|---|---|---|---|
| 优秀 | 100 | 24.9 | 25.1 |
| 优秀 | 95 | 23.1 | 23.3 |
| 优秀 | 90 | 21.3 | 21.5 |
| 良好 | 85 | 19.5 | 19.9 |
| 良好 | 80 | 17.7 | 18.2 |
| 及格 | 78 | 16.3 | 16.8 |
| 及格 | 76 | 14.9 | 15.4 |
| 及格 | 74 | 13.5 | 14.0 |
| 及格 | 72 | 12.1 | 12.6 |
| 及格 | 70 | 10.7 | 11.2 |
| 及格 | 68 | 9.3 | 9.8 |
| 及格 | 66 | 7.9 | 8.4 |
| 及格 | 64 | 6.5 | 7.0 |
| 及格 | 62 | 5.1 | 5.6 |
| 及格 | 60 | 3.7 | 4.2 |
| 不及格 | 50 | 2.7 | 3.2 |
| 不及格 | 40 | 1.7 | 2.2 |
| 不及格 | 30 | 0.7 | 1.2 |
| 不及格 | 20 | −0.3 | 0.2 |
| 不及格 | 10 | −1.3 | −0.8 |

表6-9　女生坐位体前屈单项评分表　　　　　　　　　单位：cm

| 等级 | 单项得分 | 大一、大二 | 大三、大四 |
| --- | --- | --- | --- |
| 优秀 | 100 | 25.8 | 26.3 |
| 优秀 | 95 | 24.0 | 24.4 |
| 优秀 | 90 | 22.2 | 22.4 |
| 良好 | 85 | 20.6 | 21.0 |
| 良好 | 80 | 19.0 | 19.5 |
| 及格 | 78 | 17.7 | 18.2 |
| 及格 | 76 | 16.4 | 16.9 |
| 及格 | 74 | 15.1 | 15.6 |
| 及格 | 72 | 13.8 | 14.3 |
| 及格 | 70 | 12.5 | 13.0 |
| 及格 | 68 | 11.2 | 11.7 |
| 及格 | 66 | 9.9 | 10.4 |
| 及格 | 64 | 8.6 | 9.1 |
| 及格 | 62 | 7.3 | 7.8 |
| 及格 | 60 | 6.0 | 6.5 |
| 不及格 | 50 | 5.2 | 5.7 |
| 不及格 | 40 | 4.4 | 4.9 |
| 不及格 | 30 | 3.6 | 4.1 |
| 不及格 | 20 | 2.8 | 3.3 |
| 不及格 | 10 | 2.0 | 2.5 |

表6-10　男生立定跳远单项评分表　　　　　　　　　单位：cm

| 等级 | 单项得分 | 大一、大二 | 大三、大四 |
| --- | --- | --- | --- |
| 优秀 | 100 | 273 | 275 |
| 优秀 | 95 | 268 | 270 |
| 优秀 | 90 | 263 | 265 |
| 良好 | 85 | 256 | 258 |
| 良好 | 80 | 248 | 250 |
| 及格 | 78 | 244 | 246 |
| 及格 | 76 | 240 | 242 |
| 及格 | 74 | 236 | 238 |
| 及格 | 72 | 232 | 234 |
| 及格 | 70 | 228 | 230 |
| 及格 | 68 | 224 | 226 |
| 及格 | 66 | 220 | 222 |
| 及格 | 64 | 216 | 218 |
| 及格 | 62 | 212 | 214 |
| 及格 | 60 | 208 | 210 |
| 不及格 | 50 | 203 | 205 |
| 不及格 | 40 | 198 | 200 |
| 不及格 | 30 | 193 | 195 |
| 不及格 | 20 | 188 | 190 |
| 不及格 | 10 | 183 | 185 |

表6-11 女生立定跳远单项评分表　　　　　　　　　　　　　单位：cm

| 等级 | 单项得分 | 大一、大二 | 大三、大四 |
|---|---|---|---|
| 优秀 | 100 | 207 | 208 |
| 优秀 | 95 | 201 | 202 |
| 优秀 | 90 | 195 | 196 |
| 良好 | 85 | 188 | 189 |
| 良好 | 80 | 181 | 182 |
| 及格 | 78 | 178 | 179 |
| 及格 | 76 | 175 | 176 |
| 及格 | 74 | 172 | 173 |
| 及格 | 72 | 169 | 170 |
| 及格 | 70 | 166 | 167 |
| 及格 | 68 | 163 | 164 |
| 及格 | 66 | 160 | 161 |
| 及格 | 64 | 157 | 158 |
| 及格 | 62 | 154 | 155 |
| 及格 | 60 | 151 | 152 |
| 不及格 | 50 | 146 | 147 |
| 不及格 | 40 | 141 | 142 |
| 不及格 | 30 | 136 | 137 |
| 不及格 | 20 | 131 | 132 |
| 不及格 | 10 | 126 | 127 |

表6-12 男生1min引体向上单项评分表　　　　　　　　　　　单位：次

| 等级 | 单项得分 | 大一、大二 | 大三、大四 |
|---|---|---|---|
| 优秀 | 100 | 19 | 20 |
| 优秀 | 95 | 18 | 19 |
| 优秀 | 90 | 17 | 18 |
| 良好 | 85 | 16 | 17 |
| 良好 | 80 | 15 | 16 |
| 及格 | 78 | | |
| 及格 | 76 | 14 | 15 |
| 及格 | 74 | | |
| 及格 | 72 | 13 | 14 |
| 及格 | 70 | | |
| 及格 | 68 | 12 | 13 |
| 及格 | 66 | | |
| 及格 | 64 | 11 | 12 |
| 及格 | 62 | | |
| 及格 | 60 | 10 | 11 |
| 不及格 | 50 | 9 | 10 |
| 不及格 | 40 | 8 | 9 |
| 不及格 | 30 | 7 | 8 |
| 不及格 | 20 | 6 | 7 |
| 不及格 | 10 | 5 | 6 |

表6-13　女生1min仰卧起坐单项评分表　　　　　　　　单位：次

| 等级 | 单项得分 | 大一、大二 | 大三、大四 |
|---|---|---|---|
| 优秀 | 100 | 56 | 57 |
| 优秀 | 95 | 54 | 55 |
| 优秀 | 90 | 52 | 53 |
| 良好 | 85 | 49 | 50 |
| 良好 | 80 | 46 | 47 |
| 及格 | 78 | 44 | 45 |
| 及格 | 76 | 42 | 43 |
| 及格 | 74 | 40 | 41 |
| 及格 | 72 | 38 | 39 |
| 及格 | 70 | 36 | 37 |
| 及格 | 68 | 34 | 35 |
| 及格 | 66 | 32 | 33 |
| 及格 | 64 | 30 | 31 |
| 及格 | 62 | 28 | 29 |
| 及格 | 60 | 26 | 27 |
| 不及格 | 50 | 24 | 25 |
| 不及格 | 40 | 22 | 23 |
| 不及格 | 30 | 20 | 21 |
| 不及格 | 20 | 18 | 19 |
| 不及格 | 10 | 16 | 17 |

表6-14　男生1000m耐力跑单项评分表　　　　　　　　单位：min·s

| 等级 | 单项得分 | 大一、大二 | 大三、大四 |
|---|---|---|---|
| 优秀 | 100 | 3'17" | 3'15" |
| 优秀 | 95 | 3'22" | 3'20" |
| 优秀 | 90 | 3'27" | 3'25" |
| 良好 | 85 | 3'34" | 3'32" |
| 良好 | 80 | 3'42" | 3'40" |
| 及格 | 78 | 3'47" | 3'45" |
| 及格 | 76 | 3'52" | 3'50" |
| 及格 | 74 | 3'57" | 3'55" |
| 及格 | 72 | 4'02" | 4'00" |
| 及格 | 70 | 4'07" | 4'05" |
| 及格 | 68 | 4'12" | 4'10" |
| 及格 | 66 | 4'17" | 4'15" |
| 及格 | 64 | 4'22" | 4'20" |
| 及格 | 62 | 4'27" | 4'25" |
| 及格 | 60 | 4'32" | 4'30" |
| 不及格 | 50 | 4'52" | 4'50" |
| 不及格 | 40 | 5'12" | 5'10" |
| 不及格 | 30 | 5'32" | 5'30" |
| 不及格 | 20 | 5'52" | 5'50" |
| 不及格 | 10 | 6'12" | 6'10" |

表6-15　女生800m耐力跑单项评分表　　　　　　　　　单位：min·s

| 等级 | 单项得分 | 大一、大二 | 大三、大四 |
|---|---|---|---|
| 优秀 | 100 | 3'18" | 3'16" |
| 优秀 | 95 | 3'24" | 3'22" |
| 优秀 | 90 | 3'30" | 3'28" |
| 良好 | 85 | 3'37" | 3'35" |
| 良好 | 80 | 3'44" | 3'42" |
| 及格 | 78 | 3'49" | 3'47" |
| 及格 | 76 | 3'54" | 3'52" |
| 及格 | 74 | 3'59" | 3'57" |
| 及格 | 72 | 4'04" | 4'02" |
| 及格 | 70 | 4'09" | 4'07" |
| 及格 | 68 | 4'14" | 4'12" |
| 及格 | 66 | 4'19" | 4'17" |
| 及格 | 64 | 4'24" | 4'22" |
| 及格 | 62 | 4'29" | 4'27" |
| 及格 | 60 | 4'34" | 4'32" |
| 不及格 | 50 | 4'44" | 4'42" |
| 不及格 | 40 | 4'54" | 4'52" |
| 不及格 | 30 | 5'04" | 5'02" |
| 不及格 | 20 | 5'14" | 5'12" |
| 不及格 | 10 | 5'24" | 5'22" |

2.加分指标评分表（表6-16~表6-19）

表6-16　男生引体向上评分表　　　　　　　　　单位：次

| 加分 | 大一、大二 | 大三、大四 |
|---|---|---|
| 10 | 10 | 10 |
| 9 | 9 | 9 |
| 8 | 8 | 8 |
| 7 | 7 | 7 |
| 6 | 6 | 6 |
| 5 | 5 | 5 |
| 4 | 4 | 4 |
| 3 | 3 | 3 |
| 2 | 2 | 2 |
| 1 | 1 | 1 |

表6-17 女生1min仰卧起坐评分表　　　　　　　　　　　单位：次

| 加分 | 大一、大二 | 大三、大四 |
| --- | --- | --- |
| 10 | 13 | 13 |
| 9 | 12 | 12 |
| 8 | 11 | 11 |
| 7 | 10 | 10 |
| 6 | 9 | 9 |
| 5 | 8 | 8 |
| 4 | 7 | 7 |
| 3 | 6 | 6 |
| 2 | 4 | 4 |
| 1 | 2 | 2 |

注：引体向上、1min仰卧起坐均为高优指标，学生成绩超过单项评分100分后，以超过的次数所对应的分数进行加分。

表6-18 男生1000m跑评分表　　　　　　　　　　　单位：min·s

| 加分 | 大一、大二 | 大三、大四 |
| --- | --- | --- |
| 10 | −35″ | −35″ |
| 9 | −32″ | −32″ |
| 8 | −29″ | −29″ |
| 7 | −26″ | −26″ |
| 6 | −23″ | −23″ |
| 5 | −20″ | −20″ |
| 4 | −16″ | −16″ |
| 3 | −12″ | −12″ |
| 2 | −8″ | −8″ |
| 1 | −4″ | −4″ |

表6-19　女生800m跑评分表　　　　　　　　　单位：min·s

| 加分 | 大一、大二 | 大三、大四 |
| --- | --- | --- |
| 10 | –50" | –50" |
| 9 | –45" | –45" |
| 8 | –40" | –40" |
| 7 | –35" | –35" |
| 6 | –30" | –30" |
| 5 | –25" | –25" |
| 4 | –20" | –20" |
| 3 | –15" | –15" |
| 2 | –10" | –10" |
| 1 | –5" | –5" |

注：1000m跑、800m跑均为低优指标，学生成绩低于单项评分100分后，以减少的秒数所对应的分数进行加分。

# 下篇
## 运动实践

# 第七章
# 田径运动

## 第一节 田径运动的起源与发展

### 一、田径运动的起源

　　田径是田赛、径赛和全能比赛的全称，包括田赛、径赛、公路路跑、竞走和越野跑，此外还包括部分田赛和径赛项目组成的"十项全能"。田径是世界上最为普及得体育运动之一，也是历史最悠久的运动项目。

　　上古时代，人们为了获得生活资料，在和大自然及禽兽的斗争中，不得不走或跑相当长的距离，跳过各种障碍，投掷石块和使用各种捕猎工具。在劳动中不断重复这些动作，便形成了走、跑、跳跃和投掷的各种技能。随着社会的发展。人们有意识地把走、跑、跳跃、投掷作为练习和比赛的形式。

　　公元前2000年，埃及人已经开始练习一些早期的田径运动，大约公元前1500年时，克里特人成为第一批有组织地练习田径的群体。田径这个单词正是来自希腊词语Athlos（意思参加比赛），而体育场这个词语也是来自希腊语中的Stadion，在古希腊语中它是一种度量衡，大约相当于现代的180m。从公元前776年奥林匹克运动会首次举办以来，到1896年现代奥运会浮出水面，田径运动始终在奥运当中扮演着重要的角色。公元前776年，当时奥运会的跑步比赛是在一个拥有28.5m宽跑道的体育场里面进行的，而赛跑的距离是192.27m，这被看做是现代奥运会200m跑的前身。

### 二、田径运动的发展

　　现代田径运动在17世纪晚期于英国兴起，包括了赛跑、竞走等项目。19世纪，希腊的伊万格罗斯·扎帕斯和迪米特里奥斯·维凯拉斯致力于让奥运会重新复活，在法国人巴隆·皮埃尔·德·顾拜旦的努力下，第一届现代奥运会在1896年于雅典拉开帷幕。这届奥运会举办时间超过了10天，主要进行的就是田径比赛，总共有来自13个国家的331名运动员（其中250人是希腊公民）参加了角逐，这些田径项目包括了100m、1500m、110m栏、马拉松、跳远、三级跳远、标枪、铁饼、铅球和跳高。

1912年7月17日，国际田径协会（IAAF）在瑞典的斯德哥尔正式宣告成立，17个国家的代表出席了这次历史性的集会，各国在本届会议上达成了共识——需要建立一个国际机构来专门负责举办国际性的田径赛事，其中就包括了奥运会，制订国际上统一的规则和制度成为了必需的工作之一，这也是国际上首次对业余运动进行规范化并且开始记载创造世界纪录的选手。此后，34个国家成为了国际田联的第一批会员，制订了IAAF宪章。瑞典人西格弗里德·埃德斯特罗姆当选为首位田联主席，而克里斯蒂安·海尔斯特罗姆则被指定为名誉秘书。在1914年于法国里昂举行的第3届大会上，通过了第一项技术类条款，代表着参加国际比赛的运动员们在本国举行的比赛中，也将参照国际田联制订的标准展开竞争。

## 三、田径运动与身体健康

身体素质是体质强弱的标志之一，它是人体各器官系统机能在肌肉工作中的反映。田径运动涉及跑、跳、投等多种，由于身体锻炼项目多，各个项目技术都有其自身的特点，所以对身体各部位、环节都有特定的锻炼作用，因此，参加多种形式的田径运动能发展速度、全身肌肉的力量，提高反应灵敏度、协调性和柔韧性等身体素质。

# 第二节　田径运动的锻炼方法

走、跑、跳、投是人体最基本的运动技能，是田径运动项目中最基本的活动形式。这些身体技能的掌握是进行其他运动的基础，同时，这些身体技能的状况也是人体健康和精神面貌的一种反映。田径运动有竞技、健身、娱乐等各种特性，练习形式多样，不受人数、年龄、性别、季节、气候等条件的限制，便于广泛开展。

## 一、健步走

走步是人的最基本、最经常的移动方式，健身走是一种简单易行的运动健身项目，它可以促进全身血液循环，降低心脑血管病的风险，有效提高心肺功能，增强肌肉和骨骼强度，锻炼身体柔韧性，调节内脏机能，促进新陈代谢，消除大脑疲劳和紧张，消耗热量来控制体重，使人情绪愉快，有益心理健康。

1.健身走的锻炼方法

健身走基本动作要领如下：

① 头部正直，两眼前视，适当挺胸和收腹，保持躯干正直，这样的身体姿态可以使人走得更轻松、更舒适。

② 以肩关节为轴前后摆动，在快速走步时屈肘比较适宜，夹角约在80°～100°。适当扭动胯部，有利于增加步幅。

③ 下肢动作主要是以摆动的形式来完成。健身走时，脚跟先落地，然后滚动到全脚掌，使身体重心快速前移。

④ 步幅和步频应根据个人的身高和腿长合理搭配，步幅自然开阔，步频较快，动作舒展大方。

2.健身走的运动方法

① 摆臂散步法。散步时两臂有节奏地做前后较大幅度的摆动，行走速度为每分钟60～90

步，可增进肩带胸廓的活动能力，适用于有呼吸系统疾病的人，每次30～60min，逐渐延长时间。

② 摩腹散步法。一边散步，一边按摩腹部，行走速度为每分钟30～60步，这对有消化不良和胃肠疾病的人很有益处。每次30～60min，逐渐延长时间。

③ 慢速健身走。慢速健身走也可以理解为日常的散步，每分钟70～90步，每小时3~4公里。每次锻炼30～60min。四肢协调运动，使全身关节筋骨得到活动。

④ 中速健身走。每分钟90～120步，每小时4～4.5公里。每次20～50min。能进一步提高大脑血流量，增加营养物质的供应，以便能更好地发挥脑细胞的功能。

⑤ 快速健身走。每分钟120～140步，每小时5～7公里。每次15～40min。速度和耐力两者相结合，可以很好地增进心血管系统的功能。

⑥ 踏石走步法。在鹅卵石铺路的地面上行走，通过踏石来刺激足部的穴位，若赤脚在上面适当地蹬踏跳跃，更会使身体经络通畅、睡眠香甜、食欲增加、身体灵巧，甚至会感觉到一股热流源源向全身喷射，不但使肌肉变得富有弹性，而且体态也会逐渐变得健康、优美。

⑦ 倒退走步法。倒退走时上体自然直立，不要抬头后仰，眼睛平视。当右腿支撑时左腿屈膝后摆下落，前脚掌先落地然后滚动到全脚掌，身体重心随之移至左腿时右腿屈膝后摆下落，前脚掌先落地然后滚动到全脚掌。两臂协同两腿自然摆动，同时注意前进方向和身体平衡。

3.健身走的运动量与运动强度

（1）脉搏测定法

早晨起床前、锻炼前和锻炼后1h各测一次脉搏，时间为1min。如果运动量小，在锻炼后1h脉搏即可恢复到锻炼前的水平；如果运动量稍大，次日的晨脉搏可以恢复到原来的水平，表明身体能承担这一运动量。如果次日晨脉比以往升高较多而且还有疲劳感（无疾病情况下），则表明运动量过大需要调整。

（2）主观感觉法

运动量安排合适时，工作、学习、劳动更富有精力，锻炼后虽略感疲劳，肌肉酸痛，但经过一夜休息后疲劳会自然消失。当运动量过大时，早晨起床会感到萎靡不振、全身无力，甚至会有头晕现象，锻炼后也常感到极度疲劳，吃不下睡不着，对锻炼有厌倦和冷淡的感觉，这些说明运动量需要适当调整。

（3）健身走强度的衡量

健身走强度的衡量主要依据人体的脉搏次数来确定。从健身角度来讲，健身走时适宜的脉搏为每分钟100～120次。刚参加锻炼的人应该感到呼吸比较舒服并逐步提高运动强度。由于健身走的时间一般都比较长，运动者可以一边走一边测量脉搏，及时掌握适宜的运动强度。体质一般的成年人通常每周至少步行三次，每次以5～6公里的时速（快走）走20min，能够获得增氧效果。从消耗多余脂肪和热量来说，一次连续30～45min的步行，效果不亚于一次剧烈运动。

（4）健身走数量的掌握

健身走的数量以时间来衡量为好，而不是以行走的距离来衡量。对于一般锻炼者，连续行走时间以15～30min为宜。行走15min可以达到锻炼身体的最低要求，行走30min就能够达到比较好的锻炼效果。若锻炼者身体比较强壮，又有比较宽裕的时间，进行更长时间的健身走效果会更好，但一定要在自己的身体能够承受范围之内。

4.健身走应注意的问题

① 选一双合脚的软底运动鞋，缓冲脚底的压力，以防止关节受到伤害。

② 穿一套舒适的运动装。

③ 一壶清水，可适当加些糖、盐，调节体内电解质平衡。

④ 选择一条合适的运动路线，如公园小径、操场等。

⑤ 选择恰当的时间。最好在每天太阳升起以后或者下午3点后，每次锻炼时间应在半小时以上，每周锻炼至少3次以上。

⑥ 控制运动量。在运动次日清晨起床前数一下脉搏，如果高于前一天5～10次/分，则说明身体不适或运动过度，需要调整运动量。

⑦ 做好准备活动。如轻压肌肉和韧带、下蹲运动等。

⑧ 控制好速度。应该根据自己的身体情况合理掌握健身走的速度。

5.健身走的自我评测

（1）主观感觉

身体健康的人会感到精力充沛，身心愉悦；若患有疾病或过度训练就会精神不振，身体无力、疲倦，易激动。健身走时心情应该是开朗、愉快的，精神状况良好；若出现对锻炼不感兴趣，甚至厌倦、萎靡不振，可能是锻炼方法不当或疲劳所致，也可能是过度疲劳的早期特征。经常进行健身走锻炼的人，应当是入睡快、睡得熟、少梦或无梦，次日精力充沛。若出现失眠、屡醒或多梦，次日精神不振，应改变锻炼方法和减少运动量。若出现食欲差、口渴等现象时与运动量过大和身体健康状况不佳有关。

（2）客观检查

① 脉搏的自我检测：大运动量：运动结束即刻的脉搏达150～180次/min，经过50～60min才能恢复到安静时的脉搏次数。中运动量：运动结束时的脉搏达120～150次/min，过20～30min可以恢复到安静水平。小运动量：运动结束即刻的脉搏达90～120次/min，经过5～10min即可恢复。

② 体重：体重会逐渐减轻，以后会慢慢趋于稳定。若出现体重不断减轻或有其他异常感觉，可能与过度训练或患有慢性疾病有关，应减少运动量并到医院检查。

## 二、跑

1.跑的基本技术

（1）100m跑的基本技术

起跑的任务是迅速获得向前冲力，使身体摆脱静止状态，为起跑后加速创造有利的条件。短跑的起跑须采用蹲踞式起跑，并使用起跑器。短跑的起跑过程包括"各就位"、"预备"、鸣枪三个阶段。

① "各就位"时，轻快地走到起跑器前，两手撑地，两脚依次踏在前、后起跑器的抵足板上，后膝跪地，两手收回紧靠起跑线并撑地面，两臂伸直，两手间距离比肩稍宽，手指成拱形地做弹性支撑，头与躯干保持在一直线上。身体重量均衡地落在两手、前脚和后膝关节之间。

② "预备"时，逐渐抬起臀部，使臀部稍高于肩，肩部处在起跑线上或稍前，前膝成90°左右，后膝成130°左右，颈部自然放松，两脚掌紧贴在起跑器上，深呼吸屏气。

③ 鸣枪时，两手迅速推地，手臂积极有力地做前后摆动，两脚同时用力蹬离起跑器，后腿迅速前摆，前腿蹬直，此时上体保持适当的前倾度。

起跑后第一步一般比较小，完成第一步动作后，立即转入加速跑。

起跑后的加速跑是起跑的继续，它的任务是在最短时间内尽快地发挥出最大的速度。加速跑阶段一般为20～25m，跑时后蹬应快速、充分、有力，摆动腿积极前摆，下压，用前脚掌着地，两脚落地逐渐成一条线，两臂配合两腿快速有力地前后摆动，上体逐渐抬起，并自然转入途中跑。

途中跑的任务是继续保持较长距离的最高速度。途中跑是全程中距离最长，速度最快的部分,也是短跑最重要的部分。途中跑时两臂前后摆动。在途中跑过程中,要求动作轻松有力,协调自然频率快,步幅大,重心平稳,直线好。

终点跑的任务是尽力保持途中跑的高速度跑过终点。终点跑包括终点跑技术和撞线技术。

① 终点跑技术：要求在离终点线15～20m处,尽力保持上体前倾角度,加快两臂摆动的速度和力量,保持途中跑的高速度跑。

② 终点撞线技术：在运动员跑到离终点线前约一步距离时,上体急速前倾,以胸部或肩部撞终点线,并跑过终点,然后逐渐减慢跑速。

(2) 200m和400m跑的基本技术

① 弯道起跑技术。200m和400m都是弯道起跑,起跑器应安装在弯道起点的外沿,并对着弯道的切线方向。起跑时,左手撑在距起跑线后沿5～10cm处,使身体对着弯道切点,弯道起跑后,为了尽快地通过切点进入弯道,加速距离要缩短；较大前倾的身体要早些抬起。

② 弯道跑技术。弯道跑时,整个身体向内倾斜,沿跑道内沿跑进,右脚以前掌内侧着地,左脚以前掌外侧着地,右肩稍高于左肩；右臂的摆动幅度和力量大于左臂,身体向内倾斜的幅度大小主要根据跑速的快慢,速度越快向内倾斜就越大。从弯道跑进直道时,应在弯道的最后几米,身体逐渐减小内倾程度,做惯性跑2～3步。

③ 中长跑的基本技术。

a. 起跑和起跑后的加速跑。起跑和起跑后的加速跑是比赛开始时,使身体迅速摆脱静止状态,快速跑出,并尽快发挥出正常的跑速和占据有利的跑进位置的过程。中长跑一般采用站立式起跑。

b. 途中跑。途中跑是中长跑的重要阶段,掌握正确的途中跑技术对于提高成绩具有重要作用。

- 着地缓冲：脚着地前,摆动腿大腿积极下压,小腿顺势前摆并做"扒地"动作,着地腿的膝关节是弯曲的,着地腿的膝关节和足跟几乎在一条垂直线上,对完成缓冲动作有积极作用。这阶段的主要任务是减小地面对人体的冲击,减少水平速度的损失,为尽快转入后蹬创造有利条件。
- 后蹬与前摆：跑时,一腿后蹬,另一腿前摆。这是唯一产生跑进动力的阶段,是途中跑技术的主要阶段。
- 腾空：后蹬腿蹬离地面,人体进入腾空阶段。蹬地腿的小腿应迅速向大腿折叠,形成以大腿长度为半径的摆动过程。
- 上体和两臂：途中跑时,上体应采取稍前倾的姿势。摆臂动作能保持身体的平衡,更主要的作用是增强蹬摆效果。两臂前后自然摆动,肘关节的角度在垂直部位可大一些,以利于两臂肌肉的放松。

2. 健身跑

健身跑是经济、安全、自由的有氧代谢健身方式,并且对人类多种常见疾病有预防和辅疗的作用。可以作为日常训练中培养耐力的主要手段。

健身跑的基本动作如下。

① 上体姿势。身体适当前倾（5°左右）或几乎直立,上坡时需前倾大些,下坡时有一定的后仰,躯干不要左右摇摆,头部与躯干成一直线,面部、颈部肌肉放松,眼平视。

② 腿部动作。两腿循环交替的后蹬与前摆,形成了跑步时的腿部动作。

- 后蹬：首先从伸展髋关节开始,要力求最大限度地伸展髋关节,使髋、膝、踝三关节心脑血管疾病患者、习惯性头痛者和内脏下垂者不适合长距离健身跑。体弱、肥胖和心肺功能较差者可采用走跑交替的锻炼方法。

- 后摆：支撑腿后蹬结束即进入后摆，后摆时要放松小腿，并随大腿的积极向前摆动形成大小腿折叠。
- 前摆：当摆动腿的膝关节经过支撑点垂直上方时，由大腿发力带动小腿前摆，同时支撑腿的各个关节要迅速伸直，使后蹬的力量和运动方向相一致。
- 着地缓冲：正确的脚着地方法是摆动腿向前、向下，以前脚掌积极而柔和的"扒地"式着地。当脚一着地，踝、膝、髋关节主动弯曲做"退让"工作，同时另一腿积极向前摆动，加快身体向前移动速度，缩短缓冲时间。

③ 臂部动作。健身跑时两臂应稍离躯干，肘关节弯曲约成90°，半握拳以肩关节为轴前后自然摆动，向前摆动时两手不超过身体中线。

④ 呼吸。跑步时的呼吸应自然、有节奏，而且要有适宜的深度，呼吸的节奏应因人而异，一般采用两步一呼、两步一吸或三步一呼、三步一吸等。

## 三、跳跃

跳跃是非周期性运动项目，主要包括跳远、跳高、三级跳远等项目。

### 1.跳远

跳远的完整技术是由助跑、起跳、腾空和落地4个部分组成的。

（1）助跑

跳远的助跑速度与跳远成绩密切相关。跳远助跑的任务就是获得更快的水平速度，并为准确踏板和快而有力的起跳做准备。助跑的距离因人而异，一般男子为35～45m，18～22步，女子为33～40m，16～20步。在助跑时，一般采用两个标志：第一个标志是助跑的起跑线，第二个标志是在距起跳板6～8m的地方。

（2）起跳

起跳时，应充分利用助跑所获得的速度，在较短的时间内，创造尽可能大的腾起初速度和适宜的腾起角。起跳技术分为三个动作阶段：起跳脚的着地、缓冲和蹬伸。

① 起跳脚的着地。在助跑最后一步，支撑的摆动腿积极后蹬，起跳腿积极前摆，大腿抬得比短跑时低一些，然后快速有力地下压，几乎是全脚掌迅速滚动，起跳脚与地面的脚度是60°～70°。

② 缓冲。起跳脚着地至膝关节的弯曲程度达最大时，这一动作过程为缓冲阶段。缓冲的作用主要在于减缓起跳的制动力，减少助跑速度的损失，积极前移身体，为蹬伸创造有利条件。

③ 蹬伸。蹬伸阶段是由起跳腿膝关节最大弯曲时开始，至起跳脚蹬离地面瞬间终止。起跳蹬伸时，整个身体快速向上伸展，起跳腿的髋、膝、踝各关节要充分伸展。两臂前后摆起，肩、腰向上提起。起跳腿与地面的夹角为75°左右。

（3）腾空

起跳离地后，人体向空中腾起，并在空中完成各种动作，空中姿势有蹲踞式、挺身式、走步式三种，常用的是蹲踞式和挺身式。

① 蹲踞式：在完成空中动作即"腾空步"后，摆动腿大腿高抬，两臂摆向体前，起跳腿由体后屈膝向前上方提起，与摆动腿靠拢，身体成"蹲踞"姿势，然后两大腿向前上方收举，双膝接近胸部，两臂由体前摆向体后，小腿前伸准备落地。

② 挺身式：起跳腾空后，摆动腿的大腿积极下压，小腿随之向下，向后方摆动，留在体后的起跳腿与向后摆的摆动腿靠拢。当达到腾空最高点时，身体充分伸展，形成"挺胸展髋"姿势。两臂上举或后摆。然后收腹举腿，双腿前伸，完成落地动作。

### 2.背越式跳高

跳高技术经历过跨越式、剪式、滚式、俯卧式和背越式的五次变革，使跳跃的高度不断上升。

（1）助跑

一般采用弧线助跑，助跑开始的前四步与加速跑相似，但后四步由于成弧线，所以跑动中整个身体应向弧心倾斜，最后两步身体内倾。保持放松及助跑水平速度是助跑技术的关键。背越式跳高步点丈量比较简单的方法是走步丈量法。

（2）起跳

背越式跳高利用弧线助跑和身体的内倾，使起跳腿着地时将水平速度转变为垂直速度。起跳脚要在身体重心前踏上距横杆投影线50～80cm的起跳点，首先以脚跟外侧触及地面，然后迅速滚动到全脚掌并用力踏跳。在起跳脚落地时，摆动腿蹬离地面后迅速屈膝摆腿，同时重心紧跟上体积极前移，使起跳缓冲，当身体重心移动到支撑点上方时，身体由倾斜转为正直，摆动腿和两臂迅速向上摆，同时起跳腿积极蹬地，完成起跳动作。

（3）过杆和落地

起跳离地后，身体自然沿纵轴旋转，背对横杆，当头和肩越过横杆后，立即仰头、潜肩，摆动腿膝部放松，起跳腿离地后自然下垂，两臂自然置于体侧，两膝在杆上稍分开，两小腿自然下垂，身体在杆上形成背弓的姿势。顺序为：头、肩、背、臀部、大腿、小腿依次过杆，最终以肩背先着垫。

3.跳跃练习方法

（1）助跑练习

① 提高蹬地力量和增大步幅的加速跑，距离30～50m。

② 踏点节奏跑，点间距1.7m左右。

（2）助跑与起跳相结合的练习

① 原地模仿起跳。体会蹬与摆，上下肢的协调配合。

② 在20～30m距离行走中连续完成起跳技术模仿练习。

③ 在40～50m距离内连续三步助跑起跳成腾空步练习。

④ 短、中距离助跑起跳成腾空步练习。

（3）蹲踞式跳远腾空和落地练习

① 原地双脚跳过栏架，体会蹲踞式跳远起跳后的收腿动作。

② 上一步起跳做蹲踞式跳远练习。

③ 做4～8步助跑蹲踞式跳远练习。

④ 中程、全程的蹲踞式跳远练习，并在练习中固定起始点，找出起跳点。

（4）挺身式跳远腾空和落地练习

① 行进间挺身式空中动作模仿练习。

② 从高处跳下，完成挺身式空中模仿动作。

③ 短、中距离助跑，挺身式完整跳远练习。

4.投掷

投掷项目包括：标枪、铁饼、链球、铅球、手榴弹、实心球等。投掷项目能有效地增强手臂、肩带、腰腹、腿部的力量素质；发展柔韧性、协调性和快速用力的能力；培养果断、刻苦的意志品质。

（1）握器械的基本要求

投掷项目虽然器械的形状、重量和具体的投掷方法不同，但其4个部分的基本要求相同。

① 要保持人体运动中器械的相对稳定性，便于对器械的控制和产生良好的肌肉感觉，能保证身体在快速地移动变化中，保持身体与器械良好的方向、角度和位置关系。

② 便于助跑，有利于做动作和发挥速度与力量。

③ 要求指、腕、臂、肩要适度放松，使上肢肌肉和本体感受器，对器械有良好的感觉和有效的控制，有利于动作自然、协调和连贯，使力量最后全部作用到器械上。

（2）助跑的基本要求

① 要在助跑中使器械与人体成为一体。在快速复杂的动作变化中，必须有良好的感受器械所处的位置和方向的能力，维持人体重心和器械合理的运动轨迹。

② 维持良好的身体平衡，有利于逐渐加速。

③ 合理调整和处理好头与非投掷臂的正确姿势。

④ 根据规则要求，充分利用场地逐渐加速，并保持良好的节奏感。

⑤ 要求做好超越器械的动作，形成最后用力的良好姿势。

（3）最后用力的基本要求

投掷中的最后用力，是整个技术中最主要的部分。它的任务是通过助跑获得预先速度，经过稳定有力的支撑，合理地通过身体（躯干和投掷臂）以最快的速度集中作用到器械上，使器械在适宜角度下向远处掷出。投掷器材有的可自制，如小沙包、实心球等；正规的体育器材有网球、垒球、标枪等。可根据学校的体育器材实际情况，选择不同的投掷物进行练习。

## 第三节　田径运动的竞赛组织与基本规则

### 一、径赛项目竞赛组织与基本规则

#### 1.跑步项目中的名次判定

在田径比赛中，所有赛跑项目参赛者的名次取决于其身体躯干（不包括头、颈、臂、腿、手或足）抵达终点线后沿垂直面为止时的顺序，以先到达者名次列前。在任一赛次中，按成绩录取进入下一赛次时如遇运动员成绩相等，则终点摄像主裁判应考虑有关运动员的 1/1000s 的实际成绩。如果成绩依然相等，则有关运动员均应进入下一赛次。如实际条件不允许，应抽签决定进入下一赛次的人选。在决赛中第一名成绩相同，裁判长有权决定是否重赛，若无条件重赛，则并列第一；至于其他名次成绩相同，按并列处理。

#### 2.分道

运动员在所有短跑、跨栏和 4×100m 接力赛中自始至终都必须在自己的跑道里。800m 和 4×400m 接力赛，在自己的跑道里起跑，当运动员通过抢道标志线以后才能离开自己的跑道，切入里道。运动员的跑道由技术代表抽签确定。第二轮开始的各轮比赛，跑道的选择还需依据运动员在上一轮的比赛结果，如排名前4位的运动员抽签后分别占据第3、4、5、6跑道，后4名抽签排定第1、2、7、8跑道。

#### 3.接力赛

4×100m 接力跑是分道进行的，接棒者可以在接力区前 10m 内起跑。接力赛中，运动员必须在 20m 的接力区内里完成交接棒。"接力区内"的判定是根据接力棒的位置，而不是根据参赛者的身体或四肢的位置。在 4×400m 接力跑中，第一棒全程及第二棒的第一弯道是分道跑，第二棒运动员要跑至抢道线后方可自由抢道。第一棒的传接必须在参赛者指定的跑道内进行，其余各棒的传接，裁判员根据第二及第三棒运动员通过 200m 起点处的先后，按次序让其第三及第四棒的队友在接力区内，由内至外排列等候接棒。所有接棒者均不可在接力区外起跑。接力棒必须拿在手上，直到比赛结束为止。完成交接棒后，运动员应留在本队的跑道中以免因影响他人而被取消比赛资格。任何人掉了棒，必须由其本人拾回，而且要在不影响别人的情况下，越出自己的跑道以拾回接力棒。

## 二、田赛项目竞赛组织与基本规则

1. 田赛的比赛方法

奥运会田赛项目的比赛通常先分两组进行及格赛，通过及格标准的直接进入决赛，如达到及格标准的运动员人数不足12人，不足的人数按及格赛成绩递补。远度项目决赛前三轮比赛的顺序抽签决定。决赛前三轮比赛结束后，按成绩取前8名运动员进行最后三轮比赛；第四、五轮比赛排序按前三轮成绩的倒序排列，第六轮比赛排序则按前五轮成绩的倒序排列，成绩最好的在最后跳（掷）。

2. 有效成绩

除犯规外，跳跃远度项目比赛中，运动员每次试跳的成绩均为有效成绩。除犯规外，高度项目比赛中，运动员每次跳过的高度为有效成绩。投掷项目比赛除犯规以外，当运动员投出的器械完全落在落地区内（不包括落地区边线）才算有效，丈量成绩时从距离投掷区最近的落地点算起。其中标枪必须是枪尖首先触地成绩才算有效。

3. 裁判员的旗示

在跳跃项目比赛中，通常有一名主裁判手中持有红、白旗帜各一面，用来示意运动员试跳是否成功。举红旗表示试跳失败，成绩无效；举白旗表示成功，成绩有效。在投掷项目比赛中，通常有两名主裁判手中持有红、白旗帜各一面，用来示意运动员试投是否成功。举红旗表示试投失败，成绩无效；举白旗表示成功，成绩有效。其中一名站在投掷区附近的称为内场主裁判，主要判定运动员在试投过程中是否犯规；另一名在落地区内的称为外场主裁判，主要判定器械落地点是否有效。

4. 观赛礼仪

① 观摩比赛应提前入座，这样，既尊重运动员，也不影响他人观看比赛。

② 颁奖升旗奏歌时，应肃静起立，不要谈笑或做其他事情，以示尊重。

③ 运动员出场时，观众应该给予鼓励和掌声，不只给予本国的和自己喜欢的运动员，还应包括其他的运动员。

④ 当运动员开始跳跃、投掷项目助跑时，观众可以根据运动员的助跑节奏鼓掌，注意不要在看台上随意走动。

⑤ 在一些长距离项目中，如马拉松，当远远落后的运动员坚持到终点时，观众应该把最热烈的掌声送给这些运动员，为其重在参与的精神鼓掌。

⑥ 比赛结束时，获胜运动员为答谢观众一般还会绕场一周，大家一定要用掌声和欢呼声为其精彩表现表示欣赏和鼓励。

⑦ 把赛场当做自己的家去爱护。赛场内禁止吸烟，手机要关机或设置在振动、静音状态。

# 第八章 足球运动

## 第一节 足球运动的起源与发展

### 一、东方足球和西方足球

**1. 东方足球**

据传，早在炎黄之初，华夏土地上就产生了世界上最古老的足球——蹴鞠运动。黄帝是蹴鞠运动的创造者，曾用蹴鞠来训练武士。在3000多年前的商代甲骨文中，已经有了蹴鞠舞的记载。司马迁在《史记》中描述过战国时期齐国临淄的蹴鞠活动。蹴就是用脚踢的意思，而鞠是指球。可见，早在2500年前，我国劳动人民已经有了足球游戏，并作为一项娱乐性活动。到了汉代，足球活动较为盛行，出现了专门供足球竞赛活动的场地。

**2. 西方足球**

西方足球文明最早记载是在10世纪，在当时的罗马皇家近卫军中开展，而后传入英国。据记载，1312年4月英国国王爱德华二世曾签署法令，禁止当时已盛行于伦敦街头的"对生命和健康有害"的足球游戏。公元16世纪之后，足球游戏在欧洲的一些国家开始盛行。随着英国工业革命以及对外殖民扩张，1800年后英国对足球运动的传播起到了积极的作用。

### 二、古代足球的起源与发展

足球运动是一项古老的体育活动，源远流长。据说，希腊人和罗马人在中世纪以前就已经从事一种足球游戏了。他们在一个长方形场地上，将球放在中间的白线上，用脚把球踢滚到对方场地上，当时称这种游戏为"哈巴斯托姆"。到19世纪初叶，足球运动在当时欧洲及拉美一些国家特别是在资本主义的英国已经相当盛行。然而众多的资料表明，中国古代足球的出现比欧洲更早，历史更为悠久。

我国古代足球称为"蹴鞠"或"踢鞠","蹴"和"踢"都是踢的意思,"鞠"是球名。"蹴鞠"一词最早记载在《史记匪涨亓写》里,汉代刘向《别录》和唐人颜师曾为《汉书·枚乘传》均有记载。到了唐宋时期,"蹴鞠"活动已十分盛行,成为宫廷之中的高雅活动。1958年7月,国际足联现任主席阿维兰热博士来中国时曾表示:足球起源于中国。早在三千五百年前的殷代,就有了"足球舞"。这是古代足球游戏的雏形。战国时代民间已盛行集体的"蹴鞠"游戏。及至西汉,足球已进一步发展成为竞赛性的运动。作为古代中国文明内容之一的足球,公元前四世纪即因古希腊马其顿国王亚历山大发动的战争而传入中东。以后传入罗马,发展成一种把球带到对方一端为胜的竞赛性游戏。接着,这种游戏又因战争传到法国,1066年传入英国。

## 三、现代足球的起源与发展

现代足球始于英国。1863年10月英国足球协会在伦敦成立了第一个足球俱乐部,制订了最初的比赛规则,现代足球运动随之逐渐兴趣。最早的比赛阵形是英国人创造的"九锋一卫"式,即九个前锋,一介后卫,再加一名守门员。随着技术水平的提高,一名后卫难以抵挡九名前锋的进攻,于是产生了"七锋三卫"式阵形,使攻守力量达到相对平衡。由于技术水平的进一步提高,战术的发展,前锋活动的加强,防守力量又日趋薄弱。为了改变这种状况,1870年苏格兰人创造了"六锋四卫"式阵形。接着,英国人又创造了"1+2+3+5"阵形。这一阵形对当时世界足球运动的发展影响很大,因为它体现了攻守力量的基本平衡。当然,由于封建社会的局限,中国古代的蹴鞠活动最终没有发展成为以"公平竞争"为原则的现代足球运动。

从17世纪中后期开始,足球运动逐步从欧美传入世界各国,尤其是在一些文化发达的国家更为盛行。越来越多的人走向球场,投身到这一富有刺激性和畅快感的运动中去,以至于一度将足球运动开展得好坏作为衡量一个国家文化发达与否的标志。在这种情况下,英国人率先为足球运动的发展做出了重要贡献。

1863年10月26日,英国人在伦敦皇后大街弗里马森旅馆成立了世界第一个足球协会——英格兰足球协会。会上除了宣布英格兰足协正式成立之外,制订和通过了世界第一部较为统一的足球竞赛规则,并以文字形式记载下来。英格兰足球协会的诞生,标志着足球运动的发展进入了一个崭新的阶段。因而,人们公认1863年10月26日,即英格兰足球协会成立之日为现代足球的诞生日。1863年10月26日,英国足球协会在英伦召开了现代足球史上十分重要的会议。

比赛归程草拟出来,但有些条文却离今天的规则相距甚远。比如当时有这样一条:当球从球门柱之间进入或在上面的空间越过,不论高度如何,只要不是被手扔、击、运进去的,都算赢一球。最早的球门也不同于今天,1883年球门的横梁还是拉一根绳子,直到1890年,才设置了球网。直到1891年,才出现持中立态度的现在意义上的裁判:一名裁判和两名巡边员。早期的球队均是业余球员构成的,而现代足球有了职业球员,以踢球为职业的运动员。

## 四、国际足球联合会的成立

人们公认1863年10月26日,即英格兰足球协会成立之日为现代足球的诞生日。国际足联的宗旨是促进国际足球运动的发展,发展各足球协会之间的友好联系。我国1931年加入国际足联。

1896年,第一届现代奥运会在希腊举行时,足球就列为正式比赛项目,丹麦以9:0大胜希腊,成为奥运会第一个足球冠军。因为奥运会不允许职业运动员参加,到了1928年(第九届奥运会)足球比赛已无法持续。1928年奥运会结束后,国际足联召开代表会议,一致通过决议,举办四年一次的世界足球锦标赛。这对于世界足球运动的进一步发展和提高起到了积极的推动作用。最初这个新的足球大赛称为"世界足球锦标赛"。1956年,国际足联在卢森堡召开的会议上，决定易名为"雷米特杯赛"。这是为表彰前国际足联主席法国人雷米特为足球运动所作出的成就。雷米特担任国际足联主席33年（1921～1954年），是世界足球锦标赛的发起者和组织者。后来，有人建议将两个名字连起来，称为"世界足球锦标赛-雷米特杯"。于是，在赫尔辛基会议上决定更名为"世界足球锦标赛-雷米特杯"，简称"世界杯"。

1904年5月21日，国际足球协会联合会（简称国际足联，英文缩写为FIFA）在法国巴黎圣奥诺雷街229号法国体育运动，协会联盟驻地的后楼正式成立，法国等7个国家的代表和代理人在有关文件上签了字。1904年5月23日，国际足联召开了第1届全体代表大会，法国的罗伯特·盖林被推选为第一任主席。1905年4月14日，英格兰足协加入国际足球联合会。国际足球联合会的创建，标志着足球作为一项世界性的体育运动项目登上了世界体坛。国际足联是世界足球运动的最高权力机构，总部设在瑞士苏黎世希茨希11号国际足联大厦。国际足联的宗旨是促进国际足球运动的发展，发展各足球协会之间的友好联系。国际足联的最高权力机构是代表大会，每两年举行一次。国际足联主席由代表大会选出，任期4年，可连选连任。国际足联下设执行委员会（负责国际足联的行政管理）、世界杯组委会、业余委员会、裁判委员会、技术委员会、医务委员会、新闻出版委员会、纪律委员会、法律事务委员会、世界青年锦标赛、秘书处。

## 五、足球运动的主要赛事

### 1. 世界杯

世界上最受欢迎的体育赛事之一。1930年，首届世界杯足球锦标赛在乌拉圭举行，以后每隔4年举办一次。世界杯自1930年到现在已举办了20届，获得过冠军的国家分别是：

- 1930年乌拉圭
- 1934年意大利
- 1938年法国
- 1950年巴西
- 1954年瑞士
- 1958年瑞典
- 1962年智利
- 1966年英格兰
- 1970年墨西哥
- 1974年西德
- 1978年阿根廷
- 1982年西班牙
- 1986年墨西哥
- 1990年意大利
- 1994年美国
- 1998年法国
- 2002年韩日
- 2006年德国
- 2010年南非
- 2014年巴西

### 2. 欧洲国家杯

有小世界杯之称，世界最著名的足球赛事之一，该杯赛从1960年开始，每四年举行一次，从第六届开始，即1979年改用新赛制，决赛阶段赛集中在某国举行，东道主无须打预赛，直接进入决赛圈。在欧洲有着非常巨大的影响，也是推动欧洲足球运动发展的一个重要赛事。

### 3. 其他重大赛事

英格兰超级足球联赛（英超）、意大利足球甲级联赛（意甲）、西班牙足球甲级联赛（西甲）、德国足球甲级联赛（德甲）、法国足球甲级联赛（法甲）——欧洲著名的足球五大联赛、各大联赛内部的足球俱乐部云集世界优秀的足球运动员、教练，组成技术水平较高的球队进行比赛。英超打法讲求整体快速推进，意甲注重攻守平衡，西甲喜欢打进攻足球，而德甲则更喜欢防守为先，法甲比其余四大联赛的技术水平要略低一线。

当今世界的足球运动发展迅速，除以上重要赛事外，还有众多的联赛（如荷甲、比甲、瑞甲、芬超、葡超、日本J联赛、美国职业大联盟等）和众多的杯赛（如美洲杯、南美解放者杯、亚洲杯、非洲杯、奥运锦标赛、世界青年锦标赛、女足世界杯等）。

## 六、足球运动的发展

1863年10月26日，在英格兰伦敦皇后大街弗里马森旅馆，召开了主要有剑桥地区各学校代表参加的会议，统一了14条足球比赛规则，用以指导剑桥地区学校相互间进行的足球赛事。此规则被后人称为剑桥规则。剑桥规则第一次以书面的形式明确规定：足球是一项除手臂以外触球的运动。同时，这次会议还成立了英格兰足球协会。因此，我们通常把1863年10月26日作为世界足球的诞生日，把英格兰作为现代足球的鼻祖。

现代足球比赛中，一次快速进攻从发动到完成射门，时间最短的仅需几秒钟，因此要求运动员在快速奔跑中来完成接、控、射、传、抢、铲、争、顶等一系列的技术动作。而这些技术动作在运用中往往是组合进行的，如接球后要带、控、过人、传球或射门。

## 七、足球运动的主要组织及赛事

1. 国际足球组织

1863年，英格兰足球协会成立后，欧洲和南美洲国家也成立了足球协会，并不同程度地仿效英格兰足球协会进行各自的锦标赛。随着足球运动在世界各地的迅猛发展，各地足球协会相继成立，一个超国界足球组织的形成条件逐渐成熟。1904年5月21日，国际足球协会（简称国际足联，缩写为FIFA）在巴黎圣奥诺雷街法国体育运动协会联盟驻地正式成立，创始国为法国、瑞士、瑞典、西班牙、荷兰、丹麦等。1932年，国际足联总部移至瑞士苏黎世直至今日。

2. 国际足球赛事

① 世界杯足球赛。世界杯足球赛最初命名为世界杯足球锦标赛，其创始人为国际足联第三任主席、法国人雷米特。该赛事于1930年开始，每四年举行一次。

② 世界青年（19岁以下）足球锦标赛。1975年，在当时国际足联主席阿维兰热的倡议下，为培养足坛新秀并使足球不发达国家有机会参加国际足球比赛，国际足联决定每两年举行一次世界青年锦标赛。该比赛被认为是国际足联组织的仅次于世界杯赛的第二个重要赛事，始于1977年，由于受可口可乐公司的资助，所以该比赛又叫国际足联可口可乐世界青年锦标赛。

③ 奥运会足球赛。1912年，足球比赛正式列入奥运会比赛项目，可是直到1924年的第八届巴黎奥运会，国际足联才担负起奥运会足球赛的组织工作。国际奥运会和国际足联一直在参赛运动员的资格上有争议，其焦点就是职业与业余身份问题。在1984年的洛杉矶奥运会，阿维兰热宣布：不再区分职业与业余，仅禁止参加过世界杯赛的欧洲和南美洲运动员参加奥运会足球比赛。

④ 17岁以下的世界足球锦标赛。为进一步缩小足球传统国家与非传统国家的差距，促进世界足球人才的培养和足球运动的向前发展，也是在阿维兰热的倡导下，国际足联举办了16岁以下（1991年起确定为17岁以下）世界足球锦标赛。比赛创始于1985年，每两年举办一次，第一届在中国北京举行。因受美国柯达公司的资助，该比赛又称国际足联17岁以下柯达杯世界锦标赛。

## 八、足球运动与身体健康

在足球运动中，传球、射门、运球等都不同程度地促进了人体的新陈代谢，优化了人体骨骼的形态结构，骨小梁的排列根据压力和拉力不同更加整齐而有规律，骨表面肌肉附着的突起更加明显，从而提高骨的抗折、抗弯、抗压缩和抗扭转等功能。

足球是一项团队运动，正因为此也是构建心理健康的一种重要手段。踢足球随时都需要队友的配合，在参与足球运动时，可以深刻感悟到团结协作的重要性。参与足球运动时动作和反应都要快，要能根据变化的形势迅速地改变动作和运动方向，掌握时机，因此，在复杂而多变的比赛中，参与者思维会更敏捷，判断会更准确，视野会更开阔，意志品质会更顽强。

## 第二节 足球运动的基本技术

### 一、颠球

（1）脚尖拉挑球

用脚的前脚掌往后拉球，然后用脚尖将球挑起来，其具体动作是：一只脚站在地上作为支撑脚，另一只脚的前脚掌踏在球上，先轻轻用力将球往后拉，待球向后滚动时，踏球的脚迅速插到球的下方，脚掌着地，当球滚上脚背时，脚尖稍翘起，用力向上将球挑起（图8-1）。

1　　　　　　　　2　　　　　　　　3

图8-1　脚尖拉挑球

（2）脚背正面颠球

当球落至膝关节以下时，用一只脚的脚背正面（系鞋带的前半部位）击在球的底部，将球向上颠起（图8-2）。

1　　　　　　　　2　　　　　　　　3

图8-2　脚背正面颠球

（3）脚内侧颠球

用脚弓部位连续接触球。这种颠球方法与民间"踢毽子"的方法相似。其动作方法是：当球落至膝关节高度时，用一只脚的脚弓部位轻击球的底部，将球向上颠起（图8-3）。

1　　　　　2　　　　　3　　　　　4

图8-3　脚内侧颠球

（4）脚外侧颠球

支撑脚的膝关节微屈，上体向支撑脚一侧稍倾斜，重心落在支撑脚上。当球下落至膝关节稍下时，颠球腿屈膝，小腿向上向外摆起，脚腕向外翻，使脚外侧向上，几乎成水平状态，用脚外侧轻击球的下中部，将球向上颠起（图8-4）。

图8-4 脚外侧颠球

（5）大腿颠球

用大腿的前关节高度时，颠球腿的大腿屈膝上摆，当大腿摆到成水平状态时击球，下上颠起（图8-5）。

图8-5 大腿颠球

（6）头颠球

两腿左右分开或前后分开，膝关节微屈，两臂屈肘自然张开，头微微向上抬起，两眼注视球。当球下落至前额正面高度时，两腿微微蹬地、伸膝，颈部轻轻向上用力，用前额正面击球下中部，将球向上颠起（图8-6）。

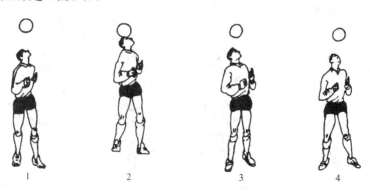

图8-6 头颠球

（7）肩部颠球

两脚自然左右分开，两臂自然下垂或微屈肘，头微微向上抬起，两眼注视球。当球下落至接近颠球一侧肩部高度时，肩部上耸，击球下中部，将球向上颠起（图8-7）。

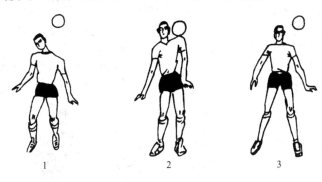

图8-7　肩部颠球

## 二、踢球

在众多的踢球技术动作中，最容易学会、也是最常用的踢球方法就是脚内侧踢球，俗称脚弓踢球（图8-8）。

脚内侧踢球，就是用从脚尖开始到脚后跟为止的内侧部位（包括脚弓）踢球。这种踢球方法由于脚与球的接触面大，容易踢得准，也容易学会。同时由于踢球时摆动幅度小，踢球力量不大，因此常用于作短距离传球（图8-9）。

图8-8　脚内侧踢球（一）　　　　图8-9　脚内侧踢球（二）

脚内侧踢球采用直线助跑，支撑脚稍屈膝站在球侧，踢球腿由后向前摆动，接近球时用脚弓部位对准球的后中部击出，球就沿着地面向前滚动，人随着踢球时的运动惯性，自然地向前走几步。这里需要提醒的是：要想使脚弓对准球，就必须把脚横过来，使脚成横的"一"字形。脚腕（踝关节）要用力，这样击球才有力量，同时也不会使脚腕受伤（图8-10）。

图8-10　脚内侧踢球（三）

## 三、过顶球

在比赛中经常会看到进攻队员想传球给同伴，但中间有一名防守队员在阻拦，于是他就将球踢过防守者的头顶，从空中越过中间的障碍，把球传给同伴。

脚背内侧踢球，是用大脚趾及第二脚趾以上的脚背内侧部位击球（大约在系鞋带的内侧部位的前半部，图8-11）。踢球时采用斜线

图8-11　脚背内侧踢球（一）

助跑,助跑方向与出球方向大约成45°角。助跑的最后一步稍大一些,支撑脚稍屈膝站在球的侧后方,脚尖指向出球方向。支撑脚着地的同时,踢球腿由后向前摆动,当快接近球时,小腿突然加速摆动,脚背绷直,以脚背内侧部位击球。击球后,人随着踢球时的运动惯性,继续向前走几步。脚背绷直就是脚趾用力向下扣紧,脚背自然就绷直了。击球的部位,可随踢球者的需要而决定,以踢定位球为例:如想踢出地滚球,就击球的后中部,踢球腿向前摆动;如想踢过顶球,则击球的后下部,踢球腿向前上方摆动;如想踢会拐弯(旋转)的球,则击在球的后侧部,也就是用脚背内侧去"削",摆动腿向侧前方摆动。这种加旋转力量的踢法,常用于主罚任意球射门或踢角球及传球绕过防守队员,能收到出其不意的效果(图8-12)。

图8-12 脚背内侧踢球(二)

## 四、脚部接(停)球

1. 接(停)地滚球

动作方法是:根据来球的路线,选择好接球的位置,并及时移动到位。支撑脚正对来球,膝关节微屈,接球脚稍提起(低于球的高度)并屈膝,脚内侧对准来球,当脚与球接触前的一刹那,接球脚往后撤,在后撤过程中触球。这样可以缓冲来球的力量,稳稳地把球接住。接球脚后撤的速度,要根据来球的速度而定,来球速度快,接球脚后撤的速度相应也要加快,并且后撤的幅度要加大,这样才能有效地化解来球的力量(图8-13)。

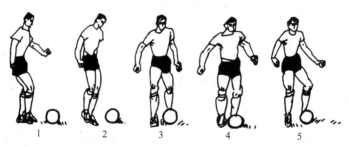

图8-13 接(停)地滚球的动作方法

**2. 脚内侧接（停）空中球**

动作方法基本与接地滚球的方法相同，不同的是：接球脚提起的高度要视来球的高度而定，脚弓对准来球，在接球前，接球脚要向前伸出去迎球，当脚接触球前的一刹那，随球的运行路线后撤，在后撤过程中触球，将球接住。

**3. 脚内侧接（停）反弹球**

方法与前两种接球方法稍有不同。首先要判断好来球的落点，支撑脚踏在落点的侧前方，稍屈膝，上体稍前倾并向停球方向微转，接球脚提起，用脚内侧对准球的反弹路线。然后当球落地刚反弹时，用脚内侧挡压球的中上部（图8-14）。

图8-14　脚内侧接（停）反弹球的方法

## 五、胸部接（停）球

**1. 挺胸式接（停）球**

一般用于接高于胸部的来球。其动作方法是：根据来球的运行路线，选择好接球位置，并及时移动到位。面对来球，两脚前后（或左右）站立，两臂屈肘自然张开，将胸部打开。两腿微屈，两眼注视来球。当球从空中下落与胸部接触前的一刹那，上体后仰，两脚蹬地，膝关节伸直，上体上挺，用胸部触球，使球微微向上弹起。触球时不能抬头，否则球会弹到下颌（图8-15）。

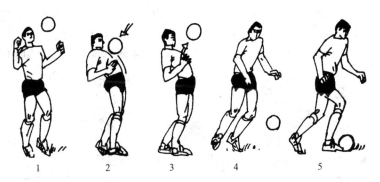

图8-15　挺胸式接（停）球

**2. 收胸式接（停）球**

一般用于接齐胸或略低于胸部的平空球。其动作方法的选位、移动、站立与挺胸式相同，不同的是：当球运行到快接近胸部时，先挺胸迎球，在胸部与球接触前的一刹那，身体重心迅速向后移，同时收胸收腹。在收胸、收腹、重心向后移的过程中触球，以缓冲来球的力量，将球接住（图8-16）。

图 8-16 收胸式接（停）球

在运用胸部接球方法时，要根据来球的不同路线及高度，选用合适的接球方法，并运用胸部与球接触前的身体转动，将球接在下一个动作所需的置上。如需要把球接在身体的右侧时，则在胸部触球前的一刹那，身体迅速向右转体同时用胸部触球，使球落在身体的右侧（图8-17）。

图 8-17 转体同时用胸部触球

## 六、运球

1. 脚背正面运球

适用于直线运球，大多在前方有较大的纵深距离，又无对手防守，需在快速运球的情况下运用。其动作方法是：运球跑动时，身体自然放松，上体稍前倾，两臂自然摆动，步幅不宜过大。运球脚提起，膝关节稍屈，脚跟提起，脚尖向下，在迈步向前着地前用脚背正面推球的后中部（图8-18）。

图 8-18 脚背正面运球

2. 脚背内侧运球

适用于变方向运球，大多在向里（即向支撑脚一侧方向）改变方向时，并需要用身体掩护球的情况下运用。其动作的要点是：身体稍向运球方向侧转，重心在支撑脚上，运球脚膝关节微屈，脚跟提起，脚尖稍外转（用大脚趾对准球），在迈步向前着地前用脚背内侧推、拨球前进（图8-19）。

图8-19　脚背内侧运球

**3. 脚背外侧运球**

由于这种运球方法既能充分发挥跑动快的优势，又能利用身体掩护球，还能运用脚腕的灵活性，随时改变运球方向，因此在实战中被普遍采用。其动作方法是：运球跑动时身体自然放松，上体稍前倾，两臂屈肘自然摆动，步幅不宜太大。运球脚提起，膝关节微屈，脚跟提起，脚背绷紧，脚尖稍内转。在迈步向前着地前，用脚背外侧推、拨球前进（图8-20）。

图8-20　脚背外侧运球

**4. 脚内侧运球**

这种运球方法是众多运球技术中速度最慢的一种。但由于在运球过程中，用身体将防守者与球隔开，使防守者不易抢到球，因此是一种比较安全的运球方法。一般在进攻受阻，需重新寻找突破方向或传球对象时使用。其动作方法是：运球跑动时，支撑脚踏在球的侧前方，膝关节微屈，上体稍前倾并向有球的一方扭转（这样有利于用身体掩护球），运球脚提起屈膝，用脚内侧推球前进（图8-21）。

图8-21　脚内侧运球

## 第三节　足球运动的基本战术

足球战术是指在比赛攻守过程中，为了战胜对手，根据主客观实际所采取的个人行动和集体配合的总称。战术在比赛中的作用是将集体的力量组织起来，发挥每一个队员的特长，根据对手和自己的情况，采用一定的阵型和配合方法，使队员在技术、身体素质、战术意识等方面发挥较高水平，取得优异成绩。

### 一、比赛阵型

比赛阵型是指比赛场上队员的位置分布，是攻守力量搭配和职责分工的形式。比赛阵型要根据本队特点和参赛队的特点来选择。现代足球的特点是采用"全攻全守"型打法，常用阵型有4-3-3、4-4-2及5-3-2、3-5-2、4-2-4等。

### 二、进攻战术

1. 个人进攻战术

即每个参赛队员在场上运用个人技术进行跑位、传球、运球突破、协同进攻等技术的总称，是足球比赛的基础。

2. 局部进攻战术

比赛中二人或三人有组织地进行配合进攻。

3. 全队进攻战术

（1）边路进攻

在对方半场两侧地区发动的进攻称边路进攻。由于边线地区防守人数少，区间大，因此从该区进攻容易奏效。边路进攻主要由个人突破，中锋、前卫、边卫也可起到边锋作用，最后阶段将球传向中区，由中锋包抄射门。

（2）中路进攻

在对方半场中间地带发动的进攻为中路进攻。中路进攻能直接威胁守方球门，因此守方必须层层布防，这就要求进攻队员必须积极策应、跑位，以打乱对方的布局。中路进攻通常通过中锋的切入与插上的前卫之间的配合或个人运球突破等，渗透到有效射门区域进行射门。

### 三、防守战术

1. 选位与盯人

防守队员选择的位置，原则上是站在对手与本方球门中心所构成的直线上，与对手的距离要根据场区以及球所处的位置来决定。要盯紧有球对手和逼近球门的无球对手，针对对方的主要得分手，要实行紧逼盯人防守，同队其他队员则应注意选位与保护。

2. 保护与补位

是局部地区集体防守的基础，保护是补位的前提，没有保护也不可能有效地补位，防守队员补同伴在防守中出现的漏洞称为补位，是防守队员之间互相协助的集体防守战术。

3. 全局防守战术

全局防守战术包括盯人防守、区域防守和混合防守三种。

## 四、足球运动战术配合要求

无论是整体配合还是三、两人的区域进攻配合，都要具备以下三点。
① 配合时机要恰到好处。
② 技术的合理运用要正确。
③ 配合时要求人到位球到位。

## 五、足球运动战术练习中应注意的问题

各种技术的合理应用包含着丰富的战术内容，因此，战术的训练要密切结合技术的练习，练习技术时也要密切联系战术的实际需要，这样才能在比赛中应用自如。
① 进攻原则：制造宽度，加大深度，机动灵活，应变能力。
② 防守原则：延缓对方的进攻，保持平衡，收缩，控制。

# 第四节　足球运动的竞赛组织与基本规则

## 一、足球场地

比赛可以在天然或人造草坪（必须是绿色）上进行，球场必须是长方形。长度90～120m，宽度45～90m。国际比赛场地的要求是长度100～110m，宽度64～75m。世界杯场地的要求是长度105m，宽度是68m。场地内所有线的宽度都应一致不得超过12cm，这些线作为场内各个区域的边界线都包含在各个区域之内。比赛进行中或比赛成死球时未经裁判允许包括场上队员在内的任何人不得擅自离开或进入比赛场地。足球场地由四线、三区、二点、一圈、一弧、一门构成。

1. 界线

球场各线必须画清晰的界线，地面平齐，不得做成V形槽或高出地面的凸线。场地各线的宽度不超过12cm（一般以12cm为宜）。

2. 边线与球门线

① 边线与球门线构成了足球场的面积，比赛开始未经裁判员允许，队员不得擅自出场或进场。两条较长的边界线叫边线。

作用：比赛进行中，当球的整体不论在空中或地面全部越过该线时比赛成死球由掷界外球恢复比赛。

② 当球的整体从地面或空中越过边线或球门线时即为球出界成死球，分别由掷界外球，踢球门对或踢角球恢复比赛。两条较短的边界线叫球门线。

作用：比赛进行中，当球的整体不论在空中或地面全部越过该线时比赛成死球，是判别何方踢球门球或角球的标志线。

3. 中线

中线是把比赛场地划分为两个相等半场的线叫中线，其作用是：

① 中线把全场划分为两个相等的半场，中线的宽度属于双方本半场面积的组成部分。

② 开球对队员必须站在本方半场内，在裁判员鸣哨后，当球被踢并向前移动时，比赛即为开始，队员方可进入对方半场。

③ 队员在本方半场无越位犯规。

4. 球门区

在比赛场地两端距球门柱内侧5.50m处的球门线上，向场内各画一条长5.50m与球门线垂直的线，一端与球门线相接，另一端画一条连接线与球门线平行，这三条线与球门线范围内的地区叫球门区。

5. 罚球区

在距球门两内沿各16.50m的球门线外沿向场内各画一条16.50m的垂线，两端相连构成罚球区。该区在比赛中起影响、制约队员的多种作用。

## 二、参与比赛的队员和装备

正式比赛每场比赛前，各队应提交给裁判员本队参与本场比赛的18名队员名单。比赛开始后名单不得更改。每队的上场队员不得超过11人和少于7人，其中1人必须是守门员。

正式比赛队员的基本装备：有袖的运动上衣、短裤、护袜、护腿板、足球鞋。基本装备上不能有任何涉及政治、宗教或个人的言论。两队服装颜色必须有别于对方，守门员的服装必须有别于其他队员。队长必须佩戴袖标。

## 三、比赛时间

比赛分为上、下两个半场，每个半场45min，中场休息不得超过15min（竞赛规程可以另定）。在每个半场比赛中，裁判员应补足由替换队员、队员受伤移出场地、拖延时间或其他原因所损耗的时间。如果执行罚球点球，每半场比赛应延长至罚球点球结束。

## 四、越位

在足球比赛中，当进攻队员在对方半场内较球和最后第二名对方队员更接近对方球门线，即为处于越位位置。当队员踢或触及球的一瞬间，同队队员处于越位位置时，裁判员认为该队员"卷入"了现实比赛有下列行为，则应判为越位：

① 在干扰比赛。

② 干扰对方。

③ 企图从越位位置获得利益。

# 第九章 篮球运动

## 第一节 篮球运动的起源与发展

### 一、篮球运动的起源

篮球运动是1891年由美国马萨诸塞州斯普林菲尔德市基督教青年会训练学校体育教师詹姆士·奈史密斯博士为了提高学员们对体育课的兴趣而发明的。当时,由于在寒冷的冬季,人们缺乏室内进行体育活动的球类竞赛项目,奈史密斯便从工人和儿童用球向"桃子筐"投准的游戏中得到启发,设计将两只桃篮分别钉在健身房内两端看台的栏杆上,桃篮口水平向上,距地面10ft,以足球为比赛工具向篮内投掷,入篮得1分,按得分多少决定胜负。因为这项游戏最初使用的是桃篮和球,遂取名为篮球。1893年铁质球篮取代了桃篮并挂上了线网。1895年篮筐开始固定在4ft×6ft的篮板上并逐渐深入场内,到1913年,由于每次投篮命中后都需要将球从篮筐内捞出太麻烦,于是人们将篮网底部剪开,形成了近似现代的篮板和球篮。

篮球场长28m,宽15m,中线将其分为两个半场。场地中央有一半径为1.80m的圆,用于比赛开球。篮板要用透明材料制成,横宽1.80m、竖高1.05m,底端距地面2.90m。球重600~650g。地区或国家协会也可以使用横宽1.80m、竖高1.20m,底端距地面2.75m的篮板。比赛时分两队,每队5人。将球投入对方球篮得2分,在三分线外投入对方球篮得3分,罚球中1次得1分。全场比赛40min,分上半时和下半时,每半时20min,中间休息10~15min。以全场得分多者为胜。男女篮球分别于1936年和1976年被列为奥运会比赛项目。

最初的篮球比赛规则很简单,对于场地大小、参加人数多少、比赛时间长短都没有统一的规定。1892年奈史密斯制订了第一部13条的原始规则,目的是使篮球游戏在公平对等的条件下进行,同时不允许粗野动作的发生。1915年美国制订了全国统一的篮球竞赛规则,并翻译成多种文字,向全世界发行。1932年,刚诞生的国际篮联以美国大学使用的篮球规则为基础,制订了第一份世界统一的竞赛规则。随着篮球运动的发展,场地设备得到改进和完善,规则也不断地增删和变化。

1904年美国青年会男子篮球队在第三届奥运会上进行了表演,此后,篮球运动逐步在全世界开展起来。1908年美国制订了全国统一的篮球规则,并有移种文字出版,发行于全世界,这样,篮球运动逐渐传遍美洲、欧洲和亚洲,成为世界性运动项目。在1910年的全运会上举行了男子篮球表演赛之后,在全国各大城市的大、中学校的篮球活动逐渐开展起来,其中以天津、北京、上海开展得较好,水平也较高,当时的比赛规则很简单,在球场中间画一个约有1m直径的中圈,中锋队员跳球时一只手必须置于背后腰部,任何一足不得踏出圈外。技术也简单,中圈跳球后,谁接到球就自己运球,超过防守人就投篮。当时只会直线运球前进,传球方法是单、双手胸前传球,跑动投篮是用单手低手上篮,立定投篮无论远近都是用双手腹前低手投篮。

## 二、篮球运动世界范围的发展

篮球运动诞生后,传播得很快。1892年传入加拿大和墨西哥,1893年传入法国,1895年传入中国,1901年传入日本和波斯(今天的伊朗),1905年传入俄国。1904年美国青年会男子篮球队在第3届奥运会上进行了表演,此后,篮球运动逐步在全世界开展起来。1932年6月18日在瑞士日内瓦成立了国际业余篮球联合会(简称国际篮联)。1936年第11届奥运会上,男子篮球被列为正式比赛项目。1950年和1953年分别举行了第一届世界男篮和女篮锦标赛。1948年起,在许多国家的少年儿童中开始出现小篮球活动,受到国际篮联的重视,于1968年成立了"国际小篮球委员会"。1976年第21届奥运会又增加了女子篮球比赛。

1936年至1948年间,由于规则的不断修改,促进了篮球攻防战术的变化运用,提高了攻防的速度。20世纪50年代,世界各强队普遍重视和发展高度,成为这一时期的显著特点。在1952年第15届奥运会篮球比赛中,出现了身高2m以上的高大队员。他们在高空争夺中占有明显的优势,掌握了比赛的主动权。但那时的高大队员灵活性差,技术单调,篮下死打硬攻,因而战术呆板,使比赛速度受到影响。针对上述情况,国际篮联对规则进行了修改,扩大限制区,增加了30s和干扰球规则。

20世纪60年代各国在重视发展高度的同时,加强了高大队员技术和灵活性的训练。有些强队,如巴西队,尽管身高相对矮些,但他们以短跑运动员的速度和娴熟的技术,充分发挥快速、灵活的特长,在1963年第四届世界男篮锦标赛上夺取冠军,震动了世界篮坛。20世纪60年代中期,美国迪安·史密斯提出攻守平衡的理论,使世界各国开始重视进攻和防守的均衡发展,特别是防守有了新的发展和突破。防守不再是消极的,在防守的选位上改变了过去"以人为主"、"以区域为主"的观念,而是"以球为主",使防守具有集体性、积极性、攻击性和破坏性。

20世纪70年代世界强队的身高增长到惊人的程度,参加第八届世界男篮锦标赛的队员,身高2m以上的多达48人。前苏联队平均身高2.02m,前南斯拉夫队平均身高1.99m,美国队平均身高1.98m。这些高大队员既有高度,又有速度,能里能外,技术全面,充分体现了"大个队员小个化"的特点。快攻成为各队进攻中首先采用的锐利武器。高空优势体现在篮下的争夺,篮板球的争抢在篮圈水平面之上,投篮技术中出现了空中换手投篮,各种单、双手扣篮。高超的技巧表现在传球、运球动作熟练,运用自如。投篮命中率高达50%以上,比分迅速提高,在第八届世界男篮锦标赛全部59场比赛中,有30场比赛获胜的一方得分超过100分。

## 三、中国篮球运动的发展

中国篮球运动水平在1926年以后有了较大提高。1932年6月18日在瑞士日内瓦成立了国际业余篮球联合会(FIBA)。1936年第11届奥运会上,男子篮球被列为正式比赛项目。1948年的10多年间,规则曾多次修改,与现行规则有关的重要变化是:将得分后的中圈跳球,改为失分队在后场端线外掷界外球继续比赛;进攻队必须在10s内把球推进到前场;球进前场后不得再回后场;进攻队员不得在"限制区"内停留3s;投篮队员被侵犯时,投中罚球1次,投不中罚球2次等。

1952年和1956年第15届、第16两届奥运会的篮球比赛中，出现了两米以上的多人，国际业余篮球联合会曾两次扩大篮球场地的"限制区"（也叫"3分区"）；还规定，一个队控制球后，必须在30s内投篮出手。20世纪60年代初有关10s和球回后场的规定，一度因1960年第17届奥运会后取消了中场线改画边线的中点而中止。1964年第18届奥运会后，又恢复了中场线，这些规定又继续执行。在1950年和1953年分别举行了第1届世界男篮和女篮锦标赛，1976年第21届奥运会女子篮球被列为正式比赛项目。1977年增加了每队满10次犯规后，在防守犯规时罚球两次，防投篮时犯规两罚有1次不中再加罚1次的规定。1981年又将10次犯规后罚球的规定缩减到8次。

## 四、篮球运动与身体健康

篮球运动中不仅仅利用身体和技术，还需要运用智慧去思考或者判断，因此对于反应能力的锻炼是显而易见的。参与篮球运动在促进骨骼发育的同时还可以促进血液循环，提升心肌收缩能力，由于肌肉的紧张活动，心脏工作增加，心肌的血液供应和代谢加强，心肌纤维增粗，心壁增厚，心脏体积增大，外形圆满，搏动有力。这一切也是治心血管病的良方。

篮球是场上5个人共同奋力拼搏的运动，特别强调团队意识、团结协作。在参与篮球运动的过程中，可以培养顽强拼搏的意志品质和自我心理调节能力，逐步形成健康、开朗、自信等良好心理状态，进而提升个人的沟通能力、交际能力和领导能力。

# 第二节 篮球运动的基本技术

## 一、移动

移动是篮球运动中学生为了改变身体位置、运动方向、运动速度和高度来抢占有利的空间位置争取主动而采用的各种脚步动作方法的总称。移动技术是完成各项技术动作的基础，也是实现篮球战术目的的重要因素。移动技术的基本特点：行动距离短，方向莫测。动作变化频率快。在运动中完成动作重心要稳定。

1. 起动

从基本站立姿势开始，向某个方向起动，用这个方向的异侧脚的前脚掌短促有力的蹬地，同时重心快速移动，手臂协调摆动，利用蹬地的反作用力迅速向运动方向迈出。

2. 跑

在做左右变向时，在变向前最后一步用一脚脚掌内侧用力蹬地，同时脚尖稍内扣，迅速屈膝，腰部随之转动，上体向转动方向前倾，移重心，转动后前脚迅速迈出。

3. 急停

急停是指运动者在快速运动中突然制动速度的一种方法，是各种脚步动作衔接和变化的过渡动作。

（1）跨步急停

空中将球接住，在身体继续前移时，一脚先着地，成为中枢脚。这就是两步节拍中的第一拍。当另一只脚向前移动时，中枢脚稳稳支撑住自己。另一只脚落地，即完成第二拍。双脚平稳着地取得良好的平衡位置，一只脚在前，另一只脚在后。

（2）跳步急停

跑动中用单脚或双脚起跳，使双脚稍有腾空。上体后仰，双脚平行或前后站立，形成进攻基本站立姿势。要求落地轻盈。空中时向任何一方自然侧转，以缓和前冲速度，落地后迅速降低重心，保持身体平衡。

4.转身

转身是指队员以一脚为中轴脚进行的旋转，另一脚向前后跨出，改变原来的身体方向的方法。转身在比赛中运用广泛，经常与其他动作组合运用。

5.滑步

滑步是指在防守时移动的一种主要方法，他易于保持身体平衡，可向任何方向移动（图9-1）。

图9-1 滑步

6.后撤步

再撤步时，用前脚掌内侧蹬地，同时腰部用力向后转动，后脚碾地，前脚快速后撤，紧接滑步调整防守位置（图9-2）。

7.跳

（1）双脚跳

起跳时，两膝弯曲降低重心，两脚用力蹬地，同时提腰摆臂向上跳起，腾空时身体自然舒展控制平衡。落地前脚掌先着地，缓冲后接下一动作。

图9-2 后撤步

（2）单脚跳

起跳时，踏跳脚脚跟先着地，迅速过渡到前脚掌用力蹬地，同时提腰提肩，另外一条腿快速屈膝上提，当身体达到最高点时，摆动腿自然伸直与起跳腿合并。落地时两脚分开与肩同宽，注意屈膝缓冲，接下一动作。

## 二、传接球技术

1.双手胸前传球

双手持球置于胸腹之间，两肘自然弯曲于体侧，身体成基本站立姿势，两眼平视传球目标，传球时后脚蹬地发力，身体重心前移，两臂前伸，两手腕随之旋内，拇指用力下压，食指、中指用力拨球并将球传出。球出手后两手略外翻（图9-3）。

图9-3 双手胸前传球

## 2. 单手肩上传球

双手持球于胸前，两脚平行开立，右手传球时，左脚向传球方向跨出半步，右手靠左手拨送球的力量将球引至右肩上方，右肩关节引展，大小臂自然弯曲，手腕稍向后屈，持球的后下方，左肩对着传球方向，重心落至右脚上。传球时，右脚蹬地发力的同时转体带动上臂，以肘领先于前臂，手腕前屈，食指、中指、无名指用力拨球将球传出（图9-4）。

图9-4　单手肩上传球

## 3. 单手体侧传球

双脚开立，双手持球于胸前，右手传球时，左脚向左侧前方跨步的同时将球引致身体右侧呈右手单手持球，出球前的一刹那，持球的拇指在上，手心向前，手腕后屈，传球时，前臂向前做弧形摆动，手腕前屈，食指、中指、无名指拨球将球传出（图9-5）。

图9-5　单手体侧传球

## 第三节　篮球运动的基本战术

篮球战术是篮球运动中的宏观概念，是指导已经掌握了篮球基本技术的篮球运动员更好参加比赛的行动指南。

### 一、篮球的进攻战术

（1）传切配合（图9-6）

传切配合是队员利用传球和切入组成的简单配合。

① 配合方法：⑤传球给④后，立即摆⑤脱对手向篮下切入，接④的回传球投篮。

② 配合要点：切入队员要掌握好切入时机，利用好假动作和速度；传球队员注意用假动作吸引牵制对手。

图9-6　传切配合

③ 易犯错误：切入时动作的突然性不够；切入时没有明显的动作、方向和速度的变化；持球队员给切入队员的传球不及时、不到位，隐蔽性不强。

（2）突分配合（图9-7）

突分配合是持球队员在突破过程中受到防守队员阻截时，及时将球传给无人防守或已摆脱防守的同伴为同伴创造进攻机会的配合的方法。

① 配合方法：⑤从防守者的左侧突破，④协防，封堵⑤向篮下突破的路线，此时④及时跑到有利的进攻位置，接⑤的球投篮。

图9-7　突分配合

② 配合要点：突破动作快速突然，既要做好投篮的准备，也要随时准备分球。

③ 易犯错误：突破时只看球篮没有随时观察场上攻守队员的位置与行动，分球不及时。配合队员选位摆脱时间、位置与距离不当。

（3）掩护配合（图9-8）

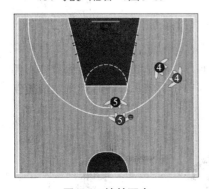

图9-8　掩护配合

掩护配合是进攻队员选择正确的位置，用自己的身体以合理的技术动作挡住同伴的防守队员的移动路线，使同伴借以摆脱防守，获得进攻机会的配合方法。

① 配合方法：⑤传球给④后跑到④的侧面做掩护，④接球后做投篮或突破的动作，吸引④，当⑤到达掩护位置时，④持球从④的右侧突破投篮。⑤掩护后及时移动到有利的位置去接球或抢篮板球。

② 配合要点：掩护队员的行动要隐蔽快速；被掩护队员要注意用假动作吸引对手，当同伴到达掩护位置时，摆脱对手动作要突然、快速。

③ 易犯错误：掩护的位置、距离及掩护动作不合理。掩护者没有隐蔽自己的行动意图，被掩护者没有运用假动作吸引防守者。掩护队员作掩护后没有及时转身护送或参与配合进攻。

（4）策应配合（图9-9）

策应配合是进攻队员背对或侧对球篮接球后，以他作为枢纽，配合同伴的切入或掩护，形成的一种里应外合的配合方法。

① 配合方法：④摆脱防守插到罚球线做策应，⑤将球传给④并立即空切篮下，接④的策应传球投篮。

② 配合要点：策应者要及时抢位，传球人要及时地将球传到策应者远离防守的一侧。

③ 易犯错误：策应队员摆脱抢位不及时、不主动；策应队员接球后重心太高；策应队员没有随时注意观察场上情况，不能及时地将球传给获得有利进攻机会的同伴或自己寻找机会进攻；策应配合时的位置、距离不适宜。

图9-9　策应配合

（5）运球突破快攻（图9-10）

防守队员获得球后，在不能快速传球时，采用运球突破（改变方向和位置），这种快攻特点是发动和接应融为一体，常常难以堵截，能发挥个人攻击的积极性和主动性。但推进速度较慢。

① 配合方法：⑤抢到篮板球后，传球给插中接应的⑥，⑥快速运球从中间突破，⑦、⑧沿

边快下，④、⑤跟进，⑥传球给机会较好的⑦或⑧上篮。

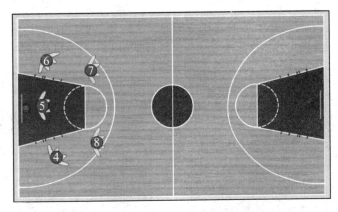

图9-10 运球突破快攻

② 配合要点：快攻的发动和接应意识一定要强，积极主动，获球后要先远后近，传好一传；在快攻中要以传球推进为主结合运球突破、加快进攻速度；结束部分要敢打，以个人攻击为主吸引防守。

③ 易犯错误：获得球后，快速进攻意识不强，行动迟缓；获得球的队员没有及时观察场上情况，不能尽快完成快攻第一传；快攻推进过程中没有保持纵深队行；快攻推进过程中，盲目运球；快攻结束阶段同伴投篮后，没有跟进队员。

（6）进攻区域联防

① "1-3-1" 进攻方法。这种队形，队员分布面广，攻击点多，便于内外联系，左右配合有利于组织抢篮板球和保持攻守平衡。

- 各个位置队员应具备的条件：④、⑥应是头脑清楚，战术意识强，技术全面，善于巧妙传球和中距离投篮的队员。⑤应是善于在罚球线附近进行策应和转身跳投的队员。⑦应是具有准确的中距离投篮，切入篮下得分和冲抢篮板球能力的队员。⑧应是具有篮下进攻和抢篮板球能力较强的队员。
- 配合方法1：④、⑦相互传球吸引④、⑥上来防守，④将球传给⑤，⑤接球后，转身做投篮动作，与此同时，⑧溜底线，⑥向场底角移动，在右侧底线形成以多打少的有利局面。⑤可根据防守情况，将球传给溜底线的⑧或场底角的⑥投篮（图9-11）。

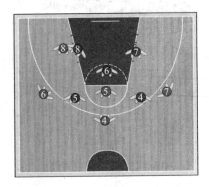

图9-11 进攻区域联防（一）

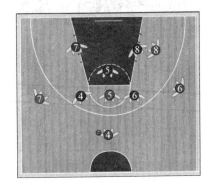

图9-12 进攻区域联防（二）

- 配合方法2：④、⑦相互传球吸引④、⑥上来防守，④将球传给⑤，⑤接球后，转身做投篮动作，与此同时，⑧溜底线，⑥向场底角移动，⑤将球传给⑥，⑥接球后做投篮动作吸引⑧上来防守，⑤向篮下切入，⑦同时向罚球区背插，⑥可根据防守情况，将球传给⑤或⑦投篮（图9-12）。

- 配合方法3：④传球给⑥，⑥传球吸引防守，⑦斜插篮下接⑥的传球投篮，若没有进攻机会，向场角移动接⑥的球投篮或传球给插入篮下的⑧（图9-13和图9-14）。

图9-13 进攻区域联防（三）

图9-14 进攻区域联防（四）

- 进攻基本要求：

  由防守转入进攻时，应首先争取快攻。乘对方立足未稳尚未组织好防守之前进行攻击。

  根据对方区域联防队形，采用针对性落位队形，组织队薄弱地区的攻击。

  运用传球移动，中远距离投篮等进攻技术。通过"人动"、"球动"打乱对方防守队形。运用声东击西、内外结合、以多打少等方法，创造投篮机会进行攻击。

  要积极拼抢篮板球，争夺二次进攻机会，同时还要保持攻守平衡，准备及时退防。

②"1-2-2"进攻方法。这种进攻队形，比较适合进攻"2-3"区域联防。

- 各个位置队员应具备的条件：④号队员应是头脑清楚，战术意识强，技术全面，善于巧妙传球和中距离投篮的队员。⑥号队员、⑦号队员应是优秀的投篮手。⑧号队员、⑤号队员应是篮下进攻和抢篮板球的能手。
- 进攻方法：引④、⑥上来防守，当④持球时，⑧插至罚球线附近准备接球，吸引⑤上来防守，④突然将球传给⑥，吸引⑧上来防守，拉空底线，与此同时，⑤溜底线，⑥根据的⑧防守情况进行中距离投篮或传球给篮下的⑤投篮（图9-15和图9-16）。

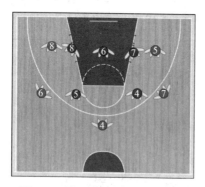
图9-15 "1-2-2"进攻方法（一）

图9-16 "1-2-2"进攻方法（二）

- 进攻基本要求：

  由防守转入进攻时，应首先争取快攻。乘对方立足未稳尚未组织好防守之前进行攻击。

  根据对方区域联防队形，采用针对性落位队形，组织队薄弱地区的攻击。

  运用传球移动，中远距离投篮等进攻技术。通过"人动"、"球动"打乱对方防守队形。运用声东击西、内外结合、以多打少等方法，创造投篮机会进行攻击。

要积极拼抢篮板球，争夺二次进攻机会，同时还要保持攻守平衡，准备及时退防。

③"2-2-1"进攻方法。这种进攻队形，比较适合进攻"3-2"区域联防（图9-17）。

- 各个位置队员应具备的条件：④号队员、⑦号队员应具有头脑清楚，战术意识强和传球熟练的特点，⑤号队员、⑥号队员应具有准确的中远距离投篮和空切篮下进攻能力队员，⑧号队员应具有篮下进攻和抢篮板球的能力。

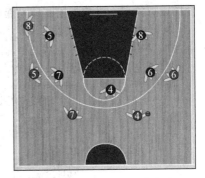

图9-17 "2-2-1"进攻方法

- 进攻基本要求：

由防守转入进攻时，应首先争取快攻。乘对方立足未稳尚未组织好防守之前进行攻击。

根据对方区域联防队形，采用针对性落位队形，组织队薄弱地区的攻击。

运用传球移动，中远距离投篮等进攻技术。通过"人动"、"球动"打乱对方防守队形。运用声东击西、内外结合、以多打少等方法，创造投篮机会进行攻击。

要积极拼抢篮板球，争夺二次进攻机会，同时还要保持攻守平衡，准备及时退防。

④"2-1-2"进攻方法。这种进攻队形，比较适合进攻"1-3-1"区域联防（图9-18和图9-19）。

- 各个位置队员应具备的条件：④号队员、⑥号队员应是头脑清楚、战术意识强、具有熟练传球能力的队员。⑤号队员应在罚球线附近具有跳投和策应传球能力的队员。⑦号队员、⑧号队员具有准确的中远距离投篮和善于抢篮板球的能力。
- 进攻方法：④、⑥相互传球，吸引防守，当④上来防⑥时，⑥将球传给⑤，⑤接球后转身投篮，若⑤上来防守，⑤将球传给底线的⑧，⑧接球后投篮，若⑧上来防守，⑤迅速切入篮下，准备接球进攻，与此同时，⑦插入篮下，⑧根据防守情况，将球传球给⑤或⑦投篮。

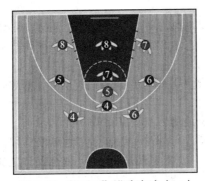

图9-18 "2-1-2"进攻方法（一）

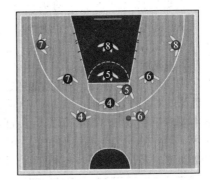

图9-19 "2-1-2"进攻方法（二）

- 进攻基本要求：

由防守转入进攻时，应首先争取快攻。乘对方立足未稳尚未组织好防守之前进行攻击。

根据对方区域联防队形，采用针对性落位队形，组织队薄弱地区的攻击。

运用传球移动，中远距离投篮等进攻技术。通过"人动"、"球动"打乱对方防守队形。运用声东击西、内外结合、以多打少等方法，创造投篮机会进行攻击。

要积极拼抢篮板球，争夺二次进攻机会，同时还要保持攻守平衡，准备及时退防。

（7）进攻区域紧逼

进攻"1-2-1-1"区域紧逼。根据对方区域紧逼的形式与特点，进攻区域紧逼可分为：进攻全场区域紧逼、进攻半场区域紧逼和进攻四分之三场区域紧逼。常用的阵形有："1-2-1-1"。

- 进攻方法：⑥摆脱对手接球后，首先考虑将球传给策应队员⑦，根据情况也可传给沿边快下的④或前场队员⑧，接应队员⑦得球，可将球传给沿边快下的④，⑧溜底，⑥快下到前场进行接应，④得球后传球的攻击点有⑥、⑦、⑧，可根据防守情况进行攻击（图9-20）。

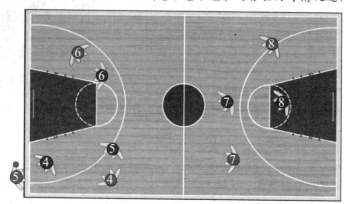

图9-20　进攻区域紧逼

- 进攻基本要求：

　　进攻区域紧逼首先要沉着冷静，不要被对方的紧逼声势所压倒，造成慌乱和失误。有守转攻时要争取在对方未到区域落位展开堵截之前迅速发动反击快攻。

　　进攻时要针对区域紧逼防守的规律，按"以快制逼，中路突破"的原则，采取相应的回传跟进、转移攻向、运球反跑、中区策应、组织空切等方法进攻。

　　进攻中要多传短快球，少传长球和高吊球，少运球，特别是向边角运球，更忌在边角停球，防止对方的堵截。

## 二、篮球的防守战术

1.球在正面时全队防守方法（图9-21和图9-22）

　　球在左后卫⑧手中时全队防守的方法，⑧持球时⑧紧逼；⑦、④错位防守，不让⑦、④接球。⑦、④向⑧靠近，准备"关门"协防；防止⑧向中路突破，⑤绕侧或绕前防⑤；⑥远离⑥靠近篮下，补防限制区。

　　球在右后卫④手中时全队防守的方法，④持球④紧逼；⑥、⑧错位防守不让⑥、⑧接球；⑦、⑤远离自己的对手补防限制区。

　　防守基本要求：由攻转守时，每个队员都要快速退回自己的后场，找到对手，组成集体防守。根据对手、球、球篮，选择有利位置，有球紧，无球松；近球紧，远球松；积极移动，控制对手。要做到球、人、区兼顾，与同伴协同防守，破坏对方进攻配合，加强防守的集体性。

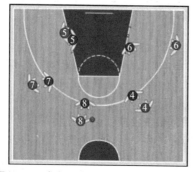 

图9-21　球在正面时全队防守方法（一）　　图9-22　球在正面时全队防守方法（二）

## 2. 球在侧面时全队防守方法（图9-23和图9-24）

球在左前锋⑦手中时全队防守的方法，⑦持球时，⑦紧逼；⑤侧前站立，防止⑤接球；⑧向⑦靠近，"关门"协防；⑥、④收缩防守，防止高吊球或背向插入。

球在右前锋⑥手中时全队防守的方法，⑥持球⑥紧逼；④向⑥靠近，"关门"协防；⑤、⑦、⑧收缩防守并补防限制区。

图9-23　球在侧面时全队防守方法（一）

图9-24　球在侧面时全队防守方法（二）

防守基本要求：由攻转守时，每个队员都要快速退回自己的后场，找到对手，组成集体防守。根据对手、球、球篮，选择有利位置，有球紧，无球松；近球紧，远球松；积极移动，控制对手。要做到球、人、区兼顾，与同伴协同防守，破坏对方进攻配合，加强防守的集体性。

## 3. 全场紧逼人盯人防守

全场紧逼人盯人防守战术是由攻转守时，防守队员在全场范围内各自紧逼自己对手的一种攻击性较强的防守战术，它要求防守队员在全场始终紧逼自己的对手，积极阻挠对手，破坏对方集体配合造成对方打法紊乱，为本队争得比赛的主动。

防守基本要求：由攻转入守时，全队思想、行动要一致，要以压倒的声势，要迅速找人，紧逼各自的对手在全场范围积极展开防守；每个队员要抢占有利的位置，紧逼自己的对手，人球兼顾，积极阻挠对手移动、接球、运球、投篮等进攻行动，严密控制，使对手被动或造成失误、违例。全队要相互呼应，前后、左右照应，充分利用堵截、夹击、换防、补防等配合，及时破坏对方的进攻配合，要近球紧逼，远球稍松。

# 第四节　篮球运动的竞赛组织与基本规则

## 一、场地和区域

### 1. 比赛场地

比赛场地应是一块平坦且无障碍物的硬质地面；其尺寸（从界线的内沿丈量）是：长28m、宽15m。球场中所有的线应该用白色划出，线的宽度是5cm并清晰可见。球场中线应从两条边线的中点划出，平行于端线。它向每条边线外延伸15cm。球场中圈应划在比赛场地的中央，从圆周的外沿丈量，其半径是1.80m。如果中圈内着色，它必须与限制区的颜色相同。两个罚球半圆应划在比赛场地上，它们的圆心分别在两条罚球线的中点，从圆周的外沿丈量，其半径是1.80m。

### 2. 罚球线、限制区和罚球抢篮板球分位区

罚球线应划成与每条端线平行，从它的最外沿到端线的内沿应是5.80m，其长度是3.60m；它的中点应落在连接两条端线中点的假想线上。

两个限制区应该是分别划在比赛场地上的两个长方形区域；每个限制区由端线、延长的罚球线和两条始于端线（它们的外沿距离端线中点2.45m）止于延长的罚球线外沿的线所限定。这些线（不包括端线）是限制区的一部分。限制区内必须着色。

### 3. 3分投篮区域

除了对方球篮附近区域之外，整个比赛场地的地面区域是某队的3分投篮区域：引自端线并垂直于端线的两条平行线，它们的外沿分别距离各自就近边线的内沿0.90m。一条半径为6.75m的圆弧，该半径是从对方球篮的中心垂直落在地面上的交点（圆心）量到该圆弧外沿的长度。圆心距离端线内沿的中点是1.575m。该圆弧与两条平行线连接。3分投篮线不是3分投篮区域的一部分。

## 二、比赛通则

### 1. 比赛时间

比赛应由4节组成，每节10min。在预定的比赛开始之前应有20min的比赛休息期间。在上半时的第1节和第2节之间、下半时的第3节和第4节之间以及每个决胜期之前都应有2min的比赛休息时间。两个半时之间的比赛休息期间应是15min。比赛休息期间开始于：预定的比赛开始之前20min。一节结束的比赛计时钟信号响时。比赛休息期间结束于：主裁判员执行跳球，当球离开他的手开始第1节时。

### 2. 得分

球投进篮筐经裁判确认后，被认定为得分。3分线内投入计2分；三分线外投入计3分；罚球投进计1分。

### 3. 暂停

球队请求暂停可分为：2×20min赛制中，每队在每个半时之内可以请求2次暂停，每一次决胜期可以请求一次暂停；4×10min赛制中，每队在每个半时（两节）内可以请求三次暂停，每一次决胜期可以请求一次暂停。

### 4. 换人

每场比赛的换人次数不限，每次换人要在20s内完成。

## 三、违例

违例是对规则的违犯。将球判给对方队员在最靠近发生该违犯的地点掷球入界，直接位于篮板后面的地点除外。

① 3秒违例：当球队在它的前场控制着一个活球，并且比赛计时钟正在运行时，该队的队员不应在对方队的限制区内停留超过持续的3s。

② 5秒违例：一名被严密防守的队员必须在5s内传球、投篮或运球。

③ 8秒违例：一名队员在他的后场获得控制活球时；在掷球入界中，球触及后场的任何队员、或被后场的任何队员合法触及，并且该掷球入界队员的球队仍然在他的后场控制球时。该队必须在8s内使球进入他的前场。

④ 24秒违例：某队员在比赛场地上获得控制活球时；在掷球入界中，球触及在比赛场地上

的任何队员、或被在比赛场地上的任何队员合法触及，并且掷球入界队员的球队仍然控制球时，该队必须在24s内做出投篮尝试。

⑤ 球回场：必须是控球队才能出现、必须是控球队使球进从前场进入后场、必须是控球队的队员在后场首先接着球。

⑥ 球回后场：前场发界外球，直接将球传给或球碰篮圈或篮板后反弹回来。队员骑跨中线运球时停球后。两名队员骑跨中线相符传球时一脚踩在中线上静止接后场同队员传来的球时。

⑦ 干扰球：在投篮时，当球在飞行中下落，并完全在篮筐水平面上时，进攻或防守的队员都不能接着球，但在接着篮筐后或明显不会接着篮筐时除外。违反以上规定即为违例，进攻队员违例，球即使投中也无效，防守队员违列，球即使没中也要判给对方2分或3分。

⑧ 球出界与发界外球违例：当队员身体的任何部分与界线或界线外的地面接着时，既为队员出界，当球接着界外队员或任何其他人，线上或界线外地面或任何物体，篮板柱或背面，球出界前，最后接着球的队员是使球出界的队员。发界外球，发球队员应站在裁判员指定的离违例地点最近的界外发球入场。

## 四、犯规

犯规是对规则的违犯，含有与对方队员非法的身体接触或违反体育精神的行为。可以对一个球队判以任何数量的犯规。不论罚则怎样，每一个犯规都应登记在记录表中该犯规队员名下，并相应地被处罚。

① 侵人犯规：双方队员之间的接触犯规。

② 技术犯规：包含（但不限于）行为性质的队员非接触犯规。

③ 违反体育道德的犯规：根据裁判员的判断，队员在比赛中蓄意对持球或者不持球的对方队员造成的侵人犯规。

④ 取消比赛资格的犯规：队员由于动作恶劣或对他人有伤害而被判罚的犯规。

# 第十章 排球运动

## 第一节 排球运动的起源与发展

### 一、排球运动的起源

排球运动 1895 年起源于美国，由美国马萨诸塞州霍利沃克城的基督教青年会干事威廉·摩根（W.G.Morgan）首创，1964 年被列为奥运会项目。排球运动在美洲传播较早：1900 年传入加拿大，1905 年传入古巴，1909 年传入波多黎各，1912 年传入乌拉圭，1914 年传入墨西哥，1917 年传入巴西，起初人们将排球看做是一项消遣娱乐活动，并没有看重它的体育竞技性质。排球运动在亚洲的传播也较早：1900 年传入印度，1905 年传入中国，1908 年传入日本，1910 年传入菲律宾。排球运动在亚洲的发展过程中先后经历了 16 人制、12 人制、9 人制的比赛形式及相应的规则，直到 20 世纪 50 年代初才正式发展 6 人制排球运动。第一次世界大战的美国士兵将排球运动引入欧洲，1914 年传入英国，1917 年传入法国、意大利、俄国，1918 年传入南斯拉夫，1919 年传入捷克斯洛伐克、波兰，1922 年传入德国。排球运动传入欧洲虽晚，但传播之初就形成了 6 人制体系的竞技性运动，所以该项目很快在欧洲得以发展，技术水平较高。

### 二、排球运动的发展

1. 娱乐排球

排球运动诞生之初，是作为一种娱乐性较强的游戏被人们所接受的。人们隔网拍打，追击嬉戏，以不使球落地为乐趣。最初的排球技术简单而粗糙，仅仅是以手拍击球而已。打法也只是争取一次击球过网，如果一次击不过去，才有同伴的再击球。人们在实践中逐渐体会到，一次击球过网不一定是最佳方式，有时从前网近网处甚至跳起击球过网，反而能够创造更好的获胜机会。于是出现了多次击球的打法，以寻找最佳时机和为技术更好的同伴创造得分机会，集体配合战术萌发。但是一方无休止的击球打法遭到公众的反对，因此出现了必须三次击球过网的规定。这一规定促进了传球和扣球技术的分化。

富于攻击性的扣球技术的出现，使排球运动产生了质的飞跃，更吸引青年人参加。拦网技术也相应而生。此时的发球也从仅仅是比赛开始的一种形式，发展成为力求攻击性的技术手段。排球的竞技性、对抗性逐渐显现出来。在1921～1938年间，为了适应技术的飞快发展，对规则进行了一系列的修改和完善。技术动作被明确的规定为发球、传球、扣球和拦网。在运用各项技术的同时，出现了有意识、有目的、有组织的战术配合。于是场上队员出现了位置分工。到了20世纪30年代末和40年代初，排球技术得到进一步发展。集体拦网的出现给扣球造成了很大的障碍，大力扣球和吊球相结合的打法相继产生，与之相适应的拦网保护战术体系形成。排球运动从开始的娱乐游戏性质，逐渐地向竞技对抗方向发展。1936年的第6届柏林奥林匹克运动会期间，成立了第一个国际排球组织——排球技术委员会。波兰体联主席拉维奇马斯洛夫斯基任主席。由于第二次世界大战的爆发，委员会尚未开展工作就解体了。

2. 竞技排球

第二次世界大战后的1946年8月26日，法兰西、捷克斯洛伐克、波兰3国排球的代表在布拉格召开会议，倡议成立国际排球联合会。1947年4月间，国际排联在巴黎正式召开成立大会。会议制订了国际排联宪章；选举了法国的保尔黎伯为第一任主席；指定巴黎为总部所在地，英语和法语为联合会工作语言；成立了技术委员会、竞赛委员会和裁判委员会，并正式出版通用国际排球竞赛规则。同时会议决定于1948年在罗马举行欧洲男子排球锦标赛，1949年在布拉格举行世界男排锦标赛。

国际排联的成立标志着排球运动从娱乐游戏时代进入了竞技时代。其后，国际排联出色地领导和组织了一系列的世界大赛。这些比赛已经形成传统，每2年或4年举行1次，延续至今。此外国际排联下属的各洲联合会也定期组办洲锦标赛、洲运动会排球赛、洲青年锦标赛等。20世纪60年代初期，大松博文教练率日本女排，创造了"前臂垫球""滚翻防守"和"勾手飘球"技术。以出色的防守、飘忽不定的发球和亚洲的快攻，打破了苏联称霸女子排坛的局面，一举夺魁。20世纪60年代中期到70年代末，世界排坛出现了百花竞开、群雄纷争的局面。这一时期女子排球有日本的"防守加配合"的打法与苏联"进攻加力量"打法相对峙，8届大赛各分四金。而男子排球的9次大赛中，荣登榜首的有捷克斯洛伐克、苏联、日本、波兰、民族德国5支球队。他们代表了当时战术发展中的不同流派。捷克斯洛伐克仍以"技巧"见长；苏联队在"力量"的基础上加了"两次球"及其转移战术和"边跟进"防守；民族德国队则以突出高大进攻队员的"超级扣球"和"高成功率"闻名于世，被称为"高度派"。排球技战术发展出现欣欣向荣的局面。由单一模式到不同流派的产生；由重攻轻守到攻防兼备；由追求高度和力量到讲究技术和战术；由注重个人技巧到讲究集体配合：竞技排球战术产生了质的飞跃。

3. 现代排球

（1）全攻全守排球

随着各种流派的相互借鉴与交流，排球技战术不断创新又飞速普及，各队取长补短球技猛进，以一技之长便可一统天下的时代一去不复返了。20世纪80年代中国女排的五连冠和美国男排的四连霸是历史的必然，它标志着一个新时代的到来。

（2）排球的社会化、商业化和职业化

1984年国际排联代表大会的换届选举中，墨西哥人阿克斯塔担任了国际排联主席。他决心把排球运动发展成为世界上最受欢迎的运动项目之一。在他的领导之下国际排联有识之士对国际排联本身机构和排球运动进行了一系列的改革和调整。排球运动的社会化、商业化、和职业化必将而且已经大大地促进了排球运动的发展。

（3）"大排球"

国际排联的队伍空前壮大，至1998年会员国已发展到210多个，是世界上最大的单项运动协会。国际排联不仅有计划、有目的地普及和推广室内六人排球，同时还大力提倡开展各种形式的排球运动，开发排球人口。20世纪20年代初显、40年代流行起来，且在20世纪70年代就走向职业化的沙滩排球，有很好的群众基础和商业市场，是人们喜爱的运动项目。20世纪90年代国际排联成立了沙滩排球委员会，开始将其列入了整体发展规划。先后规范了世界沙滩排球锦标赛和世界沙滩巡回赛，并于1993年出版了第一部正式的沙滩排球规则，还成功地将沙滩排球列入1996年亚特拉大奥运会正式比赛项目。不仅如此，国际排联还计划将沙滩排球从海滨的沙滩推向内陆的沙地，吸引更广泛的群众参与。沙滩排球的发展势头如火如荼，其在社会上的反响不亚于室内六人排球。

## 三、中国排球的发展

资料记载，排球于1905年由广州和香港等地传入中国，成为排球运动在中国传播的最早记录。先是在广州、香港等地的几所中学里开展，然后陆续传至上海、北京等地。当时的排球运动主要做聚会、娱乐之用，与比赛联系不多。1913年，我国首次参加了在菲律宾举行的第一届远东运动会的排球比赛，这是我国参加的有历史记载的最早的正式国际排球赛事。因为此次参赛，排球运动引起了国人的注意和兴趣，排球竞赛活动也由此大面积开展。紧接着，1914年第二届全国运动会，男子排球被列为正式比赛项目。早期的中国男排曾创造了辉煌的历史。1915年上海第二届远东运动会，第二次参赛的中国男排就获得了冠军。截止到1934年，远东运动会一共举办了10届，中国男排共获得5次冠军。

女子排球则开展得相对较晚，1921年才首次出现在广东省运动会上，1930年被列为全国运动会正式比赛项目。从1923年起，中国女排开始参加远东运动会，5次参赛均获得亚军。随后，国民革命战争和抗日战争相继爆发，中国排球的发展步伐大大减缓。1949年新中国成立后，排球被作为重点运动项目加以推广，逐渐成为全国上下喜闻乐见并发展迅速的运动项目之一。并于8月组建了新中国第一支男子排球队——中国学生代表队，赴布拉格参加了世界学生第二次代表大会的排球比赛。

1951年5月，我国在北京举行了全国篮、排球比赛大会，这是新中国第一次全国性的排球比赛。同年，中国青年男排参加了第11届柏林大学生冬季运动会和第3届世界青年联欢节，中国青年女排也于1953年首次组建并参加了布加勒斯特第1届国际青年友谊运动会排球赛。20世纪50年代，处于世界排坛领先地位的是前苏联和东欧各国，为此，抱着虚心学习的态度，1954年中国男女排球队先后出访前苏联等国，并邀请了多支东欧强队来华交流比赛，排球战术和意识均获得了显著进步。

1953年，中国排球协会成立，1954年被国际排联接纳为正式会员。1956年8月，中国男女排球队参加了巴黎男子第3届、女子第2届世界锦标赛，男排获得第9名，女排获得第6名。

在1959年第一届全国运动会上，上海男排和解放军女排获得了全国冠军。

中国排球于1976年重新起步，新组建的中国男女排球队在1977年世界杯比赛中分获第5、第4名，并于1979年双双获得亚洲锦标赛冠军，同时获得了奥运会参赛资格。但由于我国抵制了1980年的莫斯科奥运会，中国排球没能在世界舞台上一展身手。1981年，中国女排在日本第3届世界杯比赛中，一路过关斩将，最终以7战7胜的成绩首次荣获世界冠军。这个冠军的分量不言而喻，全国因此掀起了学习女排精神的热潮，而中国女排也是一鼓作气，接连获得1982年世界锦标赛、1984年洛杉矶奥运会、1985年世界杯、1986年世界锦标赛的冠军，这就是至今仍为国人所津津乐道的"五连冠"。

20世纪80年代后期开始，中国男女排先后陷入了低谷。男排接连失去洛杉矶奥运会、汉城奥运会和世界杯比赛的参赛资格，数届亚锦赛的成绩也不尽如人意。女排自1988年兵败汉城后，1992年奥运会和1994年世锦赛上又滑至第7名和第8名，甚至在1994年亚运会上输给韩国，失去了亚洲霸主的地位。

1995年中国进行了排球赛制改革，1996年推出了第一届全国排球联赛。改革和排球职业化为我国排球注入了新的发展动力，女排在1995年获得亚锦赛冠军和世界杯第3名，1996年亚特兰大奥运会勇夺亚军，年底的超霸6强赛又摘得冠军。男排也在1997年重夺亚锦赛冠军，并与女排一起双双获得1998年亚运会冠军。2008年中国女排在北京奥运会上夺冠将我国的排球运动再一次推向了巅峰。

## 四、国际和国内排球比赛

1. 世界排球大赛简介

① 世界锦标赛：世界上最早的，且规模最大的排球比赛。

② 世界杯赛：原为欧、亚、美三大洲的排球赛，1984年经国际排联批准扩大为世界性比赛。

③ 奥运会排球赛、奥运会沙滩排球赛、残奥会坐式排球赛：1964年在日本东京举行的第18届奥运会上，排球比赛被正式列为奥运会比赛项目。沙滩排球于1996年亚特兰大第26届奥运会上被列为正式比赛项目，1980年莫斯科举行的第六届残奥会，男子坐式排球第一次作为正式比赛项目；2004年在雅典举行的第12届残奥会，首次将女子坐式排球列为正式比赛项目。

④ 世界青年锦标赛：始于1977年，最初每4年一次，以后改为每两年举行一次，参赛队员年龄不超过20岁。

⑤ 世界少年锦标赛：始于1989年，第1届少年男排锦标赛在阿联酋、女排在巴西举行，以后每两年举行一次，参赛队员年龄不得超过18岁。

⑥ 世界沙滩排球锦标（巡回）赛：始于1989年，最初称为沙滩排球大奖赛，首届比赛分别在巴西、意大利、日本和美国分4站进行，1997年改为世界沙滩排球锦标（巡回）赛，每年举行一次。

⑦ 世界男排联赛和世界女排大奖赛：世界男排联赛始于1990年，每年举行一次，采用主客场制。世界女排大奖赛始于1998年，每年举行一次，采用巡回赛的方法进行。

2. 国内大型排球比赛

① 全国运动会排球赛：全运会是检阅各省、市体育运动水平的综合运动会，4年举行一次。

② 全国城市运动会排球赛：城运会是检阅各省、市体育运动后备人才的盛会。4年举行一次。

③ 全国排球联赛：1996年后采用主客场赛制。

④ 全国排球优胜赛是检阅各省、市高等院校体育技能水平的盛宴。

## 五、排球运动与身体健康

参与排球运动可以锻炼身体的灵活性，因为在排球运动中经常要有弹跳扣球的动作，所以对于大腿以及腰腹部的肌肉有比较好的塑形作用，可以有效减少腿部、腰腹部位的赘肉。打排球时经常需要使用手臂进行接球、垫球，无形中对手臂上的三阳经与三阴经等经络进行了拍打和刺激，达到运动中保健的作用。

# 第二节　排球运动的基本技术

## 一、准备姿势

运动员在起动、移动和击球前所采用的合理的身体姿势，称为准备姿势。合理的准备姿势是指既要使身体重心处于相对稳定的状态，又要便于移动和完成多项击球动作，为迅速起动、快速移动及击球创造最好的条件。依据比赛中（或练习中）完成各项技术动作的需要，按照身体重心的高低,准备姿势可分为一般准备姿势,后排防守准备姿势和前排保护准备姿势三种。

1. 一般准备姿势

两脚左右开立与肩同宽,一脚在前,两膝微屈,身体重心位于两脚之间,并稍靠近前脚,后脚跟稍提起,上体稍前倾,两臂放松,自然弯曲置于腹前。两眼注视球并兼顾场上各种情况,两脚保持微动状态。

2. 后排防守准备姿势

两脚开立略比肩宽,两膝弯曲,脚跟自然提起,上体前倾,重心靠前,膝部的垂直线应在脚尖前面,两臂放松,自然弯曲置于腹前,两眼平视,注意来球,两脚始终保持微动。

3. 前排保护准备姿势

身体重心比后排保护准备姿势更低更靠前,两脚左右、前后的距离更宽一些,膝部弯曲的程度大于后排保护准备姿势,身体重心要更靠前,肩部垂直线过膝,膝部垂直线超过脚尖,两手臂置于胸腹之间。

## 二、移动步法

① 并步。两脚前后站立与肩同宽,两膝微曲,上体稍前倾,两手自然方松置于腰腹。并步时,前脚向来球方向跨出一步,后脚迅速蹬地跟上,并做好击球前的姿势。并步的特点是容易保持身体平衡,便于做击球动作。并步可向前、后、左、右各方向移动。

② 滑步。连续并步就是滑步。

③ 交叉步。两脚左右开立。向右侧交叉步移动时上体稍向右转,左脚从右脚前向右交叉迈出一步,然后右脚再向右侧方向跨出一大步,同时重心移至右脚,身体转向来球方向,保持击球前的准备姿势。交叉步的特点是步子大,动作快,便于制动(图10-1)。

图10-1 交叉步

④ 跨步。跨步前膝部弯曲,上体前倾,身体重心移至跨出脚上。跨步时,一腿用力蹬地,另一腿向来球方向跨出一大步,后腿随重心前移自然跟上,两臂做好迎球动作。跨步的特点是,跨距大,便于向前、斜前方降低重心进行低点击球(图10-2)。

图10-2 跨步

## 三、传球技术动作分析

1. 正面传球

面对目标的传球称正面传球,是传球中最基本的方法,是掌握和运用其他各种传球技术的基础。采用一般准备姿势，上体稍挺起，仰头看球，两手自然抬起，屈肘，放松置于额前。当来球接近额前时，开始蹬地、伸膝、伸臂，手指微张从脸前向前上方迎出。全身各部位动作应协调一致。初学传球时，击球点尽量要求在前额的正前上方约一球距离处。手触球时，十指应自然张开使两手成半球状，手腕稍后仰，以拇指内侧、食指全部、中指的二、三指节触球的后下部，无名指和小指在球两侧辅助控制球的方向。两拇指相对近"一"字形（图10-3）。

图10-3　正面传球

2.背向传球

背对传球目标的传球称背向传球。背向传球是传球技术中的一种基本方法，在比赛中运用较多。上体比正面传球时稍后仰，双手自然抬起置于脸前。抬上臂、挺胸、上体后屈。背传时，下肢蹬地的方向接近与地面垂直，通过展体、挺胸、抬头的动作，使抬臂、伸肘、送肩的协调用力方向偏向后上方。因此，背传的击球点应保持在头上方，这样更便于向后上方用力。手形与正面传球相同，但触球时手腕要稍后仰，掌心向上，拇指托在球下，击球的下部。

## 四、垫球和挡球

1.垫球

垫球是接发球、接扣球以及后排防守的主要技术动作，是组织反攻战术的基础。垫球时两手掌根相靠，两手手指重叠，手掌互握，两拇指平行向前，手腕下压，两前臂外翻成一个平面，即叠指式。常用的双手垫球手形还有抱拳式和互靠式。垫球的动作要领是两臂前伸插球下，两臂夹紧腕下压；蹬地跟腰前臂垫，击球点尽量在腹前；撤臂缓冲接重球，轻球主动抬送臂（图10-4）。

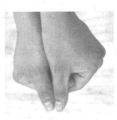

叠指式　　　　抱拳式　　　　互靠式

图10-4　垫球

2.挡球

来球高，速度快，力量大，不便于传球和垫球时，用双手或单手在胸部以上挡击来球称为挡球。其特点是伸手动作快，挡击胸、肩部以上高度的来球较方便，可扩大防守范围，是垫球的重要补充。但挡球不便于协调用力，因而控制球的落点和方向比传、垫球差。挡球有双手挡球和单手挡球两种。挡球手型可分为抱拳式和并掌式两种。抱拳式是由两肘弯曲，一手半握拳，另一手外抱，两手掌外侧所组成的平面朝前；并掌式是由两肘弯曲，两手虎口交叉，两手掌外侧合并成勺形的击球面朝前（图10-5）。

抱拳式

并掌式

图 10-5　挡球

## 五、发球

1. 正面上手发球

正面上手发球是指发球队员面对球网站立，利用收腹转体动作带动手臂加速挥动，在头的右前上方用全手掌击球过网的发球方法。这种发球击球点高，可以充分利用胸腹和上肢的爆发力，加之运用手掌的推压动作使球呈上旋飞行，不易出界，因此它具有较大的攻击性和准确性（图10-6）。

图 10-6　正面上手发球

2. 正面下手发球

正面下手发球是指发球队员面对球网，手臂由后下方向前摆动，在体前腹部高度击球过网。其特点是动作简单，容易掌握，准确性大。但由于击球点低，球速慢，攻击性不强。这种发球方法，在比赛中已很少采用，适合初学者进行接发球练习和教学比赛（图10-7）。

图 10-7　正面下手发球

## 六、正面扣球

正面扣球是扣球技术中最基本的一种。由于面对球网，便于观察，准确性较高，加之正面扣球挥臂动作灵活，能根据对方防守情况，随时改变扣球的路线和力量，控制落点。初学者必须掌握好正面扣一般球后，再学习其他扣球技术（图10-8）。

图10-8 正面扣球

① 准备姿势：站在离网3米左右处，两脚自然开立，两膝微屈，上体稍前倾，两臂自然下垂，观察二传来球，随时准备向各个方向助跑起跳。

② 助跑：助跑的目的是为了获得一定的水平速度，增加弹跳高度，并且选择适当的起跳点。助跑的时机、方向、步法、速度、节奏是根据来球的方向、速度和弧线来决定的。因此，要全面熟练掌握一步、两步、三步及多步助跑的步法。以两步助跑为例：助跑时，左脚先向前迈出一步，接着右脚再迅速跨出一大步，左脚及时并上，落在右脚侧前方，两脚尖稍内收准备起跳。助跑的第一步要小，目的是对正上步的方向，使身体获得向前的水平速度，第二步要大，目的是接近球和提高助跑的速度，右脚落地支撑点在身体重心之前，有利于制动。

③ 起跳：在助跑跨出最后一步的同时，两臂绕体侧向后引，左脚在落地制动的过程中，两臂自后积极向前摆动，随着双腿蹬地向上起跳，两臂配合起跳用力上摆。

④ 空中击球：起跳后，挺胸展腹，上体稍向右转，右臂向后上方抬起，身体成反弓形。挥臂时，以迅速转体、收腹动作发力，带动肩、肘、腕各部位关节成鞭甩动作向前上方挥动。击球时，五指微张成勺形并保持紧张，用全手掌包满球，以掌心为击球中心，击球的后中部，同时主动用力屈腕屈指向前推压，使扣出的球加速上旋。击球点在起跳和手臂伸直最高点的前上方。

⑤ 落地：空中完成击球动作后，身体自然下落，为了避免腿部负担过重，应双脚的前脚掌先着地，同时顺势屈膝，缓冲身体下落的力量。

## 七、拦网

1. 单人拦网

队员面对球网，两脚左右开立，约与肩同宽，距网30～40cm，两膝微屈，两臂屈肘置于胸前。常用的步法有一步、并步、交叉步、跑步等。无论采用哪种移动步法，都要做好制动动作，以保证向上起跳，避免触网和冲撞同队队员。拦网的移动方向主要是两侧和斜前方。移动时采用的步法可归纳为："前一步、近并步、中交叉、远跑步"。

2. 双人拦网

由前排两个队员互相靠近，同时起跳组成拦网。双人拦网是集体拦网的一种，是比赛中最常用的一种拦网形式，主要在对方大力扣球时采用。拦网的技术动作与单人拦网相同。双人拦网时，应以一人为主拦队员，另一人为配合队员。两队员之间距离太远，跳起后将出现"空门"；距离太近，起跳时互相干扰，致使双方都跳不高。双人拦网起跳时，两人的手臂应该在体前划小弧向上摆伸，都要尽量垂直向上起跳，要防止互相碰撞或干扰。手臂在空中既不能重叠，造成拦击面缩小，又不能间隔太宽，造成中间漏球。

3. 拦网动作

拦网击球时，两臂应尽量伸直，两肩尽量上提，前臂要靠近球网，两手间距离应小于球体的直径，以防止漏球。起跳时，两手从额前沿球网向上方伸出，两臂伸直并保持平行，两肩上提。拦球后，要做含胸动作，以保持身体平衡。手臂要先后摆或上提，从网上收回至本方上空，再屈肘向下收臂，以免触网。与此同时屈膝缓冲，双脚落地，随即转身面向后场，准备接应来球或做下一个动作准备（图10-9）。

图10-9 拦网

## 第三节 排球运动的基本战术

### 一、按战术的人数分类

无论进攻和防守都可分为个人战术和集体战术（图10-10）。

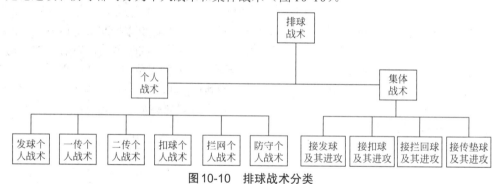

图10-10 排球战术分类

### 二、按战术的组织形式分类

按战术的组织形式可分为进攻战术和防守战术（图10-11）。

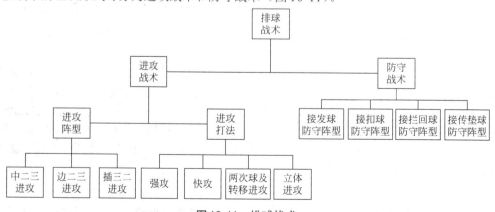

图10-11 排球战术

## 三、阵容配备

阵容配备是参赛队根据比赛的任务、本队战术组织的特点及队员的身体情况，有针对性地、合理地安排出场队员及位置分工，充分地调配力量，科学地组合人员的筹划过程。目的在于把全队的力量有效地组织起来，扬长避短，最大限度地发挥每一个队员的作用和特长。阵容配备遵循"择优、攻守均衡、相邻默契、轮次针对、优势领先"原则。阵容配备的形式如下。

（1）"四二"配备

由4名进攻队员（两名主攻队员与两名副攻队员）和2名二传队员组成，他们分别站在对角的位置上。这样每个轮次前后排都能保持有一名二传队员，两个进攻队员，便于组织和发挥本队的攻击力量。目前在水平一般的球队中，采用这种配备形式的较多。

（2）"五一"配备

由5名进攻队员和1名二传队员组成。队员位置的站位与"四二"配备基本相同。只是一名二传队员作为接应二传主要承担进攻任务。这样可以加强拦网和进攻力量。接应二传也可弥补主要二传队员有时来不及传球所出现的被动局面，但主要还是承担进攻任务。目前在水平较高的队中普遍采用这种配备形式。当二传轮转到后排时，可采用插上进攻形式，组织前排进行三点进攻。

## 四、交换位置

为了最大限度地发挥每个队员的特长，调动一切积极因素，加强攻防力量，弥补阵容配备上的某些缺陷，在规则允许的条件下，交换场上队员的位置用以组织战术。交换位置可以充分发挥每名队员的特长，以取得扬长避短的效果；便于进攻和防守战术的组织，发挥攻、防战术的优势；采用专位分工的进攻和防守，以提高攻防战术的质量。

（1）前排队员之间的换位

为了便于组织进攻战术，把二传队员换到2号位或3号位。为了加强进攻力量，把进攻力量强的队员换到便于扣球的位置上，如右手扣球队员换到4号位，扣快球的队员换到3号位，左手扣球队员换到2号位等。为了加强拦网，抑制对方的重点进攻，把身材高大或弹跳力好及拦网能力强的队员换到3号位，或与对方主攻队员相对应的位置上。

（2）后排队员之间的换位

为了发挥个人特长，后排队员各自换到自己熟悉的防守区进行专位防守。为了在比赛中便于运用行进间"插上"战术，把二传队员换到1号位或6号位，以缩短插上时的距离。根据临场情况，把防守能力强的队员换到防守任务较重的区域，把防守能力弱的队员换到防守任务较轻的区域。

（3）前、后排队员之间的换位

后排的二传队员插上时，可将1号、6号、5号位插上到2号、3号位之间，准备做二传，前排的2号、3号、4号位队员则后退，准备接球或进攻。

# 第四节 排球运动的竞赛组织与基本规则

## 一、发球

后排右的队员在发球区内将球击出而进入比赛的行动是发球。第一局和第五局由抽签选定发球权的队伍首先发球。其他各局由前一局未首先发球的队伍首先发球。队员发球的次序按照位置表上的顺序进行。一局的首先发球后，队员按下列规定进行发球：当发球队胜一球时，原发球队员（或者其替补队员）继续发球；当接发球队胜一球时获得发球权并轮转，由前排右队员轮转至后排右发球。第一裁判员检查发球队员已持球在手，而且双方队员已做好比赛准备时，鸣哨允许。球被抛起或持球手撤离后，必须在球落地前，用一只手或手臂的任何部分将球击出。球只能被抛起或撤离一次，但拍球或者在手中摆弄球是允许的。发球队员在击球时或发球起跳时，不得踏及场区（包括端线）和发球区以外地面。击球后可以踏及或落在场区内或者发球区以外。发球队员必须在第一裁判员鸣哨允许发球后8s内将球发出。裁判员鸣哨允许发球前的发球无效。发球队员不得利用个人或者集体掩护阻挡对方观察发球队员和球的飞行路线。在发球时，发球队员个人或者集体挥臂、跳跃或者左右移动，或者集体密集站立遮挡了球的飞行路线，构成发球掩护。

## 二、场上队员位置

靠近球网的3名队员为前排队员，其位置为4号位（左）、3号位（中）和2号位（右）；另外3名队员为后排队员，其位置为5号位（左）、6号位（中）和1号位（右）。在发球的击球瞬间，每一名前排队员至少有一只脚的一部分，比同列后排队员的双脚距中线更近；每一名右（左）边队员至少有一只脚的一部分，比同排中间队员的双脚距右（左）边线更近。发球击球后，队员可以在本场区和无障碍区的任何位置。一局比赛开始，队员按位置表填写顺序站好位置进行比赛。接发球队获得发球权后，全部队员按顺时针方向轮转一个位置。当发球队员击球时，如果队员不在其正确位置上，则构成位置错误犯规：在发球队员击球时，场上其他队员未完全站在比赛场区内；在发球队员击球时未按规则规定站位。

## 三、击球

比赛队必须在其本场区及空间内击球，但可以越出无障碍区救球。每队最多击球3次（拦网除外）将球击回对方区域。球可以触及身体的任何部位。在拦网时，1名队员或多名队员可以在一个动作中连续触球。在第一次击球时，允许身体不同部位在一个动作中连续触球。击球时球不能接住或抛出，它可以向任何方向弹出。每队最多击球三次（拦网除外），将球从球网上方过网区击回对方，如果超过则判为"四次击球"。第一裁判员对四次击球犯规进行判罚，第二裁判员跟着出手势。队员在比赛场地内借助同伴或者任何物体的支持进行击球，即为借助击球犯规。第一裁判员应对借助击球犯规进行判罚。如果运动员跑到场地以外（如挡板外）看台上击球时（这种行为是规则允许的），裁判员应予以鼓励不进行判罚。

## 四、拦网

队员靠近球网在高于球网处阻挡对方来球的行动叫拦网。拦网与触球点是否高于球网无关，但触球时必须有身体的一部分高于球网上沿。只有前排队员可以完成拦网。在一个动作中，球可以连续（迅速而连贯地）触及一名或更多的拦网队员。没有触及球的拦网行动叫拦网试图。触及球的拦网行动叫完成拦网。两名或三名队员彼此靠近进行拦网为集体拦网，其中一人触球则为完成拦网。拦网的触球不作为球队三次击球的一次，拦网触球后该队还可以击球三次。拦网后可以由任何一名队员进行第一次击球，包括拦网时已经触球的队员。拦网时队员可以将手或手臂伸过球网，但不得干扰对方击球。过网拦网的触球必须在对方进攻性击球之后。

## 五、界内、外球的规定与裁判方法

球触及比赛场区的地面包括界线为界内球。球接触地面的部分完全在界线以外；球触及场外物体、天花板或非比赛成员等；球触及标志杆、网绳、网柱；发球时，球的整体或部分从过网区外过网；击球时，球的整体或部分从过网区外进入对方场区则为界外球。对界内、界外球第一、二裁判员根据自己的位置和职权范围做出相应的判断。司线员对界内、界外球应做出判断并出示相应的旗示。击球时，球的整体或部分从过网区外进入对方无障碍区，队员可以在对方无障碍区将球从同侧非过网区击回，对方队员不得阻碍击球，击球队员不得进入对方场区。

## 六、比赛间断的规定与裁判方法

正常比赛间断有"换人"、"暂停"和"技术暂停"。每队在每局中有2次暂停机会，每次30s，前四局比赛每局有2次技术暂停。比分至8分、16分时，记录台鸣哨并记录暂停时间。每次技术暂停时间60s，第五局没有技术暂停。每一局每队最多可换6人次，在同一次比赛间断中，同一队不得连续提出换人请求。但在同一次换人请求中可以替换两名或更多的队员。一局比赛开始前请求换人是允许的，但应计算在该局的正常换人次数之内。每局开始阵容中的队员，在同一局中可以退出比赛和再上场1次，而且只能回到原阵容的位置。替补队员只能上场比赛1次，替换开始阵容的队员。而且他只能由被他替换下场的队员来替换。在所有的暂停时，比赛队员必须离开比赛场区到球队附近的无障碍区。一次或两次暂停可以与双方的各一次换人相连接，中间无需经过比赛过程。

## 七、延误比赛与裁判方法

一个队拖延比赛继续进行的不正当行为为延误比赛。延误换人时间；在裁判员鸣哨恢复比赛后，拖延暂停时间；请求不合法的换人；再次提出不符合规定的请求；球队成员拖延比赛的继续进行都属于延误比赛行为。只有第一裁判员可以对延误比赛进行判罚。在同一场比赛中，对一个队的第一次延误比赛给予"延误警告"的判罚，不判罚失球，但需记录在记分表上。在同一场比赛中，同一队任何成员造成不论任何类型的第二次以及其后的延误比赛，都给予"延误判罚"，失一球并有对方发球，并登记在记分表上。

## 八、不良行为犯规与裁判方法

球队成员对裁判员、对方、同伴或观众造成不良行为，应给予判罚，根据其犯规的严重程度分为三类。粗鲁行为：违背道德准则和文明举止，或有任何轻蔑的表示。冒犯行为：诽谤或侮辱的言语或形态。侵犯行为：人身攻击、侵犯或威吓行为。对轻微不良行为不进行判罚，以手势或语言进行警告，不作判罚。对粗鲁性行为出示黄牌，判该队失一球。对冒犯性行为，出示红牌，判罚取消一局比赛资格。对侵犯性行为，出示红黄牌，判罚取消一场比赛资格。判罚均登记在记分表上。

# 第十一章 乒乓球运动

## 第一节 乒乓球运动的起源与发展

### 一、乒乓球运动的起源

乒乓球起源于英国，欧洲人至今把乒乓球称为"桌上的网球（Table Tennis）"，由此可知，乒乓球是由网球发展而来的。19世纪末，欧洲盛行网球运动，但由于受到场地和天气的限制，英国有一些大学生，在室内以餐桌做球台，用书或以两把高背椅子挂上一根线当作球网，采取软木或橡胶做成的球，以羊皮纸贴成的长柄椭圆形空心球拍，在台子上将球打来打去，这种室内游戏叫做"戈西马"（Goossime）或"弗利姆—弗拉姆"（Flim-Flam）。记分方法有每局10分、20分、50分和100分多种，球台和球网无统一规定，发球也无严格限制，以后逐渐成了一种家庭娱乐活动。1890年左右，英格兰著名越野跑运动员詹姆斯·吉布（James Gibb）从美国带回赛璐珞球，由于当时普遍使用的羊皮纸球拍，击球和球碰球台后发出"乒乓"（Ping-Pang）的声音，人们便模拟其声音而叫做"乒乓球"。直到20世纪20年代，举行了多次乒乓球邀请赛，才逐渐引起人们的重视，但主要在知识分子、学生和职员中传播。

### 二、乒乓球拍的演变

最初的球拍是两面贴羊皮纸的空心球拍，其后改用木板拍。1902年英国人库特（Gude）发明了胶皮颗粒拍。1950年奥地利人发明了海绵拍，1952年日本选手首次使用海绵拍，参加了第19届世界乒乓球锦标赛，并取得优异成绩。此后，引起了一场国际范围关于能否使用海绵拍的争论，这场争论持续了多年，而在此期间又出现了正胶海绵拍和反胶海绵拍。1959年国际乒联才作出了球拍规格化的决定（方案是中国提出的）。以后又出现了长胶、中长胶粒球拍，防弧球拍，生胶球拍，两面不同性能球拍等，现在又出现了歪把球拍和扣握式球拍等。

### 三、中国乒乓球运动

1.旧中国乒乓球运动

1904年，上海一家文具店老板王道午，从日本买回10套乒乓球器材，亲自作表演和介绍，从此，我国开始有了乒乓球活动。在旧中国曾举办过两次全国性的乒乓球比赛，一次是1935年，另一次是1948年，都是全国运动会上的比赛项目。在黑暗的旧中国，广大人民生活在水深火热之中，没有条件从事体育活动，乒乓球运动也没有得到健康的发展。

2.新中国乒乓球运动蓬勃发展

新中国成立以后，我国乒乓球运动获得了新生。1952年10月在北京举行了第1次全国乒乓球比赛，揭开了新中国乒乓球运动发展史上新的一页，与此同时，中华全国体育总会乒乓球部加入了国际乒联，从此全国乒乓球群众性活动迅速发展起来。纵观新中国乒乓球的发展，自20世纪50年代末容国团夺得第一个世界冠军开始，中国的乒乓球运动经历了如下几个发展阶段。

（1）20世纪五六十年代开始，领先于世界

新中国成立后，我国的乒乓球运动得到了飞速发展。特别是在20世纪50年代，我国在全国范围内开展了群众性乒乓球运动，使乒乓球技术水平得到了很大提高。1953年我国首次参加了第20届世乒赛，到1959年我国优秀运动员容国团第一次夺得世界锦标赛的男子单打冠军，标志着我国乒乓球运动在世界的崛起。1961年我国主办了第26届世界乒乓球锦标赛。在这届比赛中我国运动员力争上游，一举夺取了3项冠军，包括争夺最激烈的男子团体冠军奖杯——思韦斯林杯。从此，我国乒乓球运动走到了世界前列，突出的成绩，带动了全国群众性乒乓球运动的普及，形成全国乒乓球运动热。1965年男女队共获得5项冠军，我国乒乓球运动水平处于世界前列，震动了世界。

（2）20世纪70年代技术创新、改革与发展

这一时期我国乒乓球运动受到了一定影响，1971年脱离两届世锦赛的中国运动员重返赛场，参加了第31届世锦赛，在此次大赛中，中国队夺回了斯韦思林奖杯，同时夺得了女单、女双和混双冠军。在此期间，中美两国开展了著名的"乒乓外交"，运动员的互访打开了两国人民友好往来的大门。在技术上，欧洲选手已吸收了中国的快攻和日本的弧圈球技术，创造了横握球拍，速度与旋转相结合的打法。此时中国队在技术指导思想上也有所发展和创新，即在原有的"快、准、狠、变"的基础上增加了一个"转"字，直板正胶普遍增加了上旋球，随后1973年（32届）至1979年（35届）中国队又取得了可喜的成绩。

破弧圈球方面也采用了新技术，挑选了一批队员改打直板反胶，形成了新型的直板反胶进攻打法，以及还有横直板两面不同性能球拍的"倒板"打法。在此期间，中国队认为技术创新是中国队保证常胜的唯一途径，发球的创新，侧身高抛发球，快点，反手快带，反手加力推以及侧推，推下旋、推挤，这些技术都是在弧圈球的逼迫下探索出来的新技术。这些探索和创新，为20世纪80年代中国队的提高和发展，打下了坚实基础。

（3）20世纪80年代培养新人，再创辉煌

中国队在第32届、35届、40届世界乒乓球锦标赛男子团体赛中分别负于瑞典队和匈牙利队。在1981年举行的第36届世乒赛上，我国的乒乓球运动水平达到了一个新的高峰，中国乒乓健儿经过奋勇拼搏，夺得了7项冠军，创造了乒坛历史上的奇迹，中国在奥运会中占据了乒乓球项目的优势，中国队在这一阶段取得较好成绩的主要原因是：大胆起用新人，人新球艺新。新的一代运动员成长起来，几乎获得所有乒乓球比赛的金牌。在20世纪80年代的5届世乒赛中，中国运动员获得了金牌总数的80%，中国队取得的优异成绩，吸引了各国加强对中国队的研究，中国队的优势受到潜在的威胁。

（4）20世纪90年代为国争光，勇攀高峰

20世纪90年代世界乒坛向着多元化方向发展，世界各国向我们提出了挑战。在第41届世界

乒乓球锦标赛（世乒赛）上男队成绩跌至第七名，女队也在决赛中败给朝鲜南北联队。第40届和第41届世乒赛的失利，中国队痛定思痛，认真总结经验教训，抓管理，树信心，搞技术创新，加快对新人的培养。在第42届世乒赛上，中国队夺得女团、男双、女双和混双四项冠军和男团亚军。队伍终于走出低谷，为中国乒乓球再创辉煌打下基础。此后，中国队始终站在世界乒坛的最顶峰，在第44届和第45届世乒赛和2000年的悉尼奥运会上，中国队成绩辉煌。为长盛不衰40年的中国乒乓球在"小球时代"画上了圆满的句号。

## 四、乒乓球运动与身体健康

乒乓球运动可以根据自身情况调整运动量，可以全力以赴拉弧圈，大汗淋漓，想省力时也可以采取防守策略，四两拨千斤。乒乓球是最好的有氧运动，长期锻炼对人的心肺功能具有极大的好处。乒乓球运动的一大特点是脑力与体力充分结合。想要在乒乓球竞争中取得主动，不仅要有良好的基本技术，打球时还要不断观察分析，通过分析对方的站位、球路、特长和弱点，做出正确的判断。打球的同时脑海里需要构建路线图，用以"算计对手"，才能百战不殆。

# 第二节　乒乓球运动的基本技术

## 一、握拍

### 1. 快攻型直拍握法

球拍柄右侧贴在食指的第三关节处，以食指的第二关节压住球拍的右肩，食指的第一关节自然向内弯曲。拇指的第一关节压住球拍的左肩（拇指与食指之间的距离要适中）。其他三指自然弯曲斜形重叠，以中指第一关节托于球拍背面1/3上端，使球拍保持平稳。这种握拍技术手腕比较灵活（图11-1）。

图11-1　快攻型直拍握法

### 2. 弧圈型直拍握法

在正手拉弧圈球时，拇指、中指和无名指协调用力，中指和无名指略微伸直，以利于出手击球时较好地保持拍形的前倾。这种握拍技术的优点是手腕比较灵活。正、反手的结合比较容易，处理台内球也较好。缺点是拍形不易固定，对正手大角度球和扣杀较高的球难处理（图11-2）。

图11-2　弧圈型直拍握法

### 3. 削攻型直拍握法

直拍削攻型的握拍技术是拇指自然弯曲，紧贴拍柄左侧，第一指节用力下压，其余四指自然分开托住球拍背面。削球时，主要以中指、无名指、小指用力，食指紧托住球拍辅助用力。反手削球时，利用手腕把球拍兜起使拍柄向下，有利于加转削球。由防守转为进攻时，把食指移到拍柄的右侧扣住拍柄。这种握拍技术在削攻结合时手指要来回变换握法，反手攻球时，更受限制，不如横拍方便（图11-3）。

### 4. 横拍握拍技术

横拍攻击型（包括快攻和弧圈两种）和削攻型握拍技术基本相同，可分为浅握和深握两种。浅握时，以中指、无名指、小指自然地握住拍柄，拇指在球拍的正面轻贴在中指旁边，食指自然伸直斜放于球拍的背面，虎口轻微贴拍。深握与浅握基本相同，但虎口紧贴球拍（图11-4）。

图11-3　削攻型直拍握法　　　　　　图11-4　横拍握拍技术

## 二、基本站位、姿势

### 1. 基本站位

进攻型打法的基本站位为：距离球台端线50cm左右，擅长近台进攻的选手，站位可再稍近些。擅长中近台进攻的选手，站位可稍靠后些。擅长正手侧身抢攻的运动员，可站在球台偏左侧。擅长打相持球或反手实力较强的运动员，可站于球台中间略偏反手的位置。

削攻型打法的基本站位为：距离球台端线100cm至150cm左右，多在球台中间略偏反手的位置。进攻能力强的，站位可稍近些。以防守为主的选手，站位可稍远些。

### 2. 基本姿态

进攻型打法的基本姿势为：（以右手执拍为例）两脚开立，比肩稍宽，左脚稍前，右脚稍后，前脚掌内侧着地，脚后跟略提起。两膝自然微屈，重心在两脚之间，含胸收腹，身体略前倾。肩关节放松，执拍手位于身前偏右处，球拍略高于台面。

削球打法的基本姿势与进攻型打法略同，不同之处在于：两脚间距较宽，重心稍低，右脚在左脚之前，上体前倾较少，执拍手位于胸前。

以上所述仅是一般情况，每个运动员的基本姿势还要依其身体条件及技术特点略有变化。如个子高的运动员，两脚间距就可能大一些。弧圈球打法的运动员，动作幅度大，跑动范围亦大，离台也较远，所以两脚间距就比快攻运动员大，重心也略低。即使同是左推右攻打法的运动员，其基本姿势也不尽相同。推挡多、侧身少的选手基本姿势多为两脚平站，执拍手的位置亦稍偏向反手位，球拍下端亦朝向反手位。而侧身抢攻多的人，左脚多在右脚前半脚至一脚的距离，执拍手亦放在身前偏正手位的一侧。

### 3. 基本步法

（1）单步

以一脚为轴，另一脚向前、后、左、右不同方向移动，重心随之跟上。具有移步简单、灵活、重心平稳的特点。它适用于来球速度慢，离身体不远的小范围内击球。如接近网短球，离身体不远的削球、搓球等。另外，还有为了移动脚更好的起动，为轴的脚往往先在原地有一调整重心的单步动作。

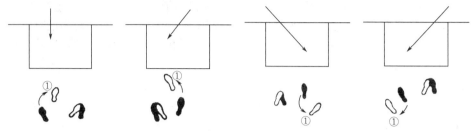

图 11-5　单步

（2）并步

先以来球异方向的脚向同方向的脚并一步，然后同方向的脚再向来球的方向迈一步，重心随之交换。其特点是：身体不腾空，重心起伏小，很稳定。一般在来球的球速不快且球离身体不远时使用，如横拍快攻选手的两边摆速练习，削球的左右移动、快攻、拉弧圈球等常用这种移动方法。

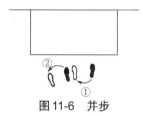

图 11-6　并步

（3）垫步

两脚的前脚掌同时上下轻轻跳一下或踮一下，有时两脚不离开地面。垫步可向前、后、左、右移动，它的要点主要体现在"垫"上，垫的动作幅度比正常步法要小许多，在进行定点单个技术连续打时，要注意运用垫步去保持击球动作与步法协调性与连贯性。

（4）跨步

以一脚蹬地，另一只脚向来球方向腾空跨出一大步，身体重心随即移到摆动脚上，另一只脚跟着移动。其特点是速度快，幅度范围比单步、并步、换步移动大。进攻型选手多用于扑打正手球，削球选手多用于对方突然的攻击。

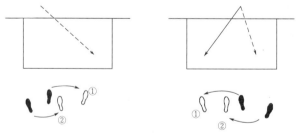

图 11-7　跨步

（5）跳步

以来球异方向的脚用力蹬地为主，使两脚同时或几乎同时离地向来球的方向跳动，蹬地用力大的脚先落地，另一脚紧跟落地。它可向前、后、左、右、原地等跳动。其特点是：快速、灵活。移动的幅度比单步、并步、换步大，有短暂的腾空时间。靠膝关节和踝关节的缓冲来减少重心的起伏。快攻打法用跳步侧身进攻较多，弧圈球打法在中台左右移动或侧身移动时常用。搓球、削球时用跳步调整站位较多。

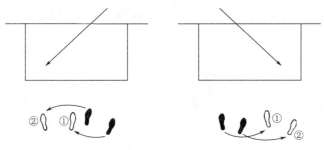

图 11-8　跳步

## 三、发球

发球是乒乓球运动各种类型打法技术中的重要技术，亦是乒乓球比赛开始先发制人第一板的重要技术。

1. 低抛发球技术

（1）正手平击发球

平击发球，是初学者最基本的发球方法，一般不带旋转。动作要点：手掌伸平，球置于掌心上，将球几乎垂直向上抛起（抛球高度约20cm左右），当球下降至距离台面约10-15cm时迅速向前挥拍击球，拍形稍前倾，触球部位为球的中上部；击球后的第一落点，应落在本方球台的靠近端线位置。

图 11-9　平击球

（2）正手发右侧上旋斜线急球（奔球）

球速快、角度大、突然性强，并向右侧偏拐。是直拍快攻打法常用的发球。动作要点：当持球手将球向上抛起后，持拍手随即向右后上方引拍，上臂向后引拍时，手腕手指要放松，拍面较垂直；当球从高点下降至离台面约10cm高度时，上臂带动前臂由右后方向左前方挥摆，同时腰髋也由右向左转动；击球时，在拍面触球的一瞬间，拇指用力压拍左肩，手腕手指同时从后向前使劲抖动弹击，球拍沿球的右侧中部向中上部摩擦球；球离拍后，由于具有强烈的右侧上旋力，使球越网后向对方右角偏斜前进。

图 11-10　上旋斜线急球

2. 高抛发球技术

侧身正手高抛发左侧上、下旋球。动作要点：持球手在身体左侧将球向上垂直抛起，当球下降到头部时，持拍手向右上方引拍，拍面角度较平。发左侧上旋球时，持拍手由右上方向左下方挥摆，球拍从球的右侧中下部向左侧上面摩擦击球。发左侧下旋球时，持拍手则应由右后上方向左前下方挥摆,球拍从球的右侧中下部,向左侧下部摩擦击球。注意它与发左侧上旋球挥拍方向是不同的。

图 11-11　高抛发球

3.下蹲发球技术

下蹲发球横握拍运动员采用较多,主要是因为横拍能较好地发挥前臂和手腕的灵活性。下蹲发球属于上手类发球,球拍通常是摩擦球的上半部将球发出。例如:下蹲发球发出的右侧上下旋球,越过网落到对方台面时,不是向对方的右边,而是向对方的左边偏斜前进。因此,在比赛的关键时刻,突然运用下蹲发球,会使对方感到很不适应,而回接出高球甚至造成失误。

图 11-12　下蹲发球

## 四、接发球

(1)接正、反手急上旋球。因来球速度快、落点远、冲力大,或左方大角度急球,又往往来不及侧身,采用抢先上手技术:正、反手快攻或正手抢攻打回头,拉弧圈球等,接好后,可破对方发球抢攻,第四板要连续进攻。采用反控制技术:反手快推、快拨、正手快带等。接好后,可瓦解对方发球的主动优势,转入相持或争取主动。采用过渡控制技术:正、反手削球或正反手快挡等。利用这些技术,接好后,可遏制对方发球抢攻,力争转入相持。

(2)接急下旋球。由于来球速度快、落点远、带下旋,回击时,容易下网,故采用抢先上手技术:正、反手快拉,正手拉弧圈球或侧身正手抢攻等。接好后能攻破对方发抢,第四板转入连续进攻。采用控制技术:正反手削球、正反手切搓球或搓推侧下旋等。接好后可遏制对方发抢,力争转主动或相持。

(3)接下旋转与不转球。首先判断来球旋转性质,要正确分清是加转球,还是不转球。分清后,可采取不同的回接方法。

## 五、推挡球

(1)平挡。动作简单,容易掌握,是乒乓球入门的基础技术。其特点是:借力还击,力量轻、速度慢、旋转弱、落点适中。通过练习可以熟悉球性,体会球拍触球的感觉。给进一步学习其他推挡技术打好基础,可作为对方进攻时的一种防御手段。

图 11-13　平挡

（2）快推。最基本的一种推挡技术，是全面掌握推挡技术的重要环节。它具有动作小、球速快、变化多、灵活、命中较高的特点。能争取时间，使对方左右应接不暇，造成失误或出机会球，为抢攻创造条件。一般运用于相持，接弧圈球、拉球和中等力量的突击来球。

（3）加力推。是推挡球的重磅炸弹。其特点是：力量重、球速快、落点活，稍带上旋或不转。能遏制对方进攻，主要用于助攻，常迫使对方离台后退造成被动。它与减力挡配合运用，更能控制和调动对方，其效果尤佳。加力推适用于对付速度较慢，旋转较弱的上旋球或力量较轻的攻球和推挡球。

图 11-14　加力推

## 六、攻球

（1）正手快攻。站位近、动作小、速度快、进攻性强。它是中国快攻打法中使用最多、最基本的一项技术，亦是常练常用的技术，能借来球的反弹力提高速度。在比赛中，运用速度与落点的变化相结合，能取得更多的主动权，为扣杀创造条件。

图 11-15　正手快攻

（2）正手快拉。快拉通常也称提拉、拉攻等。是用于对付搓球、削球或接下旋和侧下旋发球的一项重要基本技术。它具有速度较快，动作较小，线路较活，并与突击动作较接近的特点。能主动发力击球，用快拉不同落点配合拉轻重力量和旋转变化等，伺机进行突击扣杀。

图 11-16　正手快拉

## 七、弧圈球

（1）正手拉加转弧圈球。拉弧圈球是一项融旋转和速度为一体的现代乒乓球进攻技术。拉加转弧圈球的特点是，稳健性高，上旋强烈，反弹下滑快，具有一定的威胁性。若对方不适应强烈上旋球，不好控制，常会接出高球，甚至直接失误。还可以起到变化击球节奏的作用。一般是用它来对付下旋长球和侧下旋球，为扣杀创造机会。

图 11-17　正手拉加转弧圈球

（2）正手拉前冲弧圈球。特点和作用：弧圈球比较突出的特点是：上旋强，稳健性高，攻击威力大。弧圈球技术分为：正手弧圈球、反手弧圈球、侧身弧圈球，包括加转弧圈球、前冲弧圈球、侧旋弧圈球、反拉弧圈球、中远台对拉弧圈球、正胶小弧圈球等。前冲弧圈球飞行弧线低而长，球速快，上旋强，前冲力强。落台后弹起不高，急速向前冲并向下滑落。它是弧圈球选手主要得分的手段。

图 11-18　正手拉前冲弧圈球

## 第三节　乒乓球运动的基本战术

### 一、发球抢攻战术

发球抢攻，是我国乒乓球运动员各种类型打法技战术中的重要战术之一，亦是前三板技术中最具威胁的技术。发球后抢攻的有效率越高，造成对方接发球时心理压力越大，从而迫使对方在接发球时，不得不提高回球难度，或者采取接发球凶抢，希望以此摆脱接发球后被攻的被动局面。这样一来就会有效限制对方接发球的方法与变化，还会增加对方接球失误的概率。如果抢攻技术跟不上，再好的发球也会被对方逐渐适应。

### 二、对攻战术

对攻是进攻型选手相遇时，从发球、接发球转入相互对抗，形成攻对攻的局面。双方利用速度、旋转、落点变化和轻重力量进行控制与反控制，力争主动的一种重要手段。快攻打法的对攻战术主要是发挥其快速多变的特点来调动对方，以达到攻击对方的目的。快攻对付弧圈为主的打法，其作战方针主要是用速度、落点和轻重力量的变化迫使对方难以发挥旋转的作用，拉不出高质量的弧圈球。快攻对付快攻为主的打法，其作战方针主要是用速度、力量和落点变化迫使对方难以发挥速度和力量的作用。从而陷于防守的地位。快攻打法的各种具体对攻战术主要是依靠左推右攻或正、反手攻球结合变化落点和轻重力量组成的。

### 三、拉攻战术

拉攻战术是进攻打法对付削球打法的主要战术。快攻的拉攻战术主要是运用拉球的落点变化创造机会，进行突击和扣杀，迫使对方后退防守，从而达到控制对方、赢得主动的目的。拉攻战术首先要求拉得稳，并有落点和轻重力量的变化，以便为突击创造机会，有时还能直接得分。拉攻的主要得分手段是突击和扣杀，尤其是中等力量的突击技术，体现了快攻打法的快速特点，经常会使对方措手不及而失分，或回出高球。

## 四、削中反攻战术

削中反攻战术是用削球变化旋转和落点，迫使对方在走动中回击失误或接出机会球，伺机进行反攻。运用削中反攻战术的基础是削球，首先，要求削球具备能与对方拉攻形成相持或主动的局面，能为进攻创造条件。同时，还要求具备走动中的进攻能力，以便不失时机地进行反攻。把削球和攻球有机地结合起来。

# 第四节 乒乓球运动的竞赛组织与基本规则

1. 球台

球台的上层表面叫做比赛台面，应为与水平面平行的长方形，长2.74m，宽1.525m，距离地面76cm。比赛台面不包括球台台面的垂直侧面。沿每个2.74m的比赛台面边缘各有一条2cm宽的白色边线，沿每个1.525m的比赛台面边缘各有一条2cm宽的白色端线。比赛台面由一个与端线平行的垂直的球网划分为两个相等的台区，各台区的整个面积应是一个整体。双打时，各台区应由一条3mm宽的白色中线划分为两个相等的"半区"。中线与边线平行，并应视为右半区的一部分。

2. 球网

球网装置包括球网、悬网绳、网柱及将它们固定在球台上的夹钳部分。球网应悬挂在一根绳子上，绳子两端系于高15.25cm的直立网柱上，网柱外缘离开边线外缘的距离为15.25cm。整个球网的顶端距离比赛台面15.25cm。整个球网底边应尽量贴近比赛台面，其两端应尽量贴近网柱。

3. 球

球应为圆球体，直径为40.00～40.60mm。球重2.7g。球应用塑料制成，呈白色或橙色，且无光泽。

4. 球拍

球拍的大小、形状和重量不限。但底板应平整、坚硬。底板厚度至少应有85%的天然木料。球拍两面不论是否有覆盖物，必须无光泽，且一面为鲜红色，另一面为黑色。

5. 发球

① 发球开始时，球自然置于不持拍手的手掌上，手掌张开，保持静止。发球者必须用手将球几乎垂直地向上抛起，不得使球旋转，并使球在离开不执拍手的手掌之后上升不少于16cm，球下降到被击出前不能碰到任何物体。当球从抛起的最高点下降时，发球方可击球，使球首先触及本方台区，然后越过或绕过球网装置，再触及接发球方的台区。在双打中，球应先后触及发球员和接发球员的右半区。从发球开始，到球被击出，球要始终在比赛台面的水平面以上和发球方的端线以外；而且不能被发球方或其双打同伴的身体或他们所穿戴（带）的任何物品挡住。球一旦被抛起，发球方的不执拍手臂应立即从球和球网之间的区域移开。球和球网之间的区域由球和球网以及它的向上延长线来界定。

② 运动员发球时，应让裁判员或副裁判员看清他是否按照合法发球的规定发球。如果裁判

员或副裁判员对运动员发球合法性有怀疑，一场比赛中第一次出现时判重发球，并警告发球方。此后，裁判员对该运动员或其双打同伴发球动作的合法性再次怀疑，将判接发球方得1分。无论是否第一次，只要发球员明显没有按照合法发球的规定发球，无需警告，应判接发球方得1分。

### 6. 还击

对方发球或还击后，本方运动员必须击球，使球直接越过或绕过球网装置，或触及球网装置后，再触及对方台区。

### 7. 重发球

① 回合出现下列情况应判重发球：如果发球方发出的球，在越过或绕过球网装置时触及球网装置，此后成为合法发球或被接发球方或其同伴阻挡；如果接发球方未准备好，球已发出，而且接发球方没有企图击球；由于发生了运动员无法控制的干扰，而使运动员未能发球、还击或遵守规则，裁判员或副裁判员应暂停比赛。

② 可以在下列情况下暂停比赛：要纠正发球、接发球次序或方位错误；要实行轮换发球法；警告或处罚运动员；比赛环境受到干扰，以致该回合结果有可能受到影响。

### 8. 1分

除被判重发球的回合，下列情况运动员得1分：对方运动员未能正确发球；对方运动员未能正确还击；运动员在发球和还击后，对方运动员在击球前，球触及了除球网装置以外的任何东西；对方击球后，球没有触及本方台区而越过本方台区或其端线；对方阻挡；对方连击；对方用不符合规定的拍面击球；对方运动员或其穿戴的任何东西使球台移动；对方运动员或其穿戴的任何东西触及球网装置；对方运动员不执拍手触及比赛台面；双打时，对方运动员击球次序错误。

### 9. 一局比赛

在一局比赛中，先得11分的一方为胜方，10∶10后，先领先2分的一方为胜方。

### 10. 一场比赛

一场比赛由奇数局组成。

# 第十二章 羽毛球运动

## 第一节 羽毛球运动的起源与发展

### 一、羽毛球运动的起源

现代羽毛球运动诞生在英国。1873年，在英国格拉斯哥郡的伯明顿镇有一位叫鲍弗特的公爵，在庄园里进行了一次"蒲那游戏"的表演。因这项活动极富趣味性，很快就风行开来。此后，这种室内游戏迅速传遍英国，"伯明顿"（Badminton）即成为英文羽毛球的名字。至今，在英国的"伯明顿"还设有羽毛球陈列馆，记载着最早的羽毛球场地，展示着最初的羽毛球拍和羽毛球。那时的活动场地是葫芦形，两头宽中间窄，窄处挂网，直至1901年才改为长方形。

### 二、羽毛球运动在中国的发展

羽毛球运动约于1920年传入我国，新中国成立后，得到迅速发展。20世纪70年代我国羽毛球队已跻身于世界强队之列。20世纪70年代，国际羽毛球坛是印度尼西亚与我国平分秋色。20世纪80年代，优势已转向我国，说明我国羽毛球运动已达到世界先进水平。羽毛球在1992年巴塞罗那奥运会上被列为正式比赛项目，共设男、女单打和男女双打、混合双打5项比赛。

1996年葛菲与顾俊摘取亚特兰大奥运会女双金牌。2000年悉尼奥运会，中国队拼下除男双以外的全部4枚金牌。女子蝉联1998年、2000年、2002年和2004年尤伯杯冠军，男团获2000年汤姆斯杯亚军，2004年夺回失去已久的汤姆斯杯冠军。1995年、1997年、1999年、2001年和2005年中国队获得代表男女羽毛球整体实力的"苏迪曼"杯冠军。

### 三、羽毛球运动与身体健康

羽毛球运动前场、后场快速移动击球，中后场的大力扣杀球，被动时的扑救球，双打的换位击球等都需要练习者有较好的力量素质、速度素质、耐力素质、灵敏素质、柔韧素质以及快速的反应能力。参与羽毛球运动时因受到竞争性、对抗性、大强度等诸多因素的影响，使意志品质在该项运动中占有非常重要的地位。对对方战术意图的揣摩，对各种战机的把握，对自己运用什么战术的选择等，使参与羽毛球运动的人思维敏捷。同时，由于比赛的紧张、竞争的激烈，使练习者的心理素质得到了很好的锻炼，在竞争中，强化进取精神，使人的智、勇、技在竞争与对抗中得到升华。

## 第二节　羽毛球运动的基本技术

### 一、握拍

图 12-1　正手握拍

**1.正手握拍法**

先用左手拿住拍杆，使拍面与地面垂直，然后，右手张开成握手状，虎口对准拍柄窄面内侧小棱上，拇指与食指自然地贴在拍柄的两个宽面上。中指、无名指、小指自然并拢握住拍柄，掌心不要紧贴，拍柄端与近腕部的小鱼际肌平，拍面基本与地面垂直。食指与中指稍微分开，手心不要贴紧拍柄，注意要使小鱼际肌与拍柄端平齐。正手发球、右场区各种击球及左场区头顶击球等，一般都采用这种握法，以右手握拍者为例（图 12-1）。

**2.反手握拍法**

在正手握拍的基础上，拇指和食指将拍柄稍向外转，拇指顶点在拍柄内侧的宽面上或内侧棱上，中指、无名指和小指并拢握住拍柄，柄端靠近小指根部，注意手心不要贴紧拍柄，要使掌心与拍柄之间有一个明显的空隙。球拍斜侧向身体左侧，拍面稍后仰。一般来说，击身体左侧的来球，大都先转体（背对网），然后用反手握拍法击球。在握拍时要注意击球前握拍要放松，就像掌中握着一只小鸟，太紧会捏死，太松就会飞走，要求肌肉要适度放松。只有在发力击球的一刹那，才紧握球拍，击球后应快速恢复放松状态（图 12-2）。

图 12-2　反手握拍

### 二、持球

左手以拇指、食指和中指捏住羽毛球，将球置于腰腹以下的位置，以右手反手握拍为例。肘部略抬起使拍框下垂与左腰下侧，两眼注视对方准备接球的动向及场地，发球时主要是依靠挥动前臂和伸腕闪动发力来完成动作。其动作幅度小，力量也较小，但速度较快，动作隐蔽性强。此动作可以用于发出高远球除外的其他各种飞行弧线球，但多用于双打比赛（图 12-3）。

### 三、发球

**1.高远球**

把球发得既高又远，使球向对方后场上方飞去，球的飞行路线与地面形成角度，要大于 45°，使球几乎垂直落在对方后发球线附近的发球区内，称为发高远球。发高远球可以迫使对方退至端线附近接发球，从而减小对方回击球时的进攻性，是单打比赛中主要的发球手段。

## 2. 正手发平高球

平高球运行的抛物线弧度不大，使球迅速越过对方场区空中而落到底线附近。由于平高球的飞行弧线比高远球低，所以挥拍击球时多运用前臂带动手腕来发力。球与球拍接触时，球拍后仰的程度比发高远球小，拍面略微向前推送来完成击球。在学习过程中，易犯的错误与发高远球易犯的错误相同，只是在随前动作中可产生制动，但在发高远球时，不应产生制动（图12-4）。

图12-3　持球动作

图12-4　正手发平高球

## 3. 正手发网前球

发出的球贴网而过，落地到对方前发球线附近的发球区域内的球。在学习过程中，发网前球的技术要求较高，如果球的飞行弧线太低，或力量太小，会不过网或不到对方的发球区（即短球）；若球的飞行弧线过高，则易遭到对手的扑击回球。

高质量的网前发球，可以避免对方在接发球时的直接下压球，从而可以有效地限制对方作进攻性的回击，主要适用于双打发球（图12-5）。

图12-5　正手发网前球

## 四、击球

### 1. 击球路线

一般将击球点高于头部的击球,称为高手击球。高手击球按其技术特点和球飞行弧线的不同,可分为:高远球、平高球、扣杀球和吊球等。同时,可以按击球点的位置分为:正手高手击球;反手高手击球;头顶击球(图12-6)。

### 2. 正手高远球

采用正手握拍法,击球点在身体的右侧方用正拍击出的高远球,称为正手高远球。它分为原地正手高远球和起跳正手高远球两种。原地正手高远球的动作要领:左脚在前,右脚在后,侧身使左肩对网,两脚间距与肩同宽,重心在后脚,右手正手握拍屈臂举拍于右侧,左手放松自然上举,眼睛向上注视来球(图12-7)。

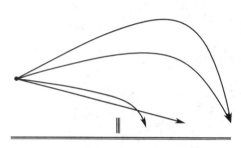

图12-6 上手击球的飞行弧线

图12-7 正手高远球

### 3. 反手高远球

在自己左后场区上空的球,以反手握拍法用反拍面击出的高远球,称为反手高远球。一般情况下都采用原地反手击高远球,很少采用起跳的击法。但是,也常常采用右脚向前跨步同时挥拍的击球方法。反手高远球动作要领,首先是准备动作和引拍动作的要领:当球的落点在左侧时,身体迅速转向左后方,右脚向左脚并一步,左脚向后迈一步,紧接着右脚向左前跨一大步即到位。此时,身体背对球网,身体重心在右脚上,步法移动到位时,球的位置应在身体的右肩上方。步法移动中,手法要马上右正手握拍转换成反手握拍,上臂平举,曲肘使前臂平放于胸前,球拍放至左胸前,拍面朝上,完成引拍动作(图12-8)。

图12-8 反手高远球

#### 4. 头顶高远球

其动作要领与正手高远球基本相同，只是击球点在头顶的前上方，准备击球时，身体偏左倾斜，用正拍面击出的高远球，称为头顶高远球。击球时，上臂带动前臂使球拍绕过头顶，从左上方向前加速挥动，注意发挥手腕的爆发力击球，落地时左腿向左后方摆动的幅度大些。一般在对方击来左后场的高球时，常用它还击。这样不但可以弥补反手击球技术弱的不足，也可以提高回球的主动性和攻击性。头顶击高远球分为原地和起跳两种方式（图12-9）。

图12-9　原地头顶高远球

### 五、扣杀球

#### 1. 正手扣杀球

对于在自己右侧上空的高球，用正手握拍法握拍，用正拍面扣杀球，称为正手扣杀球。正手扣杀球可以在原地或起跳后进行。正手跳起杀球动作要领：右脚后撤同时引拍到位，侧身对网，屈膝下降重心，做好起跳击球的准备。起跳后，身体左转同时后仰，挺胸成弓形，当球落至肩前上方的击球点时，快速收腹，以胸带臂，前臂和手腕加速挥摆，闪腕发力；与此同时，手指突然抓紧拍柄，使手腕的发力集中到击球点上，拍面正面击球托的后部，使球快速向下直线飞行。杀球后形成右脚在前，左脚在后的回动姿势（图12-10）。

图12-10　正手扣杀球

### 2. 反手扣杀球

对于在自己左侧上空的高球，采用反手握拍法，用反拍面扣杀，称为反手扣杀。比赛中运用反手扣杀球，具有一定的进攻突然性。但从球速和力量讲，都不如头顶扣杀球，球的落点也较难控制。反手扣杀动作要领：向左后转身前交叉步后退三步，移动过程中形成反手握拍，前臂往胸前收，右肩有些内收，完成引拍动作。击球的一瞬间，前臂开始向上挥动，拍子从左前下向右前上方摆动，此时，左脚开始发力，腰腹及肩部发力，并带动上臂及前臂，发出鞭打的力量，球拍往上后方挥动。击球时，握紧拍子，快速外旋和后伸闪腕，击球托的后部完成击球动作。击球后，前臂内旋，使球拍回收至体前，下降重心使之制动，并迅速转体回动。

### 3. 突击杀球

当对方击来弧线较低的平高球时，则向侧方或侧后方起跳，突然挥拍扣杀球，称为突击杀球（也称跳起突击杀球）。突击杀球多用于中场或中后场区。这项技术的特点就在于它的进攻突然性，在单打时有应用，在双打时运用尤多。突击杀球动作要领：侧身右方，后退一步并迅速起跳，跳起后，身体后仰，拉长腹肌及胸大肌，拍子自然往后下方摆动，加大挥拍的工作距离。收腹转体上臂带动前臂急速内旋挥拍，手突然紧握拍子闪腕，产生爆发力击球，此时拍面与水平面的夹角应小于90°。击球后落地并迅速回动。

## 六、吊球

### 1. 正手吊球

正手吊球是后场正手上手主要击球技术之一。击球前，身体先半侧对球网，右脚在后，左脚在前，两脚尖均踮起，身体重心自然落在右脚掌上。右手采用正手握拍法，自然将球拍举到右肩侧上方，左手自然上举，眼睛注视来球。当球下落到接近击球点高度时，右脚开始蹬伸，并以髋关节带动身体由右向左转动，做左腿后撤，右腿前迈的两腿交叉动作。伴随着下肢蹬转动作的同时，胸部舒张，两侧肩关节外展，左手自然上举，持拍臂的前臂向后移动，保持高肘后撤球拍。在协调用力的配合下，上臂带动前臂利用伸肘关节、前臂旋内和屈腕的力量，向前下方轻击来球（图12-11）。

### 2. 反手吊球

反手吊球动作要领与反手击高远球动作基本相同。前臂快速由左肩下向右上稍有外旋的挥动，手腕动作内收闪动，击球托的右下部，在击球瞬间拍面与水平面的夹角应稍大于90°，并有前推的动作，避免吊球落网（图12-12）。

图12-11　正手吊球

图12-12　反手吊球

## 七、搓球

### 1.正手搓球

搓球准备动作与动作要领：当球向右场区飞来时，采用正手搓球。侧身对右边网前，右脚跨前成弓箭步，身体重心在右脚上。在正手握拍的基础上，拇指、食指、中指和无名指稍松开，使拍柄离开掌心，拇指斜贴在拍柄内侧的上小棱边上，食指稍前伸，使第二指带斜贴在拍柄外侧的宽面上。然后快速侧身向右侧网前移动，最后一步为右脚向球的方向跨一大步，身体重心应较高，以争取高点击球。同时，左臂自然后伸，起平衡作用，引拍动作中，伸臂举拍时应稍屈肘、屈腕，使球拍自然的稍向后拉，击球发力动作应以肘关节为轴，通过前臂的外旋及收腕动作，用正面拍切削球托的后底部或侧底部，使球翻滚过去。击球后右脚快速蹬地后撤回动（图12-13）。

图12-13　正手搓球

### 2.反手搓球

当球向左场区飞来时，采用反手搓球。反手搓球的上网动作和正手搓球动作类似，其不同点是：身体向左侧移动，最后一步左脚向左侧跨出。在正手握拍的基础上，拇指、食指、中指和无名指稍松开，拍柄离开掌心同时使球拍稍向内转，拇指贴在拍柄内侧的上小棱边上，食指第三关节贴在拍柄外侧的下小棱边上。反手搓球在伸臂举拍时，应稍屈肘，反拍面向上，屈腕使球拍略下垂，然后再伸前臂、屈腕，用反面拍切削球托的后底部或侧底部（图12-14）。

图12-14　反手搓球

## 八、步法

### 1.一步跨步上网步法

重心前移，利用双脚蹬地，接着向球的方向跨出一大步到位。向右前场上网，用正手击球；向左前场上网则用反手击球。

### 2.两步跨步上网步法

重心前移，左脚先向球的方向上一步，紧接着右脚向球的方向跨一大步到位，准备击球向右前场上网，用正手击球；向左前场上网用反手击球（图12-15）。

图 12-15　两步跨步上网步法

### 3. 三步跨步上网步法

三步跨步上网步法也叫交叉步加蹬跨步上网步法。前交叉蹬跨右侧上网步法重心前移，右脚先向来球方向垫一步，左脚再上一步，接着左脚后蹬，侧身将右脚向球的方跨一大步到位，准备击球。

### 4. 后交叉蹬跨左、右侧上网步法

重心前移，右脚向来球方向垫一步，左脚接着向右脚后交叉上一步，左脚着地后即刻后蹬，将右脚向球的方向跨一大步到位，准备击球。

## 第三节　羽毛球运动的基本战术

### 一、发球战术

#### 1. 发后场球战术

发球时，对方一般处于中心位置，发后场球，由于落点深，可以迫使对方后退低线，远离中场，造成前场空当，为下一步制造网前球创造了条件。同时，由于球路和球速的不同，给对方击球造成难度。高远球弧线高、速度慢，垂直下落，让对方难以下压进攻。平高球弧线低，速度较快，以精确的落点，快速的节奏，打乱对方的进攻意图，实现发球战术（图12-16）。

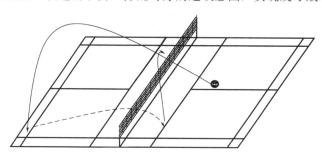

图 12-16　发后场球——网前勾对角

#### 2. 发网前球战术

发网前球也称发近网球。以较低的弧线，把球发到对方发球区内的前端，其目的：一是迫使对方上网，暴露出后场的空当，可以在对方回球质量不高的情况下，攻击对方后场；二是减少对方直接进攻的可能，迫使对方挑高球，为自己制造进攻的机会，当然还要提防对方以网前球相还。

#### 3. 发平快球战术

平快球是以低平的弧度、很快的速度，发到对方发球区内侧低线。如果对方站位偏离中线，

在其内侧出现较大空当，或对方注意力不够集中时，这种快速发球，可以达到一种偷袭的目的。或直接得分，或打乱对方节奏，迫其回球质量下降。为了很好地贯彻发球战术，发球时要注意以下几点：要注意发球动作的隐蔽，不要让对方观察出自己的意图；要注意观察对方的站位，捕捉对方的漏洞；要做好充分准备，实现发球战术，以及应付各种突然的变化。发球要有准确的落点。根据对方的站位和习惯，发球要有针对性、突然性、目的性。一般我们把发球落点划分为四个区域。

## 二、进攻战术

（1）发球抢攻战术。发球不受对方干扰，发球者可以根据规则，随心所欲地以任何方式将球发到对方接球区的任意一点。善于利用多变的发球术，能先发制人，取得主动。以发平快球和网前球配合，争取创造第三拍的主动进攻机会，组成发球抢攻战术。

（2）打"四方"球，结合突击战术。把球以各种手法打到对方场地四个角，称"四方"球。以高远球、平高球、吊球，以及网前球，将球准确打到后场、前场四个角，造成对方大范围跑动，消耗体力。待其出现步伐不到位，回球质量不高时，采取攻击，实现主动。

## 三、防守战术

1. 高远球防守战术

打后场高远球是一种防守战术，它与进攻时用的平高球不同。平高球由于速度过快，回球也快而不能为防守争取更多的时间，使防守难以调整战术，反而增加防守难度，起不到防守的目的。高远球由于弧线高，速度慢，可以有较多的时间等待对方回球，并及时调整自己站位。同时，这种战术还适合应对盲目进攻型的对手，通过反复打高远球，造成对方不断的扣杀，消耗对方体力，待对方体力不支，回球质量不高时，进行反击。

2. 网前球和推球战术

在自己处于不利情况下，可利用搓、勾、挡、吊等手段，将球打在对方的网前，用网前球遏制对方再次的直接进攻，为自己调整站位创造条件。另外，还可以用推、挡直线球，或半场球，破坏对方的进攻节奏，达到由防守到反攻的目的。

## 四、接发球战术

由于规则对发球的限制，发球的威胁性被削弱，而且球的落点必须在接球者区域内。在这固定的防守区域内，如果接球者能够很好地处理来球，即可占据主动地位。接发球者的站位一般在接球区中场，略靠左（以右手持拍为例）。接球时，要注意力集中，前后左右兼顾。根据发球的规律，对方只能发出网前球、后场球、和速度较快的平快球。

## 五、双打战术

1. "攻中路"与"攻腰"战术

进攻中，对方必定平行左右站位，这样可以把球打到对方两人防守的结合部位，以便造成他们因为相互争抢碰撞，出现失误，或相互退让，出现漏球。当对方前后站位时，也可以将球打到半场靠边线区域，这是他们前后的结合部位，同样可以造成上述的失误，这就是所说的攻半场战术。

2. 攻人战术

在比赛中，两人集中优势，盯住对方一人进行攻击，也称"二打一"战术。目的是消耗其体力，使其造成失误。另外，在另一人松懈时或极力保护同伴时，可突然改变线路，突袭对方空当。这种盯人战术，往往是选择攻击对方技术水平较弱的选手。也有选择主动攻击对方强者，以消耗其体力，使其战斗力下降。

## 第四节　羽毛球运动的竞赛组织与基本规则

1. 羽毛球场地

羽毛球场地是一个长13.40m、双打宽6.10m、单打宽5.18m，场地中央被球网（两边柱子高1.55m，中间网高1.524m）平均分开的长方形场地。羽毛球场地横向被中线平分为左右两个半区；纵向被分为前场、中场、后场。前场就是从前发球线到球网之间的一片场地；后场是指从端线到双打后发球线之间的一片场地；中场是前发球线与双打后发球线之间的一片场地。

2. 羽毛球

羽毛球可由天然材料、人造材料或用它们混合制成。只要球的飞翔性能与用天然羽毛和包裹薄羊皮的软木球托制成的球的性能相似即可。

（1）标准球。羽毛球应有16根羽毛固定在球托部。羽毛长64～70mm。但每一个球的羽毛从托面到羽毛尖的长度应一致。羽毛顶端围成圆形，直径为58～68mm。羽毛应用线或其他适宜材料扎牢。球托直径25～28mm，底托部为圆形，羽毛球重4.74～5.50g。

（2）非标准球。用合成材料制成裙状或羽毛。球托规格同上。尺寸和重量同上。但由于合成材料与天然羽毛在比重、性能上的差异，可允许不超过10%的误差。非标准球只要球的一般式样、速度和飞翔性能不变，经有关国家组织批准，可以变通有关标准球规定的条款：一是由于海拔或气候等条件不宜使用标准球时；二是如情况特殊，必须更改才有利于开展比赛时。

3. 球拍

拍面应是平的，用拍弦穿过框架十字交叉或其他形式编织而成。编织的式样应保持一致，尤其是拍面中央的编织密度不得小于其他部分。球拍的框架，包括拍柄在内，总长度不超过680mm，宽度不超过230mm。拍框长度不超过290mm。弦面长不超过280mm，宽不超过220mm。

球拍不允许有附加物和突出部，除非是为了防止磨损、断裂、振动或调整重心的附加物，或预防球拍脱手而将拍柄系在手上的绳索；但尺寸和位置应合理。不允许改变球拍的规定式样。

4. 羽毛球网标准

羽毛球网长6.10m、宽76cm，为优质深色的天然或人造纤维制成，网孔大小在15～20mm之间，网的上沿应缝有75mm宽的双层白布（对折而成），并用细钢丝绳或尼龙绳从夹层穿过，牢固地张挂在两网柱之间。标准球网应为黄褐色或草绿色。网柱高1.55m，无论是单打或双打，两根网柱都应分别立在双打场地边线的中点上。正式比赛时，球网中部上沿离地面必须为1.524m高，球网两端高为1.55m。球网的两端必须与网柱系紧，它们之间不应该有缺缝。

5. 发球的要求

① 发球时任何一方都不允许非法延误发球。

② 发球员和接球员都必须站在斜对角发球区内发球和接发球，脚不能触及发球区的界线；两脚必须都有一部分与地面接触，不得移动，直至将球发出。

③ 发球员的球拍必须先击中球托，与此同时整个球要低于发球员的腰部。

④ 击球瞬间拍杆应指向下方，从而使整个拍框明显低于发球员的整个握拍手部。

发球开始后，发球员的球拍必须连续向前挥动，直至将球发出；发出的球必须向上飞行过网，如果不受拦截，应落入接发球员的发球区内（图12-17）。

### 6. 双打比赛中的发球与击球顺序

双打比赛中，每一局的发球权是通过掷跳边器的方式决定的。以后的每局则是由第一局胜方的第一发球员先发球，负方中的第一接发球员同时做好接发球准备。每次换局后，双方运动员的位置可以重新排定，但要将改变后的发球或接发球位置告诉主裁判员，即第一发球员和第二发球员的变化告知主裁判员。双打比赛中，每一方的两名运动员可以根据战术的需要，任意一运动员可以连续回击对方来球无数次，也可两名队员根据战术需要交替回击对方来球。

### 7. 双打比赛中的发球区错误的处理

在双打比赛中，对于出现的发球区错误，规则做出如下处理：如果出现的发球区错误是在下一次发球击出前，发现后，裁判员应让原发球者进入正确发球区内重新发球；如果只有一方出现错误且错误方又输了这一回合，不管发现与否，此错误不予纠正，认可此时的结果。如果双方都未发现发球区错误且又进行了另一回合的争夺，不管结果如何，此错误同样不予纠正；如果出现一方错误，且错误方还赢得这一回合，当另一方提出异议时，裁判员可做出纠正错误重新发球的判罚，该回合结果无效。如果发球区错误未被纠正，比赛也应继续进行，并且不改变运动员的新发球区和新发球顺序，即按照错误的发球顺序。

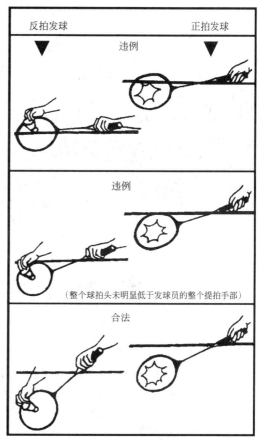

图12-17 发球的要求

# 第十三章 网球运动

## 第一节 网球运动的起源与发展

### 一、网球运动的起源

网球运动诞生于12～13世纪的法国，成熟于英国，普及和受到热捧则在美国。网球运动不仅有较高的锻炼价值，同时还具有很强的观赏性，网球比赛既能够锻炼人顽强拼搏、奋力进取的意志品质，又能够培养坚持到底、永不放弃的精神（图13-1～图13-3）。英国网球tennis一词是从法语演变而来的。

图13-1　最初的网球　　　　　　图13-2　英国的网球　　　　　　图13-3　戴维斯杯

1874年温菲尔得少校把我们今天所见到的网球运动介绍到了英国，网球因其充满活力且男女皆宜而得到推广。并出版了《草地网球》专著，提出了一整套较为接近现代网球的打法。1874年，规定了球网的长度和高度，在英国首次举办了简易的草地网球比赛。由于温菲尔得少校对近代网球的诞生做出了很大的贡献，使他荣获英国女王维多利亚勋章。至今在伦敦草地网球协会会址的走廊里，还摆放着他的半身雕像。1887年以后草地网球相继传入加拿大、斯里兰卡、捷克斯洛伐克、瑞典、印度、日本、澳大利亚、南非等地，随着越来越多的名门贵族把网球运动带入其殖民地，网球运动在全世界发展起来。

## 二、网球运动的发展

1. 网球运动的发展

网球运动的由来和发展可以用一句话来概括：孕育在法国，诞生在英国，开始普及和形成高潮在美国，现在盛行全世界，被称为世界第二大球类运动。据资料显示，在国际网联注册的协会组织已近200个。现代网球运动的历史是从1873年开始的，英国人沃尔特·克洛普顿·温菲尔德将早期的网球打法加以改进，使之成为夏天在草坪上进行的一种体育活动，并取名"草地网球"。所以温菲尔德被称为"近代网球的创始人"。现代网球运动开展的初期，妇女常被排斥在外，其理由是网球运动不适合于妇女。同时认为妇女参加网球运动，有伤风化。1912年3月1日法国、英国、澳大利亚等12国代表在巴黎开会成立了国际网球联合会。

网球运动最普及的国家是美国。极盛时期，竟有4000万人参加网球运动，美国的网球运动始终处于世界领先地位，优秀的网球明星层出不穷。许多其他国家的优秀运动员都是由美国网球培训机制培养出来的，比如莎拉波娃。网球运动不受年龄和性别的影响。由于网球运动的运动量和运动强度的可调控性和趣味性强，可快可慢、可张可弛，使得参与者以饱满的热情和适合自己的强度在不知不觉中运动完相当于跑完几里路程的运动时间。它能够促进血液循环系统的改善，消耗多余热量，使心肺功能得到提高，可以增强人体免疫能力，提高抗病能力和病后康复速度，达到增进健康、增强体质、强壮身心的目的。

2. 网球运动发展过程中的重要比赛

① 1877年全英俱乐部利用最新设计的长方形球场和更近似于我们今天所使用的记分制，举办了第一次网球比赛。

② 1874年网球运动传到美国并且迅速得到普及，巡回赛在全国各地展开，第一个正式球俱乐部在新奥尔良成立。

③ 1881年，世界上出现了第一个全国性的网球协会，即美国全国草地网球协会。该会于1881年8月31日至9月3日，在罗得岛纽波特港举行了第一届美国草地网球男子单打和男子双打锦标赛，采用了温布尔登的比赛规则，参加比赛的有26人。

④ 1887年，开始举行美国草地网球女子单打锦标赛，女子双打和混合双打分别开始于1890年和1892年。

⑤ 1896年在雅典举行的现代第一届奥运会上，网球的男子单打与双打被列为正是比赛项目。

⑥ 1919年，法国的优秀网球女子选手苏珊妮琳格在一次比赛中，击败了曾蝉联四届温布尔登网球锦标赛冠军，并且先后6次取得单打和双打冠军。她第一个穿上了短衣、短裙，打破了英国多年规定的传统服装禁锢，为改革女子网球服装做出了不可磨灭的贡献。

⑦ 1912年3月1日成立了国际网球联合会，总部设在巴黎。这个组织开始成立时只有澳大利亚、英国、法国等12个国家的网协代表参加，现在已经发展至少有60个会员国和30多个非正式会员国的网协代表参加。目前它主要负责组织最高层次的"四大网球公开赛"和戴维斯杯及联合会杯的赛事。

⑧ 1972年，由60名男子职业网球运动员组织了世界男子职业网球选手协会，参加会员是排名世界前200名的男子网球运动员。是男子职业网球运动员的"自治机构"。其任务是协调职业网球运动员和赛事之间的伙伴关系，并负责组织和管理职业选手的积分、排名、奖金分配，以及制订比赛和给予或取消选手的比赛资格等工作。

⑨ 1973年，女子职业网球运动员也组织了国际女子网球协会，目的是为女子职业选手创造比赛条件，并且为她们提供健康和伤残保险。

3.网球赛事的级别和积分

世界网坛重大赛事的级别和积分为：

① 四大满贯：积分200分。
② 年终总决赛：大师杯150分。
③ 大师系列赛：大师赛100分。
④ 黄金一级（例如迪拜）：60分。
⑤ 黄金二级赛（例如巴塞罗那）：50分。
⑥ 巡回一级赛（例如草地女王杯）：45分。
⑦ 巡回二级赛（例如马赛）：40分。

各级比赛的积分与奖金挂钩，亚军积分为冠军的70%，四强为45%，以后逐渐递减。大师系列赛有九站分别是：加拿大大师赛、汉堡大师赛、罗马大师赛、马德里大师赛、辛辛那提大师赛、巴黎大师赛、迈阿密大师赛、蒙特卡洛大师赛、印第安维尔斯大师赛。

4.世界网球组织机构

国际网联是世界网球组织的最高权力机构，其重要职责是：负责有关网球比赛的一切事务；负责制订网球规则；为发展中国家的网球教练开设培训班；推进各国网球协会搞好本地区网球运动的普及；提高人们对网球的兴趣，吸纳更多的人参与网球运动，促进世界网球运动的发展。不仅要负责组织和管理一年一度的戴维斯杯、联合会杯；负责指导澳大利亚、温布尔登、法国和美国四大网球公开赛，而且，还负责奥运会网球比赛最后阶段的比赛事务；同时，组织16岁以下的国际男、女青年网球团体赛——世界青年杯赛、世界少年杯赛，世界老年网球锦标赛，女子巡回赛，发展巡回赛，卫星巡回赛，挑战赛等200多项赛事。所有委员会的工作人员均为兼职。

ATP是世界男子职业网球协会的英文缩写，成立于1972年，是世界男子职业网球运动员的"自治机构"。其任务是协调职业运动员和赛事之间的伙伴关系，并负责组织和管理职业选手的积分排名、奖金分配，以及制订比赛和给予或取消选手的参赛资格等工作。每年所举办的主要大赛有：四大公开赛、大师赛、锦标系列赛、挑战赛等约80项赛事，分别在6大洲34个国家举办。

WTA是世界女子职业网球协会的英文缩写，成立于1973年，它是世界女子职业网球选手的自治组织，其主要任务是组织由职业选手参加的各种比赛。WTA负责的比赛有：WTA的年终总决赛、各项公开赛、巡回赛等，如意大利公开赛、德国汉堡公开赛、法国斯特拉斯堡公开赛等全年60个左右的赛事。WTA管理职业选手的积分、排名、奖金分配，负责协调与赞助商、赛事主办者之间的关系等与选手有关的一切事务。WTA年终排名，由在美国纽约举行的WTA世界锦标赛最终确定，世界上只有16位选手有资格参加。

## 三、网球运动的重要赛事

1.温布尔登网球锦标赛

温布尔登网球锦标赛是网球运动中最古老、最具声望的赛事。锦标赛通常举办于6月或7月，是每年度网球大满贯的第3项赛事，它创办于1877年，是现代网球史上最早举办的赛事，至今已有128年的历史。温布尔登锦标赛是在草场上进行的，它适合发球上网型的选手，比赛球速很快。温网要求在比赛中，球员的比赛服装的颜色只能是白色。绿色和紫色是温网的传统代表色，女选手在整个赛事中，其姓之前被冠以"小姐"或"夫人"，而男选手则直呼其姓。下雨也几乎已经成为温网的一项传统，几乎每年的温网都会碰上雨天；而且由于是草地球场，一旦下雨必须由球童们拉起雨罩保护球场，这也成了一项年年上演的经典画面。温网还以无广告著称，球场边不安排广告。在英国人看来，打真正的网球就是真正的纯白，不需要掺杂任何的装饰，不需要加入商业的推动，不需要广告牌。温布尔登草地网球锦标赛是球速最快、最引人注目的比赛（图13-4）。

### 2. 法国网球公开赛

法国公开赛的场地设在巴黎西部蒙特高地的罗兰·卡罗斯体育场内。该体育场建于1927年，以在第一次世界大战中为国捐躯的空中英雄罗兰·卡罗斯的名字命名。同时也是法国网球黄金时期的象征，因为它是直接为庆祝被称为"四骑士"的四名法国人首次捧回戴维斯杯，准备翌年的卫冕战而特意修建的。法国网球公开赛通常在每年的5月至6月举行，是继澳大利亚公开赛之后，第二个进行的大满贯赛事。法国公开赛规定每场比赛采用5盘3胜淘汰制，所以，一场比赛打上4个小时是司空见惯的。在这样的球场上，花这么长的时间去打一场比赛，球员要有超群的技术和惊人的毅力才行。法国网球公开赛是与温布尔登网球锦标赛一样，

图13-4 温布尔登网球锦标赛

图13-5 法国网球公开赛

在世界网坛上享有盛名的传统比赛。由于比赛场地特殊，使所有人在预测冠军的时候都少了几分悬念，少有例外。这里是许多顶级高手的滑铁卢，不少大牌球星在另三项大满贯赛事中出尽风头，却苦苦追求法网冠军不得，麦肯罗、贝克尔、桑普拉斯都没能彻底征服红土场，这也造就了红土场的特别之处。当然，现代红土之王是纳达尔。法国网球公开赛也是"四大公开赛"球速最慢、最好看的赛事（图13-5）。

### 3. 美国网球公开赛

美国网球公开赛是每年度第4项也是最后一项网球大满贯赛事，通常在8月底至9月初举行，赛事共分为男子单打、女子单打、男子双打、女子双打和男女混合双打五项，并且也有青少年组的比赛。目前男、女单打的冠军都可获得高达100万美元以上的奖金。现在每年的夏天在美国国家网球中心进行的美国网球公开赛都能吸引超过50万的球迷到现场观看。美网历史上第一个男单冠军被纽波特俱乐部的卡西诺获得。美国公开赛有一独特的地方，就是它是仅有的大满贯赛事在大部分球场设有照明设备。这意味着电视转播能够延伸到晚上的黄金时段以增加收视率。甚至女单决赛由星期六下午移至晚上，就是为了能有更好的收视率。美国是一个高度商业化的国家，因此，它的职业网球商业化程度绝不亚于职业拳击。而且总奖金是"四大公开赛"中最高的，奖金总额高达600多万美元（图13-6）。

图13-6 美国网球公开赛

### 4. 澳大利亚网球公开赛

澳大利亚网球公开赛是四大满贯赛事中每年最先登场的，通常于每年一月的最后两个星期在澳大利亚第二大城市墨尔本举行。澳大利亚公开赛1905年创办，至今已经走过了一百多年的历史，在四大公开赛中是最年轻的。澳大利亚选手获得了1980年之前的历届比赛的大部分冠军。特别是在20世纪60年代澳大利亚网球的黄金时期，罗德·拉沃、罗伊·爱默生和玛格丽特·史密斯·考特三人几乎包揽了所有的冠军头衔。但是自从1988年澳网进驻墨尔本公园以来，至今还没有澳大利亚本土选手获得过澳网男女单打的冠军。2010年澳网网球公开赛我国选手李娜和郑洁双双打进大满贯赛事前四强，在百余年的大满贯历史上这是首次有两位亚洲球员会聚四强。2005年，澳网度过了其百年生日。2010年澳网的总奖金达到2410万澳元，澳网吉祥物是有澳大利亚国宝之称的考拉（图13-7）。

图13-7 澳大利亚网球公开赛

#### 5.戴维斯杯赛和联合会杯赛

联合会杯网球赛是一年一度的世界女子网球团体赛,它是1963年为庆祝国际网联成立50周年创办的。联合会杯网球赛是和戴维斯杯赛齐名的团体赛事,是各国网球整体实力的大检阅。第一届联合会杯比赛是在伦敦的女子俱乐部进行的,共有16支代表队参加。联合会杯赛每年进行一次,至2008年已进行了46届。随着女子网球运动的不断普及,参加联合会杯赛的国家也慢慢多起来。

图13-8 联合会杯

联合会杯网球赛仿效戴维斯杯赛的比赛办法,实行"联合会杯新赛制",由上年联合会杯赛四分之一决赛的8个队组成世界组,其余8个队成为A组。这两组的比赛采用一次主场和一次客场的比赛方法。在世界组中,第一轮获胜的4个队进行半决赛,第一轮失败的4个队与A组中获胜的4个队进行比赛,比赛中获胜的队进入下年底世界组。A组中第一轮失败的队同各区中获胜的队进行比赛,然后由4支获胜的队进入下年度A组比赛。4支失败的队则参加下年度的区级比赛(图13-8)。

### 四、网球运动与身体健康

网球运动是一项无论性别差异、无论年龄大小,都能在同一场地上按同样的规则来进行的运动项目。网球的优点在于不仅可使运动者消耗多余热量,而且还可使运动者获得极大的乐趣。网球运动允许运动者按自己的速度和节奏进行练习内容的安排和技术水平的提高。

因为网球运动是隔网对垒的运动,所以可以避免身体碰撞造成的不必要的伤害,打网球时可快可慢,可张可弛,身体各部分协调动作,使全身肌肉得到充分锻炼。网球运动是一项集技术和智力于一身的体育运动,打球时必须不断地进行判断和反应。对参与网球运动的爱好者来说,控制力、耐力可以得到很好锻炼的同时还能培养良好的团队精神。

## 第二节 网球运动的基本技术

### 一、握拍

握拍是有一定要求和规律的,它能有效地帮助你运用球拍,打出漂亮而有力量的球,会使你感到球拍是手臂的延伸和手掌的扩大。握拍基本方法有4种:东方式、大陆式、西方式、和双手握拍法(图13-9)。

### 二、握拍动作要领

① 东方式握拍:东方式握拍时把右手平贴在拍子的网面上,手顺着拍面滑下来到拍柄上,手握紧拍柄。

② 西方式握拍:把拍子平放到地上,然后握住拍柄拿起来。许多著名网球选手用的就是这种握拍方法,比如天王费德勒。

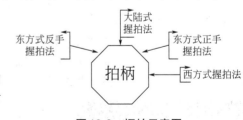

图13-9 握拍示意图

③ 超西方握法:为了使球更加旋转,就有了超西方握法,在西方式握法的基础上,握拍手在向右转一些。世界上正手击球旋转速度最快的网球选手纳达尔用的就是超西方握法。

④ 双手握拍法:双手握拍是右手用东方式握住拍子,左手握住右手的一半,然后双手握紧拍子。

## 三、握拍练习方法

① 可以闭上眼睛左手拿拍子，然后再用右手去握拍，看看握的是否正确。
② 将拍子放在地上，原地转三圈，然后再去拿拍子，看看握的是否正确。
③ 左手轻拿拍颈，右手握拍转动，停止后看看握的是否正确。

## 四、正、反手击球动作要领

### 1. 正手击球动作要领

① 准备：准备动作是基础，也是学习网球最重要的一个环节。右手握拍，左手轻轻地托住拍子颈部。拍头指向前方，双脚分开站立，两膝微屈、放松，上身稍前倾，身体重心放在两脚的前脚掌上。两眼注视对方，观察对方动作，准备迎击对方的来球。

② 引拍：引拍的时机很重要，要尽量早的引拍。来球时，转身上左脚，同时球拍向后引，拍头要高于手腕，拍子不要引的太大，基本和身体平行就行。

③ 击球：击球时击球点很重要，基本在左脚的位置就可以，高度在腰部，注意拍面要尽量垂直于地面，拍头略高于手腕，击球后手臂不可停顿，要跟着向前随挥。记住不要用手腕发力，不然你的手腕会疼的，而是要用大臂挥动带动小臂击球。

④ 随挥：在击球后，球拍继续向前挥动。拍头随惯性挥到左肩上方，随挥动作结束。击球后还原很重要，是上一个击球动作的结束，下一个球的开始，立即恢复到准备姿势，准备迎接下一个来球。

### 2. 手击球动作要领

① 准备：反手抽击球的准备姿势与正手抽击球的准备动作一样，两膝微屈、放松，上身稍前倾，身体重心放在两脚的前脚掌上。两眼注视对方，观察对方动作，准备迎击对方的来球。

② 引拍：强有力的引拍，是打好反手击球的关键，看到来球，首先转身上右脚，在引拍的同时，准确地握在反手位，握拍的手臂要靠近身体并保持适当弯曲。引拍的方向是向身体的左后则，不是向腰后方向引。尽量使身体形成扭紧状态，以便于击球时发力。当然，重心一定要低。

③ 击球：反手的击球点要比正手稍微晚一点，击球点在右脚的侧前方。当前挥时拍面要垂直地面，击球时，要朝向球网转腰、转肩，利用转体的力量使身体重心前移。右臂贴住身体，使球拍由下向上挥出。击球的中部。

④ 随挥：击球后，身体顺势转向球网，在跟进动作时，网拍和手臂充分伸展，使网拍挥到身体的右前上方，身体转向球网，然后迅速还原成准备姿势。

## 五、正、反手击球练习方法

① 两人面对面或对着镜子进行徒手挥拍练习，这样就能够相互说出对方动作的不足，在说对方的时候对自己本身也是进步，在练习挥拍时一定要有耐心，只有达到一定的数量，才能够形成动力定型，使动作固定下来。

② 在进行挥拍练习时，可以将挥拍动作用分解法和完整练习法相结合来进行练习，这样会使你注意到动作的一些细微部分，会起到事半功倍的作用。

③ 教师站在学生的侧前面进行原地抛球，学生可以在教师的直接指导下进行连续的击球练习。这样师生之间交流起来会更顺畅。

④ 教师送多球是网球训练中用得最多、最有效的训练方法之一，教师可以根据学生的不同情况、不同水平、不同要求送出不同的球。练习时有要遵循由易到难的原则，速度要由慢到快，力量要先轻后重。

⑤ 底线对打是网球训练最常用的方法，练习时教师可以根据学生水平的不同提出不同的要求，如一攻一守、直线、斜线、一定点一移动等练习方法，这些练习方法要如果和比赛结合起来，效果会更好。

## 六、发球

1. 发球动作要领

① 握拍：发球时一般采用反手握拍，这样握拍便于使球更加旋转。

② 准备：在端线后自然、舒适和放松地站好，两脚分开与肩同宽，重心放在左脚上，肩膀侧对球网，左手持球轻轻托球拍在要部，拍头指向前方，呼吸均匀，注意力集中。

③ 抛球与后摆：抛球与后摆动作是同步进行的。抛球是发球中很重要一个环节，持球手轻轻托住球，掌心向上。持拍手将球拍自然下落经体侧向后引拍，当球拍从体后向头上摆动时，身体要转体、屈膝、展肩，左手柔和地在左脚前上方举到头顶。抛球要平稳，将球举到最高点抛向空中。

④ 击球：左手向上将球抛出，右臂肘关节放松。当抛出的球下落接近击球点时，迅速向上挥拍击球，左脚蹬地，手臂和身体充分展开，在最高点击球，手臂外翻要做出带腕的鞭打动作。这是发球发力的关键动作，整个过程，两眼要盯住球，不要低头。

⑤ 随挥：把球击出后，身体保持连贯、完整地向前上方伸展，继续以随挥的力量将球拍经体前左膝侧面挥向身体后，上体向场内倾斜，重心前移，做到完全、自然充分的跟进动作。

2. 发球练习方法

① 练习发球首先要练习抛球，只有球抛得又高又直又稳，才有时间将引拍动作做完。可以找一墙角练习，这样可以使球抛得比较直。

② 球抛好后，可以练习同时抛球和引拍，反复做，直到做得非常熟练。

③ 模仿抛球和发球的完整动作，尽量做到放松、准确、协调、舒展。

④ 找一和自己拍子举起来一样高的树叶，做完整的挥拍的动作，尽力去击打那片树叶，体会击球的感觉。动作规范，做到抛球要稳，要与挥拍后摆同步，击球前拍头自然在背后下垂后摆放松以形成鞭打，击球时，眼睛要盯着球。

3. 发球容易犯的错误及纠正方法

① 抛球不准，不能送到准确的位置。可以练习徒手的抛球和引拍动作，直到球抛好，动作做熟练。

② 击球时，没有在最高点击球，击球手臂没有伸直，是弯曲的。在练习时尽量将球抛高，击球时，感觉是去够着球打，而不是等到球落下来时再去打。

③ 在发球时，球抛的太后，靠后仰头击球。练习时，把球抛得靠前些，同时，只想向前向上击球。

④ 如果球总是下网，说明击球点太靠前，练习时可以将球抛得稍微靠后一些，尽量将向远向深里打。

4. 双打中的发球练习

在双打比赛中发球是至关重要的一个环节，在比赛中首先要考虑的是要将球发过球网。有威胁的发球不仅可以直接得分，还可以给对手制造麻烦，为网前同伴的截击创造条件。

① 你首先要考虑的是回球的线路，然后是球的速度和类型。

② 一发的落点要尽量远一点，这样可以增加对手回球的难度。二发应采用削球和各种旋转球的变化加强进攻。

③ 在双打比赛中，一发的成功率比单打显得更为重要，因此，一发宁肯慢一些，也要保证球的线路以增加发球的效果。

④ 你要知道当你把球发到对方场地发球区的外角时，就增加了对方防守的范围，你试一试吧。

## 第三节　网球运动的基本战术

### 一、战术的制订

充分了解自己和对手的技术特点是制订战术的关键，知己知彼方能百战不殆，赛前要考虑自己技术的长处是什么、弱势是什么。如落点、力量、球速、旋转等方面。如何利用自己技术的优势去攻克对方的技术弱点，一要根据自己技术、身体特点；二是要根据对方具体情况，要善于发现对手的技术弱点。根据这些情况制订出行之有效的战术计划。战术的制订和运用应当灵活多变，防止战术单一。它可以在整场比赛中不断变化，以便适应并破坏对方的战略、战术。按吉尔伯特的说法，就是在每一次比赛开始前要制订好自己的战略、战术，比赛时做好场上的每一次击球，来实现组合进球的目的，并通过一分一分的取得，来实现最后的胜利。一个成功的运动员在应对比赛时，既有一套战略的组合，又有一套战术的变化。

### 二、战术的运用

运用战术的关键是变化，在对手没有想到的时候，出奇制胜，打乱对手的思维定式，找不到你进攻的规律，瓦解对手的斗志。战术的组合与变化，可以细化为由每一次击球的方法和线路构成。网球战术特别是线路上的变化以斜线为基础的。斜线练习是网球战术中最基本的练习内容。网球战术方法很多，尤其单打与双打的不同，男运动员与女运动员的差异，运动员的打法类型不同，再加上运动员年龄、水平、条件的差异，所以网球战术的教学方法非常复杂，每个练习中的每一拍必须有相应的战术目的并解决相应的问题。我们可以通过"念动"训练：通过对战术概念继续说明以及在场地或图板上描绘之后，运动员会很容易明白，但事实上他们必须学会如何继续战术思考。而有效的方法就是"念动"训练。让运动员将自己的想法说出来，使他们能够更清楚地意识到自己的所作所为。这样在赛前制订的战术就能够很好地贯彻了。总的来说就是如何攻击对手的弱点，发挥自己的优势，掌握好这一基本点非常重要。

### 三、战术中的击球区域

选手要有战术区域概念并且要有能够在球场任何区域应付自如的能力。网球场基本可以分为三个战术区域，即建立优势区、施加压力区和最终得分区，并要求在各区域内应具有不同的战术选择和技术运用。区域的大小与每名运动员的能力有关（图13-10）。

（1）建立优势区

建立优势区概念的含义引出现代底线打法的本质——建立优势，直至给对手形成压力。这个区域通常位于底线前后，在此区域的击球通常被描述为积极主动的、有控制的击球。在此区域击球时，运动员的主要目的是迫使对手回球质量下

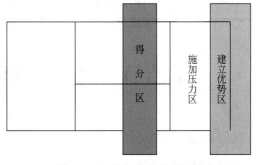

图13-10　战术中的击球区域

降，击出较弱的球，从而进一步给对手形成进攻压力。在这个区域时，运动员要始终保持积极进攻的态势，但必须在成功率较高的基础上加强球的攻击性，只有做到这一点，才能把握住战术重点。

（2）施加压力区

施加压力区域的目的是给对手施加压力，而不是直接得分。具有攻击力的中场球、随球上网和截击球大部分发生在这个区域里。开始时至少要准备依靠通过两拍击球得分，通常是第一拍施加压力，随后的一拍直接得分。从底线向前移动并在上升期击球，运动员可以将建立优势区的击球转变为施压的机会。而通过场上站位的改变就可以做到这一点。

（3）得分区

得分区是球网向发球线推进一米左右的区域。由于对方已经非常被动，无力进行反击而回球至此区域。这无疑为自己创造了最好的得分机会，冷静对待，采用结束性的击球技术制胜得分。

## 四、战术的训练方法

战术训练在整个网球技术训练中占有重要的地位，运动员必须通过专门的战术训练来掌握各种战术手段和方法，并根据比赛现实和网球运动的规律，灵活使用和变化战术打法。双打是网球赛事的重要组成部分，双打战术的机动灵活，变化比单打复杂得多，无论是高水平的双上网的对攻战和中低水平的攻防战中，能做到瞬间的默契配合是很不容易的，而这一点正是双打战术突出的特点，是双打战术成功取胜的关键。

1. 同伴的选择

双打比赛两人中要选一个核心队员，同时要尽量选择曾长时间和自己训练的伙伴，这样较易互相了解、彼此默契。在比赛时，两人要经常相互交谈，相互鼓励，两人的彼此交谈会增加预测的能力，为下一分的胜利提供额外的信心。两人要成为好的双打搭档，必须充分了解对方的技术特点，并且在双方的技术上互补，这样才能成为难于攻破的强固防线，在比赛中取得胜利。

2. 双打的站位

网前是双打比赛中必须要占领的制高点，双方都要力争占据网前的主动权，谁控制住网前谁就控制了整个局势。主要有发球局战术与接发球局战术。

① 双打最常见的站位是一前一后、一左一右：即发球员A位于中点和单打线中间。准备发球后直接上网，发球员同伴B站在发球线与球网之间稍偏向边线，以便封网。接发球员C在右区接发球时，站在习惯的接发球位置，接发球员的同伴站在发球线与球网之间靠边线处，以便封网。

② 双底线站位：网前信心不足但底线技术出众的选手多使用双底线战术。但这种战术已较落后，现已很少使用。

③ 澳式站位：蹲于中线处但离网很近，发球后按预定好的计划移动抢网，打对方措手不及；同伴A向相反方向进行互补。

# 第四节 网球运动的竞赛组织与基本规则

## 一、场地设备

① 标准网球场尺寸：网球场地一片标准的网球场地，占地面积应不小于670m²（长36.6m、

宽18.3m），双打场地标准尺寸为长23.77m、宽10.97m。如果是两片或两片以上相邻而建的并行网球场地两片场地之间距离应不小于5m。

② 网球场地的种类：网球场地主要有硬地塑胶球场、沙土地球场、草地球场、毯式球场等。

③ 网柱：球网两侧网柱高1.07m，支柱的直径或边长不超过7.5cm。

④ 球网：单打球网长为10.06m，双打球网长为12.8m，球网上沿用5～6.3cm宽的白色帆布包缝，并用直径不超过0.8cm的钢丝绳穿起来，挂在场中央离边线0.914m以外的网柱上，球网应充分展开，完全填满两柱之间的空隙，球网网孔大小以不让球穿过为准。球网的中央高为0.914m，并用5cm宽的白布带束于地面。要求球网的下边须和地面接触。

⑤ 永久固定物：场地上的永久固定物不仅只包括球网、网柱、单打支柱、网绳或者钢丝绳、中心带及网带，还包括四周的挡网，当下列情况存在时，也都被看做是永久固定物。在球网、中心带、网边白布或单打支柱上均不得有广告。如果广告放置在位于球场后面的司线员坐椅上，这些广告也不得使用白色、黄色或者浅颜色，以免干扰运动员的视线。

⑥ 球场工作人员：网球场上工作人员包括：主裁判员、副裁判员、司线员、球童等。裁判员还包括那些在球场上有权获得一席位，和被指定协助裁判员工作的所有工作人员。

## 二、网球器材

① 比赛用球：网球的比赛用球一般为白色或黄色，由橡胶制成，外表均匀覆盖羊毛和尼龙的混合物，接缝处没有缝线，具有弹性。国际网联将对于任何关于某种球或样品是否符号上述的标准或是否可以被批准用于比赛的问题进行裁决，这种裁决有可能是国际网联本身主动进行的行为，也可以依据所有真正感兴趣的人包括运动员、器材生产厂商或国家网球协会以及他们的会员申请来进行。

② 比赛中的换球：网球比赛场上用球是2～3个，根据比赛组委会规定，在比赛中换新球一般在第9局和第11局。如果在规定的局数没有换新球，可以等到轮及发新球的运动员时换新球。网球比赛中丢失或落水湿了，若是准备活动或比赛在两局以内，则换1新球；两局后则换1个相似的旧球。因故暂停或终止比赛的情况下，不要用原来的比赛用球，比赛开始再用原来的比赛用球。

③ 球拍：球拍为带长柄的椭圆形框子，框子上用羊肠弦、牛筋弦、尼龙弦穿织成拍面。球拍的框子可以有轻质金属、石墨、钛金属等材料制成。球拍的拍柄总长不得超过81.28cm，总宽不得超过31.75cm。派框内沿长不得超过39.37cm，总宽不得超过29.21cm。

④ 网球服装：网球比赛一般有专业的网球服装，服装的原则是舒适、方便。

⑤ 网球鞋：网球鞋要舒服、有弹性，要以穿着舒适不影响来回跑动为宜。

⑥ 其他装备：打网球还需要一顶网球帽、吸汗带、护腕、护肘、等用品。

## 三、网球规则

1.发球员和接球员

运动员应各自站在球网的一边，先发球的运动员叫做发球员，另一边的运动员叫做接球员。

2.选择权

第一局比赛用掷钱币的方法来决定选择场区或首先发球权、接发球权。得胜者，有权选择或要求对方选择。

① 选择发球或接发球者，应让对方选择场区。

② 选择场区者，应让对方选择发球或接发球。

### 3. 发球

发球应按下列方法将球发送出去：发球员在发球前，应先站在端线后、中点和边线的假定延长线之间的区域里，然后用手将球向空中任何方向抛起，在球接触地面以前用球拍击球，球拍与球接触，就算完成球的发送。

### 4. 发球员的位置和发球失误

每局开始发球时；发球员应先从右区端线后发球；得（失）一分后，应换到左区发球。这样每得（失）一分就轮流交换发球位置。如发球位置错误而未察觉，比分仍然有效；一旦察觉，应立即纠正。发球时发生下列任何一种情况，均判失误：

① 发球员违反规则第七项、第八项和第九项的规定。
② 未击中球。
③ 发出的球，在落地前触及固定物（球网、中心带、网边白布除外）。

第二次发球：发球员第一次发球失误后，应在原发球位置进行第二次发球。如第一次发球失误后，发觉发球位置错误时，应按规则第九条改在另一区发球，但只能再发一次球。

### 5. 有效还击

下列任何一种情况，都是有效还击：

① 球触球网、网柱、单打支柱、绳或钢丝绳、中心带或网边白布后，从网上越过落入对方场区内。
② 对方发出或还击的球，落到本方有效场区又反弹回去或被风吹回对方场区上空时，本方运动员挥拍过网击球，球落到对方场区内，其身体、衣服或球拍并未触及球网、网柱、单打支柱、绳或钢丝绳、中心带、网边白布或对方场区的地面。
③ 球从网柱或单打支柱以外还击对方场区（不论还击的球是高还是低于球网或是触及网柱或单打支柱）。
④ 合法击球后，球拍随球过网。
⑤ 对方发出或击出的球，碰到本方场区的另一球，而还击的运动员仍能回球到对方场区内。

### 6. 胜一局

运动员每胜一球得一分，胜第一分记分15，胜第二分记分30，胜第三分记40先得4分胜一局。但遇双方各得3分时，则为平分。"平分"后，一方先得一分时，为"该运动员占先"。"占先"后再得分，才算胜一局；如一方占先，后对方又得一分，则仍为"平分"。依此类推，直到一方在"平分"后净胜两分结束该局。平分决胜：40：40分时，由接发球方选择接发球区，此分的胜者赢得此局。

### 7. 胜一盘

① 一方先胜6局为胜一盘。但遇双方各得5局时，一方必须净胜2局才算胜一盘，通常应用于大满贯比赛的决胜盘中。
② 决胜局计分制可作为本条规则款平局时长盘的变通办法，但要在比赛前宣布这一决定。

决胜局计分制规则：决胜局计分制可应用于每盘的局数为6：6平时；但3盘2胜制的第3盘和5盘3胜制的第5盘不得使用此制度，应使用长盘制规则，除非另有规定，并在比赛前宣布。

单打决胜局计分制如下：

① 先得7分者为胜该局及该盘。若分数成6：6时，比赛需延长到某方净胜两分时为止。决胜局应全部采用数字计分制。
② 该轮及的发球员发第一分球，然后由对方发第二分及第三分球；此后轮流交替发球，每人连发两分球，直至决出该局与该盘的胜负为止。

③ 该轮及的发球员在右区发第一分球后,即改由对方依次在左区和右区发第二、三分球;此后轮流交替发球,每人连发两分球,其中第一。分球均应在左区发球。如果出现从错误的半区发球,在发觉前已得的分数均有效;但在发觉后应立即纠正错误的站位。

④ 运动员应在双方分数相加为6的倍数及决胜局结束。

⑤ 更换新球时,决胜局作为一局计算。如逢该局更换新球,应暂缓更换,待下一盘第二局开始时,再行更换。

双打决胜局计分制如下:单打比赛的规定都适用于双打比赛。轮到发球的运动员发第一分球,此后发球次序仍按该聋比赛中原先的发球次序排定,每人轮流交替发两分球,直到决出该局与该盘的胜负为止。

8.连续比赛和休息时间

第一次发球开始,到全场结束,比赛应按下列规定连续进行。

① 如第一次发球失误,发球员必须毫不延误地开始第二次发球;接球员必须按发球员合理的速度进行比赛,当发球员准备发球时,接球员必须准备去接球;交换场地时,从前一局结束至下一局第一分发球球拍击球时,最多有90s的间歇;当有外界干扰使比赛无法连续进行时,裁判员可酌情处理。由国际网联承认的国际巡回比赛和团体赛的组织者,可以决定分与分之间允许间歇的时间,在任何时候,间歇的时间都不得超过25s。

② 绝不应该为了使运动员能够恢复力量、呼吸或身体素质而暂停、延误或干扰比赛,虽然如此,但是如因事故而受伤,裁判员可允许一次暂停时间3min。由国际网联承认的国际巡回赛和团体赛的组织者,可以延长这一次暂停时间,从3min到5min不等。

③ 若某些情况非运动员所能控制,如运动员的服装或器材(不包括球拍),因料理不当而不能或难以继续比赛时,裁判员可暂停比赛,直到处理好。当需要和适宜时,裁判员在任何时候都可以暂停或暂缓比赛。

④ 男子比赛在第三盘打完之后,女子比赛在第二盘打完之后,双方球员可以有不超过10min的休息时间。如果地处北纬15°及南纬15°之间的国家,则以不超过45min为限。此外,当出现球员无法控制的特殊情况时,裁判员有权暂停适当的时间。如果比赛被暂停至第二天才能恢复,则在第二天打完第三盘之后(女子第二盘之后)才有休息权。第一天未打完的一盘作一盘计算。

如果在同一天内,比赛被暂停超过10min,在没有间断的情况下,要再连续打完3盘后(女子比赛打完两盘后)才有休息权。上两盘如果没有打完作一盘计算。

任何国家和(或)委员会在组织锦标赛、一般比赛时,有权从竞赛规程中变更或取消这一条款,只要在比赛开始前宣布即可。但国际网球锦标赛(戴维斯杯赛和联合会杯赛)除外。

⑤ 锦标赛的委员会有权决定给运动员做准备活动的时间,但不可超过5min,并且必须在比赛开始前宣布。

⑥ 当使用批准的罚分制(指三级罚分制)和不积累的罚分制(指每次罚一分制)时,裁判员应在上述罚分制条款的范围内做出裁决。

⑦ 根据运动员违反了比赛应连续进行的原则,裁判员在发出警告后,有权取消犯规运动员的比赛资格。

# 第十四章 武术运动

## 第一节 武术运动的起源与发展

### 一、武术运动的起源

中华武术博大精深,产生于原始社会,经历了几次兴衰,不断完善,发展壮大。原始社会时,兽多人少,自然环境十分恶劣,在"物竞天择,适者生存"的严酷斗争中,人们自然产生了拳打脚踢、指抓掌击、跳跃翻滚一类的初级攻防手段。后来又逐渐学会了制造和使用石制或木制的工具作为武器,并且产生了一些徒手的和使用器械的搏斗捕杀技能,这便是武术的萌芽。

进入阶级社会,随着生产力的发展、兵器的改进,武术也进入一个新的发展阶段。铁器的出现和步骑兵的兴起,使武器的内容更加丰富,不仅质量精良,长短形态多样,武术的技击性进一步突出,同时武术的健身作用也受到重视。民国时期,由于社会的发展,火器的普遍使用,武术的健身作用更为明确,它更主要的是以体育运动的形式出现在社会生活之中。新中国成立后,党和政府关心人民健康,重视优秀民族文化遗产的继承和发展,不仅定期举行武术汇报表演,还在师范院校及体育学院开设武术专业,并组织专业人员在继承传统拳术的基础上,广收众家之长,整理出简化太极拳、中组长拳、初级长拳以及器械套路。这些措施极大地推动了武术的普及和研究工作,使武术运动得到长足发展。

### 二、武术运动的发展

我国武术最早是传到日本和东南亚一带。中国武术所具有的健身、技击、艺术欣赏等作用兼备的独特功能越来越吸引了国外的武术爱好者。论打斗技击,在国外不乏拳击、空手道等技艺,但这些过于野蛮,缺乏美感,比起内涵丰富的中国功夫来,真是相去甚远。源远流长的中国武术在它的发展演进的过程中,始终充满着人民的智慧。长期的社会实践,使它形成了独特的民族风格和特点，蕴含着深邃的哲学思想和道德观念。武术作为国术、文化瑰宝，不但深受我国人民喜爱，而且也受到国际友人的青睐，成为传播友谊、增进健康的使者。

　　武术之所以能繁衍至今且日益发展，是由于它具有健身防身的双重作用，武术在平时能满足民众强健体魄、陶冶性情的需要，遇到压迫或强暴则成为御强抗暴，抵抗外侮的手段。因此，在我国漫长的封建社会中，备受欺凌和迫害的庶民百姓对武术有着深厚的感情，因而促进传播与发展，并使我国的武术形成了独特的民族风格。随着我国对外开放的扩大，武术也不断走出国门一展风采，对发展同各国人民的友谊、促进文化交流做出了贡献。

### 三、武术与身体健康

　　武术以"尚武崇德"作为教育的基本原则，练习中也能体会到"冬练三九，夏练三伏"的艰辛，通过武术相关项目的学习，可以培养勤奋、刻苦、果断、顽强、虚心好学、勇于进取的良好习惯。通过武术训练，磨炼人吃苦耐劳的意志品质，树立尊师爱友、诚实守诺、团结互助的集体主义观念，培养高尚的道德情操和自强不息的精神，达到修身养性的教育作用。

　　武术本身具有技击性，练习的每一个动作都是围绕着技击而展开的，练习武术运动时人体各部位都要参加运动，内外需要协同作用，对人体的锻炼是全方位的、多层次的，长时间进行武术训练不但能使人体在速度、力量、耐力、柔韧性等身体素质方面得到很大提高，而且还能调节体内阴阳平衡，调养气血，改善人体机能，提高机体抵抗力和免疫力。

## 第二节　初级长拳

### 一、初级长拳第一节

预备式

1. 马步双劈拳

2. 拗弓步冲拳—蹬腿冲拳—马步冲拳

3. 马步双劈拳—拗弓步冲拳

4. 蹬腿冲拳—马步冲拳

## 二、初级长拳第二节

1. 弓步推掌—拗弓步推掌—弓步搂手砍掌

2. 弓步穿手推拿—弓步推掌

3. 拗弓步推掌—弓步搂手砍掌—弓步穿手推掌

## 三、初级长拳第三节

1. 虚步上架—马步下压—拗弓步冲拳

2.马步冲拳—虚步上架—马步下压—拗弓步冲拳—马步冲拳

## 四、初级长拳第四节

1.弓步双摆掌—弓步穿掌

2.推掌弹踢—弓步上架推掌—弓步双摆掌

3.弓步撩掌—推掌弹踢—弓步上架推掌

收势

## 第三节　初级刀术

预备式

1. 弓步缠头

2. 虚步藏刀

3. 弓步前刺

4. 并步上挑

5. 左抡劈

6. 右抡劈

7. 弓步撩刀

8. 弓步藏刀

9. 提膝缠头

10. 弓步平斩

11. 仆步带刀

12. 歇步下砍

13. 左劈刀

14. 右劈刀

15. 歇步按刀

16. 马步平劈

17. 弓步撩刀

18. 插步反撩

19. 转身挂劈

20. 仆步下砍

21. 架刀前刺

22. 左斜劈刀

23. 右斜劈刀

24. 虚步藏刀

25. 旋转扫刀

26. 翻身劈刀

27. 缠头箭踢

28. 仆步按刀

29. 缠头蹬腿

30. 虚步藏刀

31. 弓步缠头

32. 并步抱刀

收势

## 第四节　初级棍术

起势

1. 弓步劈棍

2. 弓步撩棍

3. 虚步上拨棍

4. 虚步把拨棍

5. 插步抡劈棍

6. 翻身抡劈棍

7. 马步平抡棍

8. 跳步半抡劈棍

9. 单手抡劈棍

10. 提膝把劈棍

11. 弓步抡劈棍

12. 弓步背棍

13. 挑把棍

14. 转身弓步戳棍

15. 踢腿撩棍

16. 弓步拉棍

17. 提膝拦棍

18. 插步抡把劈棍

20. 翻身马步抡劈棍

19. 马步抡劈棍

21. 上步右撩棍

22.上步左撩棍

23.转身仆步摔棍

24.弓步崩棍

25.马步把劈棍

26.歇步半抡劈棍

27. 左平舞花棍    28. 右平舞花棍

29. 插步下点棍

30. 弓步下点棍

31. 插步下戳棍

32. 提膝拦棍

收势

# 第五节　初级剑术

## 一、预备式

## 二、第一段

1. 弓步直刺

2. 回身后劈

3. 弓步平抹

4. 弓步左撩

5. 提膝平斩

6.回身下刺

7.挂剑直刺

8.虚步架剑

## 三、第二段

1.虚步平劈

2.弓步下劈

3. 带剑前点

4. 提膝下截

5. 提膝直刺

6. 回身平崩

7.歇步下劈

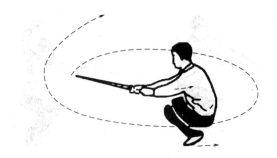

8.提膝下点

## 四、第三段

1.并步直刺

2.弓步上挑

3.歇步下劈

4. 右截腕

5. 左截腕

6. 跃步上挑

7. 仆步下压

8. 提膝直刺

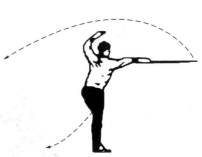

## 五、第四段

1. 弓步平劈

2. 回身后撩

3.歇步上崩

4.弓步斜削

5.进步左撩

6.进步右撩

7.坐盘反撩　　　　　8.转身云剑

## 六、结束动作

右手将剑交于左手后成剑指，左手接剑后反握剑柄垂于身体左侧。右脚向右前方上步，屈膝略蹲，上体随之左转。左脚随之前移，前脚掌虚点地，右手剑指随之由身后向上屈肘侧举于头部右上方。右腿伸直，向左脚靠拢，并步站立，右手剑指落于身体右侧，呈准备姿势。

# 第六节　24式太极拳的练习方法

24式简化太极拳也叫简化太极拳，是国家体委（现国家体育总局）于1956年组织太极拳专家汲取杨氏太极拳之精华编串而成的。尽管它只有24个动作，但相比传统的太极拳套路来讲，其内容更显精练，动作更显规范，并且也能充分体现太极拳的运动特点。

## 一、起势

两脚开立—两臂前举—屈膝按掌。

## 二、野马分鬃

① 收脚抱球—左转出步—弓步分手。
② 后坐撇脚—跟步抱球—右转出步—弓步分手。
③ 后坐撇脚—跟步抱球—左转出步—弓步分手。

## 三、白鹤亮翅

跟半步胸前抱球—后坐举臂—虚步分手。

## 四、搂膝拗步

① 左转落手—右转收脚举臂—出步屈肘—弓步搂推。
② 后坐撇脚—跟步举臂—出步屈肘—弓步搂推。
③ 后坐撇脚—跟步举臂—出步屈肘—弓步搂推。

## 五、手挥琵琶

跟步展手—后坐挑掌—虚步合臂。

## 六、倒卷肱

两手展开—提膝屈肘—撤步错手—后坐推掌，重复四次。

## 七、左揽雀尾

右转收脚抱球—左转出步—弓步掤臂—左转随臂展掌—后坐右转下捋—左转出步搭腕—弓步前挤—后坐分手屈肘收掌—弓步按掌。

## 八、右揽雀尾

后坐扣脚、右转分手—回体重收脚抱球—左转出步—弓步掤臂—右转随臂展掌—后坐左转下捋—右转出步搭手—弓步前挤—后坐分手屈肘收掌—弓步推掌。

## 九、单鞭

左转扣脚—右转收脚展臂—出步勾手—弓步推举。

## 十、云手

右转落手—左转云手—并步按掌—右转云手—出步按掌，重复三次。

## 十一、单鞭

斜落步右转举臂—出步勾手—弓步按掌。

## 十二、高探马

跟步后坐展手—虚步推掌。

## 十三、右蹬脚

收脚收手—左转出步—弓步划弧—合抱提膝—分手蹬脚。

## 十四、双峰贯耳

收脚落手—出步收手—弓步贯拳。

## 十五、转身左蹬脚

后坐扣脚—左转展手—回体重合抱提膝—分手蹬脚。

## 十六、左下势独立

收脚勾手—蹲身仆步—穿掌下势—撤脚弓腿—扣脚转身—提膝挑掌。

## 十七、右下势独立

落脚左转勾手—蹲身仆步—穿掌下势—撤脚弓腿—扣脚转身—提膝挑掌。

## 十八、左右穿梭

落步落手—跟步抱球—右转出步—弓步推架—后坐落手—跟步抱球—左转出步—弓步推架。

## 十九、海底针

跟步落手—后坐提手—虚步插掌。

## 二十、闪通臂

收脚举臂—出步翻掌—弓步推架。

## 二十一、转身搬拦捶

后坐扣脚右转摆掌—收脚握拳—垫步搬捶—跟步旋臂—出步裹拳拦掌—弓步打拳。

## 二十二、如封似闭

穿臂翻掌—后坐收掌—弓步推掌。

## 二十三、十字手

后坐扣脚—右转撇脚分手—移重心扣脚划弧。

## 二十四、收势

收脚合抱—旋臂分手—下落收势。

# 第十五章
# 形体健美运动

## 第一节 健美运动的起源与发展

健美运动是一种通过徒手利用身体自重或各种轻器械、重器械、专门器械和方法进行锻炼，以发展肌肉、增强体力、改善形体、陶冶情操为目的运动项目，同时又是促进健康的一种非常合理的体育锻炼方法。健美运动融健身性、竞技性、观赏性于一体，深受人们的喜爱。

### 一、健美运动的起源

现代健美运动起源于19世纪末期的欧洲，是一项非常古老的体育项目。早在2400年前，欧洲一些地区和国家就有关于健美运动的史料记载。例如，古希腊雕塑家米隆的雕塑作品"掷铁饼者"肌肉发达、身材匀称和谐，是一个健与美、青春和力的典范。健美运动的早期，人们锻炼的主要方法是利用拉力器和哑铃等轻器械，以特制设备组编的健身操为基础，逐渐推荐和发展以重竞技为主要手段的健美造型表演和比赛。这种通过器械锻炼身体、塑造健美体格、发达肌肉、改善形体的健身运动深受广大群众的喜爱，迅速在欧洲多个国家普及开来。

### 二、健美运动的发展

20世纪初，美洲、亚洲等地区健美运动也得到迅速发展，20世纪30年代末，北美和欧洲国家又兴起了女子健美运动。1946年国际健美联合会（IFBB）成立，总部设在加拿大，并于1969年加入国际单项体育联合会，旨在推进各国健美运动的开展和定期组织国际健美比赛。目前，健美运动已经发展成为全球性体育运动项目，国际健美联合会已经拥有169个会员国。

## 三、我国健美运动的发展

### （一）初级阶段（1930—1950年）

赵竹光先生是我国现代健美运动的创始人，20世纪30年代初期，他创办了"沪江大学健美会"，积极介绍和推广健美运动。1941年，曾维祺在上海创办了"上海健身学院"，并创办了《健力美》杂志，由赵竹光先生任主编。40年代后期，我国的广州、上海、北京等全国大中城市健美训练场馆纷纷设立，健美运动开展得如火如荼。1944年，在上海举办了第1届上海市男子健美比赛，比赛由上海现代体育馆、上海健身学院和上海基督教青年部联合组织举办，在当时产生了空前的影响，极大地促进了健美运动的传播和发展。

### （二）复苏发展阶段（1980—2005年）

1950—1980年健美运动被迫停滞，各地健美场馆和训练基地纷纷转行开展举重运动。1980年之后，北京、上海、广州等地逐渐恢复了健美运动，各地健美训练场馆重新建立，北京、沈阳、成都等体育院校纷纷开设健美课程，高校健美运动开展得异常火热。1983年6月，全国第1次健美比赛——第1届"力士杯"健美邀请赛顺利举办，来自全国9个城市的近40名男运动员参赛。随后，相继在广州、北京和深圳举办了第2届~第4届"力士杯"健美比赛，1986年国家体委决定将"力士杯"健美邀请赛改为健美锦标赛，从第5届开始正式实施。

1986年11月，我国成立了"中国举重协会健美委员会"。1992年9月8日，经原国家体委批准，中国健美协会成立，总部设在北京。1994年，我国在上海市上海体育馆成功举办了第48届世界业余男子健美锦标赛，我国运动员王力劲获得男子健美75公斤级第9名的好成绩。1995—2005年间，我国举办了众多的健美赛事，也培养一大批优秀的健美运动员，钱吉成在2005年上海举办的第59届世界健美锦标赛中获得男子健美60公斤级冠军，成为中国健美项目第1个世界冠军。

### （三）快速提高发展阶段（2006年至今）

2006年12月第15届亚运会在卡塔尔首都多哈举行，健美被列为比赛项目。我国高度重视，积极备战，最终钱吉成获得男子健美60公斤级冠军，为中国夺得了亚运会首枚健美项目的金牌，创造了中国健美在亚运会上的历史。2007年第41届亚洲健身健美锦标赛上，我国共获得7金1银2铜的好成绩，创造了我国在健美项目上的又一大好成绩，这一成绩极大地促进我国健美运动的发展。在2012年第46届亚洲健身健美锦标赛中，我国共获得8金4银3铜的好成绩，其中女子获得团体总分第1名。可见，我国健美运动的竞技水平正在逐步提高，但是与伊朗、韩国以及泰国等健美强国之间还存在一定的差距。

## 四、我国健美运动发展中存在的问题

### （一）普及程度较低

健美运动在欧美等国家开展较为普遍，这与其良好的群众基础和众多的专业运动员的数量是密不可分的。相比之下，现代健美运动从20世纪30年代由欧美传入我国，健美运动在我国的发展历程不足百年，广大群众对健美知之甚少，健美赛事举办的频率低，缺乏媒体对健美运动的宣传和报道，导致健美运动在我国的普及程度非常之低。目前，我国健美运动开展较好的省份寥寥无几，健美运动普及程度低、起步时间晚等因素严重阻碍了我国健美运动的发展。

## （二）健美运动管理力度不大

我国国家级以上的健美赛事举办得较少，除去一年一度的全国健美锦标赛，其他的国家级健美赛事很少，各个地方省市举办的健美赛事时常因为种种原因被迫取消。虽然经过多年的努力，我国的健美运动取得一定的进步，但是在竞赛、管理体制上仍然存在一定的问题。尽管我国在1992年成立了中国健美协会，但是我国却没有国家健美训练队，每次参赛都是临时从各个省市抽调健美运动员进行集训。

## 五、形体健美与身体健康

形体是由骨架决定的，骨架是由骨骼构成的，骨骼的生长发育对形体的影响很大。正常的脊柱弯曲度形成一个端庄的上体姿势，加上略短而纯圆的胸廓，大小适中而扁平的骨盆以及长短比例适中的上下肢骨，才能构成一副匀称而协调的身材雏形。形体健美通过徒手或器械，运用专门的动作方式和方法，以改变人的形体状态，从而形成良好的身体姿态。

# 第二节 塑造健美体形

## 一、什么是体形

体形是人体形状的总体描述和评定。体形与人体的运动能力和其他机能、对疾病的易染性及其治疗的反应有一定的关系，因此，在人类生物学、体质人类学、医学和运动科学中受到注意。体形主要由遗传性决定，但人体对环境的适应和人的行为等也会使体形发生变化。

按照人体结构的三种极端类型，可以将人类划分为3种：内胚层体形或圆胖形，中胚层体形或肌肉形，外胚层体形或瘦长形。

（1）内胚层体形

是由内胚层发育成的组织占优势的一种身体建造体形，全身各部较软而圆，消化器官肥大，脂肪沉淀丰富，故躯干和大腿特大，而上肢和小腿特细。

（2）中胚层体形

是由中胚层发育成的组织占优势的一种身体建造类型。肌肉、骨骼及结缔组织颇为发育、体格健壮、结实、有粗壮的外表。

（3）外胚层体形

是由外胚层发育成的组织占优势的一种身体建造类型。其体形细长，显得瘦弱。肌肉组织和皮下组织不发达。

体形可以定义为内胚形体形、中胚形体形和外胚形体形的组合形态。每个人体形的评定都包含这三个体形因子的得分，它们间的关系构成了体形的总评价。每个人的体形可以用3位数字来表示，第1位数为内胚形体形，第2位数为中胚形体形，第3位数为外胚形体形；每一位数又分为1~7个级别。由此极端内胚形体形是711型，极端中胚形体形是171型，极端外胚形是117型。极端类型（711 171 117）很少或根本不存在，正常体形的人其数值接近于444，即3种极端类型之间的平衡数值。

## 二、体育运动与体形塑造

运动对人体新陈代谢和人体的健康有着非常良好的促进作用。因为人的体形各异，所以不同体形的人适合参加的运动项目也不同。

## （一）运动与"香蕉形"体形

"香蕉形"体形的人身体瘦弱、脂肪少、肌肉能力不强、体力也不佳。运动时，应该先慢慢锻炼好基本功，逐渐强化肌肉力量、持久力及身体柔软度，再进行重量训练，参加有氧运动、跳绳、游泳等动态的运动。瘦弱形的人特别要注意饮食。应多摄取丰富蛋白质的食物，以增进内脏机能，增强肌肉力，还要多摄取维生素类食物。

## （二）运动与"海绵形"体形

"海绵形"体形的人看起来很瘦弱，缺少很多脂肪，肌肉力量和内脏器官的功能往往不强，体力不好。这类人适合步行，爬楼梯、跳绳、游泳等是脂肪燃烧的运动。饮食应该避免暴饮暴食，少吃甜食，少吃脂肪量高的食品，多吃高蛋白食品。

## （三）运动与"苹果形"体形

"苹果形"体形的人虽然体重在标准体重内，但其上臂部、臀部以及腹部到大腿的脂肪往往会超过标准。只要肌肉和关节没问题，可以参加任何运动，比如打球、游泳、骑马等。但如果平时不经常运动，不要突然参与激烈运动。应该在做每项运动前先热身，强化肌肉力量。饮食上需要注意营养均衡、适度摄食、少吃宵夜，不过量摄取含脂肪多的食物。

## （四）运动与"水桶形"体形

"水桶形"体形的人身上各部分皮脂厚度较厚，体重过重，人体肌肉含量少，骨骼支撑能力弱。日常生活中，爬几级楼梯会"气喘如牛"。这类人应该多做有氧运动，最好经常游泳，如此可以大量消耗脂肪。常做静态伸展运动，以强化肌肉骨骼。

# 三、健美体形的衡量达标

从医学角度来看，体形与体重有着密切的关联，可以通过如下一些衡量指标对体形是否符合健康标准进行测算。

## （一）身体质量指数（BMI）

达标值：18.5～23.9

计算方法：BMI=体重（KG）/身高²（M）

BMI 中国标准

| 分类 | BMI范围 |
| --- | --- |
| 偏瘦 | ≤18.4 |
| 正常 | 18.5～23.9 |
| 过重 | 24.0～27.9 |
| 肥胖 | ≥28.0 |

BMI是世界公认的一种评定肥胖程度的分级方法。按照中华人民共和国卫生部颁布的《中国成人超重和肥胖症预防控制指南》，BMI超过24为超重，超过28为肥胖。世界卫生组织推荐，BMI在20～22之间为成人的理想体重。

## （二）腰臀比

达标值：男性＜0.9 女性＜0.8

测量方法：测出腰围后，再环绕臀部最宽处测量出臀围，两者相除即得腰臀比
计算方法：腰臀比＝腰围/臀围

腰臀比是判断腹形肥胖的重要指标，与BMI相比，腰臀比可以更准确地衡量一个人的健康标准。研究显示，当男性的腰臀比大于或等于0.94，女性的腰臀比大于或等于0.82时，其患冠心病、中风等心脑血管疾病及糖尿病的危险会大大增加。就亚洲人来讲，当男性腰臀比高于0.9，女性腰臀比高于0.8时，很有可能内脏脂肪已经过剩，需要配合运动的同时，注意饮食上少精多粗，把炒、炸的烹饪方式改成蒸煮、炖等进行改善。

### （三）体脂率

达标值：男性15%～20%，女性25%～28%
测量方法：可以去健身场馆或医院使用专业的仪器进行测量

大部分人会通过体重来判断自己是否肥胖，但更为准确的标准是体脂率，即身体中脂肪占总体重的百分比。脂肪对人体构成非常重要，过多或过少都会影响健康。一般来说，男性体质高于25%、女性高于30%属于肥胖，会引发高血压病、高血脂、冠心病、糖尿病等疾病；体质过低，即男性低于5%、女性低于13%，可能引起身体功能失调。

减肥不等于减体重，控制体脂率才是健康减肥的关键。减肥最好通过全身的有氧运动，通过快走、慢跑、游泳、爬楼梯、骑自行车等来实现，也可以配合仰卧起坐、哑铃等局部运动。每次运动最少持续半小时。除了运动之外，改变久坐、熬夜等不良生活习惯也非常重要。

## 第三节　健美运动的练习方法

### 一、人体浅层主要肌肉群的位置与功能

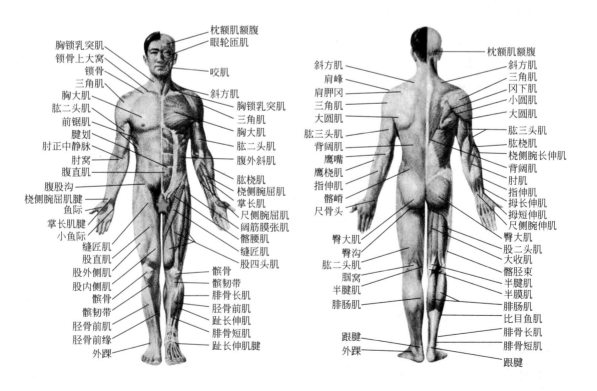

1. 颈阔肌

位于颈部前面皮下最浅层，收缩时拉口角向下，并拉紧颈部皮肤。

2. 胸锁乳突肌

这是颈部浅层最显著的肌肉。下固定时，一侧作用可使头转向对侧，并向同侧倾斜；当头部处于正常姿势时，肌肉合力通过寰枕关节横轴的后面而使头前屈。上固定时，上提胸廓帮助吸气。

3. 斜方肌

位于颈部和背部的皮下，一侧成三角形，左右两侧相合构成斜方形，称为斜方肌。斜方肌充分发展时，肌肉变短，向后拉收双肩，使肩更加宽阔。保持背部正直，头部后仰，可矫正驼背、双肩内扣、头前伸等缺陷，赋予正确的直立姿势。斜方肌发达是一种健、力、美的标志，是业余健美运动员参加健美竞赛的有利条件。

4. 三角肌

位于肩部皮下。它是一个呈三角形的肌肉，肩部的膨隆外形即由该肌形成。两侧肌肉纤维呈梭形，中部肌纤维呈多羽状，这种结构肌肉体积小而具有较大的力量。采用负重直臂平举和侧平举等练习，可发展该肌力量。宽阔、有力、浑圆发达的双肩，是优秀健美运动员的标志。

5. 背阔肌

位于腰背部和胸部后下外侧的皮下，是全身最大的阔肌。上部被斜方肌遮盖。采用单杠引体向上、向后拉力器、俯立划船等练习，可发展该肌肉的力量。背阔肌有助于体形的改善。当其高度发达时，显赫地映现出肩宽、腰细呈"V"形，将上体烘托得更加魁梧。

6. 骶棘肌

位于脊柱两侧，像两根大立柱从头部的枕骨到脊柱的最末端（骶骨），脊柱置于骶棘肌之间明显的凹形槽内，是一块强大的脊柱伸肌。下方固定时，两侧同时收缩，使头及脊柱伸，抬头、挺胸、塌腰动作；一侧收缩时使躯干向同侧屈，如体侧屈运动。

7. 胸大肌

位于胸前皮下，为扇形扁肌，其范围大，分为锁骨、胸肋和腹三部。胸肌发达时，胸脯高挺，呼吸更为充分和畅通。采用双杠支撑摆动臂屈伸、卧推和引体向上等练习可发展此肌力量。

8. 前锯肌

位于胸廓的外侧皮下，上部为胸大肌和胸小肌所遮盖，是块扁肌。采用持哑铃侧上举、提拉杠铃耸肩和负重扩胸等练习可发展此肌力量。

9. 腹直肌

位于腹前壁正中线的两侧。采用仰卧起坐、仰卧举腿、仰卧直角坐等练习可发展此肌的力量。腹部肌肉比体内其他肌肉更易消退。缺乏运动时，因营养过剩，腹部脂肪大量堆积而下坠时，最易使腹肌松弛。腹部下垂（或下坠）和身体发胖，是人体一般健康水平开始下降的标志。而腹肌发达，呈"波浪形"肌块，则是自我健美训练者训练有素的标志。

10. 腹外斜肌

位于腹前外侧浅层，为扁阔肌。下固定时，两侧同时收缩使脊柱前屈；一侧收缩可使脊柱向同侧屈和向对侧回旋；上固定时，两侧同时收缩使骨盆后倾。采用负重体侧屈和负重体侧转等练习可发展此肌的力量。

11. 腹内斜肌

位于腹外斜肌深层，与腹外斜肌形状相同，走向相反。下固定时，两侧收缩与腹外斜肌作用相同；一侧收缩时除使脊柱向同侧屈外，还使脊柱向同侧转动，此作用与腹外斜肌相反。所以，体侧转的运动实际上是同侧腹内斜肌与对侧腹外斜肌协同作用的结果。采用负重体侧屈和负重体侧转等练习可发展此肌的力量。

12. 肱二头肌

位于上臂前面皮下。采用负重弯举、引体向上等练习可发展此肌的力量。

13. 肱三头肌

位于上臂后面皮下。采用倒立臂屈伸、负重臂屈伸等练习可发展此肌的力量。

14. 腰肌

位于脊柱腰部两侧和骨盆内。由腰大肌和髂肌两部分组成。采用悬垂举腿、高抬腿跑、仰卧"剪腿"和仰卧起坐等练习可发展此肌的力量。

15. 臀大肌

这块肌肉很发达，位于骨盆后外侧面，维持人体直立姿势。采用俯卧"背腿"、负重腿屈伸和负重体屈伸等练习可发展此肌的力量。

16. 股四头肌

这是人体最有力的肌肉之一，位于大腿前表面皮下，有4个头，即股直肌、股中肌、股外肌、股内肌。采用负重深蹲和负重伸小腿等练习可发展此肌的力量。

17. 缝匠肌

这是大腿前细长的肌肉，贯穿大腿至小腿，常涉及交叉或合并的肌肉，对大腿前群肌起加固作用和用于腿的整体动作。采用仰卧"剪腿"，负重深蹲和负重半蹲等练习，可发展此肌的力量。

18. 股二头肌

位于大腿后面外侧皮层下，有长短之分。采用负重腿屈伸、深蹲起和后蹬跑可发展此肌的力量。

19. 胫骨前肌

位于胫骨的外侧。采用负重勾脚等练习可发展此肌的力量。

20. 小腿三头肌

位于小腿后面浅层，特别发达，使小腿后部隆起，它由腓肠肌和比目鱼肌组成。比目鱼肌位于腓肠肌的深层。采用负重提踵、足尖行走、后蹬跑、原地纵跳、跳绳和蛙跳等练习可发展此肌的力量。尤其是腓肠肌能展现小腿的形态和发达程度。所以，促进腓肠肌的发展对自我健美训练者是非常重要的。

21. 肱桡肌

位于前臂的最外侧皮下，呈长扁形。采用负重弯举和引体向上等练习可发展此肌的力量。

22. 桡侧腕屈肌

位于前臂前面的内侧皮下，能使手屈和外展。采用正缠重锤和正握负重腕屈伸等练习可发展此肌的力量。

23. 桡侧腕长伸肌

位于前臂背面的浅层外侧，能使手伸并外伸和外展。采用反缠重锤和反握负重腕屈伸等练习可发展此肌的力量。

24. 尺侧腕屈肌

位于前臂前面的全部浅层肌的最内侧，有两个头，能使手屈和内收。采用正缠重锤和正握负重腕屈伸等练习可发展此肌的力量。

25. 尺侧腕伸肌

位于前臂的背侧皮下，能使手伸和内收。采用反缠重锤和握负重腕屈伸等练习可发展此肌的力量。

## 二、人体主要肌肉的锻炼方法

1. 肱二头肌

上臂前面凸起的就是肱二头肌。两臂弯举，此动作可站也可坐，正反握哑铃，两上臂必须紧贴两腋，利用肱二头肌收缩的力量使两手向胸前尽力弯起。反手窄握引体向上，也是利用肱二头肌收缩的力量达到锻炼的目的。

2. 肱三头肌

上臂后面凸起的就是肱三头肌。练好肱三头肌能使你的手臂肌肉线条清晰。正反握两个动作，脸朝上平躺在宽凳上，双手与肩同宽，紧握杠铃上举，然后以肘关节为支点，慢慢地向后弯曲到头顶，然后用肱三头肌的收缩力把杠铃恢复到原位。练习5组，每组10～20次。

3. 三角肌

肩膀上的肌肉就是三角肌，分成前束、中束、后束。每个动作练习5组，每组10～20次。

（1）前束。手握哑铃或杠铃在身前，握距与肩同宽，用力抬起手臂前平举，使手臂与身体成90°。

（2）中束。手在身旁握哑铃，把手臂侧平举从两侧抬起至头顶。

（3）后束。两手握杠铃比肩同宽，把杠铃放在颈后，向上伸臂推起杠铃，然后缓缓屈臂，将杠铃置于颈后肩部原位。

4. 腹肌

（1）卷腹

平躺于地上，双膝弯曲90°，脚平放在地面上。双手交叉于胸前或置于两耳旁，沉肩收腹，下颏微收，上至肩胛骨离开地面，腰部固定，下至肩胛骨平贴地面，向上呼气，向下吸气。

（2）仰卧举腿

平躺在长凳上，两手抓住凳头，用腰腹收缩的力量把双脚抬起。

（3）两头起

平躺在长凳上，上臂与双腿都伸直，直臂摆动，以臀部为支点，上体与腿同时折起，用双手尽可能去触上举的脚尖。

5. 大腿肌

（1）颈后负重深蹲

把杠铃置于上斜方肌处，两脚开立与肩同宽，吸气下蹲，呼气站起。

（2）颈前负重深蹲

提取杠铃置于胸前锁骨部位，徐徐屈膝下蹲到大小腿折叠靠紧为止。如踝关节屈曲受限者，可在脚后跟下垫高5cm左右。

6. 小腿肌

提踵，两脚尖站在高出地面5～10cm的木板或砖上，先将脚跟慢慢下沉到地面，然后用力提脚跟，踮起脚尖，提高身体重心位置，收紧臀部和大腿肌肉。

#### 7.胸大肌

（1）仰卧飞鸟

脸朝上平躺在宽凳上，两手各执一只哑铃，双手上举，然后慢慢向身体两侧展开，就好像鸟儿在拍打翅膀飞行一般。

（2）卧推

平躺在宽凳上，双手紧握杠铃上举后，慢慢地放至乳头上方，然后用力上推，此动作应由两人合作，另一人做保护。

（3）俯卧撑

为提高难度，可把脚部提高成45°角倾斜，在背部或颈部放置重物超负荷训练，使胸大肌完全拉伸。

#### 8.背阔肌

（1）引体向上

宽握颈后引体向上，身体不要摇晃，然后屈臂上拉，此动作最有效。

（2）俯身划船

两脚开立，向前屈髋45°，保持身体塌腰、挺胸、收紧腰腹部，双手握住杠铃自然下沉于体前。双手夹紧身体两侧，集中背阔肌的力将杠铃沿着大腿拉向自己的小腹，稍微停顿，然后慢慢还原到起始位置。

### 三、哑铃肌肉锻炼方法

#### 1.胸部肌肉锻炼

动作1：平板哑铃推胸　　　　　　动作2：上斜哑铃飞鸟

动作3：持铃俯卧撑　　　　　　动作4：上斜哑铃卧推

动作 5：下斜哑铃卧推

2. 肩部肌肉锻炼

动作 1：坐姿哑铃推肩

动作 2：俯身哑铃飞鸟

动作 3：直立哑铃侧平举

动作 4：直立哑铃胸前提拉

动作 5：直立哑铃耸肩

## 3. 背部肌肉锻炼

动作1：引体向上

动作2：哑铃硬拉

动作3：俯身哑铃划船

动作4：单臂哑铃划船

## 4. 手臂肌肉锻炼

动作1：托臂哑铃弯举

动作2：双杠臂屈伸

动作3：后仰哑铃臂屈伸

动作4：跪姿单臂哑铃臂屈伸

动作5：坐姿哑铃弯举

5. 腿部肌肉锻炼

动作1：俯卧负重腿弯举

动作2：坐姿负重腿屈伸

动作3：负重哑铃箭步蹲

动作4：负重哑铃深蹲

动作5：负重哑铃提踵

6.腹部肌肉锻炼

动作1：直立哑铃体侧屈

动作2：固腿仰卧起坐

动作3：上斜仰卧举腿

## 第四节　健美运动与饮食营养

### 一、健美运动与营养

　　健美运动员需要专门的营养搭配以满足肌肉的高水平修复与增长。一般来说，健美运动员需要比身高相同的平常人更多的热量来维持训练和肌肉增长所需的能量并维持蛋白质的合成。比赛准备期的食物能量水平会略低于正常维持生理需求的能量水平，并结合有氧训练达到减脂的目的。健美运动员所需食物能量来自碳水化合物、蛋白质和脂肪的比例因人而异。

　　碳水化合物对于健美运动员来说非常重要，它为机体参与锻炼和恢复提供必需的能量。健美运动员需要低血糖生成率的多醣以及其它缓释的碳水化合物，这些物质比那些血糖生成指数高的蔗糖和淀粉相比，其能量释放相对平缓。平稳的能量释放是很重要的，否则高血糖生成的物质会使身体胰岛素水平陡增，这样就会诱导身体将更多的能量转化为脂肪而不是贮存在肌肉中，而且原本应该作用于肌肉生长中的能量也会被浪费。不过健美运动员在训练之后往往会摄入一些快速消化的糖类，常为纯葡萄糖或者麦芽糖，因为这会促进肌肉中肌糖原的复原，也有利于肌肉中的蛋白质合成。

蛋白质是健美运动员最关心的膳食营养了。功能性蛋白质例如马达蛋白、驱动蛋白和动力蛋白可产生导致肌肉收缩的力。目前的说法认为，健美运动员总能量的25%～30%应来源于蛋白质，这样才能达到维持并改善机体合成能力的目的。有关蛋白质的能量摄入是一个引起广泛争论的话题，很多人认为理想的蛋白质摄入量是每磅（每0.45kg）体重摄入1g，有人则建议更少些，还有人建议1.5～2g甚至更多。蛋白质最好在一天中平均摄入，特别在训练中、训练后和睡前三个时间摄入，这是一个比较能够确信的结论。鸡肉、牛肉、猪肉、鱼肉、鸡蛋及奶制品都含有较多的蛋白质；坚果、植物种子及豆类的蛋白质含量也很高。酪蛋白和乳清蛋白常用来制成蛋白质补剂。

健美运动员经常把一天的食物摄入分成5～7顿餐食，每餐的内容基本相同，并且各顿餐之间间隔相等（一般是2～3h一餐）。相比常规的一日三餐，改用这种方法的目的有两个既可防止过饱，也可以提高基础代谢。然而，通过热量测定法和水的同位素标定法，已经有可靠的研究结果表明频繁进餐对新陈代谢并无促进作用。

## 二、健美运动的营养原则

从事健美训练的人更需要充足的营养。初学者往往将全部精力投入训练而忽视了营养。初学健美的人要注意以下五大健美营养原则。

### （一）补充足够的热能

肌肉生长是要消耗能量的，没有足够的热量，就不可能保证肌肉的正常生长。

### （二）补充足够的碳水化合物

健美训练时能量主要由糖原提供，摄入的碳水化合物可以补充糖原，供给能量，并防止训练造成的肌肉分解。

### （三）补充优质蛋白原料

蛋白质是肌肉构成的基石，也是肌肉生长的基础，因此每天必须摄入优质蛋白质以构建肌肉。

### （四）促进合成、减少分解

当肌肉的合成大于分解时，肌肉增长，反之则缩小。因此健美人群要注意抗肌肉分解，促进蛋白合成。

### （五）保持适宜激素水平

人体内的生长激素、胰岛素和睾丸酮对肌肉蛋白的合成至关重要。通过饮食与营养补充品可调控激素水平，刺激肌肉的生长。

## 三、健美运动的营养策略

### （一）晚餐高蛋白

发达的肌肉可通过有规律的负重训练、高蛋白饮食以及睡眠来获得。研究发现，促进肌肉生长的生长激素是在人睡眠过程中分泌的。生长激素能将血液中的氨基酸导向肌肉组织，使其造出新的肌细胞并修复受到损伤的肌细胞。因此，健美运动员应在晚餐中进食高蛋白食品，或者在睡前服用氨基酸，以使上述肌肉生长过程更有效地进行，从而获得更强大的肌肉块。

## （二）训练后进食高蛋白

科学研究表明，负重训练能促进生长激素的分泌。因为负重训练的用力对肌纤维所造成的细微损伤能激发体内的修复机能，促使生长激素的分泌和氨基酸的合成。负重训练后，生长激素的分泌大约能维持两小时左右。饭后的一两个小时又是蛋白质吸收的高峰阶段。训练后进食高蛋白食品，就可使由于负重训练而引起的生长激素分泌高峰与蛋白质吸收的高峰一致，因而更有利于肌肉生长。而睡眠时肌肉组织的静止状态又可使上述效果得到进一步的强化，从而收到事半功倍的训练效果。许多健美冠军成功地运用了这一策略，他们一天训练两次，即午饭（含午睡）前一次和晚饭（含晚睡）前一次，在一天之内就为生长激素的分泌和肌肉生长提供了两次机会。

# 第十六章 健美操运动

## 第一节 健美操运动概述

健美操是一项以有氧运动为基础,以健、力、美为特征,融体操、舞蹈、音乐为一体的身体练习。它既是健身美体、陶冶情操的大众健身方式,又是竞技运动的一个项目。

健美操一词源于英文单词 "aerobics",意为有氧运动、有氧健美操,最早由美国人 Kenneth Cooper 于 20 世纪 60 年代在美国推广。最初的健美操只强调有氧运动的重要性,并且以训练心肺功能为主要目的,以有氧跑步健身为主。随着有氧运动的发展,20 世纪 70 年代末,集音乐、舞蹈、体操、美学于一体的健美操运动逐渐受到大众的青睐。20 世纪 80 年代初,美国健身、影视明星简·方达根据自己的健身经验和体会大力推广有氧健美操的运动,1981 年,她编写出版了《简·方达健美术》引起了世界的轰动,这对健美操运动在全世界的发展起到了积极的推动作用。

### 一、健美操运动的起源与发展

#### (一)国际健美操的起源与发展

健美操的起源可追溯到两千多年前。古希腊人对人体美的崇尚举世闻名。他们喜爱采用跑跳、投掷、柔软体操和健美舞蹈等各种体育项目进行人体美的锻炼。而古印度很早就有瑜伽术,其中的一些姿势与当前流行的健美操所常用的基本姿势是一致的。由此可见,古代人对健身健美的追求是现代健美操形成与发展的基础。

19 世纪末、20 世纪初,欧洲出现了许多体操流派,他们在理论和实践上的创新对健美操的发展起到了推波助澜的作用。20 世纪 80 年代初,随着遍及全球的健身热和娱乐体育的发展,健美操以其强大的生命力风靡世界。影视明星简·方达根据自己的健身体会和经验,撰写了《简·方达健美术》一书,她现身说法,促进了健美操在世界范围内的推广。自 1985 年起,美国正式举办一年一度的健美操锦标赛,并确定了竞赛项目和规则,使健美操发展成为竞技性运动项目。

每年国际上举办的活动有：健美操世界锦标赛、世界杯赛、世界冠军赛、世界巡回赛。

健美操不仅在美、英、法等国家迅速发展，而且在一些发展中的国家和地区也得到不同程度的开展，有些国家还把健美操列入大、中、小学的体育教学大纲。在亚洲地区，日本、菲律宾、新加坡等国家也建有许多健美操活动中心及健身俱乐部，健美操逐步成为人们的主要健身方式，由此形成了世界范围内的健美操热。

（二）我国健美操的兴起与发展

20世纪80年代健美操传入我国，北京、上海、广州等地相继举办了各种健美操培训班，随后通过各种新闻媒介对国外各种健美操的介绍，逐步推动了健美操在我国的广泛开展。1984年，原北京体育学院（现北京体育大学）成立了健美操研究组，随后上海体育学院成立了健美操教研室，率先开设了健美操课程。一些大专院校也根据国家教委对高校体育教学的要求，逐步开设了健美操普修或选修课，从而把我国的健美操从社会引向了学校。1986—1988年，健身健美操和竞技健美操在我国得到了长足的发展。继1986年4月在广州举行的我国首次"全国女子健美操邀请赛"后，1987年5月在北京又成功地举办了首届正式的竞技健美操比赛——"长城杯"健美操邀请赛。为了有组织、有计划地推动全国大学生健美操运动的发展，1992年2月，在北京成立了中国大学生体育协会健美操、艺术体操协会。1992年9月，中国健美操协会在北京的正式成立，标志着我国健美操运动进入一个崭新的发展阶段。随后1988年、1989年、1990年、1991年先后在北京、贵阳、昆明、北京举办了4届邀请赛，1992年起改名为全国锦标赛，成为每年举办的传统赛事。

健美操自传入我国以来，以其自身固有的价值和魅力，风靡世界，深受广大青年学生及群众的喜爱。目前，健美操已被列入我国学校体育教学大纲，成为学校体育教学的主要课程之一。

## 二、健美操的分类与特点

### （一）健美操的分类

世界健美操和我国健美操种类繁多，分类方法也各不相同，根据健美操的目的和任务，可以将其分为健身健美操、竞技健美操和表演健美操三大类。

1. 健身健美操

健身健美操，也称为大众健美操，是集健身、娱乐、防病为一体的群众性普及性健身运动。健身健美操的主要目的在于健身，因此，其运动强度和动作难度相对较低，可为社会不同年龄、层次、性别、职业的人所选用。根据不同的需要，健身健美操还可从不同的角度进一步分类和命名。

（1）按年龄结构可分为老年健美操、中年健美操、青年健美操、少年健美操、儿童健美操、幼儿健美操等。

（2）按人体解剖结构活动部位可分为头颈健美操、肩部健美操、胸部健美操、臂部健美操、腹部健美操、髋部健美操、腿部健美操等。

（3）按练习的目的和任务可分为热身健美操、姿态健美操、形体健美操、减肥健美操、节奏健美操、活力健美操、跑跳健美操等。

（4）按练习形式可分为徒手健美操，持轻器械健美操（哑铃、彩球、花环、绳、手鼓等），专门器械健美操（垫上健美操、踏板健美操、健骑机健美操等）。

（5）按人数可分为单人、双人、3人、6人、8人和集体健美操。

（6）按性别可分为女子健美操和男子健美操。

（7）按人名、动作特色可分为简·方达健美操、瑜伽健美操、迪斯科健美操、搏击健美操、拉丁健美操、爵士健美操等。

#### 2. 竞技健美操

竞技健美操是根据竞赛规则与规程的要求组编的一套具有较高艺术性、以比赛取得优异成绩为主要目的的健美操。竞技健美操有特定的比赛规则和评分方法，需完成一定的难度动作，对人体的心肺功能、身体素质、技术技能和艺术表现能力有较高要求。一般较适合于青年人。竞技健美操比赛共设6个项目：男子单人操、女子单人操、混双操、三人操和混合五人操、FIG有氧舞蹈、FIG有氧踏板。

#### 3. 表演健美操

表演健美操主要是以在表演中展示自己的价值和魅力；在观赏中陶冶情操、净化心灵、促进健美操活动的广泛开展；满足人们展开和表现自我的需要为目的，在特定的活动、场合或节日庆典中进行表演，集观赏、娱乐为一体的体育节目。一般而言，健身健美操用于表演极其普遍，竞技健美操用于表演时可不受规则的限制。

### （二）健美操的特点

#### 1. 广泛的群众性

健美操是一项富有趣味性的运动，它能给人们带来热情奔放的情感体验，符合现代人追求健美、自娱自乐的需要，因此深受广大群众的喜爱。同时由于健美操，尤其是健身健美操，其练习形式多样，运动负荷和难度可以自我调节，不同年龄、性别、形体、素质、个性、气质的练习者都可酌情择项参加锻炼，各种人群都能从健美操练习中找到适合自己的练习方式，并通过训练增强体质，弥补自身的某些不足，还可从中获得乐趣。因而，健美操是男女老幼所青睐的一项运动。此外，由于健美操不受气候的影响，对场地、器材条件的要求不高，练习起来简便安全，适合不同地区、不同条件的单位和部门开展。因此，这项运动具有广泛的群众性。

#### 2. 集健美和健身于一体

健美操是以健身为基础，根据人体解剖学、运动生理学、体育美学等多学科理论，为使人体健康健美的发展而编排的。健美操动作讲究健美大方，强调力度和弹性，练习内容讲求针对性和实效性，不仅能使身体各部位的关节、韧带、肌肉得到充分锻炼，使人体匀称和谐地发展，而且还能增强体质，培养健美的体形和风度，塑造健美的自我。因此，健美操是一项既注重外在美的锻炼，又强调内在美的培养的人体运动方式，对人的身心影响较为全面。

#### 3. 动作的多变性和协调性

健美操成套动作的多变性，不仅表现在动作的节奏和力度上，而且还表现在动作的复合性方面。其每节操很少是单个关节的局部动作，大多为多关节的同步运动。如在完成大幅度的上肢动作时，常伴有腰、膝、髋、踝和头部等的动作。这不仅可使身体各关节的活动次数成倍增长，而且还能有效地改善和提高人们身体的协调性。

#### 4. 鲜明的节奏感和韵律感

健美操是一种必须在音乐伴奏下进行的身体练习，音乐是健美操的灵魂。与艺术体操相比，健美操更强调动作的力度。因此，健美操的音乐节奏趋于鲜明、强劲，风格更趋于热烈奔放。健美操音乐多取材于迪斯科、爵士、摇滚等现代音乐和具有上述特点的民族乐曲，而正是音乐中的高低、长短、强弱、快慢等有节奏的变化，使健美操更富有一种鲜明的现代韵律感。此外，旋律清晰、活泼轻快、情绪激奋的音乐，不仅能振奋练习者的精神，使人产生跃跃欲试的动感，而且还能使人在练习过程中忘却疲劳，产生一种轻松愉快的心情。

## 三、健美操运动与身体健康

健美操可以有效塑造体形，通过练习健美操，可以改变形体状态，使身姿更加挺拔。同时，健美操是一项有氧运动,其特点是强度低、密度大,运动量可大可小,容易控制,因此除了对健康人群具有良好的健身效果外,对一些有慢性疾病的病人、残疾人和老年人也是较为理想的医疗保健手段。

通过练习健美操,可以提升审美能力,也是一种促进练习者间相互交流的平台,在学习和练习健美操的过程中,可以缓解压力、愉悦身心,是一种有益于心理健康的运动项目。

## 第二节  健美操运动的练习方法

### 一、健美操的基本动作

#### (一)基本手形

健美操中的手形是从芭蕾舞、现代舞、迪斯科、武术中吸收和发展而来的。手形是手臂动作的延伸和表现,充分利用手形会使健美操动作更加丰富,更具感染力。

1. 并拢式

五指伸直,相互并拢。大拇指微屈,指关节贴于食指旁。

2. 分开式

五指用力伸直,充分张开。

3. 芭蕾手势

五指微屈,后三指并拢,稍内收,拇指内扣。

4. 拳式

握拳,拇指在外,指关节弯曲,紧贴于食指和中指。

5. 立掌式

五指伸直,手掌用力上翘。

6. 西班牙舞手势

五指用力,小指、无名指、中指自掌指关节处依次屈,拇指稍内扣。

#### (二)上肢动作

健美操的上肢动作包括手臂伸、摆、屈等,还包括手臂配合胸部进行合展、侧移等动作。

1. 举

臂伸直向某方向抬起。

2. 屈臂

前臂与上臂角度不断减小。

3. 伸臂

前臂与上臂角度不断增大。

4. 屈臂摆动

屈肘在体侧自然地摆动。可依次和同时进行。

5. 上提

直臂或屈臂由下至上提抬起。如屈臂前提、直臂侧提。

6. 下拉

臂由上举或侧上举拉至身体两侧。

7. 胸前推

立掌，臂由肩部向前推。

8. 冲拳

屈臂握拳，由腰间猛力向前冲拳。

9. 肩上推

立掌，屈臂由肩部向上推。

## （三）基本步法

健美操基本步法是体现健美操练习者下肢动作基本姿态的主要练习手段，根据动作完成的形式不同，可将基本步法分为5大类：交替类、迈步类、点地类、抬腿类和双腿类。

1. 两脚交替类

两脚交替类步法主要是指两脚始终做依次交替落地的动作。

（1）踏步

两腿原地依次抬起，依次落地，同时两臂屈肘握拳，自然前后摆动。

技术要点：下落时，踝、膝、髋关节依次有弹性地缓冲。

（2）走步

迈步向前走时，脚跟先落地，过渡到全脚掌；向后走时则相反。

技术要点：落地时，踝、膝关节有弹性地缓冲。

（3）一字步

一脚向前一步，另一脚并于前脚，然后再依次还原。

技术要点：向前迈步时，先脚跟着地，过渡到全脚掌；前后均要有并腿过程；每一拍动作膝关节始终有弹性地缓冲。

（4）V字步

一脚向侧前方迈一步，另一脚随之向另一方迈一步，成两脚开立，屈膝，然后再依次退回原位。

技术要点：两腿膝、踝关节始终保持弹动状态，分开后成分腿半蹲，重心在两腿之间。

（5）漫步

一脚向前迈出，屈膝，重心随之前移；另一脚稍抬起，然后原地落下，或向后撤一步，重心后移，一脚稍抬起，然后原地落下。

技术要点：两脚始终保持交替落地，身体重心随动作前后移动，但始终在两脚之间。

（6）跑步

两腿经过腾空，依次落地缓冲，两臂屈肘摆臂。

技术要点：落地屈膝缓冲，脚跟尽量落地。

2. 迈步类

迈步类步法主要是一条腿先迈一步，重心移到这条腿上，另一条腿用脚跟、脚尖点地或吸腿、屈腿、踢腿等，然后向另一个方向迈步。

（1）并步

一脚迈出，另一脚随之并拢屈膝点地；再向反方向迈步。

技术要点：两膝始终保持弹动，动作幅度和力度可随风格而定。

（2）迈步点地

一脚向侧向迈一步，两脚经屈膝移重心，另一腿在前、侧或后用脚尖或脚跟点地。

技术要点：两膝同时有弹性地屈伸，重心移动轨迹呈弧形；上体不要扭转。

（3）迈步吸腿

一脚迈出一步，另一腿屈膝抬起，然后向反方向迈步。

技术要点：经过屈膝半蹲，抬膝时支撑腿稍屈膝。

（4）迈步后屈腿

一脚迈出一步，另一腿后屈，然后向相反方向迈步。

技术要点：经过屈膝半蹲，支撑腿稍屈膝，后屈腿的脚跟靠近臀部。

（5）侧交叉步

一脚向侧迈一步，另一脚在其后交叉，随之再向侧迈一步，另一脚并拢，屈膝点地。

技术要点：第一步脚跟先落地，身体重心快速随着脚步而移动，保持膝关节、踝关节的弹动。

3. 点地类

点地类步法主要是一腿屈膝站立，另一腿伸出，用脚尖或脚跟点地后还原到并腿位置的动作。

（1）脚尖点地

一腿稍屈膝站立，另一腿伸出，脚尖点地，然后还原到并腿姿势。

技术要点：支撑腿始终保持屈膝站立，并且随动作有弹性地屈伸。

（2）脚跟点地

一腿稍屈膝站立，另一腿伸出，脚跟点地，然后还原到并腿姿势。只可做向前和向侧的脚跟点地。

技术要点：支撑腿始终保持屈膝站立，并且随动作有弹性地屈伸。

4. 抬腿类

抬腿类步法主要是一腿站立，另一腿抬起的动作。

（1）吸腿

一腿屈膝抬起，落下还原。

技术要点：支撑腿保持屈膝弹动，大腿上抬超过水平，上体保持正直。

（2）摆腿

一腿稍屈膝站立，另一腿做摆动。

技术要点：摆腿时上体顺势前倾、后倒或侧倾。

（3）踢腿

一腿稍屈膝站立，另一腿抬起，然后还原。

技术要点：抬起腿要有控制，保持上体正直。

（4）弹踢腿（跳）

一腿站立（跳起），另一腿先向后屈，再向前下方踢腿还原。

技术要点：腿弹出时要有控制，保持上体正直。

（5）后屈腿（跳）

一腿站立（跳起），另一腿向后屈膝，放下腿还原。

技术要点：支撑腿保持弹性，两膝并拢，脚跟靠近臀部。

5. 双腿类

双腿类步法主要是双腿站立，身体重心在两腿之间的动作。

（1）并腿跳

两腿并拢跳起。

技术要点：落地缓冲有控制。

（2）分腿跳

分腿站立屈膝半蹲，向上跳起，分腿落地屈膝缓冲。

技术要点：屈膝半蹲时，大、小腿夹角不小于90°。

（3）开合跳

由并腿跳起，分腿落地，再分腿跳起，并腿落地。

技术要点：分腿屈膝蹲时，两脚自然外开，膝关节沿脚尖方向屈，夹角不小于90°，脚跟落地。

## 二、大众健美操

### （一）组合一

第一个八拍：

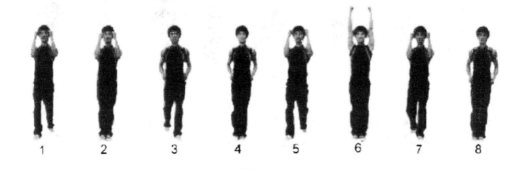

下肢步伐：1～8右脚一字步2次2 easy walk

上肢动作：1～2双臂胸前屈，3～4后摆，5胸前屈，6上举，7胸前屈，8放于体测

第二个八拍：

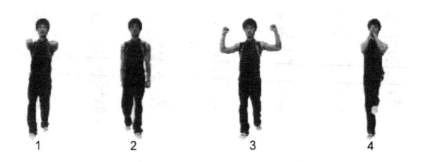

下肢步伐：1～8右脚一字步2次2 easy walk

上肢动作：吸腿时击掌，5～8同1～4

第三个八拍：

下肢步伐：1~8侧并步4次（单单双）step touch（SSD）
上肢动作：1右臂肩侧屈，2还原，3左臂肩侧屈，4还原，5双臂胸前平屈，6还原，7~8同5~6

第四个八拍：

下肢步伐：1~4左脚十字步（box step），5~8踏步4次（4 march）
上肢动作：1~4自然摆动，5击掌，6还原，7~8同5~6

第五—八个八拍：动作同一——四个八拍相同，但方向相反

（二）组合二

第一个八拍：

下肢步伐：1~8右脚开始前点地4次 4 tap front
上肢动作：1双臂屈臂右摆，2还原，3左摆，4还原，5右摆成右臂侧斜上举，左臂胸前平屈，6还原，7~8同5~6，但方向相反

第二个八拍：

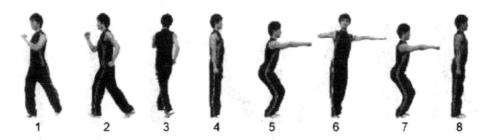

下肢步伐：1～4向右弧形走270°4 march turn，5～8并腿半蹲2次 2 squat

上肢动作：1～4自然摆动，5双臂前举，6右臂胸前平屈（上体右转），7双臂前举，8放于体测

第三个八拍：

下肢步伐：1～8左脚开始两次上步吸腿转体90°2 step knee

上肢动作：1双臂前举，2屈臂后拉，3前举，4还原，5～8同1～4

第四个八拍：

下肢步伐：1～8上步后屈腿4次 4 step curl

上肢动作：自然摆动，向前时胸前交叉

第五—八个八拍：动作同一——四个八拍相同，但方向相反

## （三）组合三

第一个八拍：

下肢步伐：1～4向右交叉步 grapevine，5～8右腿半蹲 squat

上肢动作：1～3双臂经侧至上举，4胸前平屈，5～6双臂前举，7～8放于体测

第二个八拍：

下肢步伐：1～8侧点地4次（单单双）4 tap side（SSD）
上肢动作：1右臂左前举、左臂屈肘于腰间，2双臂屈肘于腰间，3～4同1～2，但方向相反，5～8同1～2重复2次

第三个八拍：

下肢步伐：1～8左腿开始向前走3步+吸腿3次 walk fwd+3 knee up
上肢动作：1双臂肩侧屈，2胸前交叉，3同1，4击掌，5肩侧屈，6腿下击掌，7～8同1～2

第四个八拍：
下肢步伐：1～8右腿开始向后走3步+吸腿3次 walk bwd+3 knee up
上肢动作：1双臂肩侧屈，2胸前交叉，3同1，4击掌，5肩侧屈，6腿下击掌，7～8同1～2

第五—八个八拍：动作同一—四个八拍相同，但方向相反

（四）组合四

第一个八拍：

下肢步伐：1～8右腿开始V字步+A字步 X step
上肢动作：1右臂侧斜上举，2双臂侧斜上举，3～4击掌2次，5右臂侧斜下举，6双臂侧斜下举，7～8击掌2次

第二个八拍：

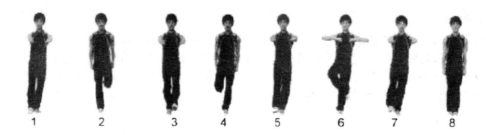

下肢步伐：1～8弹踢腿挑4次（单单双）4 flick（SSD）
上肢动作：1双臂前举，2下摆，3～4同1～2，5前举，6胸前平屈，7～8同1～2

第三个八拍：

下肢步伐：1～8左腿漫步2次 2 mambo
上肢动作：自然摆动

第四个八拍：

下肢步伐：1～8迈步后点地4次
上肢动作：1右臂胸前平屈，2右臂左下举，3～4同1～2，但方向相反，5右臂侧斜上举，6右臂左下拳，7～8同5～6但方向相反

第五—八个八拍：动作同一——四个八拍相同，但方向相反

## 三、其他健身操

（一）徒手健美操

1.拉丁健身操

拉丁健身操来源于国标舞中的拉丁舞，但不强调基本步伐，而是强调能量消耗，对动作

的细节要求不高,注重运动量和对髋、腰、胸、肩部关节的活动。拉丁操自由随意,热情奔放,节奏明显。

#### 2. 街舞

所用音乐一般为"Hip Hop"或"funk",由黑人街头即兴舞蹈演变而来发展至今。而现今融入了有氧舞蹈,以明显的节奏搭配,全身上下的自由摆动,有更多的趣味性,一样可以达到减肥瘦身的效果。如可以增进协调性、心肺功能,甚至肌力等,所以目前的专业有氧教练也逐一将Disco、Jazz等各类型的舞蹈,加以整合而成。

#### 3. 搏击操

搏击操最早由欧洲的搏击选手与职业健身操运动员推出的。而其具体形式都是将拳击、空手道、跆拳道、功夫,甚至一些舞蹈动作混合在一起,并配合强劲的音乐,成为一类风格独特的有氧健身操。一节完整的搏击操会消耗大量的热量,由于包括直拳、勾拳、摆拳、正踢、侧踢、侧蹬等搏击动作,而且在做每个动作时要求迅猛,有爆发力,所以在锻炼全身每一块肌肉的同时,还提高了身体的柔韧性。

### (二)器械健美操

#### 1. 踏板健美操

踏板健美操加大了腿部的运动负荷,增加了运动量,但减轻了对下肢关节的冲击力,同时也使动作更加多样化。

#### 2. 哑铃操

哑铃是人们用来练习健美的常用器械,经常使用可以增加人体肌肉量,提高新陈代谢的水平。哑铃重量较轻,非常适合体能较差的肥胖者。

#### 3. 健身球

健身球是一项新兴、有趣、特殊的体育健身运动,如今健身球操这项运动以其趣味、舒缓、安全、效果明显等特点尤其受到都市女性的青睐。

### (三)特殊场地健美操

#### 1. 水中健美操

是目前国外非常流行的一种独特的健美操练习形式,它可以减轻运动中地面对膝、踝关节的冲击力,有效减少关节的负荷,并利用水中的阻力以及水传导热能快的原理提高练习效果,达到锻炼身体和减肥目的。

#### 2. 固定器械健美操

如功率自行车等,可以固定在某一处,学院可根据自己的需要进行练习,达到锻炼的身体的目的。

## 第三节　健美操运动的科学锻炼与欣赏

### 一、健美操运动的科学锻炼

进行健美操运动时,想要取得理想的锻炼效果,必须科学地安排练习时间与次数,并注意运动卫生。

## （一）服装准备

应根据季节的变化和练习环境的温度适当变化。一般穿棉质弹性好的服装宜于运动，特别强调运动时一定穿运动式弹性好的、柔软性强的运动鞋和运动袜子，因为健美操对下肢关节及足弓具有一定冲击力，穿舒适的鞋袜可以起到保护作用，避免受伤。

## （二）合理安排练习时间与次数

可根据自己的工作、学习情况及生活习惯安排锻炼时间。其中以下午3～8时最好，因为在这段时间内，体力比较充沛，也可以起到消除疲劳的作用。每星期安排2～3次，每次1～2h，如在饭前练习要休息半小时才能用餐，饭后练习则要休息1h以上才能进行；晚上练习，要在临睡前2h结束，以免因过度兴奋影响入睡。

## （三）注意运动卫生

健美操运动前应先进行准备活动，使身体发热，提高神经系统的兴奋性。因为人体从安静状态进入运动状态需要克服内脏器官的生理惰性，开始运动应逐渐加强，这样，血液循环和气体交换才能逐渐得到改善，新陈代谢才能逐渐旺盛。增强关节、肌肉、韧带的柔韧性和灵活性，可以防止损伤，使肌体做好机能上的准备。练习完毕，要做整理活动，使运动时流入肌肉中的血液慢慢流回心脏，机体逐渐恢复平静状态，紧张的肌肉得到舒展放松。运动后洗热水澡，能使全身感到舒适、精神焕发，精力更加充沛。

## （四）饮食与营养

一般进食后需间隔1.5～2.5h才可进行健美操锻炼，若饭后休息时间短，则食量可少一些。原则上应是运动前的一餐食量不宜过多，并且应吃一些易于消化，且含有较多糖、维生素和磷的食物。同时应尽量少吃含脂肪、纤维素、刺激性、过敏的食物。运动后，则应休息，30min之后再进食。运动后应多进食些高能量、低脂肪含蛋白质多的食物。运动时出汗较多，应及时补充水分。

# 二、健美操运动的欣赏

健美操作为群众性的健身手段和方法，在进行迪斯科操、形体健美操、舞蹈健美操、有氧健美操等练习时，不要刻意追求其形式或模式。操的难易程度、动作幅度、运动量大小和运动强度要因人而异。操的编排要合理，达到健身、健心，全面锻炼身体的目的。

健美操的比赛不同于群众性的健身活动，是根据规则的要求编排而成。在观赏健美操比赛时，应从两方面去欣赏：成套动作的艺术性和完成情况。

### 1.动作的艺术性

动作编排设计要新颖、舒展、美观、大方，动作之间的连接要合理、巧妙，动作素材要新颖、多样化。成套动作要有好的开始和成功的结尾。动作的开始应与后面的动作很好地融合，结束动作要与前面动作相呼应。动作类型、表现应与音乐的风格相一致，协调统一。集体项目，运动员配合要默契，相互间要有交流。队形变换要自然、流畅、清晰，并且要充分利用场地。选择的音乐要动听、优美、健康。

### 2.动作的完整性

身体姿势要正确，技术要规范，动作要准确到位。完成动作时的表现力是很重要的，运动员应通过自己的表演和表情去感染观众，同时激发自己的情绪。设计新颖、合体统一的服装和整洁的发式也是欣赏的重点，这些都是展现精神风貌的窗口，要使形体更加优美，为比赛或表演增添魅力。

# 第十七章 体育舞蹈

## 第一节 体育舞蹈的起源与发展

### 一、体育舞蹈的起源

体育舞蹈是一门融体育、音乐、美学、舞蹈为一体，以身体动作舞蹈化为基本内容，以双人或集体配合练习为主要运动形式的娱乐健身型的运动项目。体育舞蹈起源于欧洲，一些国家将民间舞蹈加以提炼和规范，形成了流行在宫廷中的"宫廷舞"。起初体育舞蹈的动作高雅繁杂、拘谨做作，完全没有民间舞的风格，只在宫廷盛行，专供贵族习跳和欣赏，是贵族的特权。人们以前称它为国际标准交谊舞，欧洲贵族会在宫廷举行交谊舞会。

法国大革命后，宫廷解体，体育舞蹈也进入了平民社会，成为社会中人人可舞的社交舞。巴黎出现了世界上第一家舞厅，从此，交谊舞在欧洲社会中流行。这个时候的交谊舞更具有强烈的民族风味，被称为美国学派的社交舞。

1924年，由英国发起的欧美舞蹈界人士在广泛研究传统宫廷舞、交谊舞及拉美国家的各式舞的基础上，对此进行了美化与加工，于1925年正式颁布了华尔兹、探戈、狐步、快步四种舞的步伐，总称摩登舞。

1950年，由英国世界舞蹈组织（ICBD）主办了一届世界性的大赛——黑池舞蹈节，并把规范后的舞蹈命名为国际标准交谊舞，以后每年的5月底，在英国的"黑池"举办一届世界性的大赛。随着这种舞蹈在世界性的不断推广，自身也得到了发展，摩登舞中又增加了维也纳华尔兹。1960年，非洲和拉美一些国家规范后又增加了拉丁舞的比赛。

拥有74个会员国的"国际舞蹈运动总会"于1997年9月4日正式成为国际奥林匹克委员会会员，2000年成为悉尼奥运会表演项目，2008年成为正式比赛项目。国标舞虽和交谊舞相似，但对舞姿、舞步要求非常严格，一般是两个人一起跳。舞中姿势都已经标准化和分类，国际上有统一的用语，术语用英语口令。第二次世界大战后，美国人将该舞蹈散播到全国各地，并形成一股跳舞热潮，至今不衰。

## 二、体育舞蹈世界范围的发展

体育舞蹈的发展过程经历了原始舞蹈、公众舞、民间舞、宫廷舞、社交舞、新旧国际标准交际舞等时期。国际上存在两个国际体育舞蹈组织：世界体育舞蹈及体育舞蹈理事会，1950年9月22日在英国苏格兰的爱丁堡成立，现有52个会员协会，注册地为英国伦敦；国际体育舞蹈联合会——1935年成立于布拉格，现有79个会员协会，注册地为瑞士洛桑，于1997年获国际奥委会正式承认。体育舞蹈的前身就近来说是社交舞，也称交际舞、交谊舞，概括起来可以分成如下两个发展阶段。

1. 第一阶段

1924年美国皇家交际舞专业教师协会对当时的交谊舞进行了整理，将各种舞种的舞步、舞姿、跳法加以系统化和规范化。此后，相继制订了"布鲁斯""慢华尔兹""慢狐步舞"快华尔兹"快步舞""伦巴""探戈"7种交谊舞，称之为普通国际标准交谊舞也称为普通体育舞蹈。经过不断地演变，交谊舞已经不仅是一种自娱性舞蹈，而是发展成了一种艺术性高、技术性的表演性的竞技性舞蹈。

2. 第二阶段

1947年在柏林举行了首届世界交谊舞锦标赛，1960年拉丁舞也正式成为世界锦标赛项目，人们称之为"当代国际标准交谊舞"，也称为"体育舞蹈"。由于它具有高度艺术性及技巧性，故每年在国际上都有不同地区、不同级别、不同规模的多种比赛，并将列入奥运会表演项目。

## 三、体育舞蹈在中国的发展

由于国标舞对舞姿、舞步有非常严格的要求，所以出现了要求相对低些的交谊舞，它保持了国标舞各种舞种的风格，但比较随意。国际标准交谊舞20世纪30年代传入中国，20世纪80年代发展较快，先后与日本、美国、英国等国家进行交流活动。我国自20世纪80年代正式引进体育舞蹈后，发展迅速，1986年成立"中国国际标准舞总会"；1987年举办了"第一届全国国际标准舞锦标赛"；1989年8月，原国家体委成立了体育舞蹈俱乐部；1993年12月举办了"中国上海、北京世界杯体育舞蹈锦标赛"，这也是中国首次被认可的世界性公开赛；1994年"中国国际标准舞协会"和"国际标准舞学院"相继成立；1996年5月协会首次派考察团参加世界著名的英国"黑池"71届舞蹈节。如今，体育舞蹈在中国已经非常流行，加之国家对体育舞蹈项目的重视，中国参加体育舞蹈英国黑池舞蹈节比赛的选手已经非常多，水平也已经非常高，各层级竞赛中都能看到中国选手的身影，并且都能获得优异的成绩。

## 四、体育舞蹈主要类型的起源与发展

1. 摩登舞

摩登舞除了探戈外，都源于欧洲大陆，它的音乐时而激情昂扬，时而缠绵性感，动作细腻严谨，穿着十分讲究，体现欧洲国有男士的绅士风度和女士的妩媚。男士需身着燕尾服，白领结；女士则以飘逸，艳丽长裙表现出她们的华贵、美丽、高雅、闺秀之美态。它的舞步流畅，轻柔洒脱，舞姿优美，起伏有序；音乐节奏清晰，舞蹈富于技巧性，是老少皆宜的舞种。

摩登舞中的华尔兹起源于17世纪德国乡间土风舞，具有优美、柔和的特质，也是历史悠久，生命力最强的舞蹈形式，最受人喜爱的舞蹈。华尔兹一词最初来自古德文。12世纪流行于德国巴伐利亚和奥地利维也纳地区的农民中，17世纪传入维也纳宫廷，18世纪被誉为"欧洲宫廷舞之王"。19世纪初传入美国波士顿，20世纪重返欧洲，并以新的"慢华尔兹"的形式席卷欧洲大陆。现今的华尔兹已经过改良，融合瑞士及奥地利等地的土风舞"维也纳华尔兹"的特性并将音乐的节奏放慢而成。旋转是华尔兹的精髓所在，甚至可以说是华尔兹的生命。改良过后华尔兹，约在第一次世界大战后从英国传出。由于舞姿优美，加上三拍的音乐又是那么动人，抒情中带有些浪漫与哀怨气息，因此极受欢迎。

2. 拉丁舞

拉丁舞除斗牛舞外，都源于美洲各国和非洲，具有热情、奔放、浪漫的风格特点。舞蹈动作豪放粗犷，速度多变，手势和脚步内容丰富，充满激情，它的音乐热情洋溢，奔放特具节奏感。以脚法律动引导，自由流畅，展现女性优美线条，充分表达了青春欢乐的气息，男士展现剽悍刚强，气势轩昂，威武雄壮的个性美，尤被中青年喜爱。

拉丁舞中的伦巴起源于古巴，故又称古巴伦巴。音乐缠绵，舞态柔美，舞步动作婀娜款摆。古巴人习惯头顶东西行走，以跨部向两侧的扭动来调节步伐，保持身体的平衡。伦巴的舞步秉承了这一特点。原始的舞蹈风格，融进现代的情调。动作舒展，缠绵妩媚，舞姿抒情，浪漫优美。配上缠绵委婉的音乐，使舞蹈充满浪漫的情调。约五百年前，非洲黑人被白种人送至美洲伦为奴隶。非洲黑人远离家园，在古巴受到压迫，生活困苦，加以思乡情切，因而产生出哀伤的民歌。慢慢地这种悲伤的曲调因受当地气候的影响，而演变成慵懒的音乐风，再加上拉丁美洲特有的打击乐器，而使得伦巴舞曲更富有罗曼蒂克的气氛。在古巴的非洲人即随着这种音乐起舞，以抒发心中郁闷的情绪，而形成古巴舞。20世纪30年代，皮埃尔夫妇在英国表演和推广古巴伦巴舞受到极大欢迎，风行欧洲。

### 五、体育舞蹈与身体健康

体育舞蹈运动中，优美动听的音乐、美妙动人的舞姿、活泼欢快的群体气氛和自我身体律动等，会使练习者受到感染而产生愉快的情绪，对消极情绪起到积极的调节作用。体育舞蹈可以为练习者提供展示自我的机会，不断激发展示自我的热情，进而提高自我表现力，体会到成功的快乐并增强自信心。

体育舞蹈是一项充满着美感的运动，在运动中尝试美的内在体验，培养自己的审美意识和对美的感受能力，在运动中肯定自己、赞美自己、吸引自己、愉悦自己，努力塑造美的身体，展现自身高雅的气质。体育舞蹈不仅能增强体质、完美形体，还能发展创造力、丰富精神世界、锻炼和培养人的意志和进取精神。在掌握了具有一定难度的动作和连接技巧后，个体能够发现自身在体力、技能方面的优势，进而获得克服困难、实现目标的自信心和勇气。

## 第二节 体育舞蹈的练习方法

### 一、体育舞蹈的分类

体育舞蹈是以男女为伴的一种步行式双人舞的竞赛项目，按照体育舞蹈的风格和技术结构可分为两大类：摩登舞、拉丁舞；按照竞赛项目可分为三大类：摩登舞、拉丁舞、集体舞（队列舞）。

（1）摩登舞

摩登舞包括华尔兹、维也纳华尔兹、探戈、狐步和快步舞5个舞种。

（2）拉丁舞

拉丁舞包括伦巴、恰恰、桑巴、牛仔和斗牛舞5个舞种。

（3）集体舞

摩登舞和拉丁舞的10个舞种均有各自的舞曲、舞步及风格。根据各舞种的乐曲和动作要求，组编成各自的成套动作。团体舞，包括有拉丁舞集体舞和摩登舞集体舞。

## 二、体育舞蹈常识

1. 摩登舞

（1）摩登舞的舞程向和舞程线

① 舞程向是指整套舞蹈进行的方向。摩登舞的特点之一是在进行中完成整套动作，为避免舞者之间相互碰撞，规定在舞场起舞时均按逆时针方向进行。

② 舞程线是指舞者在起舞时，沿舞场四侧之一按舞程向行时的直线。在长方形的场地中，长边称为A线和C线，宽边称为B线和D线，起舞时位于A线的起端或C线的起端均为最佳位置。

③ 在舞蹈中大家必须沿着同一方向环绕进行，以避免相互碰撞。

（2）摩登舞步结构

① 身体位置：是指舞步开始或结束时，身体与舞场的位置关系，包括：面对舞程向、背对舞程向、面对中央、面对墙壁、背斜对墙壁。舞者可根据舞蹈编排的需要选择或变化位置关系，以突出舞蹈风格特点和提高表演效果。

② 脚位：是指舞者在运动中脚与身体的位置的关系。

- *左脚或右脚前进；*
- *左脚或右脚后退；*
- *左脚或右脚向侧；*
- *左脚或右脚斜进；*
- *左脚或右脚斜退。*

③ 转度：是指舞者运动时每一步之间脚位方向变化的度数，通常以圆的切分法来表示。即：1/8表示45°；1/4表示90°；1/2表示180°；5/8表示225°；3/4表示270°等。

④ 节奏：基本节奏是指音乐的均衡循环。由于音乐节奏的变化，产生不同的音乐格调，舞者按音乐节奏的变化来调整舞步，从而表演出不同风格特点的舞姿。

⑤ 脚步动作：在舞蹈进行中，脚步动作非常重要，正确使用脚的不同部位接触地面，可使身体的移动表现出平衡、圆滑、优美的舞姿。一般将脚分为脚尖、脚掌、脚跟三个部位。因此在练习中要特别注意掌握正确运用脚的不同部位，以提高表演的效果。

2. 拉丁舞

（1）拉丁舞的舞程向与舞程线

拉丁舞与摩登舞的风格有很大的区别，不似摩登舞的五个舞种都遵循同样的舞程向和舞程线，加之拉丁舞自身的五个舞种之间的风格也有所不同，所以，拉丁舞每支舞曲的舞程向与舞程线有其自身的特点。

伦巴舞、恰恰舞、牛仔舞在起舞时可沿逆时针方向行进，也可从场地中央开始向场地四个角的方向进行。桑巴舞和斗牛舞在表演和比赛时以面对观众或评委起舞为最佳；桑巴舞的舞程向与舞程线与摩登舞的一致，因为它是拉丁舞中进行性的舞蹈。拉丁舞在表演或舞厅自娱时，起舞的方向和路线可根据舞蹈编排的需要或舞厅场地条件灵活变化，均可取得良好的表演效果。从舞者起舞向舞程向行进时的直线即为拉丁舞的舞程线。

（2）拉丁舞的姿态

① 伦巴舞和恰恰舞。

- *两脚自然轻松地靠拢站好，脚跟靠拢，脚尖打开呈约90°。*

- 挺胸、脊柱骨伸直，不可耸肩。
- 任一脚向侧跨出一步，支撑重心的另一只脚伸直，并将体重全部移到这只上面，以使骨盆可往旁边方移动，因而感觉上重量放在支撑脚的脚跟，其膝盖要向后锁紧。至于骨盆移动的幅度要以不影响上身的姿态为原则。

② 桑巴舞和牛仔舞。
- 两脚自然轻松地靠拢站好，其中脚跟靠拢，脚尖打开呈约90°。
- 挺胸、腰杆伸直，不可耸肩。
- 任一脚向外跨出一步，支撑重心的另一只脚伸直，并将体重全部移到这只上面，使重量前移至前脚掌，而后脚跟仍不离地板，并且支撑脚的膝盖不可向后锁紧。某些舞步则是例外，如桑巴舞中的分式摇滚步、后退缩步和卷褶步，以及捷舞里鸡走步。

由于西班牙斗牛舞，没有骨盘或臀部的运动，其姿势与上述各种拉丁舞的不同处如下：
- 骨盘向前微倾，上身挺拔，铿锵有力。
- 重量由两个脚掌很均匀地承受。
- 当脚伸直时，膝盖不可向后扣紧。有一个例子除外，那就是西班牙舞姿。

（3）拉丁舞的方位

拉丁舞中以肩引导（侧行）时，方位的正确与否十分重要。伦巴舞、恰恰舞和牛仔舞是非前进式之舞蹈，桑巴舞与西班牙斗牛舞则为前进式舞蹈。

（4）拉丁舞的转度

在跳拉丁舞时除非两脚并拢，否则两脚从不平行。像这样的脚部转动，大半是向外转，不过是脚带着全部或部分的体重转动，属于"被动式的转动"。舞动时脚部转动与上身的转量多半不同。最典型的例子有桑巴舞中扫形步的第2步，在伦巴舞和恰恰舞中，抑制前进走步以及在伦巴舞和恰恰舞中所有的后退走步。

因此当跳完某个舞步时，其脚部带动的重心和身上所面对的方向不同时，要以其上身的转量为准。在伦巴舞和恰恰舞中，后退走步本身只带动重心脚，大约会有1/16圈的外转。为了让身体重心稳定而造成的转动，称为"被动式的转动"。

3. 体育舞蹈的礼仪

国标舞已为越来越多的人关注，并且越来越多的人开始跳国标。那么在跳国标舞时有什么需要遵从的礼节呢？国标礼节包括请舞、领舞、共舞和谢舞四个环节。请舞、领舞、共舞的要领与常规跳舞时相同。在音乐开始之前的起势动作称为起舞，起舞时，男女要分开相向站立，男士正面站立，以左手邀请，虎口向上；女士侧身站立，看到男士的起势动作后，有两种回应：一种是直接交手共舞，另一种是双手携裙，右脚在左脚后，左膝微屈，以示诚意，然后交手共舞。谢舞要正面对评委或者观众。不管哪种礼节，都要求舞者高标准、高质量地完成。

（1）请舞

请舞又叫邀舞。舞曲响起后，男士听清楚音乐的节奏和所跳的舞蹈是几步舞后，应主动走到女士面前邀请对方跳舞。一般来说，跳舞是男士主动邀请女士，但并不排除女士邀请男士的形式。男士邀请女士跳舞时，女士可以拒绝，但要很有礼貌地婉言谢绝；相反，当女士主动邀请男士跳舞时，男士即使不会跳舞，也不可以拒绝女士。男士或女士邀请有舞伴的女士或男士跳舞时，首先要得对方舞伴的同意，然后才能邀请对方。

（2）领舞

领舞是邀请到舞伴后带对方到舞池中去跳舞。做法有两种：如果是在正规场合中跳舞，男士要用右手或左手，牵带女士的左手或右手，掌心向上；如果是在非正式场合中或者是同事、朋友及比较熟悉的人在一起跳舞，邀请舞伴后，以男士在前、女士在后跟随的方式去做。

（3）共舞

共舞是男士和舞伴随着音乐共同跳舞的过程。在共舞时，应当保持优美的舞姿，遵循跳舞场合的礼节。在共舞过程中，男士对女士应多关照，始终以礼相待。引带手势要清楚，不要用力，直至一支舞曲结束。

（4）谢舞

谢舞是男士领带女士共舞结束时以有礼节的形体动作向舞伴表示谢谢和再见。根据音乐结束时的旋律，男士左手举高引带女士向左旋转一圈或两圈，以示感谢。此动作要求男士掌握动作要领，讲究规范，高标准，高质量地完成。

（5）舞场礼仪

国际标准交谊舞是集娱乐、健身与美育于一身的有益活动。对增进健康、陶冶情操有积极的作用，故跳舞要做到姿态美和心灵美，在舞场上要注意一下礼仪。

参加舞会时应该注意仪表，衣着，须发应该整洁，行为举止应文雅，邀请舞伴要大方有礼貌，跳舞前应先征得舞伴的同意，跳完舞应向舞伴致谢。

在舞场不可大声喧哗或随便穿行，应遵守舞场规定。跳舞时要运步自然、潇洒，不要做怪动作。舞伴间要相互尊重，根据对方的水平跳出各种花样。不要苛求对方，更不要显出不耐烦的神态。男伴在领舞时，可做轻微的推、拉、扭、按，向女伴示意。

## 第三节 体育舞蹈的评价与欣赏

体育舞蹈是将艺术、体育、音乐、舞蹈融于一体，把"健"与"美"完整结合的典范。作为艺术形式，体育舞蹈因为具有独特的观赏性和强烈的艺术感染力，而在众多的体育项目中独树一帜。同时，作为一项体育运动，体育舞蹈又具有极强的竞技性，这也使它不同于崇尚表演的舞蹈艺术。同时，体育舞蹈还是一项老少皆宜的健身和娱乐方式。正因为如此，体育舞蹈自问世之日起，就很受大众喜爱并很快风靡世界。

### 一、欣赏体育舞蹈的方法

1. 体育舞蹈竞赛分类

（1）国际标准舞

以下为国际风格的标准舞，包括华尔兹、探戈、狐步、快步和维也纳华尔兹。其中音乐速度并不总是固定的，但大都在一个特定范围内（表17-1）。

表17-1 国际标准舞

| 舞种名 | 英文名 | 发源地 | 节拍 | 速度/(小节/分) | 别称 |
| --- | --- | --- | --- | --- | --- |
| 华尔兹 | Waltz | 德国 | 3/4 | 29 | 慢华尔兹、慢三步、圆舞曲 |
| 探戈 | Tango | 阿根廷 | 2/4 | 33 | 欧洲探戈 |
| 狐步 | Foxtrot | 美国 | 4/4 | 29 | 慢四步 |
| 快步 | Quick Step | 美国 | 4/4 | 48～50 | 快四步 |
| 维也纳华尔兹 | Viennese Waltz | 奥地利 | 6/8 | 60 | 快三步 |

（2）国际拉丁舞（表17-2）

表17-2　国际拉丁舞

| 舞种名 | 外文名 | 发源地 | 节拍 | 速度/（小节/分） | 别称 |
| --- | --- | --- | --- | --- | --- |
| 伦巴 | Rumba | 古巴 | 4/4 | 27 | |
| 恰恰恰 | Cha-cha-cha | 墨西哥 | 4/4 | 30 | 查查查 |
| 桑巴 | Samba | 巴西 | 2/4或4/4 | 50 | 桑巴 |
| 斗牛舞 | Paso Doble | 法国（尽管很多人认为是起源于西班牙的，那是一个错误） | 2/4或6/8 | 62 | |
| 牛仔舞 | Jive | 美国 | 4/4 | 44 | 牛仔舞 |

2.体育舞蹈的欣赏方法

（1）欣赏形体美

在比赛中，选手不仅技艺超群，而且都以其优美的形体外貌使裁判和观众为之倾倒，优美的身体造型与音乐的协调配合能够极大地满足人们的审美心理要求。因此，在这样一个较量美的运动项目中，优美的身体形态也就成为夺取好成绩的必要条件。

（2）欣赏音乐美

音乐是体育舞蹈的重要组成部分，音乐是一种表现艺术，它以声音来表达创造者和表演者的内心世界。因此，在观赏舞蹈时，可以随着音乐的旋律产生联想与想象。在观看体育舞蹈比赛时，要欣赏音乐与动作的有机结合，动作必须符合音乐的特点，巧妙地把技术动作、乐曲的旋律、节奏以及个人的风格和谐地组织起来。

（3）欣赏动作美

根据体育竞赛的竞技性特点，由动作、技术和战术综合表现的动作美，是观赏体育竞赛的核心内容。选手在不同的舞种表演中，寻求和表现不同的风格。体育舞蹈比赛中，运动员利用自己的身体条件和表演风格，把具有各自特色的动作表演得那样娴熟、完成足够数量的精彩的难度动作组合，做到动中有静，静中有动，舒展流畅，连绵不断，使外表的动作与内在的情感融为一体，加上优美动听的音乐，令观众陶醉在美的艺术之中，充分得到美的享受。

## 二、体育舞蹈评判标准

1.基本规则

① 评判工作自选手进入比赛位置时开始，只有当音乐停止时方告结束。在整个舞蹈表演过程中，裁判必须不断地给选手打分并在必要时修正分数。

② 如果音乐尚未结束而选手停止表演，则其该项舞蹈的分数列最后一位。如果在决赛中发生这种情况，裁判必须不断地给选手打分并在必要时修正分数。

③ 裁判必须在规定的时间内对选手的特定舞种的表演进行单独评判。考虑任何其他因素，诸如选手的名气、以往的表现或在其他舞种中的表现，都是不允许的。

④ 裁判无需向选手解释评分结果，在比赛过程中或两轮比赛之间，不允许裁判和任何人讨论参赛选手或他们的表现。

⑤ 对于所有舞种，选手的时值和基本节奏是裁判打分的首要因素。因此，如果选手重复犯此错误，那么其该项的舞蹈分数列最后一位。

2.评判内容

（1）时值与基本节奏

裁判必须确定选手是否按时值和基本节奏进行表演。

① 时值：是指每一舞步的时间正好与音乐合拍。

② 基本节奏：是舞步在规定的时间内完成并且保持舞步之间正确的时间关系。

选手的时间和基本节奏错误时，其该舞蹈的所得分数必须是最低的。这种错误不能通过其在评判内容第五项的良好表现来弥补。

（2）身体线条

身体线条是指两位选手作为一个整体，在运动中身体各部位构成的整体效果，应表现出优美的舞姿。包括：手臂线条，背部线条，肩部线条，胯部线条（骨盆姿势），腿部线条，颈部和头部线条，左侧和右侧线条。

（3）整体动作

裁判必须确定选手是否正确掌握该舞蹈的风格特点，并且评估选手动作起伏，倾斜和平衡。只有在控制和平衡掌握良好的情况下，动作幅度越大，评分越高。在拉丁舞中，必须评估每种舞蹈典型的胯部动作。

（4）节奏表现力与步波技巧

裁判必须评估选手的正确舞蹈节奏表现力。这揭示出选手对舞蹈节奏的感受、理解与适应能力和在舞蹈中对音乐的理解与表现。但若表现与节奏不合，也要按违反第一项处理。裁判必须评估评估选手正确舞步的脚法，如第一步足着点是脚掌、脚跟或脚趾等，以及脚步控制和表达力。

## 三、体育舞蹈的看点

① 情：表达感情是舞蹈的核心。

② 柔：动作柔中有刚，刚中有柔，刚柔相济。

③ 美：动作美、体态美、形神兼备，叫人赏心悦目。

④ 韵：韵律、韵味，即音乐性，有情感，有音乐感。

⑤ 健：健美，即要有力度感，神态、体态都不是软塌塌的。

⑥ 准：动作的规范性准确，动作、舞姿、造型，不多不少，有分寸。

⑦ 轻：体态轻盈如同一片羽毛，即使是大跳时也有如同燕子般轻盈的感觉。

⑧ 洁：动作干净，不拖泥带水，清脆利落，使观众觉得豁然开朗，心情愉快。

⑨ 敏：动作像燕子穿帘一样敏捷。如果手和脚的动作不敏捷，说明功夫不到家。

⑩ 稳：稳如泰山，将技巧性动作变成舞姿，必须有一个稳定感，稳当、稳妥、稳重，中心必须有平稳感，脚跟站稳。

# 第十八章 瑜伽运动

## 第一节 瑜伽运动的起源与发展

### 一、瑜伽运动的起源

瑜伽术原产于古印度,最初是一种修行的方式,后来演变成一种健身方式,是东方最古老的强身术之一。瑜伽修持者最初只有寥寥数人,后逐步在印度普通人中间流传开来。"瑜伽"一词,来自于印度古代梵文,是梵文"yoga"的音译。"瑜伽"的思想和实践在印度源远流长,现在提到瑜伽,多是指练功方法。为什么在印度会产生瑜伽呢?据分析,这与印度的自然环境有关。因为在印度常年高温气候下,人们在森林里通过瑜伽静心冥思、修身养性,对抵御酷暑湿热是有益的。大约在公元前2世纪,瑜伽学说已经形成一个独立的哲学流派,自此瑜伽学说上升为一个既有完整理论,又有实践知识的系统哲学体系。瑜伽出现了不少新的种类,派生出几十种功法,侧重于调息、坐法和身体其他部位的训练,后来演化为一种体育锻炼的方式。而今天的瑜伽,是印度几千年来科学修炼法的总结,有一整套从肉体到精神极其完备的修持方法,当今的瑜伽不仅属于哲学和宗教范畴,还有着更广泛的含义和强大的生命力,在世界范围内广泛流传。

### 二、瑜伽运动的发展

瑜伽的学说与思想,在古代就已传到欧洲。但是,西方人开始从事瑜伽活动,还是在20世纪60年代以后。瑜伽修习,在西方颇受青年人的喜欢和钟爱。最初在西方推广的瑜伽,不是印度的传统瑜伽,而是一种与西方现代医学、心理学相结合的新型瑜伽。要求修习者不仅练习各种身型和坐姿,更重要的是静坐冥思,以此平抑杂念,松心缓性,最终达到内心的喜悦和精神的解脱。

瑜伽在西方的流行,是有其深刻的社会原因的。西方是物质生产力高度发达的社会,现代科技和机械化生产可以充分满足人们物质生活的需要,但是在人们的精神生活上,仍然存在着各种的烦恼和痛苦。机械化的生产方式,使人的神经长期处于高度紧张和疲劳的状态,引发了人在精神上的诸多疾病;另一方面,市场经济下的激烈竞争,对物质和金钱的极端追求,也使人丧失了理智和道德,从而造成社会的病态和畸形。在这种条件下,人们不得不去寻找精神上的安慰处或避难所。当西方的基督教不能解决这些问题时,他们便到东方的宗教中去寻找安慰。所以,西方青年人,尤其是对现实社会不满的青年人,对东方文化和宗教表现出极大的兴趣和积极性。美国的嬉皮士、英国甲壳虫乐队的明星们,对印度瑜伽的狂热追捧,原因就在这里。

## 三、瑜伽运动与养生

1.瑜伽对人体的作用

瑜伽是身心双修的练习,瑜伽的体位法充分锻炼了人的脊柱,经常练习可以强化神经系统、促进内分泌系统正常运行,瑜伽呼吸和体位还会对内脏腺体产生有利影响。使人静心、减压,摆脱消极情绪。

2.瑜伽的呼吸

练习过程中,流畅的呼吸和完美的体式相配合才可收到事半功倍的效果。最基本的瑜伽呼吸法有腹式呼吸、胸式呼吸和完全式呼吸三种。

(1)腹式呼吸

腹式呼吸又称横膈膜呼吸,用肺底部进行呼吸,感觉腹部在动、胸部不动。通过这种方式对吸入气体进行控制,可让呼吸时间和周期变得深长、有规律。一次吸气、呼气和屏气为一个调息周期。腹式呼吸可以锻炼腹部肌肉,按摩腹腔内的器官,增加肺活量,促进全身血液循环。

① 动作方法:双腿分开,双眼轻闭,双手放在腹部,深吸一口气到腹部,胸腔保持不动,手随着气体的吸入而被抬起,吸气越深,手指分开越大,腹部升得越高。随着腹部扩张,横膈膜下降;呼气时,腹部朝脊柱方向用力收紧。尽量收缩腹部,手指相叠,将所有的气呼出双肺,横膈膜会自然上升。反复练习8～12次。

② 动作提示:腹式呼吸和日常呼吸方式不同,要经常练习才能熟练掌握。

(2)胸式呼吸

胸式呼吸比较接近日常呼吸方法,程度更深长、专注。以肺部的中上部呼吸,感觉胸部、肋骨起伏,腹部相对不动。胸式呼吸可以稳定情绪,平衡心态,帮助因为呼吸短促而积压下来的废气排出体外。

① 动作方法:瑜伽坐姿,腰背挺直,头顶的百会穴引领脊柱向上延伸,脊柱伸直,将双手轻轻搭放到胸部下侧的肋骨上,帮助体会肋骨起伏和气流涌动的感觉。用鼻子呼吸,吸气时胸部隆起,肋骨向上、向外扩张,腹部不动并保持平坦,继续呼气,胸部放松,肋骨向内、向下收缩,反复练习8～12次。

② 动作提示:非常简单,适合随时练习。如果觉得鼻腔吸入气体不顺,可以张开嘴巴帮助呼吸。

(3)完全式呼吸

完全呼吸是瑜伽调息和相对应收束法的砥柱,自然流畅的呼吸使整个肺部参加呼吸运动,腹部、胸部乃至全身都能够感受到起伏。完整的完全式呼吸可以将呼吸量扩大3倍,让新鲜的氧气供应血液,使心脏更强劲,缓解内脏压力,调整内分泌失调。把完全式呼吸变成日常的习惯呼吸可以让身体收放自如,有奇妙变化。

① 动作方法:它是腹式呼吸和胸式呼吸的完美结合,坐姿、仰卧、站立都可以。坐姿最常见,采用正确的瑜伽坐姿,头、颈、脊柱成一条直线垂直于地面,放松神经及身体。用鼻子呼吸,缓慢吸气,用腹式呼吸将气体吸到腹腔,感受腹部隆起,再用胸式呼吸,将吸气延续向上,

将胸部吸满空气并扩大到最大限度。此时腹部向内收紧，双肩可以略微升起，吸气已经到达双肺的最大容量。呼气阶段，按相反的顺序进行，首先放松胸部，肋骨向内、向下，排出空气，收缩腹部肌肉呼尽所有气体，结束一个呼吸周期。如此循环下去，反复练习。

② 动作提示：腹式呼吸和胸式呼吸后才可以练习完全式呼吸，否则容易出现呼吸不顺和胸闷。整个呼吸要保证顺畅、轻柔，每个阶段都不能间断，必须一气呵成。

### 四、瑜伽运动与身体健康

借由瑜伽各种体位姿势的练习，可以按摩身体内脏器官，不仅可促进血液循环，伸展僵硬的肌肉，使关节灵活，还可调节人体内分泌平衡，达到预防慢性病的作用。站立或坐姿不正确的人，或是长期处于压力状态下的人，容易感到疲劳或有倦怠感而会使呼吸不正常，瑜伽运动通过有意识地呼吸，得以排除体内的废气、虚火，消除紧张和疲劳。

瑜伽持之以恒的练习，能使人把注意力集中在一件事上，使肉体按照内心的意志去行事。学习瑜伽，从身体的调息直到心灵的净化，当身心完全放松，专注于伸展肢体时，体内会产生一种让人心情愉快的安定心绪，进而可以释放负面情绪，提升正能量。

## 第二节　经典瑜伽体式练习方法

### 一、站立深呼吸

1. 动作作用

扩大肺活量，增强循环，为下面的练习做准备。

2. 动作要领

① 双脚并拢，双手在体前十指相扣，弯曲双肘，将指节抵住下颌，保持手指节不要离开下颌。

② 运用喉式呼吸法，缓慢地吸气，吸气的过程同时张开双手肘、手掌，下颌压下，手背触及面颊，头后仰放松颈部。

③ 张开嘴呼气，同时合拢双手掌、手肘，尽量让大臂与地面平行，呼尽后还原。

### 二、半月式

1. 动作作用

快速获得能量，强化身体中部的肌肉，增强肾功能，帮助治疗肝脾肿大，消化不良和便秘。

2. 动作要领

① 脊柱挺直，双臂自然垂于体侧，手指手臂呈直线。

② 吸气，手臂经身体两侧向上抬起伸直，双手合十，拇指相扣，手臂伸直贴近双耳，手臂向上方伸展。呼气，保持头抬起。

③ 眼睛盯住前方固定一点，尽可能向上伸展身体，不要弯曲手臂和膝盖，呼气，慢慢向右弯曲到最大，保持均匀呼吸，停留 10～20s。

④ 吸气，慢慢将身体回到中心，手臂与脊柱保持向上伸展；呼气，向左弯曲上体，手掌尽量达到平行于地面，不要转动身体。

⑤ 吸气，再次回到中心，双臂与脊柱仍保持向上伸展。
⑥ 呼气，手臂从身体两侧放落，休息片刻再次重复，每次保持10～20s，之后休息。

## 三、笨拙式

*1.动作作用*

强壮腿部、臀部肌肉，伸展髋关节，去除下肢风湿病、关节炎、痛风等症，可以辅助治疗下腰痛及腰椎间盘突出。

*2.动作要领*

① 双腿分开与肩同宽，脚趾向前，脊柱挺直，双臂自然垂于体前。
② 吸气，向前抬手臂与地面平行，手心向下，手指并拢收紧肌肉，注视前面固定的一点，保持均匀的呼吸。
③ 脚跟固定在地面上，呼气，身体慢慢向下坐，直到大腿与地面平行，手臂平行于地面，脚跟不要离开地面；保持脚、膝、手分开与肩同宽，均匀呼吸，保持10～20s。
④ 吸气，慢慢起身，回复身体直立，抬起脚跟，到最大限度，手臂保持与地面平行；呼气，屈膝，降低重心，脊柱挺直，大腿平行于地面，均匀呼吸，保持10～20s。
⑤ 吸气，慢慢抬起身体，回复站立位；呼气，脚跟放落地面，手臂保持平行于地面。
⑥ 吸气，再次抬起脚跟，将膝盖并拢在一起；呼气，屈膝，重心向下，臀部触脚跟，重心压在脚跟上，膝盖保持并拢，脊柱挺直，腹部微向前，让手臂平行于地面，手心向下均匀呼吸，保持10～20s。
⑦ 吸气，慢慢起身，保持膝并拢，手臂平行于地面；呼气，膝盖分开伸直，回复站立位，双臂放落身体两侧，放松。

## 四、站立头触膝式

*1.动作作用*

收紧腹部及大腿肌肉，有益坐骨神经，伸展跟腱。

*2.动作要领*

① 山立式准备。
② 吸气，向上抬起右膝，双手抓右脚脚心，手指交叉，拇指在上，左膝伸直。
③ 左膝关节保持伸直，收紧大腿肌肉，之后双手抓住右脚向身体方向伸展，直到伸直，均匀呼吸，保持20～30s。
④ 右腿与地面平行，呼气，屈肘向下，上体向前向下，双膝固定不动。
⑤ 呼气，让头触碰膝关节和小腿，均匀呼吸，停留保持10s。
⑥ 吸气，缓慢伸直抬起上体，放下右脚，双脚站立。
⑦ 换左脚重复相同动作，之后休息片刻，再重复一组。一定要先将下侧膝盖伸直，再尝试伸直前侧膝盖。

## 五、站立拉弓式

*1.动作作用*

促进血液循环，提高心肺功能。收紧上臂、髋部及臀部肌肉。改善下背部和全身大部分肌肉的柔韧性。

2.动作要领

① 站立，双腿并拢，脊柱挺直，双臂自然垂于体侧。

② 左腿站立，屈右膝，右脚向后向上，右手成杯状从右脚踝外侧抓住脚背，手距脚趾3cm，手腕在脚内侧，手指在外侧，脚心向上。

③ 膝关节固定住，大腿肌肉收紧，吸气，左臂伸直，手指并拢，指尖与眉心同高；呼气，上体向前，使腹部平行于地面；同时将右脚向上向后伸展。

④ 腿的后侧要有拉伸感，最终应达到双膝伸直，双腿呈一字垂直于地面均匀呼吸，保持此式10s。

⑤ 吸气。慢慢地回到中心位置，双腿站立，双臂自然垂于体侧。

## 六、双角式

1.动作作用

伸展大腿后侧肌肉和跟腱的韧带。改善便秘、坐骨神经痛，伸展大小腿肌肉，提升脚踝、骨盆关节以及腰部脊椎的灵活度。

2.动作要领

① 山立式准备。

② 两脚分开大约2倍肩宽，吸气，同时手臂自两侧抬起平行于地面，两脚脚趾指向前，膝盖伸直，两膝固定。

③ 呼气，上体向前向下，双手抓住两脚跟后外侧；伸展下肢、头顶，触向地板，且尽可能靠近身体，重心在脚后跟，让背部尽量伸直，保持10s，呼气时放松向下伸展上身。

④ 吸气，抬头，慢慢抬起身体，回到身体直立。

3.三角式

（1）动作作用

伸展下腰部，矫正脊柱畸形，增强髋关节和侧腰部伸展的最重要的姿势，可以强健大腿，去除腰围脂肪。

（2）动作要领

① 双脚分开两倍肩宽，吸气，手臂由两侧向上抬起，于头顶合十，呼气，手臂放下与地面平行，手心向下。

② 保持左膝固定的同时，将右脚向右，腹部保持向前，上体微向后。

③ 屈右膝，保持脊柱直立，呼气，慢慢降低重心，直到大腿与地面平行。

④ 保持手臂伸直状态，向右弯曲上体，右肘放在右膝前，手指尖触碰大脚趾，上侧手掌心反转向前。

⑤ 移动头部，下颌触左肩，左手指向上方，肘关节固定，伸展左臂，尽量保持腹部向前，右肘推右膝向后，上体向后稍转，均匀呼吸，保持10s。吸气，抬起上身伸直右腿回到原位，双腿保持不动。

⑥ 左右交替进行。

4.站立分腿头触膝式

（1）动作作用

减少腹、腰、髋、臀、大腿等部位多余的脂肪，伸拉大腿后侧韧带。

（2）动作要领

① 站在垫子的一侧，吸气，双手经身体两侧向上抬起，于头上合掌；右脚向右侧跨一大步，

将重心移至两腿中间。

② 向右转右脚脚尖，上身转向右侧，与右脚尖形成一条直线，左脚仍保持向前。双腿伸直，呼气，自髋部开始弯曲向前，头触右小腿或膝盖，同时手触脚前的地板。

③ 继续前伸手臂，直到肘关节伸直，均匀呼吸，保持10s，慢慢立起上身。将手臂尽量向上伸展，左脚尖转向左侧，上体髋部也转向左侧，重复相同动作。

④ 左右交替进行。

5.树式

（1）动作作用

加强腿部、背部、胸部肌肉。提高平衡感和专注能力，纠正不良体态，预防疝气。

（2）动作要领

① 站在垫子的一侧。

② 注视身体前方一点，用左脚保持身体平衡，慢慢抬起右脚，双手抓住右脚，将右脚放在左大腿上，脚心向上，脚跟靠近胯部，脚背放在腹股沟处，脚尖向前，伸展脊柱，收紧臀部。

③ 移动双手，胸前合掌，均匀呼吸，保持10s；呼气，放开双手，慢慢伸直右膝，右脚放落在地面。

④ 左右交替进行。

6.仰卧式

（1）动作作用

使血液循环恢复正常，身体完全放松。

（2）动作要领

① 仰卧在垫子上，双脚蹬直，双脚自然地偏向外侧。双臂置于身体两侧，与身体成45°夹角，手心朝上，伸展颈部。

② 闭上眼睛，先深呼吸，再使呼吸变得顺畅而缓慢。

③ 放松两臂、双手和颈部肌肉。

④ 让身体完全处于放松状态，慢慢地呼吸。保持这个姿势约5～10min。

⑤ 完成后，深呼吸一次，慢慢张开眼睛。

7.除风式

（1）动作作用

有助于按摩腹部内脏，减轻便秘的症状，治疗胃胀气等慢性腹部疾病。

（2）动作要领

① 仰卧在垫子上，双手在体侧，掌心向上，双脚放松。

② 吸气右膝弯曲抬起，双手十指交叉抱住右小腿，将肘靠近身体。

③ 呼气，手臂拉膝关节向胸部，脚部放松，同时用眼睛看胸部。

④ 吸气右腿还原伸直状态，呼气，放下右腿。

⑤ 左右交替进行。

8.眼镜蛇式

（1）动作作用

改善各种背部疼痛和比较轻微的脊柱损伤。可调整月经失调及各种女性机能失调。经常练习可以舒缓、甚至消除背部与颈部区域的僵硬和紧张。

（2）动作要领

① 俯卧在垫子上，收缩双腿和臀部肌肉，双手放在腋下，手指向前，指尖不要超过肩头，双肩自然下垂，双肘立起放于体侧。

② 吸气抬头，眼睛向上看，用脊背的力量抬起上体，使腹部慢慢离开地面；呼气，用脊背的力量使背部向后弯曲，同时双臂伸直，将腹部压向地板，均匀呼吸，保持20s。

③ 呼气，慢慢放松手臂，降低上体成俯卧姿态。脸可转向一侧，眼睛睁开，手臂放回身体两侧，手心向上，脚跟向外放松。

④ 左右交替进行。

#### 9. 全蝗虫式

（1）动作作用

和眼镜蛇式、弓式有相同的功效，强健腰、腹部、上臂及大腿肌肉。全蝗虫式还可缓解，甚至消除失眠症、对哮喘、支气管炎和肾功能失调也有很好的改善作用。

（2）动作要领

① 俯卧在垫子上，额头触地，手臂放在身体两侧，手心向上，双腿并拢，收紧小腿、大腿和臀部。

② 呼气，同时抬头，眼睛向上看，头、胸、上半身向上扬。

③ 双腿抬离地面，手臂向后方举起，手心向下，手指并拢，收紧背部及下腰部的肌肉，用腹部保持身体平衡，保持10s。

④ 呼气，慢慢将上身、手臂、双腿放回地面，头可转向一侧，手心向上放在体侧放松。

#### 10. 弓式

（1）动作作用

弓式可以使背部、胸部、腹部肌肉得到加强，髋部、肩部得到放松，可用来消除由于疲劳而产生的疼痛和僵硬。

（2）动作要领

① 俯卧在垫子上，弯曲双膝，用双手抓两脚处。如果抓不到脚，可抓住小腿，目视前方。

② 吸气，将上身及两腿抬离地板，手臂伸直；呼气，头颈部后仰，收紧背部。保持10s，均匀呼吸。

③ 呼气，身体回落地板。

④ 可重复练习3～5次。

#### 11. 半龟式

（1）动作作用

有助于让身体充分放松，治疗消化不良，促进血液流向大脑，强健腹部及大腿肌肉，促进髋部、三角肌、肩胛骨、胸大肌的伸展。

（2）动作要领

① 跪坐姿势准备，双腿并拢，坐在脚后跟上，双手放于大腿上，脊柱挺直。

② 手臂自两侧向上抬起，在头顶上方合十，大拇指交叉，手臂触耳，脊柱伸直，深呼吸，尽可能向上伸直手臂。

③ 向前伸展脊柱，直到手外侧触地，手臂伸直。呼气，继续伸展向前，让头触地板，下颌离开身体，放松肩和手臂，眼睛保持睁开，保持20s。

④ 吸气，上半身慢慢直立，手臂保持向上伸展，呼气，手臂从身体两侧下落，放松20s。

⑤ 可重复练习3～5次。

#### 12. 脊柱扭动式

（1）动作作用

放松腰、背、肩、颈各个部位的肌肉群，预防腰、背部疼痛。促进肠蠕动，有利于排泄与吸收。

（2）动作要领
① 成坐姿，双腿向前伸直，然后弯曲左腿，将左腿放于右腿下方，脚心朝上。
② 呼气，左臂前伸，左手抓住右脚。上身转向右边，将右臂尽量收向背部。
③ 右手揽住腰的左侧。
④ 先吸气，然后呼气，同时头部和上身躯干尽量向左转，保持20s自然呼吸。
⑤ 左右交替进行。

13. 霹雳坐吸气式
（1）动作作用
是瑜伽的放松体式之一，有助于降低身体温度，伸展放松腹部脏器，促进循环，强健腹部器官，使腹部强壮，腰部苗条。
（2）动作要领
① 双腿跪坐，脊柱伸直，双手放双膝上，用嘴呼气。每一次呼气时，做收腹的动作，之后放松，均匀缓慢地重复做60次，休息几秒后，重复一遍，速度加快。
② 转动180°，仰卧平躺。

# 第三节　瑜伽运动练习的注意事项

生活中，很多细节可以提示我们身体运行是否顺畅，比如黑眼圈、失眠、手脚冰凉等。如果有这些问题，首先要看生活是否规律，如果总是熬夜，那么改变不良生活方式是最好的选择。当然，也可以加入一些防治气滞血瘀的瑜伽练习：比如背部伸展式、眼镜蛇式、肩倒立式等。除此之外，在练习瑜伽时也有如下一些需要注意的事项。
① 练瑜伽前后1个小时不要吃大量的食物，尤其是主食，还需要少量饮水。
② 练功服要棉质宽松的，赤脚练习，可以增强脚掌的感知力，不要穿紧身衣，不然呼吸会不流畅。
③ 如果在家练习，最好准备一块瑜伽专用垫，垫子不宜太薄，专业的瑜伽垫有厚度和弹性，并兼具防滑功能。
④ 练完后不要马上洗澡，因为瑜伽练习时，不光靠口鼻呼吸，皮肤也参与了锻炼，如果马上洗澡，冷水或热水会给皮肤造成强烈的刺激，增加心脏负担。
⑤ 练习时动作不宜太快，匀速即可。强度较大的体式一定要调息后再进行下一个动作。
⑥ 不要勉强自己，急于求成哦！因为每个初学者的柔软度、耐力及学习能力都不同，量力而为做到自己最大极限就可以啦。
⑦ 练习时集中精神，细心聆听身体的声音，感受每一个动作和呼吸对身体的反应。
⑧ 练习时，如身体出现不正常的剧痛、晕眩、呼吸困难，莫要逞强，应慢慢停止练习。
⑨ 练习时不应与其他学员攀比，初学者应与自己比较，以昨天的表现作评分的准则。
⑩ 瑜伽与其他运动一样，不是一朝一夕即可练成的；随着练功方法的不同，个人体质的差别，所获的功效也有不同。只要持之以恒地练习，肯定会在简单的动作重复中收获惊喜。

进行瑜伽练习要想收到很好的效果，每周至少要锻炼3次，练习时动作之间进行3～5次深长缓慢的深呼吸，有特殊说明的除外。每种练习先从主要动作开始，如果动作难度太大，可以先从简单的变形动作开始；为了更快地达到健身效果，每个姿势都要调整好呼吸，并逐渐增加动作的次数和强度。

# 第十九章 轮滑运动

# 第一节 轮滑运动概述

## 一、轮滑运动的起源

轮滑又称滚轴溜冰、滑旱冰，是穿着带滚轮的特制鞋在坚硬的场地上滑行的运动。今日多数的滚轴溜冰者主要都使用直排轮，又称刷刷、66（直排旱冰爱好者对这项运动的别称，来源于溜冰中轮子和地面摩擦时所发出的声音，同时也称溜冰鞋为"刷子"，称在马路上溜冰为"刷街"，而66与溜溜同音，更有趣味顺口，多为爱好者的互称）。直排轮也几乎成为了轮滑运动的代名词。

## 二、轮滑运动的分类

轮滑运动按项目特征的不同，分为休闲健身和竞技轮滑两大类；按参赛者表现自我和控制比赛对手方式的不同，可以分为休闲健身轮滑、轮滑技巧表演、速度轮滑、花样轮滑、极限轮滑和轮滑球。

## 三、速度轮滑的比赛项目和方法

1. 场地速度轮滑比赛

这是一种在专门为速度轮滑比赛而设计的室内场地上进行速度轮滑的比赛。场地一般有直道和弯道各两个，呈椭圆形，弯道处得外沿略高于内沿，呈盘子形状。跑道多采用硬木板地面或十分平整的水磨石、水泥或合成胶地面。场地速度轮滑比赛的项目分为男子组和女子组进行。一般有300m、500m、1500m、3000m、5000m和接力赛等项目的比赛。

## 2.公路速度轮滑比赛

公路速度轮滑比赛在中国和世界许多国家都开展较多，一般是选择一段较平整的沥青公路，有时还包括随公路转弯的弯道、有上下坡道的立交桥和带折返点的公路等来进行比赛。公路速度轮滑比赛的项目分为男子组、女子组和团队组，一般有300m、500m、1500m、3000m、5000m、10000m、20000m、马拉松、分段接力和团队集体赛等项目的比赛。

## 3.山地速降速度轮滑比赛

山地速降速度轮滑比赛是在坡度较陡的盘山公路上由上往下滑行并计时决定名次的一种比赛，一般距离可根据所选择的盘山公路而定，也可采用单人速降计时比赛等形式。

## 4.速度轮滑越野比赛

速度轮滑越野比赛是运动员脚穿速度轮滑鞋在不平整的路面进行越野比赛。一般可采用单人同时或不同时出发的计时比赛、群体同时或不同时出发的计时比赛、团队越野赛等形式。比赛的路面一般由沥青路面、土地路面、碎石路面和水池或小溪障碍组成。

### 四、轮滑运动与身体健康

轮滑运动对提升身体的平衡能力、柔韧性、应急反应能力都很有帮助。参与轮滑运动时膝关节、脚踝关节需要适当用力支撑身体，完成支撑、滑行、转弯等动作对于关节的支撑能力特别是灵活性有很好的锻炼作用。轮滑过程中，腰部、臀部、大腿、脚踝肌肉都在用力，技术良好者会利用合理的摆臂来加强身体的平衡和提高滑行效果，从而使上肢甚至胸部肌肉得到锻炼，因而，轮滑运动是一种理想的有氧锻炼方式。

# 第二节　轮滑运动基本技术

## 一、护具的佩戴顺序

护具佩戴的顺序，首先戴头盔，接着护肘、护膝、轮滑鞋，最后戴护腕掌，脱的顺序正好和穿的顺序相反。

## 二、站立与保持平衡练习

1. "八"字形脚站立

两脚尖外展40°～50°左右成八字形，两脚跟靠紧，上体微前倾，并且上体要放松，重心落在两脚中间。两眼平视前方，不要低头看两脚的动作，保持半分钟稳定身体平衡，稍作移动后继续保持身体平衡（图19-1）。

2. "T"字形脚站立

双脚呈"T"字形靠住站立。前脚跟靠住后脚弓，上体微前倾，并且上身放松，重心略偏于后脚（图19-2）。

3.平行站立

双脚平行分开稍微窄于肩，脚尖稍微内扣，膝部微屈，上身放松，重心落在两脚中间。如果练习者是穿单排轮滑鞋做练习，则还要注意练习时，两脚略向内倾，以方便于保持稳定（图19-3）。

图19-1 原地"八"字形站立　　图19-2 原地"T"字形站立　　图19-3 原地双脚平行站立

**4. 站立前后推鞋**

手扶栏杆或者在老师和同学的保护下，两脚相距20cm左右平行开立，在原地做两脚交替前后推动，体会轮子在脚下的位置和滑动时的感觉（图19-4）。

左脚前右脚后　　　　　　　右脚前左脚后

图19-4 原地双脚前后交替滑动

**5. 原地蹲起**

由基本姿势开始，两脚相距10cm左右平行站立，上体前倾，腰背部放松，含胸收腹，两臂自然下垂或背于腰后，两眼看前方5m左右处，重心落在两脚中间，逐渐弯曲膝关节。当膝关节弯曲至最低点后，保持几秒钟，然后两腿蹬伸起立，恢复基本预备姿势。练习时控制好重心，体会重心的上下移动。练习的时候可以借助栏杆和老师、同学们相互帮助来完成（图19-5）。

预备姿势　　　　　　下蹲（前）　　　　　　起立

图19-5 原地双脚平行站立蹲起

#### 6.原地左右移动重心

两脚平行站立,呈静蹲姿势,上体前倾。两肩自然放松,含胸收腹,屈膝,两臂自然背于腰后,两眼看前方6m左右处,重心落在两脚中间。逐渐将身体重心移动至左脚。右脚慢慢抬起向左侧收回,帮助维持身体平衡保持几秒钟。右脚恢复静蹲姿势,身体重心移至两脚中心。注意,右脚放下时,四个轮子的同时着地。逐渐将身体重心移至右脚。左脚慢慢抬起向右侧收回,帮助维持身体平衡,保持几秒钟。左脚恢复静蹲姿势,身体重心移至两脚中心。注意,左脚放下时,四轮子同时着地。恢复两脚平行站立姿势。练习的时候可以借助栏杆和老师、同学们相互帮助来完成(图19-6)。

预备姿势　　　　上体前倾下蹲　　　　向左移动身体重心　　　　右脚略抬起向左脚收

**图19-6　原地左右移动重心**

#### 7.原地抬腿左右跨步移动

由基本预备姿势开始,重心移至右脚,左脚以抬膝、脚平起平落的方式向右侧跨20cm左右,迅速将重心移至左脚,右脚同样的方式向右并靠一步,并支撑重心。如此反复向左右移动。练习的时候可以借助栏杆和老师、同学们相互帮助来完成(图19-7)。

预备姿势　　抬左脚向右脚跨　　双脚站立　　抬右脚向右跨　　双脚站立

**图19-7　原地抬腿左右跨步移动**

#### 8.向前踏步移动

由预备姿势开始,重心移至左脚,右脚以抬膝、脚平起平落的方式向前跨出15cm左右,落地后迅速将重心移至右腿,同时,左腿以同样的方式向前跨出15cm左右落地并支撑重心。练习的时候可以借助栏杆和老师、同学们相互帮助来完成(图19-8)。

#### 9.向后踏步移动

由向后滑行的基本姿势开始,重心移至左腿,右腿以抬膝、脚平起平落的方式向后踏出15cm,即右脚的脚尖落放在左脚的足弓附近。落地后迅速将重心移至右腿,同时,左腿以同样的方式向后踏步15cm左右,落地并支撑重心。练习的时候可以借助栏杆和老师、同学们相互帮助来完成(图19-9)。

图19-8　向前抬腿踏步移动

预备姿势　　向前抬右腿　　向前抬左腿　　双脚站立

预备姿势　　向后抬右腿　　向后抬左腿　　双脚站立

图19-9　向后抬腿踏步移动

## 三、基础滑行动作练习

### 1. 双脚向前滑行

在向前滑行的过程中,双脚平行站立,上身放松。右脚用内侧轮向外蹬地,身体重心转移至左脚,双臂自然张开。左脚向前滑行,右脚抬起并内侧收回,靠近左脚。右脚落地,双脚滑出,身体重心落在两脚中间,膝关节放松,同时上身放松并稍向前,当滑行将要停止时,左脚用内侧轮向外蹬地,身体重心转移至右腿,双臂自然张开,身体重心同时移向右脚,向前滑出,左脚抬起并内侧收回,靠近右脚,左脚落地,双脚滑出。然后重复上述动作,连续滑行。在向前滑行的时候,蹬地时两膝微屈,用内侧轮蹬地,蹬地脚蹬地后应注意身体重心要移到滑行脚上,以免蹬出去后收不回来(图19-10)。

预备姿势　　向后侧蹬　　双脚向前滑行

图19-10　双脚向前滑行

### 2. 双脚向后滑行

在向后滑行的过程中,左脚支撑重心,左腿向左脚方向以"平推"的方式蹬地后,迅速抬膝抬脚再平落至右脚旁边，成两脚间略窄于肩宽的平行开立，向后滑行一段距离。然后将重心移向右腿，以与左侧同样的方法完成右脚蹬地，再双脚后滑行一段距离。在向后滑行的时候，一次蹬地后双腿支撑向后稳定滑行的距离为3m左右，并能在双腿支撑滑行的过程中随意将重心移向任意一条腿上，在另一腿的帮助下稳定地滑行1m左右（图19-11）。

预备姿势　　　　　　向前侧蹬　　　　　　双脚向后滑行

图 19-11　双脚向后滑行

### 3. 双脚葫芦步向前滑行

在练习向前双脚葫芦步滑行时，首先原地双脚平行站立，两脚尖外展并以内刃蹬地，两脚尖向外侧滑出，两腿屈膝，身体向前倾，两臂左右张开保持身体平衡，两脚向前外滑，并滑至最大弧线时（稍微比肩宽一些），膝关节渐直并平行滑出，两脚尖同时内扣，并用外刃向前滑行，两膝弯曲，身体向前倾，两脚靠拢至约在15～20cm左右时，重复上述动作，连续滑行。在滑行时，身体重心在两脚中间，以两脚后轮用力蹬地，两腿屈伸动作要协调，滑行时不要低头及身体过分前倾，两腿分开不要过大，以免失去平衡，两脚尖收回时不能对碰，以免身体重心向前摔倒（图19-12）。

预备姿势　　滑行中两脚尖外展　　由脚尖外展过渡至双脚平行　　由双脚平行过渡到两脚尖内扣　　滑行前动作

图 19-12　双脚葫芦步向前滑行

### 4. 双脚葫芦步向后滑行

在练习双脚葫芦步向后滑行时，首先原地两脚分开，平行站立，脚尖稍向内扣，两腿弯曲，用两脚内刃向前蹬地，同时两脚跟向两侧分开，两臂自然张开，头向右侧，眼睛看向右手边，两脚向后外滑行，滑至两脚之间平行，距离约与肩宽时，向后滑行，上体与头部保持不变，两脚外滑至最大弧时两腿后跟用外刃收回，大腿用力向内夹，膝关节渐直滑出，恢复至原来姿势，随后重复上述滑行动作，连续向后滑行。在滑行时要注意身体重心保持在两脚中间，以两脚前轮为主，两腿屈伸动作要协调，两腿不要分开得过大，两后跟收回时不能对碰，以免向后摔倒（图19-13）。

### 5. 向前葫芦步转身向后葫芦步滑行

在练习向前葫芦步转身向后葫芦步时，首先掌握向前和向后葫芦步滑行后，该技术就变得容易多了，只要学会一个转身动作即可。在学习转身动作时，双脚脚跟抬起，两腿弯曲，两手张开保持身体平衡，以脚尖为圆心向后转180°，两腿屈膝，重心压在两脚尖的轮子上，保持身体平衡，肩、髋要稳定，脚跟着地，注意在脚跟落地时，保持身体的平衡（图19-14）。

预备姿势　　滑行中两脚跟外展　　由两脚跟外展过渡至双脚平行　　由双脚平行过渡至两脚跟内扣　　滑行前动作

图19-13　双脚葫芦步向后滑行

预备姿势　　滑行中两脚尖外展　　由脚尖外展过渡至双脚平行　　由双脚平行过渡到两脚尖内扣　　向前双脚平行滑行

腰髋发力两脚跟抬起向一侧转体　　身体转体的侧面动作　　身体转180°两脚跟落地　　两脚平行向后滑行　　滑行中两脚跟外展

由两脚跟外展过渡至双脚平行　　由双脚平行过渡至两脚跟内扣　　平行倒滑结束

图19-14　向前葫芦步转身向后葫芦步滑行

## 第三节 轮滑运动损伤的处理

1. 出血

经常用的方法是抬高出血部位、加压包扎、指压止血。常见的是指压止血，在出血的部位上方，摸到动脉跳动后，用手指把动脉压在相应的骨面上。部位的不同压迫点也不一样，头部在耳屏前上方约1cm处；面部在颌骨的下颌角前约1.5cm处；肩臂部在锁骨上凹中点；前臂和手在肱二头肌内沿中点；大小腿在腹股沟中点。

2. 擦伤、撞伤、撕裂

① 擦伤是一种非常常见，也比较轻的损伤。首先要清洗伤口，小面积的可以用2%的红汞液局部涂抹不需要包扎。大面积的擦伤，要先用消毒的蒸馏水或盐水将伤口洗净，然后再用凡士林油纱布覆盖。对面部的擦伤可以用1%新洁尔灭清洗或去医院请医生处理。

② 撞伤是由于皮肤受钝器打击或直接与硬物碰撞引起的闭合性损伤，大腿、小腿、腹部及头部等很容易发生撞伤。处理起来较为简单，早期限制活动24h内可局部冷敷、绷带压包扎、抬高伤肢。中期肿胀消失后进行热疗、按摩和理疗，尽早活动伤肢。后期进行一些抗阻力活动。

③ 撕裂伤是受到钝性打击导致皮肤和软组织撕裂的开放性损伤，一般在处理的时候，对伤口小者要消毒，包扎或用创可贴粘住伤口，对于较大的伤口应去医院进行清洗、止血、缝合和抗感染治疗。

3. 肌肉损伤

肌肉损伤是在运动中常见的损伤，由于准备活动不充分，或疲劳、技术动作不正确、动作过猛等会导致肌肉损伤。轻度损伤的处理方法与挫伤相同。如果损伤比较严重，出现肌肉断裂，需要在局部加压包扎、固定伤肢后尽快找医生处理。

4. 关节韧带损伤

关节韧带损伤是由于在直接和间接外力作用下，使附着于关节两端的韧带组织产生损伤，又叫韧带扭伤。主要症状有出血和肿胀、关节主动伸屈和旋转活动疼痛、韧带附着处或关节的缝隙间多有压痛、关节僵硬。处理关节韧带扭伤时，间多有压痛、关节僵硬。处理关节韧带扭伤时，除韧带完全断裂需要手术缝合外，其余可按急性软组织损伤处理，在24h内实施冰疗、加压包扎、抬高病肢和局部休息，48h后改用热敷、按摩等。预防关节韧带损伤主要是加强关节周围稳定装置的力量和柔韧性练习，活动前做好充分的准备活动，消除致伤的客观因素。

5. 关节脱位

关节脱位是由于强大外力的打击使关节间失去正常联系。学习轮滑时发生关节脱位的常见部位有肘和肩关节，多由于摔倒时用手撑地或是相互间的撞击而发生。遇到关节脱位时，在现场不可随便进行整复，可用夹板和绷带进行临时固定，尽快找医生进行处理。如果去医生的距离较远，肩关节脱位可用一条毛巾将前臂吊起，用另一条毛巾将伤肢固定在体侧。

6. 骨折

骨折是指骨的完整性遭到破坏。轮滑运动中的骨折常发生在前臂、上臂等部位，其主要表现是疼痛、肿胀及皮下淤血、功能丧失（失去杠杆和支撑作用）、畸形（肢体变短、成角畸形）等。

7. 脑震荡

脑震荡是颅脑受外力打击后，引起的急性脑功能障碍。轮滑运动中发生脑震荡的常见原因是摔倒时头部着地、头部受到外力的打击等。对于脑震荡的急救处理要注意以下方面：

① 上伤员平卧，保持安静；

② 如果昏迷，可以掐人中、内关等急救穴位；

③ 严重颅脑损伤，要尽快送医院处理。

8.腰部损伤

腰部损伤主要有腰肌劳损、腰肌损伤、腰椎间盘突出等。轮滑运动中如果腰部用力不当，可发生急性腰扭伤，其主要表现是局部疼痛、压痛、活动受限等症状。对于急性腰扭伤要多卧床休息，最好用木板床，腰后垫一小枕头，另外进行按摩、拔火罐、针灸、理疗，并可局部封闭治疗。

# 第二十章
# 户外运动

## 第一节　户外运动概述

### 一、户外运动起源

户外运动是指在自然环境或场地中进行的带有探险性或体验探险性为目的的体育活动。人类早期在艰苦的自然环境中为了生存发展而拼搏，为了上山采药，就创造出攀岩及下降的技能；为了躲避野兽的袭击，发明了野外生存技能；为了狩猎，就发现了定向运动辨路追踪的方法；为了捕鱼和寻找新大陆，就发明了泅渡、舟渡和潜水的本领。为了作战和迁徙，就积累了登山徒步的"穿越"经验；从为了生存的负重行军、设计道路、放牧捕鱼、穴居探洞，到带有目的性的高山探险和科学考察等等，这些为了生存的劳动和人类带有目的性的积极的拼搏中，都被称为户外运动。户外运动是从劳动生产、战争、科学探险中提炼出来的体育运动，一旦成为体育运动，它的目的就从物质创造延伸到精神创造，促进人自身在身体、心智方面的发展，认识自我、完善自我、挑战自我，赋予新的文化科学内涵，提供娱乐和身体锻炼的手段，丰富生活，提升生活质量。

户外运动主要分布于陆地、自然水域、空中等多个领域。目前普遍开展的项目大致分为山地运动（包括登山、攀岩、攀冰、轮滑、滑雪、山地徒步、山地自行车、探洞、山地越野、溯溪、溪降等。）；水上运动（皮划艇、漂流、潜水等。）；空中运动（滑翔伞等。）；野外生存；户外拓展等。

户外运动拓展训练又称外展训练（Outward Bound），起初人们发现每一次灾难过后都会有一小部分人能够活下来，一些心理学家和军事专家对此进行研究发现：当劫难来临时候，决定是否生存最关键的因素不仅是体能，更是心理素质。劫难中那少数幸存者有着丰富的经历和阅历，在灾难来临时他们沉着冷静，怀着坚定毕生的信念，团结一致，互相依赖，最终摆脱了葬身海底的命运。而大部分的人被灾难的恐惧和精神的沮丧击溃了心理的防线，体力急剧下降，陷落无望；在无序和混乱中挣扎，最终导致了死亡。在某些关键时刻，决定命运的不是体能强弱，而是心理和思维。以对心理素质的培养和锻炼为出发点，形成了拓展训练的概念。

建立一流的团队需要经过艰辛的工作和努力，在日趋激烈的市场竞争中越来越多的企业在培训员工知识技能的同时，更加注重团队合作和提高、改善员工的心理素质，当中户外拓展培训已成为最为有效的培训方法之一。

慢慢形成以培训管理者和企业人为对象、以培训管理者的心理适应能力和思维反应能力以及管理技能作为培训目标的学校。这种训练的独特创意和训练方式以有着显著的实效而逐渐被培训专家们不断完善、推广，从而引申到学校、家庭、企业团队、职业经理人和社会团队等组织群体。从原来单纯的体能训练、生存训练扩展到心理训练、人格训练、潜能训练、管理训练等等。由于这种非常新颖的培训形式和良好的培训效果，很快就风靡了整个欧洲的教育培训领域并在其后的半个世纪中发展到全世界。

## 二、户外运动的意义

户外运动是在自然环境中进行的，人们回归自然、返璞归真、释放压力、放松心情，给人以亲近自然的方式享受生活，缓解在城市中生活、工作、竞争所带来的压力。

户外运动的形式和内容不断发展，越来越丰富，体验探险可以激发人们的兴趣、欲望、上进心和潜能，锻炼意志品质，提升自尊心、自信心和创造力，提升自己应对挑战、克服困难的信心和能力。

户外运动强调团队精神，要求团队能统一思想和步调，团结协作，互相帮助，锻炼交际能力和人际关系，培养团队的合作意识和精神，共同获得成功和胜利。

户外运动是学习的课堂，要求参加户外运动的人具有多方面的科学知识、专门技术和技能。

户外运动是人文体育、绿色体育、科技体育；参与户外运动是一个找寻自我、体验自我、感受自我和完善自我的过程，使生活增添色彩，是人生增添活力。

## 三、户外运动与身体健康

经常参加户外运动可以加强心肺功能，增大肺活量，增加肺和组织中的气体置换，加强二氧化碳的排出；可以降低血液中胆固醇含量，起到预防动脉硬化、冠心病、高血压、脑中风等作用，延缓心脑血管系统的衰老；可以改善神经系统的功能，增强记忆力，提高机体反应的灵活性，提高自理能力和工作效率；可以改善人体的消化功能，增加胃肠道的供血、促进胃肠蠕动，促进各种营养素的消化、吸收和利用。

户外运动是以身体活动为媒介，以谋求个体身心健康、全面发展为直接目的，户外运动不仅能增强人体各器官系统的免疫功能，全面促进机体的新陈代谢和身体的正常发育，而且能磨炼意志，培养自信心，提高抗挫力，陶冶美的性情，增强社会与适应能力。

# 第二节　定向越野运动

定向越野是指将定向运动和户外拓展训练相互结合，形成的一种全新的户外体验式培训方式（图20-1）。

图20-1 定向越野

随着定向越野运动在中国的普及和发展，这种野外极限运动的方式逐步被引入传统拓展培训当中，成为拓展培训的有利的补充和创新。定向越野的培训内容是以国际流行的定向运动为载体，运用专业的定向地图、设备和器材，精心设计各项培训内容及活动内容，并在成熟的培训课程和活动流程的基础上，根据客户的具体要求，度身定做各类户外培训及团队活动的方案。由于定向运动的场地可以在公园、野外、城市，所以定向拓展开展不受场地拓展的限制，可以根据培训人员的要求在任何地点，任何时间展开，具有比较好的推广价值。

## 一、定向越野的定义和现状

定向拓展的定义，对于这个国内有很多的公司在开展定向拓展，大部分准确来讲是趣味定向，并没有按照定向运动的标准进行操作，这和定向运动的普及有关，也和拓展公司大多缺乏相关的技术人才设备有关。

1. 要有完善的定向运动的器材

定向越野需要的装备包括电子计时系统，标准的定向地图、指北针、点标旗等。为什么要这样的要求呢？任何新的行业产品，必须标准化规范化才能长久的发展和提高，定向拓展的行业规范如果不尽快的制订，将对其发展有很大的影响。

2. 定向越野处于初级发展阶段

目前的定向拓展的现状发展处于初级阶段，如何培养很多的专业技术人员，定向拓展培训师也是当前国内的拓展业面临的很大问题。

## 二、定向越野的特点

定向越野安全体系是保障运动顺利开展的主要因素。各个团队手拿指北针和地图以及任务书，要独自面对未知的挑战，没有培训师跟随相伴，所有的困难，所有的抉择都是由团队内部完成。从而可以充分暴露出团队的问题，并且在这个过程总团队如何达到意见统一，解决团队遇到的外在内在的各种问题，以及突发事件的处理，最终完成任务。定向越野的意义在于：

| Consciousness 团队意识 | 你想提升企业的表现及个人的满足感吗？<br>针对新的团队，建立一支相互紧密支持、有承诺及高效率的团队。通过学习，使学员亲身体验及发掘有效团队的重要元素，比如，一致的目标、开放的沟通、相互信任、领导才能等。它既强调每一位成员的重要性，又强调共赢，从而使团队朝着目标不断前进 |
|---|---|
| Communication 团队沟通 | 你重视日常工作中的沟通吗？你的公司在文化及语言上有差异吗？<br>提高员工的沟通技巧，比如，意见分享、深层聆听、同步行动等，将促进员工开发的沟通并体验及理解沟通的重点，从而达到最有效的沟通 |

| | 续表 |
|---|---|
| Correspond<br>团队协调 | 你想提升高层领导人员的表现吗？你想发动企业领导或部门负责人激励下属员工吗？<br>提倡让学员注入个人的力量，承诺发展他们的个人专业和培养重要的领导及管理技巧，包括学员品德，诸如：操守、诚信、信任、责任感、融入团队、贡献、勇于承诺及坚守承诺 |
| Credit<br>团队信任 | 你希望给员工创造一个更有回报及更有个人满足感的企业环境吗？你想在员工士气及挽留员工方面有障碍时提升员工个人贡献及表现吗？<br>帮助学员建立一个正面的思维方式，推动企业的成功，创造一个有回报及满足的环境 |
| Conformity<br>团队整合 | 你的企业面临转变了吗？你想承诺不断做出改变、不断发掘并维持优势吗？你的企业面临混乱、身处变革及不稳定中吗？<br>塑造一个不断变化的环境，让参与者能与变革建立正面的关系，发挥团队的最大潜能。学员建立一个接纳不断变革的文化，为以后的企业变革里程铺路 |
| Cooperation<br>团队合作 | 你认为"创意"是一项重要的元素吗？你需要处理很多挑战性问题吗？你致力于在员工中推动更大创造力吗？<br>重要的是提升参与者的创造力、开启无限的可能性及解决问题的能力，使之为团队的整体目标服务。要让学员超越以往思维的范畴，制订进取的目标及拟定个人的突破提升解决问题的能力，创造更多的可能性 |
| Control<br>团队统御 | 你想提升及发展领导才能的管理阶层吗？你想锐意创新及力图冲破现有限制吗？<br>让学员认识、发展及增强个人领导能力及教练的素质，利用这些能力及素质激励及领导其他人。户外体验式培训是一种全新的学习方法和训练方式，其主旨是让学员投身于大自然中，通过创意独特的户外体验式培训课程，激发学员的潜力，增强团队活力、创造力和凝聚力，从而提升团队能力并优化组织效率 |

## 第三节 登山运动

登山运动是徒手或使用专门装备攀登不同地形的山峰或山岭的一种运动。

## 一、登山运动的分类

根据山峰的地势以及攀登方式，登山运动可以大致分为探险登山（又称高山探险）、健身登山和竞技登山（包括攀岩和攀冰等）。

1. 探险登山

探险登山所面对的山峰往往是海拔3500m以上并覆有终年积雪的山峰。登山队员会面临陡峭地形、强风低温、高山缺氧以及随之而来的各种山间危险。因此，探险登山不是队员之间的比赛，而是运动队与恶劣的自然环境的抗争。

登山探险运动并不是我们每个人都能够轻易进行尝试的，登山队员需要具备良好的体能、娴熟的登山知识和技能。另外个人装备以及整个队伍的后勤保障系统也至关重要。探险登山如图20-2左图所示。

2. 健身登山

健身登山运动一般在海拔3500m以下的山地进行。健身登山的形式多样，可以登山与旅游相结合，也可以组织群众性登山、山地越野挑战赛、定向登山比赛等，健身登山如图20-2右图所示。健身登山比探险登山更趋向于大众参与性，这里介绍一些登山经验。

① 在登山前利用10～20min适当做一些活动身体关节和肌肉拉伸等热身运动，防止攀登时出现抽筋、拉伤等情况。

② 徒步登山时，尽可能在现有步道或路径上行进，不要贪图一时的方便而走捷径。

图20-2 探险登山和健身登山

③ 如果山路比较陡峭,可用"Z"字形攀登法节省体力。
④ 下山时,根据地形选择落脚点,尽量保持匀速,避免速度太快撞伤、擦伤等。

3.竞技登山

竞技登山是指运用熟练的攀登技术和专业攀登技术装备,在悬崖峭壁或冰壁的登山如:攀岩、攀冰如图20-3所示。

图20-3 攀岩和攀冰

## 二、攀岩知识与基本技术

### (一)保护点的设置

保护点的设置分为上方保护点的设置和中间保护点(又称临时性保护点)的设置。根据不同的岩壁条件,所需的固定保护点数量从一个到多个不等。

(1)上方保护点　选择的固定点要绝对安全,如人工岩壁上设置好的横栏、自然岩壁上的大树等。在使用前必须详细测试其牢固程度和可承受力。

(2) 中间保护点　可利用岩壁的树木、犄角状岩体等，或者使用机械锥和岩石锤等利用岩壁裂缝来制作保护点。具有多个中间保护点时，要注意尽量让这些保护点均匀受力。

## （二）攀爬技术

攀岩需要良好的身体条件，更需要全面的技术。手脚的配合、全身的协调用力会使攀岩动作更加合理、省力和流畅。

### 1. 手法

岩壁上的支点形状很多，攀登者要根据这些支点的形状，采取不同的抓握方式，常用的有开握、扣握、反抠、曲握和捏等方法。

①开握。如果支点的边缘或某些点的小洞可以支撑住手指的第二关节，此时可以手指开拢，让手指与支点充分接触，整个手掌不用紧握支点。

②扣握。遇到相对较小的支点时，四指并拢后能套住支点。用大拇指压住食指，这样支点就被完全套在手中。

③反抠。是指手掌向上抠握支点的方法，反抠动作可以用来维持身体平衡。用手反抠时，手要尽可能伸到支点的背后。

④曲握。是把手掌弯曲，四手指开拢，大拇指压在食指上，用手掌的外边缘抠握支点的方法。曲握主要用于抠握小球状的突出支点及圆点。

⑤捏。当一个支点的形状没有可把住的边时，只能通过捏来增加握点的可靠性。有些点可以让大拇指压在支点的边，与四指的方向成90°。但当支点很小时，只能用拇指和食指的第二关节外侧去捏握。

### 2. 脚法

腿的负重能力和爆发力都很大，而且耐力强，攀登中要充分利用腿脚力量。常用的脚法有正踩、侧踩和换脚。

①正踩。用鞋正前尖和鞋尖内侧边（拇趾），即运用脚的前部、大拇指处。正踩动作时，后脚跟要立起来。岩壁上不规则、粗糙的地方以及缺口和凹处都可以使用正踩。

②侧踩。侧踩就是用鞋的外侧去踩光滑的支点。侧踩能让攀爬者的身体贴紧岩壁，也有利于把身体的重量放在脚上，同时减少手的拉力。

③换脚。以从右脚换到左脚为例，先把左脚提到右脚上方，右脚以脚在支点上最右侧为轴逆时针方向转动，把支点左侧空出来，此时重心还在右脚上，左脚从上方切入，踩点，右脚顺势抽出，重心过渡到左脚。

## （三）下降技术

下降技术是指根据场地、坡度不同在探洞、岩壁、冰壁等有坡度的场地进行的下降活动所需要的技术。下降过程中，一般将绳子置于制动手一侧，制动手紧握绳子，双脚开立，与肩同宽，前脚掌轻点坡面，保持身体平衡。上半身保持正直、放松。下降时，双脚轻蹬坡面，制动手紧握绳索保持匀速下降。视线保持在下降路线上，选择下降线路，避免受伤。

## 三、攀岩运动装备

攀岩的装备器材不仅是攀岩者向上攀登的工具，还为攀岩者提供可靠的安全保证，常用的攀岩设备如图20-4所示。

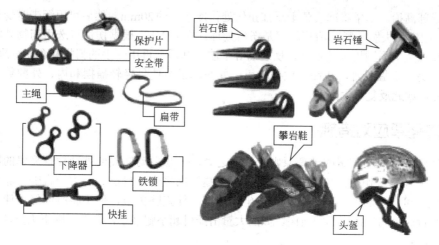

图 20-4 攀岩运动设备

① 安全带：为攀登者提供一种舒适、安全的固定连接。并且方便与绳子连接，可以把坠落的冲击力分散到腰部和腿部。

② 主绳：由高强度的尼龙按特殊的方法编织而成，具有较大的延展性，可以吸收脱落时所产生的大部分冲击力，从而降低对攀登者的伤害。

③ 扁带：在保护系统中作软性连接。

④ 保护片和下降器：在保护和下降过程中，通过它们与绳子产生的摩擦力来保障安全。

⑤ 铁锁和快挂：用来连接绳子、保护点、安全带与保护片、下降器和携带器材等，在保护系统中作钢性连接。

⑥ 岩石锥：固定于岩壁上的保护器械，根据岩缝的不同使用不同的岩石锥。

⑦ 岩石锤：钉岩石锥时使用的工具。

⑧ 攀岩鞋：一种摩擦力很大的专用鞋，穿起来可以节省很多体力。

⑨ 头盔：在攀登过程中避免头部受落石或上方抛下的装备引起的伤害，起到保护头部的作用。

⑩ 镁粉：吸收手上的汗液和支点表面的水分，以增大摩擦力。粉袋一般要挂于腰后，双手可随时蘸取。

## 第四节 运动中的注意事项

### 一、关节扭伤的预防与应急措施

在平时的训练中要加强身体肌肉力量锻炼，预防扭伤。定向运动是在不规则的场地上跑步，同时路程中因为有上坡、下坡、障碍物、点标站等。跑步的速度就会时快时慢，没有规律。所以在训练中，必须针对这些特征进行。在公路上、小道上和草丛中跑步时，采用基本上与中长跑相同的技术。但由于路面坚硬，要注意缓冲。上坡跑时步幅要小，上体前倾，用前脚掌距离身体重心投影较近的地方着地，适当加大后蹬用力和大腿高抬的程度。下坡时，上体直立或稍后仰，步幅适当放大，步频减慢，用全脚掌或脚后跟先着地。此外，在身体素质练习和技术教学中应有针对性地进行踝关节和小腿力量柔韧性练习，从而提高踝关节的稳固性，减少损伤。如果已经发生关节扭伤，需要做好两个方面的应急处理。一是现场急救。立即停止受伤踝关节的活动，足部高抬。尽早将冰袋敷于踝部扭伤处作冷敷，约20min。然后可用绷带对受伤踝关节作8字交叉固定，去医院紧急治疗。二是伤后处理。伤后24h，根据伤情可选用药物外敷、理疗和按摩。在踝关节周围用轻的推摩、揉理筋等手法按摩后，再用一手的拇指和食指分别夹持内、外踝间隙，另一手握足趾，在跖屈位作牵引，并在牵引下使足轻轻摇摆和内、外翻数次，而后背伸、跖屈，如此反复数次。

## 二、肌肉痉挛应对措施

对身体各部位肌肉痉挛的处理原则有共同之处，一是主动伸展或被动拉直痉挛的肌肉，并可作按摩松解痉挛或作热敷松懈肌肉紧张。对小腿肌肉痉挛，自己可努力伸直腿站起来，身体可稍向前倾，可使小腿肌肉伸展。也可以坐在地上，伸直膝关节，使小腿肌肉努力伸展，并按压足趾使其背屈，同时按摩小腿肌肉。如因大量出汗引起小腿痉挛，应及时喝下大量淡盐水。

## 三、摔伤的应急措施

无论是否有出血或疼痛现象，原则上，对摔伤者不要轻易采取移动措施，也不要乱揉，否则可能加重伤势。首先，要观察和判断。观察摔伤的情景、伤情和部位，以判断是否有骨折等严重摔伤。其次，果断及时采取措施。对于开放性伤口要把留于皮下、伤口内的杂物清除，再根据实际情况使用外敷药物涂于患处。如果没有流血，尽量不要使用能和伤口真皮黏合的材料如绷带、纱布等物过紧的压迫患处，否则，不利于伤口愈合。如骨折合并颅脑损伤及其他重要脏器损伤，要密切注意神智和全身状况的变化，并迅速送往就近医院抢救。

## 四、中暑应急措施

无论哪种中暑情况，首先应将中暑者移至通风阴凉处休息，使其头部垫高，松解衣扣。根据判断，对轻度中暑者可自行处理。对较重中暑，尤其昏迷者，要立即通知120，请医生抢救。在现场需要准确判断中暑类型，并采取相应措施。对于先兆中暑及轻度中暑，让中暑者饮用含盐饮料、茶水、绿豆汤等，服用人丹、藿香正气水等。将清凉油、风油精涂在中暑者的太阳穴或前额部。也可以用冰袋外敷额部或腋窝部，并用电风扇吹风。对于重度中暑者如果意识清楚，现场口服含盐饮料，头部要用冷水或冰袋降温，以保护中枢神经系统，再去医院做静脉注射补液。若出现昏迷，则用指甲掐人中使其清醒，并饮用含盐饮料，同时送医院作进一步治疗。

## 五、野生动物伤害应急措施

首先要注意预防，出现被蛇咬伤的情况时，首先应判断是否为毒蛇咬伤。通常观察伤口上有两个较大和较深的牙痕，才可判断为毒蛇咬伤。被毒蛇咬伤后，应及时采取有效的措施，阻止蛇毒的吸收和扩散。包扎或按压位置应于伤口近心端，每隔15~30min放松1~2min。若无牙痕，并在20min内没有局部疼痛、肿胀、麻木和无力等症状，则为无毒蛇咬伤。只需要对伤口清洗、止血、包扎。蜂类喜欢在草丛和灌木中。发现蜂巢应绕行，最好穿戴浅色光滑的衣物，因为蜂类的视觉系统对深色物体在浅色背景下的移动非常敏感。如果有人误惹了蜂群，而招致攻击，用衣物保护好自己的头颈，反向逃跑或原地趴下。如果被蜂蜇，可用针或镊子挑出蜂刺，但不要挤压，以免剩余的毒素进入体内。然后用氨水、苏打水甚至尿液涂抹被蜇伤处，中和毒性。可用冷水浸透毛巾敷在伤处，减轻肿痛。被野生动物咬伤、蜇伤后，不管有毒或者无毒，都应及时到医疗站点进行进一步观察处理。

# 第五节　极限飞盘

## 一、极限飞盘运动概述

### (一) 极限飞盘的起源及发展

#### 1. 极限飞盘运动的起源

极限飞盘，英文名称为Ultimate Frisbee，简称Ultimate，是飞盘运动的一种。极限飞盘以飞盘传递为竞技内容，通过队友与队友之间在场地上传递飞盘至得分区，队友在得分区成功接住并完全控制飞盘视为得分的竞技游戏方式。

极限飞盘运动源于美国，最早出现在1968年新泽西州Maplewood的哥伦比亚高中（Columbia High School，CHS），Joel Silver和Columbian（CHS的校报）以及学生会的同学们一起研究并制定了最早的飞盘橄榄球（Firsbee Football）规则，也就是现在公认的"极限飞盘"竞赛规则，它综合了篮球、足球、美式足球的特点，加上飞盘的特性，融合跳跃、转移、传盘、直到最后的长传或短传达阵得分，是一项进攻队员与防守队员之间没有身体接触的运动。要求选手除了具备攻、防技术外，还必须具备良好的体能、速度、智能、意志力和团队合作精神的竞技运动；不仅需要出神入化的传接盘技巧，而且需要非凡的速度、持久的耐力和坦诚默契的团队配合。在比赛中，运动员之间没有身体接触和冲撞。允许男女队员同场竞技。世运会于2001年将极限飞盘列为正式比赛项目。

#### 2. 极限飞盘运动的发展

最初的极限飞盘比赛方式比较随意，只是简单引入了美式橄榄球的一些规则，比如允许阻挡、允许带盘跑动，基本沿用橄榄球场地的边线设定等。但随着极限飞盘运动的发展，Silver和Hellring、Jonny Hines等人开始引入篮球、足球和曲棍球的一些规则。后来，允许阻挡、带盘跑动的规定被取消，关于防守的规则也被逐步建立起来。由于这项运动的普及和传播，其独特魅力让不少专业运动员也参与进来，使得极限飞盘运用拥有了更多的乐趣，也更具观赏性。1968年的秋天，CHS学生会队与校报队之间进行了一场友谊赛，最后校报队以11∶7赢得胜利，这是有史记载的第一场正式极限飞盘比赛。1969年夏天，著名的CHS停车场建成后，为了让更多的人同时在这里一起玩飞盘，比赛上场人数由20人减少到7人；此后不久，在每个学生假期的周末和晚上，这里都会进行常规的极限飞盘活动和比赛，这项运动也开始在公众媒体上被报道；1969年，Silver和Hellring参加了国际飞盘协会的水平测试，成为大师级选手，成立了国际飞盘协会（Ultimate Players Association）作为这个运动的官方组织；同时指定美国极限飞盘协会为美国极限飞盘的官方组织，协会在每年春季组织的大学生极限飞盘锦标赛中，都会有来自8个地区的约300支队伍参赛。

1968—1970年间，是极限飞盘比赛规则不断完善并走向成熟的时期。例如原来的规则里只界定了得分线，却没有对边线的长、宽和得分区的具体大小进行限定；此外，当时的规则需要临场裁判进行执裁。但是，极限飞盘被CHS的创立者们认为是一项"绅士的运动"，他们极力建议在极限飞盘运动比赛过程中采用"自判"的规则，即比赛双方通过互相监督、相互协商的方式解决场上出现的各种问题，并由此在极限飞盘的竞赛规则中提出了"飞盘体育精神"。1970年CHS极限飞盘运动的创立者们整理出了极限飞盘正式的第一版书面规则。1975年，第1届有组织的大学极限飞盘比赛在耶鲁大学举行，共有8支队伍参加。Rutgers在决赛中战胜了RPI，捧得冠军奖杯。从此之后，极限飞盘开始逐渐被各个大学所认识，很快成为最受欢迎的大学竞技体育运动之一。

### 3. 中国极限飞盘运动的发展

极限飞盘运动大约在20世纪70年代末80年代初出现在中国，但未能得到较大范围的普及和推广。目前已知中国最早的极限飞盘赛事是在上海工作的一群外国人于2000年开始举办的上海公开赛，这是一个以环太平洋为主的世界俱乐部之间的交流赛事，至今已成功举办过18届，许多国内的队伍也在组队参赛。

几乎同时，天津也出现了一支由天津体育学院学生成立的天津Speed队伍，该队与北京大哥队撮合出了中国第1届全国极限飞盘公开赛（2006年，天津），至今已达到二十多支队伍的赛事。在南方的深圳和广州也出现了极限飞盘队伍。特别是在深圳，留学归来的Balance和Xielin通过互联网和朋友介绍认识了Fay和Ken，在2006年组建了深圳第一个极限飞盘俱乐部，并主办了国内第一个中文飞盘网站（www.cupa.cn，目前已更名为中国飞盘网www.feipan.org）；深圳极限飞盘俱乐部随后通过Fay、Ken、Butterfly和Qiyan等人的推动在2011年更名为深圳市飞盘运动协会，成立专门的团队进行飞盘运动的推广及活动组织（www.szfdf.org），并在深圳大运中心举办了空前规模的深圳市第4届全国极限飞盘分组赛。

由于早期国内无法购买到专业的极限飞盘用品，运动的传播受到限制。深圳市的几个飞盘爱好者在2006年底便决定私人出资研制更适合中国人的专业极限飞盘，因此创立了中国第一个极限飞盘品牌X-COM，也正是这个品牌产品的出现，通过对国内队伍大量赠送和扶持，推动着国内极限飞盘运动的普及。"中国飞盘网"+"全国公开赛"+"X-COM飞盘"三者产生合力，迅速地推动着国内极限飞盘运动的发展，后续又出现了上海、大连、长沙、武汉、唐山、青岛、南京、苏州、杭州、宁波、重庆、成都、昆明、西安、珠海等更多地方的飞盘爱好者。

## （二）极限飞盘场地及基本规则

### 1. 极限飞盘运动标准场地

极限飞盘正式比赛场地为长方形，长64m，宽37m。得分区分别位于场地两端，长18m。

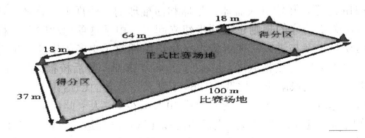

### 2. 极限飞盘简易比赛规则

（1）开盘

每1分比赛开始时，双方选手在各自防守的得分区内排成一队。先防守的队伍把飞盘扔给进攻的队伍（称为"发盘"）。正规的比赛中，每支队伍只许有7位选手上场。

（2）得分

如果进攻方选手在对方的防守得分区内接住飞盘，则得1分。

（3）传盘

选手可以往任意方向传盘给自己的队友。不允许持盘跑动。持有飞盘的选手（称为"掷盘者"）有10s的时间来掷盘。防守掷盘者的选手（称为"防盘者"）应该大声地数出这10s（称为"延时计数"）。

（4）失误

如果进攻方传盘没有成功（例如：出界、掉地、被对方断下、被对方截获），则视为失误。此时防守方获得盘权，立刻攻防转换。

（5）换人

只有在得分之后或选手受伤的情况下允许替换场上比赛选手。

（6）无身体接触

双方选手之间不应该有任何身体接触。也不允许阻挡对方选手的跑动。身体接触发生时判为犯规。

（7）犯规

当一方选手与另一方选手发生身体接触时，视为犯规。犯规的选手要立刻喊出"犯规（Foul）"，此时所有场上选手要停在当前位置不得移动，直到比赛重新开始。如果犯规没有影响进攻方的盘权，比赛继续；如果影响了进攻方的盘权，飞盘交还给进攻方继续比赛。如果防守方选手不同意犯规，飞盘还给前一位持盘者，重新开始比赛。

（8）自判

比赛没有裁判，场上选手自行裁决犯规、出界和失误。选手们应该互相文明地讨论与解决争议。

（9）极限飞盘的比赛精神

极限飞盘很重视体育道德和公平竞争。它鼓励选手们激烈对抗，但激烈对抗必须建立在互相尊重、遵守规则和享受乐趣的基础上。

## 二、极限飞盘运动技术及练习方法

在极限飞盘中，基本的掷盘方式有反手掷盘和正手掷盘两种。动作分为握盘、身体准备姿势、手臂动作方法和出手4个部分。

### （一）反手掷盘基本动作要领及练习方法

1. 动作要领

极限飞盘中的反手掷盘是最为人熟知的基本掷盘方式，反手掷盘的动作要领如下。

（1）握盘

手在盘的边沿握成一拳，拇指放于盘的顶部，其他手指置于底部。调整拳头的角度，令食指指关节对准目标方向。

（2）身体准备姿势

膝关节略微弯曲，两脚与肩同宽，双眼直视目标。右腿向前，迈向左方（以右手为例），绕转身体，肩部直对目标但双眼不离目标方向（身体略微转向后方）。

（3）手臂动作方法

肘部和手臂与上体保持自由空间，平直地完成掷盘动作。

（4）出手具体要领

用手腕的甩动将盘旋转着掷出手（旋转可令盘更加平稳）。如果盘容易翻转落地，调整角度，将盘的外侧边缘放低（低于内侧边缘）。出手时不可转动手腕。

2. 接盘基本技能

根据接盘时双手的基本动作，接盘动作可分为薄饼接盘法和边缘接盘法。薄饼接盘法是指双手一手在上一手在下，双手掌心相对同时发力将飞盘扣住的接盘方法；边缘接盘法是指拇指在下其他手指在上，双手或单手钳住飞盘边缘的接盘方法。相比较而言，薄饼接盘法对于初学者更加安全可靠，边缘接盘法对于有一定经验的学生而言更加灵活有效。

3. 反手掷盘和接盘基本练习方法

练习一：双人短距传接盘练习

双人短距离面对面站立，进行反手传接盘练习。传接成功一次则往后退一两步，失败一次则靠近一两步，分别计算不同接盘方式的失误次数（单手接盘法、薄饼接盘法和边缘接盘法）。

练习二：车轮替换练习

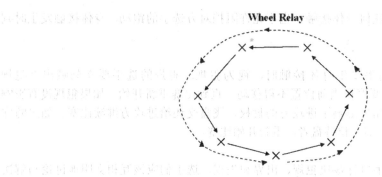

5～6人一组，所有人朝内站成一圈，相邻两人的距离保持在3～4m，持盘者传盘给右手边相邻的人，然后绕着圈子外围向左跑动一圈。其他人则继续往右传盘，在跑动者回到自己的位置时将盘传回给他。接着，其右手边相邻的人接盘，传盘后绕圈子外围向左跑动一圈。练习过程中只允许运用反手掷盘动作。

练习三：简易版极限飞盘练习

5～6人一组，组与组之间进行简易的极限飞盘比赛练习，练习中仅用10项简易规则。必须要强调的是，任何一方的掩护和身体接触都是不允许的。将掷盘者与防盘者之间的最小间距扩大为1m（通常是飞盘的直径）。一定要让学生们明白，只允许有一人去防守掷盘者，禁止双重防守。接盘后，必须尽快停下来，禁止持盘跑动。延迟计数到10s，如果防盘者数到10，则视为掷盘者失误，掷盘者要将盘放在脚下，然后比赛继续，无需中断。

## （二）正手掷盘基本动作要领及练习方法

1. 动作要领

极限飞盘的正手掷盘出盘方向更为灵活多变，通过手腕的变化，飞盘既可以掷向左侧也可以扔向右侧，但相比较而言，正手掷盘动作要领比反手更加复杂，因而也更加难以掌握。

（1）握盘

拇指在上，食指和中指置于盘沿内侧，中指指腹顶住盘沿。为增强盘的稳定性，食指可指向盘的中心。

（2）身体准备姿势

面向目标，两膝略微弯曲，两脚与肩同宽。右脚（以右手为例）向右、稍稍靠前跨出。将身体重心移向掷盘一侧的脚上（右撇子将重心移向右脚）。

（3）手臂动作方法

肘部和手臂与上体保持自由空间，尽量在同一个平面上平直的完成掷盘动作（不可弯曲）。用手肘部引导掷盘动作。

（4）出手动作要领

要求有明显的手腕屈腕和甩动动作，以增加盘的旋转。旋转可以让盘在飞行过程中更加平稳。如果盘容易翻转落地，调整角度，将盘的外侧边沿放低（低于内侧边沿），出手时手腕不应出现转动动作。

（5）动作提示

为达到好的掷盘效果，可让学生们从低于腿部的位置出盘。并且要引导他们联想到那些注重手腕动作的壁球和羽毛球扣杀等动作。

2. 基本练习方法

练习一：菱形训练

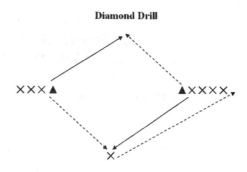

将所有学生分为两组，相距15m面对面站立成两队列。其中一队的第一位学生向右前方45度跑动接盘，另一队的第一位学生掷盘。然后掷盘者进行下一轮跑位，同时，接盘者继续往前跑入对面队列的末尾。可以额外增加两个角标，用来指示跑位和掷盘方向。

练习二：轴转与掷盘

这一训练方法涵盖了轴转与掷盘动作，要让学生们习惯于正确地确立轴心脚（如右手选手的轴心脚是左脚、左手选手的轴心脚为右脚）。两人一组传接盘，让掷盘者掷盘时往不同的方向去轴转，正手和反手两侧各重复10次。

练习三：防守游戏

6~7人为一组，站成直径约10m的圆圈，大家通过传盘给队友的方式，尽可能持久地保持持盘权。它跟极限飞盘规则相似，不允许持盘跑动，而且必须在计数到达10之前掷盘出手。其中有一人去防守掷盘手，需要强调掷盘手不允许走步——掷盘者不可抬起轴心脚（如右手掷盘选手的轴心脚是左脚），随后加大难度，不允许掷盘者将飞盘传给左右相邻的两人。

练习四：飞盘高尔夫

飞盘高尔夫正如高尔夫球运动，只是高尔夫球运动中的目标或者"洞"可以是手边何东西。要求掷盘手每次掷盘必须是从盘停止的位置开始，参与者的任务就是以最少的次数将盘掷进"洞"。可以适当增加一些难度，比如要求盘在进"洞"之前必须绕过一棵大树。

（三）弧线盘基本动作要领及练习方法

1. 动作要领

掷盘手无论是运用反手掷盘还是正手掷盘动作，通过改变飞盘的出手角度，都可以控制飞盘以弧线轨迹飞行。出手时抬高外侧边沿，飞盘会以"外摆"的弧线倾斜飞行；放低外侧边缘，飞盘会以"内摆"的弧线倾斜飞行。相对而言，反手掷盘时更容易控制这两种弧线，正手掷盘则相对较难控制，因此应当鼓励学生先尝试反手掷弧线盘，再逐步过渡到正手。

（1）反手掷外摆弧线

右手选手在掷反手外摆弧线盘时，盘的轨迹是从左往右，且左侧边缘稍高；左手选手在掷反手外摆弧线盘时的轨迹是从右往左，左侧边沿稍高。

（2）反手掷内摆弧线

右手选手掷反手内摆弧线盘时，盘的轨迹是从右往左，且右侧边沿稍高；左手选手内摆弧线盘的轨迹是从左往右，右侧边沿稍高。

（3）正手掷外摆、内摆弧线：在学生正手掷出水平盘的基础上，可以尝试正手掷外摆弧线，即在飞盘出手时中指上挑，适当抬高飞盘左侧边沿；正手掷内摆弧线时要求出手时拇指适当压低飞盘的左侧边缘。相对而言，正手的外摆要比内摆简单。

2. 练习方法

练习一："盒子里的小猪"

此练习重在掷出左侧向下倾斜的盘。将所有学生划分为3组。掷盘者与接盘者站在相距10m的两支标杆处，"小猪"站在他们两者之间。掷盘者与接盘者传接飞盘，不让"小猪"断下飞盘。所有人都不可移动。掷盘者只能通过改变飞盘外侧边沿的角度，掷出内摆或外摆。

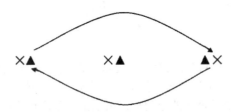

**Piggy in the Middle**

练习二：横传练习

组成4支队列，每队至少3人。每个队列站在以之字形路线交替摆放、相隔15m的角标后方。第1支队列中的所有人均持盘。第2支队列的第一个人横向跑位去接传盘，后做往前场连传的假动作，然后轴转，将盘横传给从第3支队列跑位出来的人。依次类推。每个人掷盘结束后跑入下一队列中。第4支队列的接盘者持盘跑入第1支掷盘者队列中。

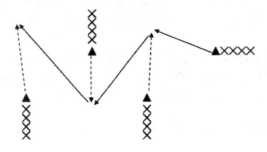

**Swing Drill**

## 三、极限飞盘练习注意事项

### （一）杯子练习法及注意事项

O玩家们是环绕在持盘的X玩家身边的杯子。持盘者有5s去将盘传给这个圆圈中的任何人（除了他右侧第一个人）。如果O玩家中的任何一位阻断掉飞盘，掷盘者加入杯子。如果圆圈中的某人接盘失败，他就与杯子中的某一人交换位置。此练习着重强调杯子防守、突破杯子传盘、突破逼向、身体调节练习等技能，一般用于练习的一开始或最后，起到很好的热身或放松作用。

## （二）"环游世界"练习法及注意事项

第一个X玩家将盘掷向第一个O玩家，然后背向他去跑位，再折返跑向他（这时第一个O玩家要回传飞盘给跑位的这个X玩家）。然后这第一个X玩家传盘给第二个O玩家，重复跑位路线。第二个X玩家在第一位跑位者完成三次传盘后开始跑位。这样进行训练时，X队列的玩家掷反手，O队列玩家掷正手。当X队列的每个人都跑完整个一圈，以同样方式往回跑位。这时掷盘方式要变换一下。结束之后，O和X两组人交换位置。着重练习掷盘、跑位、掷盘前站稳双腿、身体调节等技能；新人使用这项训练方法时，需要强调跑位的突然性，正对飞盘跑动以及开始第二次传盘前站稳双腿。如果训练队伍的水平比较高，可以着重练习在不站稳双腿和不走步前提下的传接盘技能。

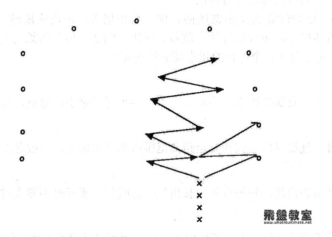

# 第六节 健步走

## 一、概述

健步走就是指以健身为主要目的的行走，是不同于人们平常所熟悉的行走活动，它是有所设计和遵循一定的规则而进行的活动，比如要达到靶心率、运动强度、运动频率、运动量等等。

通过多方面科学系统的控制，使之产生良好有效的运动健身累积效应，从而产生持续性的质地改善。

健步走是改变后的走，或者说是包装内涵和外延后走的时尚形式。它主张通过大步向前，快速行走，提高肢体的平衡性能，是介于散步与竞走之间的一种运动方式。健步走不受年龄、性别、体力等方面的限制，突出的特点是方法易于掌握，不易发生运动伤害；运动装备简单，只需一双舒适合脚的运动鞋，属于低投入、高产出的有氧健身运动，是人们在"以车当步"后缺失原始而纯朴健身方式的一种创造性补充。健步走起源于欧洲，目前在很多国家普及发展，它不仅是一种运动，更代表一种生活态度，并逐渐成为新的时尚健身潮流。

## 二、健步走技术

每一个人从开始会爬到逐渐站立，再到学会迈步行走，并没有人指导而自然形成了自己的动作。但如果选择的行走方法不适合自己，就会事与愿违，收不到完美的效果。

### （一）正确的行走姿势

正确的行走方式不仅改变一个人的外形和行走姿势，更重要的是有益于人的精神和心情，可使人体避免过度疲劳而影响健康，使人保持乐观、愉快、优雅、向上的心态，并且有增强肌肉力量、使腰部变细、改善体形、预防跌倒、矫正脊柱弯曲等辅助治疗作用。

正确的走姿应从容、平稳、直线。为此，良好的走姿应当身体直立、收腹直腰，双臂放松在身体两侧自然摆动，脚尖微向外或向正前方伸出，跨步均匀，两脚之间相距约一只脚到一只半脚，步伐稳健，步履自然，要有节奏感。两眼平视前方，起步时，身体微向前倾，身体重心落于前脚掌，行走中身体的重心要随着移动的脚步不断向前过渡，而不要让重心停留在后脚，并注意在前脚着地和后脚离地时伸直膝部。

除上述要求外，还要注意男女步态风格有别。男步稍大，步伐应矫健、有力、潇洒、豪迈，展示阳刚之气；女步略小，步伐应轻捷、蕴蓄、娴雅、飘逸，体现阴柔之美。

那么，正确行走时身体各个部位的状态是怎样的呢？

1. 头部

行走期间，头部一直保持直立，头顶上方有一种被绳子牵引的感觉，使身体如同圆柱一般。

2. 视线

不要过分俯视，视线可以达到在安全距离范围内稍远的地方，一般是3～6m。

3. 呼吸

调整呼吸使其沉稳自然，舒畅自如，长出气，深吸气，步行时不要太过注意呼吸情况。

4. 手臂

摆臂时要感觉手臂是从胸部中线开始向外延展，而不只是肩部以外的部分，屈臂90°为最好。

5. 腰腹

行走时始终保持紧缩收腹，对向前迈腿的动作有帮助；同时不要出现挺腰和弓腰的姿态。

6. 骨盆与臀

要保持左、右、左的螺旋转动，但是也不要左右摇摆太大；要有意识地把臀部当作腿部的部分向前迈动，出脚时要用力向后下方蹬地。

7. 大腿和膝

脚接触地时不要过分紧绷，腿部伸展，出脚要柔和自然。

8.足

向前迈步出脚时,脚尖上跷,脚跟先着地,身体重心要快速敏捷地从脚后跟过渡到整个脚底。迈步抬脚时要让脚趾跟部有意识地用力抓蹬地面。

## (二)健步走的技巧

稍抬下巴,耳朵与肩膀形成一直线,眼睛直视前方,肩部放松垂下,挺胸,背部要直,手臂放松,以肩关节为轴自然前后摆臂,手掌成杯状,摆臂不要高过肩;收紧小腹,膝盖保持柔软,臀部摆动,同时腿朝前迈,脚跟先着地,过渡到前脚掌,然后推离地面,脚迈向正前方,上下肢应协调运动,并配合深而均匀的呼吸。另外,走的韵律和节奏感也很重要,走得正确,自然会产生愉悦的心情。

# 三、健步走的阶段与原则

## (一)健步走的三个阶段

对于准备健步走的人来说,锻炼的要领是:循序渐进、因人而异、贵在坚持。可分如下三个阶段进行。

1.基础阶段

主要在第1周。这1周内,可健步走3~5次,速度可比散步快一些,每分钟110~120步,步幅60~75cm,时间20~30min。晚上休息前用热水泡脚,对大腿、小腿肌肉,跟腱(脚后跟与小腿肌肉之间的部位)和脚心进行3~5min的按摩,可快速消除初期练习的疲乏和酸胀。

2.提高阶段

时间为第2~5周。锻炼者渐渐提高健步走速度和增大步幅。重点训练健步走的正确姿势,调整步行速度,提高精神饱满度。

3.舒心阶段

坚持了1个月,你的健步走速度、姿态都已经达到了一定的水准。可增加健步走过程中的乐趣,如边走边听音乐,经常改变路线等。选择好的场地和有意识地调整心情是这一阶段的重要内容。

## (二)健步走的五项原则

1.加大每一步的幅度

首先要把背和腰挺直,尽量挺胸,两脚脚趾朝向行走的方向,每一步都要用脚趾头发力,让全身的肌肉尽可能地参与进来,最好有一种弹起来的感觉。大步走时,摆臂幅度要加大,尽力前后直臂摆平,以便让全身更多的肌肉参与到健步走中。因为人体50%的血管集于下半身,当更多的肌肉得到锻炼时,可以挤压人体至少50%的血管,推动下肢的血液流动。每一步都要比平时走路的步子大。简单的方法是:双脚底沾些水,先以平常步子走,测量两个脚印间的距离,然后在此基础上增加15~20cm,多走几次,适应新的步幅。

2.用力走出每一步

我们称用力走路为"劲走",劲走非常有利于减轻体重、消耗血糖、保持肌肉总量。因为人体的肝、胆、脾、胃、膀胱、肾6条经络由下肢而生,健步走至少可锻炼人体50%的肌肉、骨骼,可刺激人体50%的神经,按摩人体50%的经络。

3.行走时间宜固定

很多人日常的锻炼很随机,早晨有时间了就去走一走,晚上没时间了就停走。这种没有规律的不定时锻炼，身体很难对其形成记忆。事实上，健步走的最佳时间为晚上的5～9点，当然个人可以根据自己的体质和作息时间灵活选择。上班族则可利用上下班时间锻炼，比如说家离公交车站有一段距离，可以量好距离，选择比较合适的公交车站，至少走上25～30min。越过几个车站再上车。

**4. 行走距离宜固定**

般锻炼路程应不少于3000m（或30min），可根据年龄和身体情况进行调节。但只要定下，就不要随意改变，等完全适应这种强度后再进行调整。

**5. 行走步频宜固定**

每次步行的速度应尽可能一致，最好像列队行走一样有节奏。每周不能少于5次，一个锻炼周期为3～6个月。

## （三）健步走的准备

1. 首先要检查你的身体。假如已久病一年以上，或以前很少活动，或有心脏方面的疾病、怀孕、高血压病、糖尿病、在用力的时候有胸痛症状、常感疲劳，并伴有严重的头晕等任何一种状况，都需要先与医生讨论，以确定你是否能进行健步走运动。

2. 准备衣服，宽松舒适轻松的衣服能让你活动自如。要根据气候和季节的变化增减衣服；穿棉质的袜子可吸汗，防止脚起泡。

3. 白天走路时，涂抹防晒用品，夏天可戴太阳镜，以防紫外线的伤害；寒冷时节可戴遮阳帽保护头部，以免体温流失。

4. 不要负重，轻松上路。

5. 鞋要合脚，稍微留点空间，舒适有弹性，有避震、减震性能；最好选用专门的慢跑鞋.两双以上交替使用，每走800公里换一双。

6. 随身携带水壶，走路前、走路时和走路后都应喝水，特别是在潮湿炎热的天气时。小口喝，不要一次大量饮水；运动饮料比水更好。

## （四）健步走的注意事项

1. 健身时间一般可以根据自己的生活习惯进行安排，没有特定的要求。不过人们通常喜欢在早晨进行晨练，在傍晚或晚饭后进行锻炼。喜欢在早晨锻炼主要是因为这个时间较为固定，很容易养成锻炼的习惯。在傍晚前后锻炼主要是因为科学研究表明，人的精力在17～21点是最为充沛的，并且这是在繁忙的下班后，可以与家人相聚一起锻炼，有利于家庭和睦和健身氛围的形成。

2. 不空腹运动。因为人在运动时会消耗热量，而糖类是热量的主要来源。空腹运动易造成血糖降低，体质较弱者容易产生眩晕的症状。吃饭后一至一个半小时运动为宜。

3. 运动时不宜大量补充水分。运动本来就要消耗大量能量，如果在运动中（特别是运动量比较大的时候）摄入大量水分，一是容易增加胃部负担，引起胃下垂等疾病；二是会导致血液大量流入胃部，造成脑部缺氧，人会觉得昏昏沉沉的，影响运动质量。

4. 女性经期的健步走锻炼可以转变为速度稍微慢些的散步锻炼，从而保持锻炼的连贯性和持续性，等经期过后可以继续恢复到以前的健步走水平。

5. 每周健步走3～4次。可以选择隔天一次或2天休息一次。

6. 保证一定量的蛋白质摄入，比如牛奶、鸡蛋、豆制品等。只要保证蛋白质的摄入与消耗平衡，其方式可与吃荤者相同。

7. 大量出汗千万不能立即冲凉，因为运动后毛孔张开，冷水刺激会使毛孔突然紧缩，容易造成静脉曲张。

# 第二十一章 高尔夫运动

## 第一节 高尔夫的起源与发展

### 一、高尔夫运动的起源

有关高尔夫运动的起源有多种说法，流传最广的一种是古时的一位苏格兰牧人在放牧时，偶然用一根棍子将一颗圆石击入野兔子洞中，从中得到启发，由此发明了高尔夫运动。因此，高尔夫一词最早出现在14世纪苏格兰议会中的文件中。

在宽阔、绿茵的草地上，球员用长短不一的球杆，以最少的杆数将球依次从球台经过球道，最终击入果岭上的球洞（果岭是英文Green的音译，是指位于高尔夫球场球洞周围的一片管理精细的草坪）。

高尔夫运动的英文是GOLF，G—green绿色，O—oxygen氧气，L—light阳光，F—foot步履。它是一项把享受大自然乐趣和体育锻炼集于一身的极富魅力的高雅运动。

### 二、高尔夫运动的发展

20世纪，高尔夫运动传入中国。1931年，上海成立了高尔夫球游戏中心。同年，中、英、美国商人合办高尔夫球俱乐部，在南京陵园体育场旁开辟了高尔夫球场。

20世纪80年代，高尔夫运动在我国得到快速发展。1985年，中国高尔夫球协会成立，1986年1月，中国首次举办了国际高尔夫球赛——"中山杯"职业、业余选手混合邀请赛，此后，该项比赛每年举办一次。高尔夫球运动在我国迅速普及和发展起来。

### 三、高尔夫运动与身体健康

高尔夫运动在合理的运动计划安排之上对人身体的伤害较小，参与高尔夫运动不会让你腰痛、腿痛，很少会对腰关节、腕关节造成劳损，反而可以治愈在长期学习、工作状态下形成的脊椎劳损、腕部受损等症状，同时还可以舒缓身体的关节灵活性，使身体重新回到四肢协调的状态。

高尔夫不是强烈的竞技性运动，它的运动节奏更加舒缓，更侧重于休闲。同时高尔夫也是一项团队运动，通过参与高尔夫运动可以跟同队的伙伴有更多的交流，可以分享打球经验、生活乐趣等，所以说高尔夫不仅仅是运动，也是人际沟通的平台。

## 第二节　高尔夫的练习方法

### 一、握杆姿势

握杆是高尔夫中的最基本动作，握杆的方法大体上可以分为十指式、连锁式和重叠式三种，如图21-1所示。

1. 十指式

十指式又称棒式或自然式，像握棒球杆一样左右两手分开用十指握住球杆，右手的小指与左手的食指相贴。这种握法比较容易握住球杆，适合年龄小或者年龄大的爱好者。

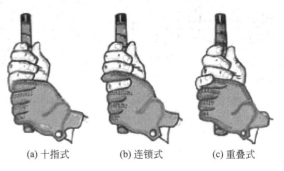

(a) 十指式　　(b) 连锁式　　(c) 重叠式

图21-1　握杆姿势

2. 连锁式

右手的小指插入左手食指与中指之间，勾锁住食指。这种握法容易产生一体感，利于使用右手力量。适合手比较小、比较厚或者挥杆的杆头速度非常快的球手。

3. 重叠式

右手小指扣住左手食指的关节，右手食指成扣扳机状扣住球杆，并与中指明显分开，左手拇指含在右手掌心。采用重叠式握法，手的感觉比较敏锐，击球时容易打出技巧球，目前90%左右的人都采用这种握法。

### 二、击球准备姿势

根据击球的方向选定两脚的位置，两脚分开，略比肩宽，两脚尖连线与准备击球的路线平行。身体重心放在两脚的后跟，双膝略弯曲并稍向内收。上体微微前倾，两臂弯曲并稍稍内扣，球杆顶端距离身体约一个半拳头的距离。头颈部保持正直、放松，目视球，调整身体各个部位，保证在击球瞬间杆头面正好对着球。另外，在开始挥杆之前轻轻左右摆动一下杆头，有利于松弛全身肌肉的紧张，集中精力，姿势如图21-2所示。

图21-2　准备姿势

### 三、击球姿势

整个击球过程可以分解为后引杆、上挥杆、下挥杆、顺势摆动和结束动作。

1. 后引杆

杆头从击球的准备状态开始，向身体的后上方摆动。假设球位于时钟6点位置，球员将球杆后引至8点位置为后引杆。此阶段手腕和手臂不能弯曲，杆面始终正对球的飞行方向。如图21-3所示动作1和动作2。

2. 上挥杆

球员将球杆继续向上挥动至2点钟位置，用手臂和肩的动作带动身体旋转。如图21-3所示动作3和动作4。

3. 下挥杆

上挥杆向右扭紧的身体向左还原的动作环节。当球杆到达6点钟位置，杆头速度达到最快，打击力达到最大，左手臂与球杆成一条直线时将球击出。如图21-3所示动作5和动作6。

4. 顺势摆动

击球后，杆头顺势向前挥动一段距离，头保持击球前的状态，以左腿为轴身体向左转动。如图21-3所示动作7。

5. 结束动作

动作结束时，身体正对击球方向，体重完全由左腿支撑。如图21-3所示动作8。

图21-3　击球连贯姿势

## 第三节　高尔夫运动注意事项

### 一、比赛规则

1. 球场

高尔夫球场由草地、湖泊、沙地和树木等自然景观组成。一个标准的高尔夫球场占地60～100公顷，一般包括4个3杆洞、10个4杆洞和4个5杆洞，共18个球洞。根据18洞球，划分为18个大小不一的场地,每块场地均由发球台、球道、果岭和球洞四部分组成。

2. 球杆和球

高尔夫球杆由杆头、杆身与握把三部分组成,其长度一般在0.91～1.29m之间。根据击球远近不同的需要,每个选手最多可带14根球杆进场,推荐选择4根木杆、9根铁杆和1根推杆,如图21-4所示。

木杆其实也是合金材料,因为早期用柿子木等高弹性、高硬度木料制作的,所以现在还叫它木杆。木杆特点是比较长,杆头很大。木杆适合击远距离球。铁杆相对来说短一些,杆头小。铁杆的击球距离没有木杆远,但是可以控制球的落点在一个相对比较精准的程度。

推杆是在果岭上推球入洞的专用球杆。高尔夫球一般是用橡胶制成的实心小白球,表面均匀地布满凹槽,有利于稳定飞行和提高准确性。高尔夫球的硬度一般是70～105,数字越大,球就越硬,方向越难掌握,初学者适合选用硬度较低的球,如图21-4中图所示。

3. 鞋

高尔夫球鞋的鞋底一般有6～7个的鞋底钉,可防止滑动,使选手挥杆时保持身体平衡,如图21-4所示。

图21-4  高尔夫球杆、球和鞋

## 二、比赛方法

① 比赛从1号洞开始,依次打完18个洞称为一场球。以最少杆数打完一场球为胜者。

② 18个洞的标准杆数为72杆。选手击球入洞的杆数与标准杆相同,称为"帕"(par);低于标准杆一杆,成为"小鸟球"(birdie);低于标准杆两杆,称为"老鹰球"(eagle);比标准杆多一杆,称为"补给"(bogey)。

③ 在第一洞发球台上,应通过抽签确定首先击球者。此后每个洞的胜者首先击球,如果上一洞未分胜负,则前一个洞的胜者首先击球。其他人的击球顺序,从击球进洞所用杆数少者开始。在球道中,应由距离球洞较远的人先打。

④ 当球被击出后,要等到球处于静止状态后才可继续进行比赛。

⑤ 不可触摸或挪动球的位置,不能为便于挥杆而改变周围的环境。

## 三、高尔夫礼仪

① 遵守开赛及发球时间,迟到是参加高尔夫比赛的最大禁忌。

② 球员在击球或进行挥杆练习时,应确保球杆可能击打到的地方及其附近无人站立。

③ 为其他球员着想,击球时不要干扰或影响他人。

④ 对球场进行保护,避免造成不必要的损伤。

# 第二十二章
# 跆拳道运动

## 第一节  跆拳道的起源与发展

### 一、跆拳道的起源

跆拳道起源于朝鲜半岛,距今已有两千多年的历史。朝鲜民族古时以农业及打猎为生,在抵御野兽、对抗入侵与祭祀活动的舞艺中,逐渐演变成有意识的攻防技巧及格斗自卫武艺的雏形。在两千年前的高句丽皇室墓葬的壁画中,画有两名男子在用跆拳道的攻防姿势互相争斗。

所谓跆拳道,跆(TAE),意为以脚踢、摔撞;拳(KWON),以拳头打击;道(DO),是一种艺术方法。跆拳道是一种利用拳和脚的艺术方法。它是以脚法为主的功夫,其脚法占70%。跆拳道的套路共有24套;另外还有兵器、擒拿、摔锁、对拆自卫术及10余种基本功夫等。

### 二、跆拳道的发展

第二次世界大战后,朝鲜自卫术再度兴起,从异国他乡回归故土的朝鲜人也将各国的武道技艺带回本国,逐渐与跆拳道融为一体。

1955年4月11日,由韩国各界著名人士组成的名称制订委员会,通过无记名的投票,一致通过了"跆拳"二字,由此产生了"跆拳道"。1961年9月韩国成立了唐手道协会,后更名为跆拳道协会,并成为全国运动会正式竞赛项目。1966年第一个国际组织:国际跆拳道联盟(简称ITF)成立。1972年,国际跆拳道联盟总部迁到加拿大的多伦多。1973年5月,在韩国成立了世界跆拳道联盟(简称WTF)。1980年,国际奥委会正式承认了世界跆拳道联盟。1988年汉城奥运会跆拳道被列为示范比赛项目,1992年巴塞罗那奥运会跆拳道被列为试验比赛项目;2000年悉尼奥运会跆拳道成为奥运正式比赛项目。

1989年,韩国世界跆拳道联盟首次在北京举行跆拳道培训班,WTF跆拳道首次作为竞技体育被介绍到中国。1995年8月正式成立了中国跆拳道协会,1995年11月,中国跆拳道协会被世界跆拳道联盟接纳为正式会员。

## 三、跆拳道运动与身体健康

跆拳道运用骨骼、肌肉、关节的活动来调整身体，因此它是一种全身性运动。参与跆拳道运动时通过踢腿、闪躲、攻击或防御等动作，使身体肌肉更加强健。通过将全身力量集中到某个部位的"对准焦点"练习，训练肌肉的爆发力；以基本动作和模式练习，提升反应灵敏性的同时也锻炼了不同动作互换的能力。

通过跆拳道的练习，可以使血液循环顺畅，使肌肉和结缔组织变得有韧性，使关节和血管变得柔软。结合跆拳道运动中的呼吸调整，攻击时的发声等，不仅可以建立压倒对方的气势，而且也使下腹的肌肉伸缩，对预想不到的反击实现防御，提升肺活量。

# 第二节　跆拳道的练习方法

## 一、击

### 1. 直拳
出拳不高于肩部，击打部位是身体中线以上，辅助手臂弯曲向后夹紧。

### 2. 直拳侧击
攻击部位是胸口，攻击的路线是从髋关节到心胸旋转攻击，动作完成后直拳侧击与胸口同高。

### 3. 背拳前击
右臂从左髋关节开始，拳心向下，要从辅助手臂的内侧向外，腕部不能弯曲。

### 4. 下锤拳
攻击的手臂从里到外，动作幅度要大，手下锤时，拳的高度与眼部同高，左右脚内侧形成90°。

### 5. 勾拳
起始点双拳的拳心向下，然后慢慢旋转出击，辅助手旋转到右肩部时，拳心向脸部。

## 二、打

### 1. 掌肘对击
击打部位是胸口，击打手臂的拳心向下，动作完成后击打的肘关节与辅助手臂，掌心对齐，肩部向进攻方向自然形成45°。

### 2. 肘上击
击打部位是下颌，动作完成后拳心向脸，肘部与耳朵同高；辅助手的拳放在髋关节处，拳心朝上；肩部向进攻方向自然形成45°。

## 三、基本站姿

### 1. 并排步
两脚间距一脚长的距离，脚内侧平行，两脚膝关节伸直。

2.走步

自然走步时,有停顿的动作;双腿伸直,重心均匀分布在两脚上;身体中正,肩部与正前方自然形成30°角。前后脚的距离为三脚长。

3.并步

双脚内侧合并,双腿膝关节伸直。

4.左右站姿

在准备姿势下,左脚或右脚向外旋转90°。

5.弓步

前后脚相距四脚半长的距离、左右脚宽度是一拳距离;上体中正,前脚膝关节弯曲。低头下看时,膝关节与前脚尖在一条直线上;后脚尖与正前方自然形成30°角,后腿膝关节伸直,重心的2/3放在前脚。

6.三七步

双脚呈L型,脚内侧形成90°角,重心的70%放在后腿,30%放在前腿。

7.虎步

身体中正,后脚尖与正前方形成30°角;重心在后腿,前腿膝关节与前脚尖在一条直线上;前脚跟离地,前脚掌轻轻点地,双腿膝关节弯曲,身体重心的90%或100%放在后腿;前后脚相距两脚长距离。

8.马步

双脚间相距两脚长距离;两腿膝关节弯曲,膝关节向正前方;上体中正,低头向下看时,膝关节与前脚尖在一条直线上;膝关节扣紧,不能向外。

9.前、后交叉步

双脚相距一拳距离;双腿交叉,小腿形成"X"形态;重心的90%放在腿上;前脚和后脚形成90°角。

10.鹤立步(右脚)

支撑脚的脚尖向正前方,脚内侧平行;支撑腿膝关节与马步相同,膝关节弯曲向正前方;辅助脚的内侧紧贴支撑腿膝关节内侧;辅助腿的膝关节向正前方。

11.提膝鹤立步

支撑脚的脚尖向正前方,双脚内侧平行;支撑腿膝关节与马步相同,膝关节弯曲向正前方;提膝的脚背紧贴在膝关节后面;提膝的膝关节向正前方。

## 四、跆拳道的基本格挡

1.下格挡

起始动作:右侧下格挡时,右臂弯曲放在左肩部,拳心向脸部;辅助手臂伸直,拳心向下与胸口同高。

规定动作:动作完成后,格挡的拳与左右大腿部的距离为一立拳距离;辅助拳放在髋关节处,手臂向后夹紧。

2.中内格挡

起始动作:右中内格挡时,右手臂弯曲,拳心向外,腕部伸直,拳与颈部同高;辅助手臂伸直,拳心向下与胸口同高。

规定动作:格挡的拳要到身体的中心线;格挡动作完成后拳与肩部同高;格挡动作完成后

右手臂的角度是90°～120°；辅助拳放在髋关节处，手臂向后夹紧。

3.中位外格挡

起始动作：右臂中外格挡时，右臂弯曲并放在左髋关节处，拳心向上；辅助手臂弯曲并放在右肩部，拳心向外。

规定动作：格挡的拳心向外，拳与肩部同高；格挡手臂的角度是90°～120°；辅助拳放在髋关节处，手臂向后夹紧；格挡时，格挡手臂的拳经过肩部。

4.上格挡

起始动作：右上格挡时，右臂放在左髋关节处，拳心向上；辅助的左臂弯曲放在右肩部，拳心向外。

规定动作：格挡手臂的腕部到人体中心线；格挡手臂与前额为一拳距离；格挡完成后格挡的手臂形成45°角。

5.手刀中位格挡

起始动作：左侧手刀格挡时，左手放在右髋关节处，掌心向上；辅助的右臂展开120°，手尖与肩部同高，拳心向外，腕部伸直。

规定动作：格挡手臂的掌心向外，腕部伸直；格挡手臂的角度是90°～120°；格挡的手尖与肩部同高；格挡的手刀经过右肩部；辅助手臂的掌心向上与胸口同高，与身体相隔为一立掌距离。

6.单手刀中位外格挡

起始动作：左侧单手刀外格挡时，左手刀放在右髋关节处，腕部伸直，掌心向上；辅助的右臂弯曲握拳放在左肩部，拳心向外。

规定动作：格挡手臂的掌心向下成45°，腕部伸直，手尖与肩同高，格挡手臂的角度在90°～120°；辅助手臂弯曲向后夹紧。

7.手刀交叉下格挡

起始动作：双拳放在右髋关节处；左手在上，右手在下，双拳心向上。

规定动作：手刀交叉下格挡动作完成后，双臂交叉形成"X"形态；大腿与手刀相距是一立拳距离；肘关节轻微弯曲，腕关节伸直；动作完成后双拳的拳心向左右。

8.燕子手刀颈部攻击

起始动作：左手刀从右髋关节处向下移动；右手刀从肩部向前移动。

规定动作：左侧格挡时，格挡的手臂与额头距一拳距离，腕部伸直；攻击的手刀与颈部同高，肩部向左45°角。

9.剪刀格挡

起始动作：右拳从左髋关节处向上移动，拳心向里；左拳从右肩部向下移动，拳心向下。

规定动作：格挡动作完成后，内臂中外格挡的拳与肩部同高；下格挡的拳在大腿正前方，与大腿相距一立掌距离；双臂距与肩部同宽；格挡时，内臂中外格挡的手臂在外侧，下格挡的手臂在内侧。

10.单手刀上位斜外格挡

起始动作：右侧单手刀上位斜外格挡时，右手刀从左髋关节处，向上移动；左臂弯曲与右肩部同高，掌心向外。

规定动作：格挡手刀的腕部伸直，高度与头部同高，肘关节轻微弯曲然后交叉格挡。身体向正前方形成45°角。

11.牛角势格挡

起始动作：双拳放在小腹部，拳心向内，拳与拳的距离是一拳；丹田和拳的距离为一立掌。

规定动作：拳的高度与上格挡同高；格挡动作完成后，左右臂形成45°角；拳和拳相距是一掌距离，双拳和前额相距是一拳距离；格挡完成后，形成犹如把牛角左右撕开的动作。

12.双拳上位侧格挡

起始动作：左侧格挡时，右臂放在右髋关节处，拳心向上；左臂放在胸口右侧，拳心向下。

规定动作：格挡的手臂经过面部，腕部伸直，高度与耳部同高，拳心向耳部；辅助手与胸口同高，拳心向下，腕部在胸口的左侧。

13.山形格挡

起始动作：双拳从髋关节两侧开始，交叉形成"×"形态；拳心向下，肘关节轻微弯曲。

规定动作：格挡时，双臂交叉经过面部；格挡动作完成后，双臂的腕部与耳部同高，拳心向内；肘关节放松下垂。

14.反手刀中外格挡

起始动作：右侧格挡时右臂放在左髋关节处，掌心向下；左臂放松伸直展开，掌心向上，腕部伸直与肩部同高。

规定动作：格挡的手臂经过肩部时开始格挡，高度与肩部同高；格挡完成后辅助的手臂与胸口同高，掌心向下，掌和胸口相距一立掌距离。

# 第三节　跆拳道运动注意事项

初学跆拳道时对新环境会很迷茫，一时间难以融合，学习过程中需要把握一些细节，同时也有一些参与跆拳道运动的注意事项需要了解。

1.行礼

并步直体站立，上体前屈30°，头部前屈45°鞠躬行礼，礼毕，上体还原成立正姿势。其他如立正、稍息、坐姿等都与平时体育课中动作有区别，应向馆内教练或老生及时请教规范的姿势。

2.穿着

跆拳道以礼始以礼终，应穿着齐整，不可在道馆内大声喧哗、聊天说笑，不应拿各种器具以及道服进行玩耍，道馆铺有垫子时不要穿鞋踩在上面，进出道馆时，在馆门口处应向道馆（国旗、道旗）行礼。

3.训练发声

跆拳道的训练过程中发声可以振奋精神，提高训练效果；在实战中的发声在提高个人自信心的同时还能起到震慑对手的作用，初学时可能会感到不习惯，但应该让自己养成良好的发声习惯。

4.不迟到

参加训练一开始时的国旗、道旗礼是一个重要环节，不应故意迟到这是一种极不礼貌的行为，如有特殊情况迟到准备进队参加训练时，跑步至教练身边或能看到的地方，鞠躬行礼以示歉意，经教练同意后再进队参加训练。

# 第二十三章
# 散打

## 第一节 散打运动概述

### 一、散打的概念

散打又称散手，是两人按照一定的规则，运用武术中的踢、打、摔等攻防技法制服对方的徒手对抗的格斗项目，是中国武术的重要组成部分。现代散打就是常见的以直拳、摆拳、抄拳、鞭拳、鞭腿、蹬腿、踹腿、摔法等技法组成的以踢、打、摔结合的攻防技术。散打没有套路，只有单招和组合，见招拆招。

### 二、散打的起源和发展

散打的前身称为散手，古称相搏、手搏、卞、弁、白打等，是中华武术的精华，是具有独特中华民族风格的体育项目，多年来在民间流传发展并深受人民喜爱。散打的起源与发展，是和中华民族悠久历史同步，它从先辈的生产劳动，生存斗争缘起，但又服务于此，演化至今成为华夏民族灿烂文化遗产中的瑰宝。原始社会人类为了争取自下而上、猎取食物，长期与野兽搏斗并学会了与野兽搏斗所使用的不同方法。

现代的散打是两人按照国家体育总局武术运动管理中心制定的规则，运用武术中的踢、打、摔和防守等方法，进行徒手对抗的现代体育竞技项目，它是中国武术的重要组成部分。中国武术有两种表现形式，一种是套路演练形式，一种是格斗对抗形式。散打就是格斗对抗形式的一种。通过对传统技击术进行归纳、整理，找出其中带有共性的规律，即中国各拳种门派的基本拳法和基本腿法进行规整并最终总结出它们的基本运动形式。经过整合，最后确立的进攻技术具有两种运动形式：一种是直线型方法，另一种是弧线型方法。拳法以冲、掼、抄、鞭为内容，腿法以蹬、鞭、踹、摆为内容；摔法则根据"快摔"的要求和"无把"（主要是戴手套无法获得把位）的特点，主要把握"破坏重心"和"抢圈"的要点来使用"接招摔"和"夹打摔"的方法。同时，防守技术也被划分为"接触式防守"和"不接触式防守"两种。散打从比赛形式上借鉴了中国传统"打擂台"的方式，一方掉擂出局即为输方。在竞赛方法上采用三局两胜制，评点数得分先赢两局者即为赢家。散打不拘泥于固定的招式与套路，学习者在通过对拳法，腿法以及摔法的学习以及反复训练，熟练掌握之后，在比赛或者实际需要时自由发挥出来，以达到致胜自救的需要。

## 三、散打的作用

### （一）促进身体健康

通过学习和训练散打，能够发展人的力量、耐力、柔韧、灵敏等素质；同时散打是一项以抗性体育运动，可以发展人的心智，使人的身心得到全面的锻炼。坚持散打训练，可强筋骨、壮体魄。散打以双方互相对抗为运动形式，这就要求练习者在实践中正确把握进攻的时机，防守要到位，反击要及时，从而建立正确的条件反射；同时还要针对不同的对手和双方临场的变化，提高应变能力，以及提高击打和抗击打的能力，这一切起到了掌握防身自卫和克敌制胜的作用。散打是一项对抗性很强的运动，初学散打，要忍受拉韧带的痛苦；攻防练习，要承受击打和抗击打的皮肉之苦。通过散打训练，对提高大学生的心肺功能、肌肉力量、速度能力、耐力素质、柔韧性是大有裨益的。

### （二）促进心理健康和社会适应能力

通过长期的散打训练，可以培养练习者勇敢、顽强、机智、果断、灵活等精神，进而形成成熟、稳健、积极向上的优秀品质。进行实战，要克服胆怯、犹豫、紧张、鲁莽等不良心理反应。长期学习和训练，可以促进大学生的智力发展，提高学习效率，培养和保持良好的情感体验，有助于形成坚强意志品质。通过对散打的理论、规则、竞赛和文化等知识的学习，能培养大学生们的社会价值观、积极进取的人生观，更注重公平竞争、实力取胜、和平相处的规则意识，锻炼参与者面对挫折和失败的适应能力，最终促进人的全面发展。

### （三）促进观赏交流能力，提高防身自卫本领

武术搏击之所以有很强的生命力，能够延续到现在，除与社会文化背景以及运动的本身特点有极大的关系外，其搏击形式所具备的较高观赏性，也起到了一定的作用。在历史上，擂台比武除霸安良已传为佳话。当今不仅练习散打的人多，而且随着自由搏击、综合格斗、泰拳、跆拳道、拳击等运动的兴起，各种赛事不断增多，为广大爱好者提供了学习欣赏的机会和平台，赛事刺激、激烈，而且斗智斗勇，具有较高的观赏价值。通过比赛、观赏赛事等活动，能够促进人与人之间的交流沟通，加强文化的了解，增进友谊。通过散打的练习，可以发展人的各种身体潜能，强筋骨、壮体魄，经常进行实战性训练，能够提高应变、击打和抗击打能力，很好的起到防身自卫和克敌制胜的作用。

## 四、散打的特点

### （一）体育性

散打运动把武术之精华融入简单易行的运动形式，不仅能自卫还能强身，有广泛的生命力，所以能走向社会，走向世界。散打的技法是以增强体质，交流技艺，防身自卫，提高技术水平为出发点，从传统武术徒手搏击术中取舍动作，使散打成为体育，即寓技击术于体育之中。散打与其它运动项目基本相同，属于体育，其突出地反映出武术的特殊本质——技击性，同时又

明显地区别于使人致伤致残的技击术,不包含置人于死地的技法。散打规则严格规定不准向对方后脑、颈部、裆部进行攻击,也不允许使用反关节动作及肘、膝的技法,但可以运用武术各种流派的技法。

## (二)对抗性

散打运动的内在特点,决定了它以相互对抗的形式来表现,散打的基本形式就是对抗性,这种对抗是在双方掌握了散打的基本动作和基本技术,经过一段时间的训练,在没有固定格式的情况下,在规则规定的范围内进行较技、较勇、较智,一分上下。

## (三)民族性

武术散打是中华民族的优秀文化遗产,是在中国特定的社会历史条件下逐渐演变发展形成的,因此它具有鲜明的民族特色。武术散打要求"远踢、近打、贴身摔",它的民族形式不是凝固的,也不能理解为"过去形式"或"历史形式"。民族形式有鲜明的时代性,因此形式不是单一的,而是多变的、演进的。

# 第二节 基本技术与练习方法

## 一、散打的技法

### (一)拳法

主要由直拳、摆拳、勾拳、贯拳等拳法组成。

### (二)腿法

主要由正蹬腿、侧踹腿、鞭腿(横踢腿)、后摆腿等腿法组成。

### (三)摔法

主要由快摔动作组成,如夹颈过背、抱腿过胸、抱腿前顶、接腿勾踢等。

### (四)组合

主要由拳法组合、腿法组合、摔法组合3种顺搭和混搭组成。顺搭如拳法的直摆勾组合,混搭如拳摔组合、拳腿组合等。

## 二、散打的基本技术教学(以下技术动作均已左势为例)

### (一)格斗势

散打格斗势,俗称"抱架",是进入对抗前的准备姿势,它不仅能使身体处于强有力的状态,而且有最佳的快速反应能力,利于快速移动发起进攻和防守,并且暴露面小,能有效地保护自己的要害部位。

1. 动作要领。两脚微呈八字平行开立,距离略比肩宽,两膝微屈。左脚不动,右脚以脚前掌为轴向左旋转,身体随之转动25°左右,重心在两脚之间,右脚跟稍稍踮起。

含胸拔背,收下颌,前手轻握拳,屈臂抬起,拳与下颌等高,前臂与上臂夹角成90°~110°,

后手轻握拳,屈臂抬起,前臂上臂夹角小于60°,后手拳自然置于下颌外侧处,肘部下垂轻贴在右肋部(图23-1)。

2. 易犯错误。进退不够灵活,攻守不严密。姿势过低或过高,重心没有控制在两脚之间。两手没有紧护躯体,暴露给对方可打击的有效部位太多。

## (二)基本步伐

步伐是散打技术运用的基础,要求快、灵、变。正所谓:"步动招随,招起步进"。

图23-1

1. 进步

(1)动作要领。在格斗势的基础上,向前进步。左脚先动时,左脚向前进一步,后脚随即前进一步;右脚先动时,右脚向前进一步,左脚随即紧跟前进一步。身体向前进步时,上体保持预备势不变,两眼平视前方(图23-2)。

(2)易犯错误。进步步幅过大,后脚跟进后没有保持实战姿势,进步后跟步衔接慢。控制不好身体重心,身体不协调。

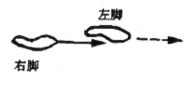

图23-2

2. 退步

(1)动作要领。在格斗势的基础上,向后退步。左脚先动时,左脚向后退一步,后脚随即后退一步;右脚先动时,右脚向后退一步,左脚随即紧跟后退一步。身体向后退步时,上体保持预备势不变,两眼平视前方(图23-3)。

(2)易犯错误。退步步幅过大,后脚跟进后没有保持实战姿势,退步后跟步衔接慢。控制不好身体重心,身体不协调。

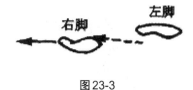

图23-3

3. 换步

(1)动作要领。在格斗势的基础上,左脚与右脚同时蹬地并前后交换位置,同时两拳也前后交换成反架格斗势(图23-4)。

(2)易犯错误。换步距离过大或过小,换步后没有及时变为反架格斗势。控制不好身体重心,身体不协调。

4. 躲闪步

(1)动作要领。在格斗势的基础上,身体向左(右)斜上一步。左躲闪步时,左脚向左前方斜移一步,后脚随即紧跟一步,同时身体向左侧转;右闪躲步时,右脚向右前方斜移一步,后脚随即紧跟一步,同时身体向右侧转(图23-5和图23-6)。

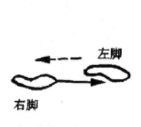

图23-4

图23-5

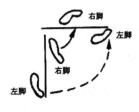

图23-6

（2）易犯错误。速度慢，不够灵活敏捷。在躲闪过程中，没有保持好格斗势，暴露过多的有效击打部位。控制不好身体重心，身体不协调。

## （三）基本拳法

### 1. 冲拳（分为左冲拳和右冲拳）

（1）左冲拳动作要领。在格斗势的基础上，右脚蹬地，重心微向前倾，借扭腰送胯之力，左拳直线向前冲出，力达拳面。拳面朝前，拳眼朝右。右拳护下颏，重心落于两腿之间，目视攻击方向。击出后，迅速还原格斗势（图23-7）。

（2）右冲拳动作要领。在格斗势的基础上，右脚蹬地内扣，身体向左侧转，转腰顺肩，借扭腰送胯之力，右拳直线向前冲出，力达拳面。拳与肩同高，拳面朝前，拳眼朝左，左拳护下颏，重心落于两腿之间，目视攻击方向。击出后，迅速还原格斗势（图23-8）。

（3）左右冲拳易犯错误。出拳不够迅速，身体过于前倾。没有借助扭腰送胯之力。出拳时左右手没有保护下颏，重心没有保持在两腿之间。击出后没有迅速收回还原格斗势。

### 2. 掼拳（分为左掼拳和右掼拳）

（1）动作要领。在格斗势的基础上，身体稍向右侧转，右肩下沉，右肘随即回带，合胯转腰，而后以其惯性前臂内旋向里弧形击出，力达拳面。拳眼朝后，拳面朝左，小臂与大臂成约大于110°的夹角，拳面与体侧并齐，拳低于肘，左拳护下颏，重心落于两腿之间，目视攻击方向。击出后，迅速还原格斗势（图23-9）。

图23-7　　　　　　　　图23-8　　　　　　　　图23-9

（2）易犯错误。转体与测摆不连贯，出拳时左右手没有保护好下颏，控制不好重心。击出后没有迅速还原格斗势。

### 3. 抄拳（分为左抄拳和右抄拳）

（1）动作要领。在格斗势的基础上，右脚蹬地，扣膝合胯，右肩下沉，微向左转腰的同时，借扭腰送胯之力，右拳由下、向前、向上抄起，拳心朝里，力达拳面。拳面朝上，拳眼朝右，大小臂夹角在90°～110°之间。左拳护下颏，重心落于两腿之间。出击后，迅速还原格斗势（图23-10）。

（2）易犯错误。没有扭腰送胯，出拳不自然。控制不好重心，击出后没有迅速还原格斗势。

## （四）基本腿法

图23-10

### 1. 鞭腿（分为左鞭腿和右鞭腿）

（1）动作要领。在格斗势的基础上，向前提膝展胯，身体向左后方倾斜，随即小腿像鞭子一样，脚尖绷直，向左横击，着力点于脚背。右手自然向右后方挥动，左手护下颌，重心落于左腿。击出后，先收小腿，下落时顺势回带，落于左脚后方，还原格斗势（图23-1和图23-12）。

图23-11　　　　　　　　　　图23-12

（2）易犯错误。击出时没有充分展胯且凸臀。回收时效仿跆拳道，收小腿后先将脚落于左脚前方，再还原格斗势。而不是下落时顺势回收。

2. 正蹬腿（分为左正蹬腿和右正蹬腿）

（1）动作要领。在格斗势的基础上，右脚在左脚跟后进一步，身体微向后仰，左脚随即正直提膝送胯，脚尖向上，向正前方蹬，着力点在脚掌。两臂自然下垂护住两肋，重心落于左腿。击出后，先屈收左腿，迅速还原格斗势（图23-13和图23-14）。

图23-13　　　　　　　　　　图23-14

（2）易犯错误。后倾幅度过大，重心不稳，前蹬无力。

3. 侧踹腿（分为前侧踹腿和后侧踹腿）

（1）动作要领。在格斗势的基础上，身体向左转体逆向左斜，右腿屈收至腹前，展胯而后向右前方踹出，着力点在脚掌，腿与体侧成直线。左手护下颌，右手自然下挥，重心落于左腿。击出后，先屈收小腿，而后迅速恢复成格斗势（图23-15和图23-16）。

图23-15　　　　　　　　　　图23-16

（2）易犯错误。展胯不充分且凸臀，腿踹不出时与体测不成直线。

以上进攻技术可单招练习使用，也可根据动作转换的合理性和可行性进行组合运用。如上下结合，手脚并用，左右连击，纵横交错，真假虚实，灵活变换，使对手顾此失彼防不胜防。

## （五）基本摔法

摔法是运用手拉、脚绊配合身体旋转的力学原理，使对方身体失去平衡而被摔倒的技击形式。

### 1. 抱膝前顶摔

（1）动作要领。由格斗势开始，当对方拳击自己头部时，随即下潜躲闪，上左步，两手抱对方双腿用力回拉，同时用左肩顶对方腹部，将其摔倒（图23-17和图23-18）。

图23-17

图23-18

（2）易犯错误。下潜时机和距离掌握不好。抱腿回拉与肩顶腹部不是同时进行。

### 2. 抱腿别腿摔

（1）动作要领。当对方用右侧弹踢腿时，随即避势趋进抱起左腿，并上左腿绊别其支撑腿，随即上体右转用胸下压对方左腿，使其倒地（图23-19～图23-21）。

图23-19

图23-20

图23-21

（2）易犯错误。抱腿不敏捷，别腿、转体压腿衔接不连贯。

## （六）防守技术

### 1. 后闪

重心后移，上体略后仰闪躲，目视对方。闭嘴合齿收下颏。防守对方拳法攻击上盘部位（图23-22）。

### 2. 侧闪

两腿微屈、俯身，上体向左侧或右侧闪躲。主要闪躲对方左右冲拳正面攻击上盘部位（图23-23）。

图 23-22　　　　　　　　图 23-23

**3. 下闪**

屈膝、沉胯、下蹲、缩颈、弧形向下躲闪，两手紧护胸部，目视对方。主要防守对方横向攻击头部的左右掼拳、横踢腿等（图 23-24）。

**4. 拍挡**

左手以拳心或掌心为力点向里横向拍挡对方右直拳。主要防守对方直线型拳法对中、上盘的攻击（图 23-25）。

图 23-24　　　　　　　　图 23-25

**5. 拍压**

左拳变掌，以掌心或掌跟为力点由上向前下拍压对方左臂。防守对方正面攻击中盘的动作，如勾拳、蹬踹腿等（图 23-26）。

**6. 提膝**

身体稍右转，右腿微屈独立支撑，左腿屈膝提起，目视对方。防守对方正面或横向腿法攻下盘部位，如踹腿、横踢腿等（图 23-27）。

图 23-26　　　　　　　　图 23-27

## 三、散打的训练方法

### （一）慢速、快速重复练习

慢速重复练习适用于学习新的动作。学习新动作时要对动作的规格有明确的要求，如身体的姿势、重心的高低、手臂的位置、步法的移动、腿的动作路线、击打部位、结束姿势等等。经教练员的讲解、示范或自学后，一般不要立即快速练习，而要采用慢速度模仿练习，复杂动作还应分解练习。此时不应过分追求动作的击打力量和速度，应仔细揣摩动作的发力点、路线和动作要领。

在技战术已达到自动化的程度时，一般要根据自身特点选择几种在实战中常用的组合技术并反复进行强化，此时则需要快速的重复练习。

### （二）结合身法和步法练习

经过慢速重复性练习基本学会动作后，则根据实战的需要结合相应的身法和步法进行练习，使技术与实战紧密联系。如练习鞭腿技术时，可以练习向前滑一步后再进行鞭腿的练习。或是后滑一步再练习鞭腿，或是要求先用身体晃动引动对方。

### （三）空击攻防练习

由于散打是两人的直接对抗，为减少不必要的受伤情况发生，在训练中要求两人一组，一方主动进攻，另一方防守反击，或是两人按照比赛的要求进行互不接触的实战。

### （四）持靶练习

配合者手持手靶或脚靶，配合练习者进行技术练习，如将脚靶放置与胸齐平，让练习者侧踹；将脚靶放置与头部齐平，让练习者练习高鞭腿踢击头动作。这种练习不但能够有效地提高练习者进攻和防守反击的动作质量，还可以提高练习者击打的准确性、步法的灵活性和良好的距离感时机感等。

### （五）实战练习

这种练习方法经常在散打训练中被采用。如要求双方队员在一个回合中只能用右直拳进攻和用左手摆拳反击；一方只能用低鞭踢和踹腿进攻，而另一方只能用后手直拳和截腿摔法反击，不准主动进攻等等。这种方法的优点是针对性强，能有效地训练和提高运动员的某一方面的能力。条件实战一般包括以下几个方面。

（1）同伴配合，创造时机和姿势以便进攻者完成进攻战术。
（2）同伴配合，创造时机和姿势以便进攻者完成防守战术。
（3）同伴配合，创造时机和姿势以便进攻者完成防守反击战术。
（4）同伴配合，不创造时机和完成技术的便利姿势．进攻时用自己的行动创造机会完成进攻战术或防守战术或防守反击战术。
（5）同伴配合，同时积极的防守，但不全力防守，力完成进攻战术或防守战术或防守反击战术。
（6）双方进行实战，一方进攻，一方反攻。
（7）双方进行实战，限制另一方的进攻技术。
（8）双方进行实战，限制另一方的防守技术。
（9）双方进行实战，限制另一方的防守反击技术。

## 第三节　练习时的注意事项

### 一、循序渐进，重视腿部柔韧性练习

压腿是训练课中不可缺少的首要环节，初学者必须先过这关，就是成名的运动员也必须天天压腿。压腿不可操之过急，初学者千万别为了动作潇洒、飘逸而力求速成。压腿本是很安全的训练项目，不应该受伤。如果因压腿导致韧带拉伤，主要原因是没有循序渐进，不顾疼痛而强行用力。为了防止受伤，强调的是压腿的方法要正确，如方法不正确则可能导致把腿压变形，因而影响今后技术动作的提高。若有专门的教练，可按照教练的安排支练习。在压腿过程中，千万不能急于求成，而应由轻到重，不能用力过猛，如果一下子用力过大，就容易把韧带拉伤，而不能进行正常训练。另外，在踢腿的过程中也不能用力过猛，应根据压腿的程度，慢慢向上踢。

### 二、充分热身，重视力量练习

在技术动作训练中应注意增加薄弱环节部位的练习和放松肌肉。散打训练中腰部是最容易受伤的部位，但腰部又是一个关键发力轴点，不管哪项技术的发力都是腰部的带动，所以在准备活动和练习中，特别要注意腰部力量的练习，准备活动做好后，要以较轻的重量先做上一到两组，让各个部位都得到适应，以免受伤，然后再加重练习。在力量练习结束时为使肌肉松弛以免发僵，要加一些辅助性的练习，量力而行。如冲刺跑、快速空击或沙袋练习等，这样就能使练习的力量在快速中发挥出来，达到预期的效果，在训练结束时应两人相互做肌肉按摩放松10min。

### 三、提高心理素质，重视实战练习

在实战技术训练中，要注意反应练习和心理锻炼。在初次实战前，要加强反应练习，有了一定的基础，然后再进行实战练习，在选择对手时应选一个与自己实力相当的对手，这样有利于培养我们的信心，若选择的对手太强，第一次实战就被对手打得很重，会对实战产生一种畏惧心理，对其以后的实战技术的提高与发挥有不良影响。

### 四、科学适量运动，预防运动损伤

在散打的基础训练过程中，由于训练计划的不完整，学员的身体素质较差，或急于求成的心理等原因，都有可能出现伤情，尤其在条件实战、全面实战和比赛中，由于技术、战术水平的差异，难免发生损伤。因此，要积极做好预防，最大限度地减少擦伤、挫伤、关节扭伤、休克、关节脱位等运动伤害。平时要做到准备活动充分、遵守教学与训练的原则、提高训练水平、加强医务保障等措施，确保身体健康和安全。

# 第二十四章
# 防身术

## 一、防身术概述

### （一）防身术的概念

防身术，是中国武术当中应用于个人自我防卫的一种技术。它将拳击、武术、摔跤、柔道、空手道、擒拿等格斗技术动作当中具有实用性的技术加以提炼和组合，充分利用人体的结构特征，当使用者在自己身体受到攻击时能采取的高度自我防卫策略与技术手段，消停侵袭，维护个人人身与财物安全。

通过防身术学习，学生能有效地提高自身自卫防身意识、防身能力及临场应变能力，在掌握自卫防身格斗技巧的同时，锻炼和提高学生的心理健康水平和身体素质能力。作为一项紧张、激烈、对抗性强的运动，它有助于培养人的机智、勇敢、顽强的意志品质和气质，具有较高的锻炼价值，有利于学生身心健康的全面发展。防身术的技术动作一般比较简单、实用性强、便于掌握，且不受年龄限制。

### （二）防身术的基本技术原理

防身术的基本技术原理在于充分运用人体的生理结构特点进行身体防卫，内容包括各种解脱、反击和反制的招法。使用重点是利用上下肢的协调配合，对正在进行的身体禁锢实施干扰以达到解脱的目的，同时可利用上肢拳、肘、指的技击方法攻击对方要害部位，在解脱的基础上利用一些缠绕、搂抱的动作，辅以柔道的绞技、关节技动作对敌人进行防范与打击。

防身术的基本技术原理主要包括以下三个方面。

1. 针对人体薄弱部位进行攻击和解脱

这是指运用戳、插、掐、踢、膝、肘、砸等技术动作对人体反应敏感，容易造成生理障碍，很快丧失身体正常活动部位进行攻击。如：弹腿撩裆，能立即引起对方剧烈疼痛，使人不能呼吸、不能直立而瘫倒在地；在对方站立时，以脚后跟猛踩对方的支撑脚脚背，可使其跖骨断裂，并因剧痛不能支撑和行走，失去行动能力。

2. 针对人体关节进行攻击与解脱

这是指与对手的搏斗中，通过卷、搬、拿、扣、缠、抱、牵、逼和别等手段，使其肩、肘、腕、膝、颈部等关节处于成反关节状态，致使其关节受到超生理限度的压迫和打击，从而丧失侵害能力。关节是人体骨杠杆转动的枢纽，是肢体赖以活动的部位。关节幅度是指构成关节的骨骼在其关节结构内，屈、伸、旋内、旋外、旋转的最大可能范围。当运动的幅度超过关节周边的韧带、肌腱、肌肉和皮肤的弹性与伸展度，会产生难忍的疼痛，严重者会导致其关节脱臼、骨折从而失去正常功能。充分利用关节结构的这一特性，能在防身术中实现有效地攻击和解脱。

3. 利用身体部位和周边可利用物进行防卫反击和解脱

为了求得自卫生存，什么最有效就用什么，在危境中可以不择手段，因此防身术的技术当中没有花招，其技术核心是尽可能结合最有效的技术与方法实施防御反击和解脱。一方面在被侵害时，可以充分利用身体坚硬部位作为武器，对侵害者实施打击；另一方面学会利用周围环境，包括身上和室内、室外的一切物品、地形地势结构等进行自卫和反击，以达到解脱的目的。

（三）防身术中的身体武器及要害

防身术的技术核心是能在短时间内对敌人实施准确有效地反击，因此清楚的了解人体可以利用的身体武器及要害，一方面能帮助自己在挣扎解脱中保护到的自身的要害部位，减少身体伤害；另一方面能明确攻击目标，利用人体结构的特点迅速扭转局面，以弱克强。

1. 人体的许多部位都可以作为攻击武器。就防身术而言，主要运用的身体武器是能直接有效地实施打击并达到解脱目的的几个部位。

（1）头部

在挣扎摆脱时，用头部的坚硬处撞击敌人的鼻子、眼睛、下颌等部位，能够有效地打击敌人，使其因疼痛而放松力量或者因撞击而失去平衡。用头部攻击的不足在于使用不当会使自己也受到伤害。

（2）牙齿

若双手被制，而敌人的颈部、耳朵、鼻子或面部、手指等部位又靠近嘴部时，可以用牙齿咬住。用牙齿攻击的不足在于不能给予敌人持久的打击效果，运用不当反而会激怒敌人，因此主要用于摆脱。

（3）手指

手指采用抠、抓、插、扣等方式进攻敌人的眼、鼻、咽喉等部位，不需要用很大的气力就能获得很好的攻击效果。用手指进攻的不足在于手指关节脆弱，容易扭伤或骨折。

（4）掌根

掌根是手掌上肌肉最多的部分，位于腕关节的内侧，这里关节韧带强壮神经组织较少，用掌根实施击打时既不用担心关节撕裂损伤，也不会有太大的痛感。在防卫术中通常用来击打敌人的下巴、鼻子和颌骨关节。用掌根攻击的不足在于受腕关节的限制，只能用于攻击几个主要的部位。

（5）手肘

手肘是近身搏击当中最常用到的身体部位，通常运用肘关节攻击敌人的面部、咽喉和胸腹部。肘关节打击面积小，便于发力，击打敌人时产生的作用力相对较大，可以造成敌人的重创。用肘关节攻击的不足在于需要与敌人近身搏斗，使用不当容易被敌人反制。

（6）膝

运用膝部进行攻击能充分地利用全力气，且动作容易掌握，实施打击的成功率高，是女子防卫术中最主要的身体武器。用肘关节主要攻击的人体部位在裆部和腹部，有时也能利用膝部的力量顶开敌人。不足之处在攻击的范围不够广。

（7）脚

用脚能够攻击敌人的任何部位，且力量大、攻击范围广，敌人不易接近。用脚打击敌人的方法有很多，踢、蹬、踹、踩等很有效。用脚的不足之处在于如果使用不当容易被反制。

2. 在自我防卫当中，要充分保护自身的要害，同时抓住时机攻击敌方要害。人体要害部位有很多，在防身术当中准确的选择攻击的部位能够快速的摆脱歹徒，使其暂时失去压制自己的能力。

（1）头部

头部的要害部位主要有太阳穴、眼睛、鼻面三角区、颌部、耳朵和脑枕部。常用来攻击的部位有眼睛、鼻面三角区和颌部，主要采用的攻击方式是以拳、掌根或肘部击打这些部位。

（2）喉部

喉部的要害部位主要有颈侧动脉三角区、喉结和咽部。主要采用的攻击方式是以拳或掌外侧击打这些部位或以手扼住咽部。轻者可使人暂时休克，重者可导致死亡。

（3）胸腹部

胸腹部的要害部位主要有心脏、肺部、腹前三角区和左、右软肋。主要采用的攻击方式是以拳、肘、膝部击打或者顶压。这些部位受打击面广，并且包含有内脏器官，一旦受力很容易感觉到疼痛，严重时还会引起脏器的损伤。

（4）腰部

腰部是连接人体上部与下部，维持身体姿态的重要枢纽，特别在后腰处有脾和肾两个重要的器官。常用的攻击方式是以拳、肘、膝部攻击腰椎和腰侧。

（5）裆部

裆部的主要要害是生殖器官，是人体神经最丰富敏感的地方。用力打击这个部位会引起强烈的疼痛。通常采用的攻击方式是以膝、脚顶撞和踢打。

（6）关节

人体的要害关节包括颈关节、肩关节、肘关节、腕关节、指关节和膝关节。常用于摆脱和反制敌人的是肘关节、腕关节和指关节，这三个关节血管丰富、关节外侧韧带较为薄弱，受击打和拧压时容易造成脱臼、韧带撕裂或者骨折。

## 二、防身术的基本技术与动作方法

### （一）防身术的基本手形

1. 拳

拳是最常用的攻击手形，使用拳进行攻击力量比较集中，能重创敌人而不易伤到手指，是防卫当中最简单实用的基本手形。正确的握拳方法非常重要，否则将会影响到攻击的效果。

动作方法：四指并拢蜷曲紧握，大拇指弯曲紧扣于食指和中指的第二指节处。

动作要点：第一指节要藏于拳心，大拇指不能露出拳面，拳面要平。用拳时手腕关节不要弯曲或翘腕。

2. 掌

掌主要指推挡和砍劈敌人的掌形，主要使用的手掌部位为掌根和掌外侧。

动作方法：四指并拢伸直，拇指弯曲扣于虎口处。

动作要点：大拇指不要外张。

3. 爪

爪主要指虎形爪，使用手指的抓、扣来攻击敌人面部和裆部。

动作方法：五指自然张开，弯曲第一、二指关节。
动作要点：腕部自然伸直，不要翘腕。

### 4. 指

指主要指剪形指，用于插戳敌人的面部要害。
动作方法：食指与中指伸直分开，呈剪刀形，大拇指与无名指、小指相扣。
动作要点：两指并紧。

## （二）防身术的基本步法及其动作方法

### 1. 基本防卫姿势

这里讲的基本防卫姿势实际上指的是基本站法。无论是防守进攻还是摆脱，首先要使自己的腿部和身体处在一个合理的姿态下，才能有效地发力。身体用力的过程是由腿部到腰部再到上肢，因此正确的站立姿势是实施防卫的第一步。

动作方法：两脚前后站立，左右间距与肩膀同宽，前后间距在一脚到一脚半左右，适度屈膝，重心落于两腿之间。双手握拳，一拳置于面部前，一拳置于侧面颊部附近，双肘自然下垂，肩部放松，两眼正视前方。
动作要点：肩膀不要上耸，两膝可略为弯曲，脚跟微提，下颌微收。
易犯的错误：挺肚、翘臀、双肘外张，肩部紧张，弯腰驼背。

### 2. 上步

动作方法：基本防卫姿势站立，左（右）脚蹬地，右（左）脚向前迈一步，后脚自然随前。
动作要点：身体重心平稳移动，步幅不易过大。
易犯错误：身体重心上下起伏，向前迈步不送髋，身体过于前倾，后脚不随前或过于随前，导致重心不稳。

### 3. 退步

动作方法：基本防卫姿势站立，左（右）脚向后撤一步，前脚自然后撤。
动作要点：身体重心平稳移动，步幅不易过大。
易犯错误：身体重心上下起伏，向后撤步不收髋，身体过于后仰。

### 4. 左右跨步

动作方法：基本防卫姿势站立，右（左）脚蹬地，左（右）脚向左（右）侧跨半步，右（左）脚略向左（右）脚跟进。
动作要点：身体重心平稳移动，步幅不易过大，右（左）脚跟进要迅速。
易犯错误：身体重心上下移动，腰部过松，身体左右晃动。

### 5. 上步转身

动作方法：基本防卫姿势站立，以左（右）脚为轴，右(左)脚向前迈一大步，身体随之向左转体180度，两脚同时向左转动，两脚落于同一直线上，脚尖方向一致。
动作要点：动作要连贯，身体重心要平稳移动。
易犯错误：身体重心上下起伏，转体角度不够，脚的落点不准确，脚尖方向不一致。

## （三）防身术的解脱技术

### 1. 手腕被抓的解脱

（1）同侧手腕下抓握的解脱

动作方法一：两脚基本姿势站立，被抓握一侧的手向顺时针方向旋转，同时手肘向对方肘的方向顶，脚步自然向前迈步，重心随前将手腕从对方抓握的手指端解脱出来。

动作要点：拧转要充分，要使对方手肘形成反关节之势。

　　易犯的错误：拧转不充分，先抬肘后拧转。

　　动作方法二：当对方绝对力量较大，动作方法一当中的拧转无法实现时，采用动作方法二。被抓握的手尽力拧转，使对方手臂形成反关节之势，另一侧手握住对方大拇指鱼际抠开大拇指，同时向对方身侧上步，将身体重心压向对方手臂，使之失去力量，顺势将手腕从对方抓握的手指端解脱出来。

　　动作要点：脚步落位要准确，上步时身体要贴紧对方身体的一侧，身体不要旋转。

　　易犯错误：身体重心落后，用力方向不准确。

（2）同侧手腕上抓握的解脱

　　动作方法一：两脚基本姿势站立，被抓握一侧的手向逆时针方向旋转，脚步自然向前迈步，重心随前将手腕从对方抓握的手指端解脱出来。

　　动作要点：拧转要充分，要充分利用手臂的力量使对方手肘形成反关节之势。

　　易犯的错误：拧转不充分，向外甩胳膊。

　　动作方法二：当对方绝对力量较大，动作方法一当中的拧转无法实现时，采用动作方法二。被抓握的手心尽力拧转，使对方手臂形成反关节之势，另一侧手握住对方大拇指鱼际抠开大拇指，同时向对方身侧上步，将身体重心压向对方手臂，使之失去力量，顺势将手腕从对方抓握的手指端解脱出来。

　　动作要点：拧转要充分，要充分利用手臂的力量使对方手肘形成反关节之势。

　　易犯的错误：拧转不充分，上步方向不正确。

2. 手臂被抓的解脱

　　动作方法：两脚基本姿势站立，身体向另一侧拧转，手肘外张抬臂的同时摸另一侧肩头，肘关节向对方方向展顶。

　　动作要点：展臂时肩与肘抬平，后脚蹬地拧转，带动身体的拧转。

　　易犯的错误：身体不拧转，发力顺序不正确。

3. 脖子被抱的解脱

　　动作方法：双手抓住对方抱脖子的手臂，低头屈膝下蹲，臀部后顶，同时向手臂外沿扳手指，脚步向前侧前方上步转身。（可配合踩跺对方脚背的反击动作。）

　　动作要点：通过低头收下巴，解脱颈部动脉压迫，通过屈膝下蹲运用身体的重力改变对方用力的方向。

　　易犯错误：身体不拧转，不向后顶臀部。

4. 脖子正面被掐的解脱

　　动作方法：基本姿势站立，双手分别握住对方的大、小鱼际用大拇指向外顶对方拇指关节，低头屈膝下蹲。

　　动作要点：下蹲速度要快，必要时臀部着地。

　　易犯错误：屈膝下蹲时不低头，不能有效的保护好咽喉部。

5. 腰部被抱的解脱

（1）腰部正面被抱的解脱

　　动作方法：双肘外张，同时用额头顶击对方胸部或下颌，屈膝下蹲，重心下沉。

　　动作要点：先张肘顶击，再下沉重心。

　　易犯错误：重心下沉速度慢，不能有效使对方失去重心。

(2) 腰部后面被抱的解脱

动作方法：双肘外张，屈膝下蹲下沉重心，上步转体使身体向侧拧转，用肘部顶压对方腹部或侧面肋骨。

动作要点：屈膝下蹲下沉重心要与上步转体动作衔接连贯。

易犯错误：张肘不充分，动作不迅速，没能在短时间内为身体的拧转创造有利空间。

（四）防身术的反击技术

1. 上步冲拳

动作方法：基本姿势准备，双手握拳，上步（详见基本技术中-上步），后脚随前后蹬地拧转，手臂向后引，形成反弓，利用蹬地转髋的动作发力，手臂带动拳，打击对方胸腹部。

动作要点：发力顺序要正确，动作连贯，冲拳手臂伸直。

易犯错误：后脚不蹬转，发力时身体不向前送髋，手臂不向后引。

2. 上步顶肘

动作方法：基本姿势准备，上步转身（详见基本技术中-上步转身），转体同时手臂回收，脚落地后以肘部向外顶击对方的胸腹和肋部、腋下。

动作要点：脚落地后再发力，身体转体要充分。

易犯错误：脚的方向和落点不准确，影响肘部正确的发力方向。

3. 顶膝

动作方法：基本姿势准备，向对方体侧上步（详见基本技术中-上步），抬大腿收小腿，大腿与地面成水平，展髋，同时向后引腿，转体送腿用膝部顶向对方腹部。

动作要点：顶击方向为水平方向，充分展髋。

易犯错误：动作不连贯，引腿时有多余动作，顶膝不展髋。

4. 正蹬

动作方法：基本姿势准备，向前上步（详见基本技术中-上步），向胸腹方向收大腿，勾脚尖脚底向前，利用髋关节带动膝关节、踝关节向正前方蹬出，脚跟发力后过渡到前脚掌，蹬完后身体重心随前，脚部落地。

动作要点：收腹收腿，勾脚尖，脚跟发力。

易犯错误：收大腿时不贴近胸腹部，脚尖发力。

（五）防身术的解脱与反击的配合运用

防身术当中的技术以解脱为主要目的，反击技术动作为辅，技术的使用过程应为解脱-解脱无法实现-反击-有效再反击。在解脱和逃离无法实现的情况下实施反击，反击过程要视具体情况采用最直接有效的方法，务必达到一击必中的效果。

解脱与反击的配合运用有很多种，这里仅就大纲内容列举几种解脱与反击的配合方法。

1. 手腕被抓的配合运用

（1）单手被抓的配合运用

当单手被抓实施的解脱技巧无效时，可结合上步顶肘反击动作。

具体做法：下沉重心，上步转体，脚步落位到对方两腿之间，同时收肘引臂，脚部落位后，以肘步向上击打对方下颌或顶击对方的胸腹、肋骨和腋下。

（2）双手被抓的配全运用

当双手被抓实施的解脱技巧无效时，可结合正蹬动作。

具体做法：下沉重心，扭转双手，使对方手臂形成反关节的之势，同时抬腿运用正蹬技术攻击对方的胸腹部。

### 2. 颈部被抱的配合运用

当颈部被抱实施的解脱技巧无效时，可结合正蹬和顶肘反击动作。

具体做法：双手扣住对方手掌鱼际向外顶压大拇指，下沉重心，扭转身体，运用上步顶肘动作攻击对方胸腹、肋骨和腋下等要害部位；或者正蹬腿猛击对方裆部和小腿径骨。当背对对手时，下沉重心，猛踩对方小腿径骨和脚背，同时扭转身体，肘击对方要害。

### 3. 腰部被抱的配合运用

当腰部被抱实施的解脱技巧无效时，可结合冲拳、顶膝反击动作。

具体做法：双手握拳以拳峰猛击对方耳前颞骨或太阳穴，或用拳猛击对方眼、鼻；当双手同时被缚时，下沉重心，屈膝顶击对方的腹部或裆部。

解脱和反击技术可以单独使用，也可以在连续地解脱与反击当中结合运用。还可使用连续地攻击使对方失去再次实施侵害的时间和能力。

## （六）防身术的器械应用

### 1. 背包

用法与注意事项：背包应固定在手上，保证可以重复发力；充分利用背包上的金属制品，将其对准对手；利用背包攻击对方的头部、面部和颈部必要时可连续打击多次。

### 2. 雨伞

用法与注意事项：双手或单手抓握雨伞，利用伞尖或伞尾打击对方的头部、面部和颈部，还可利用伞的长度优势攻击对方的腹部、裆部和咽喉部。

### 3. 皮带

用法与注意事项：将皮带缠握在手上，利用皮带的金属部件抽打、鞭打对方面部、头部和裆部，注意抽打动作要迅速，皮带不宜缠绕过短或过长，使用过程中要避免被对方抓握住。

# 三、防身术练习时的注意事项

## （一）防身术的基本身体素质要求

防身术的基本身体素质要求包括：上肢力量、下肢力量、腰腹肌力量、腿部柔韧和爆发力。

### 1. 上肢力量的练习方法

这里讲的上肢力量主要指手的握力和上臂的力量。上肢力量是实现反关节之势并实施有效打击的素质基础，良好的上肢力量还可以在身体对抗中有力的保护好身体的要害部位。

练习方法：手的握力可通过抓握重物和练习握力器来帮助提升，同时要加强前臂力量的练习，可通过固定肘关节仅用前臂抬举哑铃来逐步提高；上臂的力量可以通过练习抬举哑铃、俯卧撑和直臂悬垂来提升。

### 2. 下肢力量的练习方法

这里讲的下肢力量主要是指大腿力量，良好的下肢力量是完成好基本步法的重要保障，下肢力量不足，会引起解脱和反击当中的力量不足，脚步落位不准，因而影响到动作的效果。

练习方法：下肢力量可以通过做深蹲起、弓步走来提高。还可以借助健身器械做正蹬和抬举重物练习来提升。

### 3. 腰腹力量

这里讲的腰腹肌力量指身体的集中力量。良好的腰腹力量可以使解脱和反击动作更为连贯协调，在挣扎当中侵犯者不易对身体形成控制，同时还可以在对抗当中为自己争取到更多的反击空间。

练习方法：仰卧举腿、仰卧起坐和卷腹练习等。在做腰腹力量练习的同时要配合转体运动，提升侧腹肌力量。

4. 腿部柔韧

腿部柔韧是有效完成顶膝、正蹬动作的关键，良好的腿部柔韧能控制好腿部攻击的部位和方向，在完成重心下沉、上步转体等动作过程当中脚部的落位更迅速而准确。

练习方法：顺着韧带的方向做静力拉伸，同时配合好踢腿练习。

5. 爆发力

爆发力包括上肢爆发力、下肢爆发力和腰腹爆发力。爆发力是迅速完成技术动作的保障。防身术中当中，技术使用得越迅速、准确动作效果就越好。爆发力不足会留给对手更多的反应时和实施下一步侵害的空间。

练习方法：平行步空击练习、鞭打练习、连续上步移动、后退步练习、交叉步练习、高抬腿练习。

## （二）做好身体对抗的适应与准备

防身术除了做好身体基础素质的准备之外，还要做好身体对抗的适应准备，使自己的身体运动系统在突发状况下能迅速地反应。

身体的对抗准备主要是角力、耐力、持久力的准备。可以在平时多做静力性的力量练习，锻炼自己的持久力。在条件允许的情况下，技术练习多采用双人对练的方式。一方面可以增强自身的临场体验、另一方面可以通过配合者的身体反应和肌肉感受来校验技术动作的准确性和完整性。

身体的适应能力主要指对自身体位、周边环境和运动空间的感知能力。对位置和空间的准确判断能帮助我们选择和采用最直接有效的技术动作来达到解脱和反击的目的。身体感知能力可以通过一系列的垫上动作来提升，包括：前滚翻、后滚翻、肩肘倒立、手倒立、侧手翻和倒悬垂等。另外，跳跃、爬行、侧滑步等动作，也能对提升身体感知能力起到很好的提升作用。

## （三）对抗状态下心理的调整与应敌策略

1. 正确认识防身术

防身术的最终目的不是制服敌人，而是在最短的时间内摆脱挟制，减少伤害，保护自己的人身安全。在过去的认识当中，人们往往把不畏强暴，与犯罪行为作斗争当作练习防身术的主要目的，这种错误的认识往往将同学们带入歧途，因而在搏斗中错过了最好的逃脱时机。

实现自我防卫的前提是，在突发情况下保持好平稳的心态。慌乱和焦虑都会影响人对形势的判断，采用不合理的抵抗方式或者完全放弃抵抗而失去最好的解脱时机。心理学的研究表明，心理上表现出不安、焦虑、焦急、紧张、恐惧等情绪状态会引起生理上的唤醒水平增高，恐惧会使人无法支配和控制自己的动作行为，出现动作失控、肌肉僵硬等现象。如果在焦虑、紧张、恐惧等情绪出现时能够采用有效的方法给予调整，那么就能很好地克服心理上的障碍，成功地实现摆脱而自救。

2. 突发情况下的心理调整和策略

在遇到突发情况下，同学们应该学会调整自己的心态。在紧张的情况下，可以调整自己的呼吸，通过有节奏地缓慢呼吸可以缓解紧张的情绪，使僵硬的四肢放松下来。其次，可以使用自我暗示法，通过暗示告诉自己紧张害怕是正常的，并不能因为紧张和害怕而放弃抵抗，只要能控制好情绪就能想办法摆脱眼前的困境。在心理紧张的情况下，语言调节法也能起到很好的作用。在预感到侵害行为将要发生或正在发生时，可以通过高声呼救来引起周围人的注意，也可以通过与犯罪分子冷静的周旋来消除自身紧张的情绪，或通过自我对话释放出心理的压力。另外，可以通过观察周围的环境来克服紧张的心态，一方面可以分散注意力，另一方面还可以帮助我们从周围环境当中寻找到更快的摆脱方法。

在利用自身所学到的技巧实现防卫的过程当中，也需要学会克服焦躁的情绪。有些摆脱的办法也许会不能一时奏效，这时要冷静的思考，尝试多种摆脱方式，切不可立马放弃。与犯罪分子搏斗的过程也是耐心与耐力的比拼过程，胜负的转换往往就在一瞬间，持续不懈地抵抗可以为自己赢得更多时间，但在实施解脱的过程中切记不能刻意激怒犯罪分子。

# 第二十五章
# 八段锦

## 第一节 八段锦概述

### 一、什么是八段锦

八段锦是我国古代的导引术,健身效果明显,流传广泛,是中华传统养生文化瑰宝。八段锦的"八"字,不是单指段、节和8个动作,而是表示如八卦那样,其功法有多种要素,相互制约,相互联系,循环运转。"锦"字,是由"金""帛"组成,以表示其精美华贵。此外,"锦"字还可以理解为单个导引术式的汇集,如丝绵那样连绵不断,是一套完整的健身方法。

### 二、八段锦的起源及发展

八段锦之名,最早出现在南宋洪迈所著《夷坚志》中,在北宋已流传于世,并有坐势和立势之分。

立势八段锦在养生文献上首见于南宋曾慥著《道枢·众妙篇》。之后,在南宋陈元靓所编《事林广记·修真密旨》中定名为"吕真人安乐法"。明清时期,立势八段锦有了很大发展,并得到了广泛传播。清末《新出保身图说·八段锦》首次以"八段锦"为名,并绘有图像,形成了较完整的动作套路。

健身气功·八段锦是由国家体育总局健身气功管理中心组织、北京体育大学专家承担编创的一套健身功法,该功法保留了传统八段锦的精髓,遵循气功锻炼的固有规律,以中西医及相关现代科学理论为基础,具有明显的健身养生效果。

### 三、健身气功·八段锦的特点

#### (一)柔和缓慢,圆活连贯

柔和,是指习练时动作不僵不拘,轻松自如,舒展大方;缓慢,是指习练时身体重心平稳,虚实分明，轻飘徐缓；圆活，是指动作路线带有弧形，不起棱角，不直来直往，符合人体各关节自然弯曲的状态；连贯，是要求动作的虚实变化和姿势的转换衔接，无停顿断续之处。既像行云流水连绵不断，又如春蚕吐丝相连无间，使人神清气爽，体态安详，从而达到疏通经络、畅通气血和强身健体的效果。

## （二）松紧结合，动静相兼

松，是指习练时肌肉、关节以及中枢神经系统、内脏器官的放松。在意识的主动支配下，逐步达到呼吸柔和、心静体松，同时松而不懈，保持正确的姿势，并将这种放松程度不断加深；紧，是指习练中适当用力，且缓慢进行，主要体现在前一动作的结束与下一动作的开始之前。如功法中的"双手托天理三焦"的上托就体现了这一点。紧，在动作中只在一瞬间，而放松须贯穿动作的始终；动与静主要是指身体动作的外在表现。动，就是在意念的引导下，动作轻灵活泼、节节贯穿、舒适自然。静，是指在动作的节分处做到沉稳，特别是动作的缓慢用力之处，在外观上看略有停顿之感，但内劲没有停，肌肉继续用力，保持牵引抻拉。适当的用力和延长作用时间，能够使相应的部位受到一定的强度刺激，有助于提高锻炼效果。

## （三）神与形合，气寓其中

神，是指人体的精神状态和正常的意识活动，以及在意识支配下的形体表现。"神为形之主，形乃神之宅。"神与形是相互联系、相互促进的整体。本功法每势动作以及动作之间充满了对称与和谐，体现出内实精神、外示安逸，虚实相生、刚柔相济，做到了意动形随、神形兼备；气寓其中，是指通过精神的修养和形体的锻炼，促进真气在体内的运行，以达到强身健体的功效。

习练本功法时，呼吸应顺畅，不可强吸硬呼。

# 四、健身气功·八段锦的作用及原理

从八段锦的起源及发展来看，八段锦属健身、强体、治病的传统健身方法，并经历代医家、养生家的不断丰富而完善。从其动作名称我们就可以了解其健身的作用。如两手托天理三焦，两手托天的目的是为了调理三焦等。其他动作名称也是如此，简单明了，易学易记。

从八段锦的动作要领来分析其健身的原理，八段锦主要是通过疏通经络，调和气血，调理脏腑来达到健身、治病的目的。

# 五、健身气功·八段锦对大学生健身的作用

八段锦属古导引术，有的典籍也称其为"外壮神勇八段锦"，说明功法具有明显提高身体素质的作用。现代科学实验研究证明，健身气功·八段锦的运动强度和动作的编排次序符合运动学和生理学的规律，属于典型的有氧运动，适合于大学生在课余时间改善心肺功能、调节精神的锻炼。

健身气功·八段锦是在继承传统精华的基础上，根据现代社会人们身心的特点而编，其与时俱进的健身理念，身心兼修、动作美观、有针对性的功法特点，易于为当代大学生所接受，其所具有的深厚的传统文化内涵底蕴也可使大学生从中感受和体悟到中国的传统文化。因此习练健身气功·八段锦不仅能够提高大学生的身心健康，而且能够提高大学生对中国传统文化的深刻认识。

健身气功·八段锦注重全身锻炼，并强调松紧结合、动静结合，有助于加强周身的血液循化，缓解局部肌肉的紧张状态，对预防长期伏案工作给大学生带来的颈、肩、背部疾患具有显著的效果。

此外，健身气功·八段锦中舒展肢体、抓握掌指和怒目瞪视的动作编排能很好地疏泻肝火，调节眼肌，为大学生缓解视力衰退带来好处。

## 第二节　健身气功·八段锦技术部分

### 预备势

### 一、动作方法

（1）两脚并步站立，两臂垂于体侧。目视前方（图25-1）。

（2）左脚向左开步，与肩同宽。两臂内旋向两侧摆起，与髋同高，掌心向后。目视前方（图25-2）。

（3）两膝关节稍屈。同时，两臂外旋，向前合抱球于腹前，与脐同高，掌心向内，两掌指间距约10厘米。目视前方（图25-3）。

图25-1　　　　　图25-2　　　　　图25-3

### 二、动作要点

（1）头向上顶，下颌微收，舌抵上腭，嘴唇轻闭，沉肩坠肘，腋下虚掩；胸部宽舒，腹部松沉；收髋敛臀，上体中正。

（2）呼吸徐缓，气沉丹田，调息6～9次。

### 三、主要功用

宁静心神，调整呼吸，内安五脏，端正身形，从精神与肢体上做好练功前的准备。

### 四、易犯错误

（1）抱球时，大拇指上翘，其余四指斜向地面。

（2）塌腰，跪腿，八字脚。

### 五、纠正方法

（1）沉肩，垂肘，指尖相对，大拇指放平。

（2）收髋敛臀，命门穴放松；膝关节不超越脚尖，两脚平行站立。

## 六、教法建议

（1）采用先分解后完整的教学方法。
（2）镜面示范讲解动作，背面示范领做。

## 七、练法建议

（1）先把每一势分成若干动作，对每一动进行定势练习。
（2）每一动熟练后，再进行动与动之间的连接。

## 第一式　两手托天理三焦

### 一、动作方法

（1）两臂外旋微下落，掌心向上。目视前方（图25-4）。
（2）两掌五指分开在腹前交叉，两腿挺膝伸直。同时，两掌上托于胸前，随之两臂内旋向上托起，掌心向上。抬头，目视两掌（图25-5）。
（3）两臂继续上托，肘关节伸直。同时，下颏内收，动作略停。目视前方（图25-6）。
（4）身体重心缓缓下降，两腿膝关节微屈。同时，十指慢慢分开，两臂分别向身体两侧下落，两掌捧于腹前，掌心向上。目视前方（图25-7）。

此式一上一下为1次，共做6次。

　　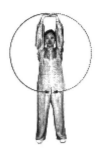　

图25-4　　　　　图25-5　　　　　图25-6　　　　　图25-7

### 二、动作要点

（1）两掌上托要舒胸展体，略有停顿，保持伸拉。
（2）两掌下落，松腰沉髋，沉肩坠肘，松腕舒指，上体中正。

### 三、主要功用

（1）通过对胸腹部的牵拉，调理三焦。同时可牵拉上肢内侧手少阴心经、手厥阴心包经、手太阴肺经，从而达到对心、心包、肺等脏腑及其所属经脉的刺激，促使经气运行。
（2）可以充分拉长躯干与上肢各关节周围的肌肉、韧带及关节软组织，使其伸展性增加，提高关节的灵活性，对于防治肩部疾患具有良好的作用，有利于预防颈椎病。

### 四、易犯错误

两掌上托时，抬头不够。继续上举时松懈断劲。

## 五、纠正方法

两掌上托，舒胸展体缓慢用力。下颌先向上助力，再内收配合两掌上撑，力在掌根。

## 六、教法建议

（1）采用先完整后分解的教学方法。
（2）镜面示范、讲解、领做。

## 七、练法建议

（1）熟练动作
（2）动作配合呼吸。两掌上托时吸气，停顿时闭气，两掌下落时呼气。

## 第二式　左右开弓似射雕

### 一、动作方法

（1）重心右移，左脚向左开步站立，两膝关节自然伸直。同时，两掌向上交叉于胸前，左掌在外，两掌心向内。目视前方（图25-8）。

（2）两腿屈膝半蹲成马步。同时，右掌屈指成爪，向右拉至肩前；左掌成八字掌，左臂内旋，向左推出，与肩同高，坐腕，掌心向左，犹如拉弓射箭之势，动作略停。目视左前方（图25-9）。

（3）重心右移。同时，右手五指伸开成掌，向上、向右画弧，与肩同高，指尖向上，掌心斜向前；左手指伸开成掌，掌心斜向前。目视右掌（图25-10）。

（4）重心继续右移，左脚回收成并步站立。同时，两掌分别由两侧下落，捧于腹前，指尖相对，掌心向上。目视前方（图25-11）。

此式一左一右为1次，共做3次。做到第3次最后一动时，重心继续左移，右脚回收成开步站立，与肩同宽，膝关节微屈。同时，两掌分别由两侧下落，捧于腹前，指尖相对，掌心向上。目视前方（图25-12）。

图25-8　　　　　图25-9

图25-10　　　　图25-11　　　　图25-12

## 二、动作要点

（1）侧拉之手五指要并拢屈紧，肩臂放平。
（2）八字掌侧撑需沉肩坠肘，屈腕，竖指，掌心涵空。
（3）年老或体弱者可自行调整马步的高度。

## 三、主要功用

（1）展肩扩胸，可刺激督脉和背俞穴；同时刺激手三阴三阳经等，可调节手太阴肺经、手厥阴心包经、手少阴心经、手太阳小肠经、手阳明大肠经、手少阳三焦经等经脉之气。
（2）能有效地发展上下肢肌肉力量，提高平衡和协调能力。可以矫正一些不良姿势，如驼背及肩内收，有利于预防肩、颈疾病。

## 四、易犯错误

端肩，弓腰，八字脚。

## 五、纠正方法

肩坠肘，上体直立，两脚跟外撑。

## 六、教法建议

（1）先教站立拉弓射箭，再过渡到马步拉弓射箭，最后教过渡动作。
（2）镜面示范讲解动作，背面示范领做。

## 七、练法建议

（1）先对每一动进行定势练习。
（2）每一动熟练后，再进行动与动之间的连接。

## 第三式　调理脾胃须单举

### 一、动作方法

（1）两腿徐缓挺膝伸直。同时，左掌上托，臂外旋上穿经面前，随之臂内旋上举至头左上方，肘关节微屈，掌心向上，指尖向右；目视前方（图25-13）。
（2）然后右掌微上托，随之臂内旋下按至右髋旁，掌心向下，指尖向前，动作略停。松腰沉髋，重心缓缓下降，两膝关节微屈。同时，左臂屈肘外旋，左掌经面前下落于腹前，掌心向上；右臂外旋，右掌向上捧于腹前，掌心向上，两掌指尖相对，相距约10厘米。目视前方（图25-14）。
（3）动作同图25-13，唯左右相反。
（4）动作同图25-14，唯左右相反。
此式一左一右为1次，共做3次。做到第3次最后一动时，变两膝关节微屈。同时，右臂屈肘，右掌下按于右髋旁，掌心向下，掌指向前。目视前方（图25-15）。

图 25-13　　　　　　图 25-14　　　　　　图 25-15

## 二、动作要点

力在掌根，上撑下按，舒胸展体，拔长腰脊。

## 三、主要功用

（1）通过左右上肢一松一紧的上下对拉（静力牵张），可以牵拉腹腔，对脾胃中焦肝胆起到按摩的作用，促进胆汁、胃液的分泌。

（2）可使脊柱内各椎骨间的小关节及小肌肉得到锻炼，从而增强脊柱的灵活性与稳定性，有利于预防和治疗肩、颈疾病。

## 四、易犯错误

掌指方向不正，肘关节没有弯曲度，上体不够舒展。

## 五、纠正方法

两掌放平，力在掌根，肘关节稍屈，对拉拔长。

## 六、教法建议

（1）先背面示范领做，让学生掌握基本路线。
（2）再镜面示范详细讲解动作要领。

## 七、练法建议

（1）先进行定势练习，体会上撑下按之劲力。
（2）再进行动与动之间的连接。

## 第四式　五劳七伤往后瞧

### 一、动作方法

（1）两腿挺膝伸直。同时，两臂伸直，掌心向后，指尖向下。目视前方（图 25-16）。

（2）上动不停，两臂外旋，掌心向外。头向左后转，动作略停。目视左斜后方（图 25-17）。

（3）松腰沉髋，重心缓缓下降，两膝关节微屈。同时，两臂内旋按于髋旁，掌心向下，指尖向前。目视前方（图 25-18）。

（四）动作同图 25-16，唯左右相反。

（五）动作同图 25-17，唯左右相反。

（六）动作同图 25-18。

此式一左一右为1次，共做3次。做到第3次最后一动时，变两膝关节微屈。同时，两掌捧于腹前，指尖相对，掌心向上。目视前方（图25-19）。

图 25-16　　　　　图 25-17　　　　　图 25-18　　　　　图 25-19

## 二、动作要点

头向上顶，肩向下沉，转头不转体，旋臂，两肩后张。

## 三、主要功用

（一）"五劳"指心、肝、脾、肺、肾等五脏劳损，"七伤"指喜、怒、悲、忧、恐、惊、思等七情伤害。往后瞧的转头动作可以刺激颈部大椎穴，达到防治五劳七伤的目的。

（二）可增加颈部及肩关节周围参与运动肌群的收缩力，增加颈部运动幅度，活动眼肌，预防眼肌疲劳和肩颈及背部疾患，改善颈部及脑部血液循环，有助于解除中枢神经系统的疲劳，增进和改善其功能。

## 四、易犯错误

上体后仰，转头与旋臂不充分或转头速度过快。

## 五、纠正方法

下颌内收．转头与旋臂幅度宜大，速度均匀。

## 六、教法建议

先学习转头方法，再进行旋臂练习，最后进行整个动作的教学。

## 七、练法建议

注意转头不转身，旋臂时小指要用力内旋。

## 第五式　摇头摆尾去心火

### 一、动作方法

（1）重心左移，右脚向右开步站立。同时，两掌上托与胸同高时，两臂内旋，两掌继续上托至头上方,肘关节微屈,掌心向上,掌指相对。目视前方(图25-20)。

(2)两腿屈膝半蹲成马步。同时,两臂向两侧下落,两掌扶于膝关节上方,肘关节微屈,小指侧向前。目视前方(图25-21)。

(3)重心向上稍升起;随之重心右移,上体向右侧倾、俯身。目视右脚(图25-22)。

(4)重心左移。同时,上体由右向前、向左旋转。目视右脚(图25-23)。

(5)重心右移成马步。同时,头向后摇,上体立起,随之下颌微收。目视前方(图25-24)。

(6)动作同图25-22,唯右相反。

(7)动作同图25-23,唯左右相反。

(8)动作同图25-24,唯左右相反。

此式一左一右为1次,共做3次。做完3次后,重心左移,右脚回收成开步站立,与肩同宽。同时,两臂经两侧上举,两掌心相对。目视前方(图25-25)。

随后松腰沉髋,重心缓缓下降,两膝关节微屈。同时,两臂屈肘,两掌下按至腹前,掌心向下,指尖相对。目视前方(图25-26)。

图25-20

图25-21

图25-22

图25-23

图25-24

图25-25

图25-26

## 二、动作要点

（1）马步下蹲要收髋敛臀，上体中正。

（2）摇转时，脖颈与尾闾对拉伸长，好似两个轴在相对运转，速度应柔和缓慢，动作要圆活连贯。

## 三、主要功用

（1）心火，即心热火旺的病症，属阳热内盛的病机。两腿下蹲，摆动尾闾，可刺激脊柱、督脉、足少阴肾经、膀胱经。摇头可刺激膀胱经与大椎穴，有疏经泄热的作用，有助于祛除心火。

（2）在摇头摆尾过程中，可使整个脊柱肌群参与收缩，既增加了颈、腰、髋的关节灵活性，又发展了该部位的肌力。能使腹腔内脏得到挤压按摩，使其功能得到改善，还可以加快食物残渣的排出，有利于预防便秘和痔疮。

## 四、易犯错误

（1）摇转时颈部僵直，尾闾摇动不圆活，幅度太小。

（2）前倾过大，使整个上身随之摆动。

## 五、纠正方法

（1）上体侧倾与向下俯身时，下颌不要有意内收或上仰，颈椎部肌肉尽量放松伸长。

（2）加大尾闾摆动幅度，上体左倾尾闾右摆，上体前俯尾闾向后划圆，头不低于水平，使尾闾与颈部对拉拔长，加大旋转幅度。

## 六、教法建议

先练习摇头动作，再练习摇尾的动作，最后练习摇头与摆尾如何配合。

## 七、练法建议

（1）先熟练掌握摇头正确动作，再熟练掌握摇尾的动作。

（2）先把摇头与摆尾的配合点找对，再慢慢熟练动作，不要急于求成。

## 第六式　两手攀足固肾腰

## 一、动作方法

（1）两腿挺膝伸直站立。同时，两掌变指尖向前，两臂向前、向上举起，肘关节伸直，掌心向前。目视前方（图25-27）。

（2）两臂外旋至掌心相对，屈肘，两掌下按于胸前，掌心向下，指尖相对。目视前方（图25-28）。

（3）两臂外旋，两掌心向上，随之两掌掌指顺腋下后插。目视前方（图25-29）。

（4）两掌心向内沿脊柱两侧向下摩运至臀部，随之上体前俯，两掌继续沿腿后向下摩运，经脚两侧置于脚面。抬头，动作略停。目视前下方（图25-30）。

（5）两掌沿地面前伸，随之用手臂举动上体起立，两臂伸直上举，掌心向前。目视前方（图25-31）。

此式一上一下为1次，共做6次。做完6次后，松腰沉髋，重心缓缓下降，两膝关节微屈。同时，两掌向前下按至腹前，掌心向下，指尖向前。目视前方（图25-32）。

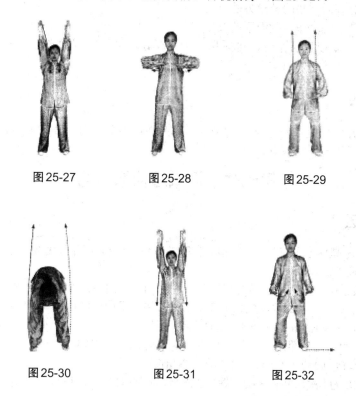

图25-27　　　　图25-28　　　　图25-29

图25-30　　　　图25-31　　　　图25-32

## 二、动作要点

两掌反穿摩运要适当用力，至足背时松腰沉肩，两膝挺直，向上起身时要手臂主动上举，带动上体立起。

## 三、主要功用

（1）通过大幅度前屈后伸可刺激脊柱、督脉、膀胱经、背、腰、膝及命门、阳关、委中等穴，达到固肾壮腰的作用。

（2）通过脊柱大幅度的前屈后伸，可有效地发展躯干前、后伸屈脊柱肌群的力量与伸展性，同时对下肢后群肌肉的伸展性也有明显作用。

## 四、易犯错误

（1）两手下摩运时低头，膝关节弯曲。
（2）向上起身时，起身在前，举臂在后。

## 五、纠正方法

（1）两手向下摩运要抬头，膝关节伸直。
（2）向上起身时要以臂带身。

## 六、教法建议

（1）采用先分解后完整的教学方法。
（2）镜面示范讲解动作，背面示范领做。
（3）在体会以臂带身动作时，可采用助力教学法，即一人站立牵引另一人的双手去完成动作。

## 七、练法建议

这一式的重点动作是起身时要以臂带身，因此在练习起身时，要求两臂向前推，体会把身体推起来的感觉，如此反复练习。

## 第七式　攒拳怒目增气力

### 一、动作方法

重心右移，左脚向左开步，两腿屈膝半蹲成马步。同时，两掌变拳抱于腰侧，拇指在内，拳眼向上。目视前方（图25-33）。

（一）左拳缓慢用力向前冲出，与肩同高，拳眼向上。瞪目，视左拳冲出方向（图25-34）。

（二）左臂内旋，左拳变掌，虎口向下。目视左掌（图25-35）。左臂外旋，肘关节微屈，同时左掌向左缠绕，变掌心向上后握固，目视左拳（图25-36）。

（三）屈肘，回收左拳至腰侧，拳眼向上。目视前方（同图25-33）。

动作4至动作6，同动作1至动作3，唯左右相反。

此式一左一右为1次，共做3次。做完3次后，重心右移，左脚回收成并步站立。同时，两拳变掌，垂于体侧。目视前方（图25-37）。

图25-33　　　　图25-34

图25-35　　　　图25-36　　　　图25-37

### 二、动作要点

（1）马步的高低可根据自己的腿部力量灵活掌握。

（2）冲拳时怒目圆睁，脚趾抓地，拧腰顺肩，力达拳面；回收时要旋腕，五指用力抓握。

## 三、主要功用

（1）肝主筋，肝开窍于目，怒目瞪眼可刺激肝经，有疏肝益肝、益睛明目的作用。

（2）两腿下蹲十趾抓地、双手握拳、旋腕、手指逐节强力抓握，可刺激手足三阴三阳十二经脉和脊柱督脉与膀胱经背俞穴。同时可使全身肌肉、筋脉受到静力牵张刺激，长期锻炼可使全身筋肉结实有力，气力大增，即肝主筋之意。

## 四、易犯错误

（1）冲拳时上体前俯，端肩，掀肘。
（2）拳回收时旋腕不明显，抓握无力。

## 五、纠正方法

（1）冲拳时头向上顶，上体立直，肩部松沉，肘关节微屈，前臂贴肋前送，力达拳面。
（2）拳回收时，先五指伸直充分旋腕，再屈指用力抓握。

## 六、教法建议

（1）先练习旋腕握拳动作，可以一人抓握对方手腕，一人做旋腕反拿对方的练习，从而体会旋腕握拳的内在劲力的变化。
（2）镜面示范讲解动作，背面示范领做。

## 七、练法建议

（1）先采取站立姿势体会旋腕握拳动作，动作熟练后再进行马步练习。
（2）注意拧腰顺肩，力达拳面。

# 第八式　背后七颠百病消

## 一、动作方法

（1）两脚跟提起，头上顶，动作略停。目视前方（图25-38）。
（2）两脚跟下落，轻振地面。目视前方（图25-39）。
此式一起一落为1次，共做7次。

图25-38

图25-39

## 二、动作要点

（1）上提时脚趾要抓地，脚跟尽力抬起，两腿并拢，百会穴上顶，略有停顿，掌握好平衡。

（2）脚跟下落时，咬牙，轻轻下振。同时沉肩舒臂，周身放松。

## 三、主要功用

（1）颠足可刺激脊柱与督脉，使全身脏腑经络气血通畅，阴阳平衡。可发展小腿后群肌力，拉长足底肌肉、韧带和提高人体的平衡能力。

（2）落地震动可轻度刺激下肢及脊柱各关节内外，并使全身肌肉得到了很好的放松复位，有助于肌肉代谢产物的排出，解除肌肉紧张。

## 四、易犯错误

上提时，端肩，身体重心不稳。

## 五、纠正方法

五趾抓住地面，两腿并拢，提肛收腹，肩向下沉，百会穴上顶。

## 六、教法建议

（1）采用先分解后完整的教学方法。
（2）镜面示范讲解动作、领做。

## 七、练法建议

提踵时，身体重心要往前倾，压在前脚掌；落踵时，脚后跟要先下一半，以免落下时地面给身体的反作用力对头部的冲击。

## 收势

## 一、动作方法

（1）两臂内旋，向两侧摆起，与髋同高，掌心向后。目视前方（图25-40）。

（2）上动不停，两臂屈肘，两掌相叠于腹部丹田处（男性左手在内，女性右手在内）。目视前方（图25-41）。

（3）两臂自然下落垂于体侧，两掌轻贴于腿外侧。目视前方（图25-42）。

图25-40

图25-41

图25-42

## 二、动作要点

两掌内外劳宫相叠于丹田，周身放松，气沉丹田。

## 三、主要功用

气息归元，整理肢体，放松肌肉，愉悦心情，进一步巩固练功的效果，使血液循环与代谢水平进一步降低，逐渐恢复到练功前安静时的状态。

## 四、易犯错误

收功随意，动作结束后或心浮气躁，或急于走动。

## 五、纠正方法

收功时要心平气和，举止稳重。收功后可适当做一些放松活动，如搓手浴面和肢体放松等。

## 六、教法建议

（1）采用先分解后完整的教学方法。
（2）镜面示范讲解动作，背面示范领做。

## 七、练法建议

（1）通过意守丹田来宁静心神，使气息归元。
（2）轻轻揉腹拍打身体，以使气血顺畅。

# 第三节  学练健身气功·八段锦的注意事项

## 一、松静自然，准确灵活

松静自然，是练功的基本要领，也是最根本的法则。松，是指精神和形体两方面的放松，主要是解除心理和生理上的紧张状态。形体上的放松，是指关节、肌肉及脏腑的放松。放松是由内到外、由浅到深的锻炼过程，使形体、呼吸、意念轻松舒适无紧张之感；静，是指思想和情绪要平稳安宁，排除一切杂念；自然，是指形体、呼吸、意念都要顺其自然。这里的"自然"决不能理解为"听其自然""任其自然"，而是指"道法自然"，需要习练者在练功过程中仔细体会，逐步把握；准确，主要是指练功时的姿势与方法要正确，合乎规格。在学习各式动作时，要对动作的路线、方位、角度、虚实、松紧分辨清楚；灵活，是指习练时对动作幅度的大小、姿势的高低、用力的大小、习练的数量、意念的运用、呼吸的调整等，都要根据自身情况灵活掌握。

## 二、练养相兼，循序渐进

练，是指形体运动、呼吸调整与心理调节有机结合的锻炼过程；养，是通过上述练习，身体出现的轻松舒适、呼吸柔和、意守绵绵的静养状态。练与养，是相互并存的，不可截然分开，应做到"练中有养，养中有练"。特别要合理安排练习的时间、数量，把握好强度；练习健身气功·八段锦不能急于求成，练功者可根据自身的体质状况练习数量和练习强度，一定要遵循循序渐进、合理安排好运动量，才能取得良好的锻炼效果。

## 三、把握练习八段锦时的运动量

　　健身气功·八段锦练习的运动量，就是指一次练习多长时间，做几遍，及所采取的姿势高低与用力的大小的总和。一般情况下，一周应不少于5次练习，每次练习在40min，做1～2遍，每遍之间休息2min，加上开始的准备活动和结束的放松活动，一次练习在50min左右为宜。如时间或身体健康情况不允许，可在一天中合适时间安排1～2次练习，每次练习15～30min，数量1～2遍。也可将整套拆开选择适合自己的动作来练习，同样可以取得良好的锻炼效果。由于受到性别、年龄、身体条件等因素的影响，练习者个体差异很大，不应攀比，心态要平衡，需结合自己的实际情况灵活掌握。运动量安排得是否合理，是练习的最关键环节，任何一种模式的选择都有其局限性。对运动量的掌握应以本体感觉为准，其最简便有效的检测方法是运动后精神愉快、脉搏稳定、血压正常、食欲及睡眠良好，表明运动量是适宜的。如果运动后身体明显疲劳，脉搏长时间得不到恢复，食欲不振、睡眠不佳，则表明运动量过大，应及时进行调整。

## 四、健身气功·八段锦的形体活动

　　形体活动包括两方面，一是姿势，二是运动过程。对于初学者，在练习中首先要抓好基本身形。如基本身形不端正就会给人感觉到动作处处扭，因为身形贯穿于形体活动的始终。正如古语所说："形不正则气不顺，气不顺则意不宁，意不宁则气散乱"。可见基本身形的重要。当学会功法后，应进一步在动作的规格要领上下功夫，力求做到动作准确，要领得法，姿势优美，动作大方。因为会做并不等于做得对，更不等于做得好，需要有一个反复练习提高的过程。经过一段时间的练习，动作开始由紧变松，由松变沉，由沉变稳，功夫逐渐上身。此时，应该把形体活动的重点放在如何突出功法的风格特点上，做到柔和缓慢，圆活连贯，松紧结合，动静相兼，神与形合，气寓其中。以上只是从练习的不同阶段，谈了健身气功·八段锦形体活动应重点注意的问题。在实际练功中这些应注意的问题都是交织在一起的，只不过是有所侧重而已。还有"三调"之间的关系处理也至关重要，在这里就不展开谈了。

　　另外，在形体活动中要注意因人而异。对姿势的高低、幅度的大小都应灵活掌握。对一时难以完成的动作不可强求，应降低难度以自己练习的舒适为好。

## 五、八段锦在练习中的呼吸吐纳

　　呼吸吐纳是指吐出肺中浊气，吸进清新的空气。健身气功·八段锦的呼吸方法是，采用逆腹式呼吸，同时配合提肛呼吸。具体操作是，吸气时提肛、收腹、膈肌上升，呼气时膈肌下降、松腹、松肛。与动作结合时是起吸落呼，开吸合呼，蓄吸发呼，在每一段主体动作中的松紧与动静变化的交替处，采用闭气。因每个人的肺活量、呼吸频率存有差异，功法的动作幅度也有大小、长短之别，对呼吸的方法要灵活运用，不可生搬硬套，如气息不畅应随时进行调节。练习中对呼吸吐纳的总体把握是，在初学阶段以自然呼吸为好，待动作熟练后可根据呼吸方法结合动作逐渐练习，呼吸应柔和均匀，不可追求深长，其间自然呼吸在练习中是不可缺少的，它起着重要的调节作用。这样，经较长一段时间的锻炼，呼吸与动作才能配合自如，逐步进入不调而自调状态。

### 思考题

1. 什么是八段锦？
2. 健身气功八段锦的功法特点是什么？
3. 健身气功·八段锦对我们有什么帮助？
4. 我打算如何习练健身气功·八段锦？

# 第二十六章 棋牌运动

## 第一节 桥牌

桥牌是一种高雅、文明、竞技性很强的智力性游戏,是扑克的一种打法,是2对2的4人牌戏。桥牌运动于2007年被列为全国大学生运动会正式比赛项目,于2012年夏季奥运会被列为表演项目。

### 一、桥牌基本知识

桥牌使用普通扑克牌,去掉大小王后共计52张扑克牌,分梅花、方片、红桃、黑桃四种花色。四种花色有高低之分,按照英文各自开头一个字母的顺序排列而成,即梅花(Clubs)为C,方片(Diamonds)为D,红桃(Hearts)为H,黑桃(Spades)为S。其中梅花和方片为低级花色(Minor suit),每墩20分;红桃和黑桃为高级花色(Major suit),每墩30分。每一种花色有13张牌,顺序如下:A(最大)、K、Q、J、10、9、8、7、6、5、4、3、2(最小)。

52张牌平均分配,每人13张;打牌时,一方出牌,另外三方跟着出一张,牌放在胜者这里,称为一墩。定约以6墩为本底墩数,6墩以上的牌方可算作赢墩。如果用户做4H定约,就是红桃为将牌,取到10(4+6)墩牌以上才算完成。如果没有达到足够的墩数,则称为宕了,会被罚分。离定约差几墩就称为宕几。比如南北方做4NT定约,最后拿了8墩牌,则称为宕2(4+6-8)。

### 二、成局奖分

桥牌规则规定,定约基本分达100分以上者方算成局,否则为未成局。未成局只奖50分。成局奖在无局时是300分,有局时是500分。也就是说,要想成局,在双方没有加倍的情况下,梅花和方片必须定约到5阶以上,即拿足11墩牌;红桃和黑桃只需定约到4阶,即拿到10墩就行了。除了有将定约以外,桥牌中还有无将定约(No Trump),即打无主牌,这种定约第一墩为40分,第二墩以后均为30分,也就是说,无将定约达3级时,即拿到9墩牌时便成局了。

叫到并打成6阶定约称为小满贯［Small（Little）Slam］，除奖励成局奖分外，无局额外奖励500分，有局额外奖励750分。叫到并打成7阶定约称为大满贯（Grand Slam），除奖励成局奖分外，无局时额外奖励1000分，有局时额外奖励1500分。

## 三、常用术语

### 1. 叫牌

发牌之后出牌之前要进行叫牌。叫牌要用特定的符号和用语来进行。按规定由发牌者首先叫牌（通常是北，以后轮换），根据牌点的高低，发牌者可叫也可不叫，此后，再由他的下家（左方）叫牌，依次顺时针轮流进行。如果四家全都不叫，这副牌记为双方零分，开始打下一局牌。

当一家开叫后，任何一家可以根据花色类别的次序在更高水平上争叫，只要在前一家同类墩数上叫更高一个数或在更高一类（花色或无将）上叫同一墩数均可。类别的排列如下，无将（最高）、黑桃、红桃、方片、梅花（最低），所以叫1个黑桃比叫1个红桃高，叫2个梅花比叫1个无将高。直到三家不叫表示承认为止。叫得最高的那个花色就是将牌花色（或无将），而该级别的数字就是定约的水平，两者合称定约。叫牌的目的是使同伴之间互通牌情，以便找到最佳定约，或者干扰对方选择出最有利的定约，以此达到战胜敌方的目的。

在叫牌过程中，后一位叫牌者所叫的内容必须在花色或数量上超过前一位叫牌者所叫的内容。桥牌的有局和无局是人为规定的，不可变更。所谓定约，是指经过叫牌最后由一方确定经另一方同意的一个叫牌级数协定。确定定约的一方称定约方，其宗旨是要完成定约；同意的一方称防守方，其目标是击垮敌方的定约。定约分有将定约和无将定约两种。有将定约是确定某一花色为将牌。将牌除可以在本花色中赢墩外，还可以将吃其他三门花色。无将定约就是没有将牌的定约，其输赢只根据同一花色中每一张牌的大小来确定。

### 2. 加倍

加倍是叫牌过程中经常出现的一个名词，它的原意为防守方一家认为定约方的定约肯定会被己方击败，便叫"加倍"以示惩罚。加倍的含义已经被引申，不再单独作为惩罚。如定约方对防守方所叫的"加倍"不以为然，相信己方仍有把握完成定约时，可叫"再加倍"来惩罚加倍方。再加倍定约，定约方的得失分均按四倍（基本分乘以4）计算。加倍的符号用"×"表示，再加倍的符号用"××"表示。

加倍和再加倍与定约人的定约得失分密切相关，尤其是本来不够成局（基本分不足100分）的定约，加倍或再加倍后而达到成局时，得分相差会超过500分，失分相差一倍。因此使用加倍及再加倍都要特别慎重。

### 3. 庄家

当定约确定以后，由定约方首先叫出定约花色的人主打，他被称为庄家。他的同伴称为明手。

打牌一个定约（无将或有将）在叫牌时被确定之后，防守方位于庄家左手的一家称为首攻人，也就是由他打出第一张牌。首攻人的下家在首攻实现后将自己的牌全部摊开，按同花色摆成四列，此家称为明手。明手的对家是庄家（又称定约人、暗手），他负责打明、暗两手的牌。明手出牌后，就轮到首攻人的同伴出牌，最后轮到定约人出牌。至此，桌上共有四张出过的牌，每家一张，称为一墩牌。每家必须随出牌者出同花色的牌，如手中已无这门花色，则可用将牌（任何一张将牌都大于其他花色的牌）将吃或垫掉一张闲牌。在一墩牌里，如果有将牌，则最大的将牌是赢牌。第二轮的出牌由赢得第一墩的那家先出，其他仍依顺时针方向出牌，直至十三张牌全部出完。

4.瑞士移位

是一种排定座次的方法，目的是使每轮比赛都是积分相近的相遇。第一轮的座次是按报名先后排定的，以后每轮按照各对选手当前的积分排定座次，积分高的在前。

## 四、比赛结果

完成比赛总牌数一定比例（一般为60%～80%）的对子算完成比赛。全部比赛结束后，系统计算所有参赛对子（包括在最后一轮前已经弃权的对子）的总积分，为所有完成比赛的对子排定名次。积分相同的，完成副数多的在前，完成副数也一样的，先报名的在前。

1.大师授予

每场比赛的第一名3个大师分。完成比赛的选手超过20对（含）时，2、3、4名2个大师分，5～10名1个大师分。完成比赛的对子不足20时，排名在半数之前的都授予大师分，第一名3个，其后1～3个2分，其余1分。

2.结果查询

比赛最后一轮一结束，结果马上自动生成，用户当时就可以查询结果。结果查询的首页显示若干场比赛，选择用户要查询的一场比赛进入该场比赛的结果页面。该页显示所有参加了这场比赛（包括未完成比赛的）的对子的名次、总积分，每副牌的得分等信息，点击任何一副牌的得分，进入该副牌的比较结果页面。该页给出这副牌的若干个结果的详细信息。在桥牌结果查询页面选择"瑞士移位自动双人赛"即可查询比赛结果。

# 第二节　中国象棋

中国象棋是起源于中国的一种棋戏，属于二人对抗性游戏，在中国有着悠久的历史。由于用具简单，趣味性强，成为流行极为广泛的棋艺活动。在中国古代，象棋被列为士大夫们的修身之艺。现在，则被视为是怡神益智的一种有益身心的活动。

象棋使用方形格状棋盘及红黑二色圆形棋子进行对弈，棋盘上有十条横线、九条竖线共分成90个交叉点；象棋的棋子共有32个，每种颜色16个棋子，分为7个兵种，摆放和活动在交叉点上。双方交替行棋，先把对方的将（帅）"将死"的一方获胜。在中国，已有几千年历史、充满东方智慧的象棋在中国的群众基础远远超过围棋，一直是普及最广的棋类项目。

## 一、棋盘（图26-1）

棋盘为方形的平面，棋盘上有9条平行的竖线和10条平行的横线，共有90个交叉点，棋子摆在交叉点上。棋盘中间第五、第六两横线之间未画竖线的空白地带称为"河界"。两端的中间，也就是两端第四条到第六条竖线之间的正方形部位，以斜交叉线构成"米"字方格的地方称为"九宫"。整个棋盘以"河界"分为相等的两部分。为了比赛记录和学习棋谱方便起见，现行规则规定：按九条竖线从右至左用中文数字一至九来表示红方的每条竖线，用阿拉伯数字"1"～"9"来表示黑方的每条竖线。对弈开始之前，红黑双方应该把棋子摆放在规定的位置。任何棋子

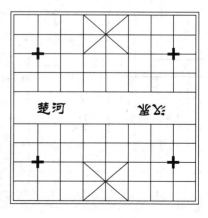

图26-1　中国象棋棋盘

每走一步，进就写"进"，退就写"退"，如果像车一样横着走，就写"平"。

### 1. 直线

棋盘上较长的平行排列的边称为直线，共有9条，其中7条被河界隔断。用红色棋子一方的直线从右往左依次用中文数字一、二、三、四、五、六、七、八、九表示；用黑色棋子一方的直线在红方对面也从右往左依次用阿拉伯数字1、2、3、4、5、6、7、8、9表示。

### 2. 横线

棋盘上较短的平行排列的边称为横线。横线共有10条，用红色棋子一方的横线从红方底线算起，从下往上依次用中文数字一至十表示；用黑色棋子一方的横线则从黑方底线开始，依次用阿拉伯数字1～10表示。

### 3. 交叉点

直线与横线相交的地方称为"交叉点"。整个棋盘共有90个交叉点，棋子就摆放和活动在这些交叉点上。

### 4. 河界

棋盘中央没有画直线的地方称为"河界"。它代表弈战双方的分界线，确定了各自的地域。

### 5. 九宫

棋盘两端各画有斜交叉线的地方称为"九宫"。将则只能在各自"九宫"的9个交叉点上活动。

"楚汉界河"指的是河南省荥阳市黄河南岸广武山上的鸿沟。沟口宽约800m，深达200m，是古代的一处军事要地。西汉初年楚汉相争时，汉高祖刘邦和西楚霸王项羽仅在荥阳一带就爆发了"大战七十，小战四十"，因种种原因项羽"乃与汉约，中分天下，割鸿沟以西为汉，以东为楚"，鸿沟便成了楚汉的边界。如今鸿沟两边还有当年两军对垒的城址，东边是霸王城，西边是汉王城。现汉霸王城面临坍塌的危险，有关部门正在保卫我国的古战场。

## 二、棋子

棋子共有三十二个，分为红、黑两组，每组共十六个，各分七种，其名称和数目如下（图26-2）：

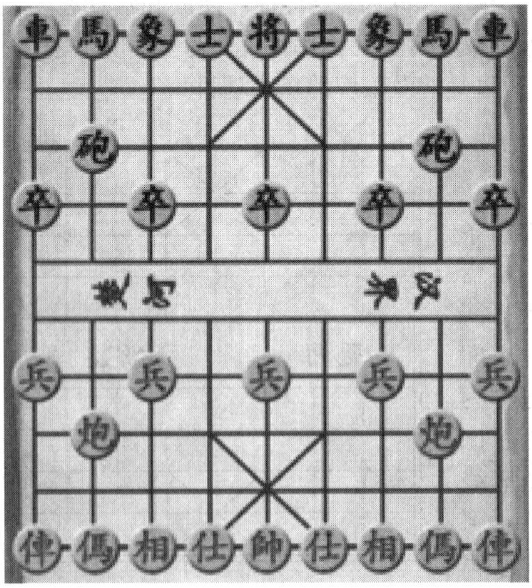

红棋子：帅一个，车、马、炮、相、仕各两个，兵五个。

黑棋子：将一个，车、马、炮、象、士各两个，卒五个。

### 1. 帅/将

红方为"帅"，黑方为"将"。帅和将是棋中的首脑，是双方竭力争夺的目标。

它只能在"九宫"之内活动，可上可下，可左可右，每次走动只能按竖线或横线走动一格。帅与将不能在同一直线上直接对面，否则走方判负。

### 2. 仕/士

红方为"仕"，黑方为"士"。它也只能在九宫内走动。它的行棋路径只能是九宫内的斜线。士一次只能走一个斜格。

图26-2 中国象棋棋盘与棋子

### 3. 象/相

红方为"相"，黑方为"象"。它的走法是每次循对角线走两格，俗称"象飞田"。相（象）的活动范围限于"河界"以内的本方阵地，不能过河，且如果它走的"田"字中央有一个棋子，就不能走，俗称"塞象眼"（图26-3）。

### 4. 车（jū）

车在象棋中威力最大，无论横线、竖线均可行走，只要无子阻拦，步数不受限制。俗称"车行直路"。因此，一车可以控制十七个点，故有"一车十子寒"之称。

### 5. 炮

炮在不吃子的时候，走动与车完全相同，但炮在吃子时，必须跳过一个棋子，己方的和敌方的都可以，俗称"炮打隔子"、"翻山"。

图26-3　塞象眼

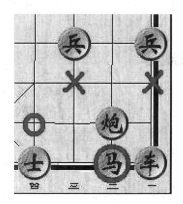
图26-4　马走日与蹩马腿

### 6. 马

马走动的方法是一直一斜，即先横着或直着走一格，然后再斜着走一条对角线，俗称"马走日"。马一次可走的选择点可以达到四周的八个点，故有"八面威风"之说。如果在要去的方向有别的棋子挡住，马就无法走过去，俗称"蹩马腿"（图26-4）。

### 7. 兵/卒

红方为"兵"，黑方为"卒"。

兵（卒）只能向前走，不能后退，在未过河前，不能横走。过河以后可左、右移动，但也只能一次一步，即使这样，兵（卒）的威力也大大增强，故有"过河的卒子顶半个车"之说。

## 三、棋子的价值

在对弈时，双方都要进行不可避免的兑子［帅（将）是唯一不可兑换的棋子］，下列子的价值如下［以车9分为例，帅（将）除外］。

（1）车——9分

战斗力最强大的棋子，是作战主力的第一位。车的价值最大，用分值来算是9分。开局阶段应尽量出车，"三步不出车，必定要输棋"。

（2）马——4分

曲线型的活动，具有面的控制力，属于中距离的作战兵种。分值为4分。

（3）炮——4.5分

是远距离作战兵种，机动性和突击性较强，开局时炮显的比马灵活。分值为4.5分。炮应远慑，不可虚发，残局炮归家。

（4）相（象）、仕（士）——2分

保卫将帅的防御性兵种，在一定情况下起助攻的作用。"撑起仰角士，不怕马来攻"，象尽量往中间连环，阵容工整。

（5）兵（卒）

未过河兵（只能向前）——1分

已过河兵（可以向前及左右移动）——2分

到底线的兵（由于只能左右移动）——1分

中兵尤为重要，是中路的屏障，三、七兵对活马起重要作用，记住兵能制马的棋谚。

（6）帅（将）

将帅的价值及其运用原则：是全局的中心，胜负的标志。除在残局阶段，一般没有实战能力，在全局中应以"静"为原则。

## 四、象棋规则

①对局开始前，双方棋子在棋盘上的摆法见右图。

②对局时，由执红棋的一方先走，双方轮流走一步。

③轮到走棋的一方，将某个棋子从一个交叉点走到另一个交叉点，或者吃掉对方的棋子而占领其交叉点，都算走了一着。

④双方各走一着，称为一个回合。

⑤走一着棋时，如果己方棋子能够走到的位置有对方棋子存在，就可以把对方棋子吃掉而占领那个位置。

⑥一方的棋子攻击对方的帅（将），并在下一着要把它吃掉，称为"照将"，或简称"将"。"照将"不必声明。被"照将"的一方必须立即"应将"，即用自己的着法去化解被"将"的状态。如果被"照将"而无法"应将"，就算被"将死"。

# 第三节 围棋

## 一、围棋的起源

围棋起源于中国，是一种策略性两人棋类游戏。围棋起源于中国，隋唐时经朝鲜传入日本，再流传到欧美各国。围棋蕴含着汉民族文化的丰富内涵，是中国文化与文明的体现。围棋使用方形格状棋盘及黑白二色圆形棋子进行对弈，棋盘上有纵横各19条直线将棋盘分成361个交叉点，棋子走在交叉点上，双方交替行棋，落子后不能移动，以围地多者为胜。

中国古代围棋是黑白双方在对角星位处各摆放两子（对角星布局），由白棋先行。现代围棋由日本发展而来，取消了座子规则，黑先白后，使围棋的变化更加复杂多变。围棋也被认为是世界上最复杂的棋盘游戏。

由于独特的历史发展原因，围棋现存在三种规则。中国大陆采用数子规则，中国台湾采用应氏计点规则，日本和韩国则采用数目规则。因为黑方先行存在一定的优势，所以所有规则都采用了贴目制度。

## 二、棋具

### 1. 棋子

棋子分黑白两色，多为扁圆形（也有双面突起的应氏棋子）。棋子的数量以黑白子各180个为宜。棋子呈圆形，中国一般使用一面平、一面凸的棋子，日本则常用两面凸的棋子。

### 2. 棋盘

盘面有纵横各19条等距离、垂直交叉的平行线，共构成19×19=361个交叉点（以下简称为"点"）。盘面上标有9个小圆点，称为星位，中央的星位又称"天元"。下让子棋时所让之子

图26-5　围棋的棋子和棋盘

要放在星上。棋盘可分为"角"、"边"以及"中腹"。启蒙学习中，有13×13、9×9的棋盘。另外，现代出土文物中还有一些是较罕见的15×15、17×17路棋盘（图26-5）。

### 3. 棋钟

也叫计时器，在正式的比赛中可以使用计时器对选手的时间进行限制。非正式的对局中一般不使用计时器。

### 4. 棋谱

指记录棋局的工具，通常以笔记本的形式出现。

## 三、常用术语

尖：在己方原有棋子的斜上或斜下一路处行棋称为"尖"。由于尖的步调较小，人们也习惯地称它为"小尖"。

长："长"是指紧靠着自己在棋盘上已有棋子继续向前延伸行棋。"长"一般用于与对方接触交战的时候，便于将己方的子连成一片，更好地攻击对方。

立："立"与"长"有着微妙的差别，"立"主要指向紧靠着自己原有的棋盘上的棋子方向向下或向边线方向的行棋。

挡："挡"的意思也就是直接阻挡对方侵入自己的地域或防止对方棋子冲出包围时，用己方棋子紧靠住对方的棋子的行棋方法。挡的作用也就是含义中所说的两点，一是阻止对方破自己的空，二是防止己方包围住的对方棋子冲出。初学者掌握之后，可在护空、吃棋方面有很大的提高。

并："并"就是在棋盘上原有的棋子旁边的一线路上紧挨着下子。

顶："顶"就是顶撞对方的棋子的着法，换一种说法就是在对方棋子行棋方向的棋子的头上下子。顶的特点是结实、厚重、具有先手意义。顶的形式很多，有尖顶、鼻顶等。

爬："爬"是指一方的棋子在对方的压迫下，沿着边上低位，也就是一线或二线的位置上长。爬可以用于做活、联络、占地、搜根等。

关："关"是指与自己在棋盘上的原有棋子隔一路行棋。

冲："冲"是指紧靠着自己在棋盘上原有的棋子向对方的"关"形中间的空交叉点处行棋，这就叫"冲"。"冲"经常是运用自己强的一面去阻击对方，将对方的棋分成两块，以利于寻找机会消灭对方。

跳：跳的形状与"关"形是相同的，都是在与原有棋子隔一路的位置上行棋。但一般情况下所说的关是含有向宽阔地带或中腹扩展的意味，而"跳"则一般用于双方对局彼此接触交战

的时候，为逃出己方的棋子或者追杀对方薄弱的棋最常用到它。

飞："小飞"，是指在原有棋子的呈"日"字形的对角交叉点处行棋。"大飞"。它是指在原有棋子的呈"目"字形的对角交叉点处行棋。"象步飞"是在原有棋子的呈"田"字形状的对角空交叉点处行棋。"超大飞"是指比"大飞"更向前一格的位置行棋。

镇：镇是一方的棋子行在另一方向中腹关起的位置，这手棋叫"镇"。

挂："挂"也称挂角，是布局常用的行棋方法。挂就是在布局时，一方已有一子占角的情况下，另一方在其附近相差一、二路的位置上行棋，挂是为破坏对方完全占有角部而与对方分占角部的主要行棋方法。在三线上行棋的挂，叫"低挂"，在四线上行棋的挂，一般叫"高挂"。

夹："夹"是对局的一方用两子将另一方的棋子夹在中间的行棋方法。"反夹"，是指当一方棋子被另一方夹住时，被夹的一方从对方棋的另一侧再夹对方一手棋。

断："断"是直接切开对方棋与棋之间的联络，使对方的棋分散开的行棋方法。

跨：跨是对局的一方在有周围棋子援助的情况下，将己方的棋插到对方小飞的棋形中。"空"是指围成的地域。

虎：指的是在原来棋盘上呈尖形二子基础上，再下一着，使之构成"品"字形状。虎，还包含有虎口；双虎等术语。虎是用来使棋盘上己方的棋子联络，也是为了防止对方的棋子切断己方联络的手段，有时也作用在活棋中，由于虎状的棋子弹性丰富，适用于作眼，所以在活棋中经常被采用。

虎口：就是虎形的三子由三面围拢中的空着的那个交叉点，虎口朝上方也就是朝中央则叫上虎，虎口朝下，确切地说朝边角则叫下虎。

双虎：就是由三个棋子构成两个断点，三子呈连续小尖状，（△）使其下一着棋可同时形成两个虎口。

挤："挤"是从原来就有的己方棋子出发，继续向敌子集中的地方插进去，使对方原本联结的棋形出现断点或别的毛病，也就是促使对方补棋，有先手的意思。

拆："拆"就是以棋盘原有的己方棋子为参照在三线或四线上向左或向右间隔若干路开拆一着。拆子的距离间隔一路为拆一，间隔二路为拆二，间隔三路为拆三。拆常常用于扩张地域或谋得己方根据地，也有时用在扩大地域、求己方根据地和搜取对方根据时同用。

逼："逼"是对敌方构成威胁的着法，大多数用于夺取对方做活的根据地。

封："封"是指封锁敌方棋子向外部发展的着法。它的功能是防止对方棋子向中央发展。"封"还可以说是封锁住对方棋子的出路。在攻击中常用。

点：点的作用一来可破坏对方眼位；二来可以用来窥视对方的断点或"薄弱环节"，以达到借机促使对方棋形尽早固定，以免将来多变的作用。同时，也是在对方阵势中，作试探。最后，侵略对方的阵地，从深处入手，非常严厉。点还有一种说法是指棋盘上的具体交叉点。如：好点、要点等。

腾挪：腾挪就是在对方棋子多，强的时候用的手筋，可用靠、挤、断等连续招法，使自己的棋子有生根之地。

品：指围棋比赛后分的等级。我国古代分为九等，称为"九品"。从一到九的名称是：入神、坐照、具体、通幽、用智、小巧、斗力、若愚、守拙。

定式：古今中外的棋手，经过多次对弈实践，对于角上着子，逐渐形成的一些被公认比较妥善的程式，即通常所说的"起手式"。

布局：棋局一开始，双方抢占要点，布置阵势，准备进入中盘战斗，这一阶段叫布局。

先手：为了争取主动，取得胜利，每下一子，使对方必应，这叫先手。

官子：也叫"收官"。就是一局棋的最后阶段，经过中盘战斗，双方领地大体确定，尚有部分空位可以下子，这时称为"收官"。

## 四、围棋规则

### 1. 基本下法

① 对局双方各执一色棋子，黑先白后，交替下子，每次只能下一子。

② 棋子下在棋盘上的交叉点上。

③ 棋子落子后，不得向其他位置移动。

④ 轮流下子是双方的权利，但允许任何一方放弃下子权。

⑤ 棋子的气：一个棋子在棋盘上，与它直线紧邻的空点是这个棋子的"气"。棋子直线紧邻的点上，如果有同色棋子存在，则它们便相互连接成一个不可分割的整体。它们的气也应一并计算。棋子直线紧邻的点上，如果有异色棋子存在，这口气就不复存在。如所有的气均为对方所占据，便呈无气状态。无气状态的棋子不能在棋盘上存在，也就是——提子。

⑥ 提子：把无气之子提出盘外的手段叫"提子"。提子有两种：下子后，对方棋子无气，应立即提取；下子后，双方棋子都呈无气状态，应立即提取对方无气之子。拔掉对手一颗棋子之后，就是禁着点（也叫禁入点）。棋盘上的任何一子，如某方下子后，该子立即呈无气状态，同时又不能提取对方的棋子，这个点，叫做"禁着点"，禁止被提方下子。

### 2. 中国规则的胜负判别

① 贴 3 又 3/4 子的规则：第一步，把死子提掉。第二步，只数一方围得点数并记录下来（一般围得点以整十点为单位）。第三步，如果数的是黑棋，再减去 3 又 3/4 子，如果数的是白棋，再加上 3 又 3/4 子。第四步，结果和 180 又 1/2（棋盘 361 个点的一半）比较，超过就算胜，否则判负。黑目数超过 184.25 子即胜，而白只需超过 176.75 子即胜。通俗来说为白棋 177 子为胜，黑棋 184.5 子为胜。

② 让先与让子：让先不贴目，让子要贴还让子数的一半（就当被让方是预先收了单官）。

# 第二十七章
# 毽球

## 第一节 毽球运动概述

### 一、毽球运动起源

竞技性毽球从我国古老的民间踢毽子游戏演变而来，是中国民族传统体育宝库中的一颗灿烂的明珠。它在花毽的趣味性、观赏性、健身性基础上，增加了对抗性，集羽毛球的场地、排球的规则、足球的技术为一体，是一种隔网相争的体育项目，深受人民群众的喜爱。毽球是一项新兴的体育项目，20世纪80年代中后期才亮相国内赛场。它的比赛场地类似排球场，中间挂网（男子网高1.60m，女子网高1.50m）。两项团体赛每方各3人，每局15分，决胜局为每球得分制。比赛时运动员用脚踢球，不得用手、臂触球，在本方场区内最多只能击4次球。花毽即花样踢毽，分规定动作赛和自选动作赛两项。规定动作有盘踢、磕踢、落、上头、交踢6个套路；自选动作则由运动员即兴发挥，花样更繁难度更高。

在我国民间，将花毽俗称为踢毽子，是一项流传很广，有着悠久历史的民族体育活动。经常进行这项活动，可以活动筋骨、促进健康。在古都北京，踢毽子还有个富有诗意的名字——翔翎。有一种传说认为，毽"创自轩辕黄帝"，当时叫"袍"，不叫毽，是练习武士的一种器具，"袍"在中华大字典中解释为"皮毛丸"显然，"皮毛丸"与毽是两种不同的东西。又一传说认为："创自岳武穆，用箭之翎，配以金石之质，抛足而戏，以释军闷。"但此种传说缺乏可靠的佐证，而且"箭"与"毽"又不相同。据历史文献和出土文物证明，踢毽子起源于我国汉代，盛行于六朝、隋、唐。唐《高僧传》二集卷十九《佛陀禅师传》中记载：河南嵩山少林寺的祖师跋陀到洛阳去，在路上遇到了12岁的惠光在天街井栏上反踢毽子，连续踢了500次，观众赞叹不已。跋陀是南北朝北魏时（公元467—499年）人，他非常喜欢惠光，并将他收为弟子。宋朝高承在《事物记源》一书中，对踢毽子有较详细的记载："今时小儿以铅锡为钱，装以鸡羽，呼为毽子，三四成群走踢，有里外廉、拖抢、耸膝、突肚、佛顶珠等各色。"明、清时期，踢毽子进一步发展，关于踢毽子的记载也就更多了。明代进士、我国历史上有名的散文学家刘侗在《帝京景物略》中写道："杨柳儿青放空锤，杨柳儿死踢毽子。"踢毽子已成为民谚的内容，而且发展到数人同踢的技巧运动。至清末踢毽子已达到鼎盛时期，参加的人越来越多，不仅用来锻炼身体和作养生，而且把踢毽子和书画、下棋、放风筝、养花鸟、唱二黄等并提，一些人以会踢毽子而自荣。因此，踢毽子的活动更加广泛，特别是青少年参加者更为普遍。当时就有这样的童谣："一个毽儿，踢两半儿，打花鼓，绕花线儿，里踢外拐，八仙过海，九十九，一百。"说明踢毽子已经到了相当普及的程度。民间踢毽爱好者更是用功苦练，以口传身授的方法代代相传。以北京为例，每遇城乡庙会，各路能手步行相聚，观摩、比赛，培养新手，甚是热闹。

## 二、毽球运动的发展

到了20世纪30年代，涌现了一批全国闻名的踢毽子能手。如北京的谭俊川、金幼申、溥子衡、林少庵，上海的周柱国、陈鸿泰，河北的杨介人，浙江的谢叔安，河南的路锦城等等，数不胜数。踢毽技术在普及的基础上得到了提高，各种踢法丰富多彩，高难翻新的动作层出不穷，不同风格争奇斗艳，使观者眼花缭乱，惊叹不已。我国传统的踢毽运动，日趋完善。1928年12月，在上海市举办"中华国货展览会"时，举行了我国第一次踢毽子公开比赛，推动了这项民族体育项目的发展。1933年3月26日。在南京市又举行了第一次全国性的踢毽比赛，据当时的报纸报道："报名参加者颇为踊跃，其中有河北的溥子衡、金幼申（编著者注：溥子衡、金幼申系北京人）、杨介人3人，对于踢毽子极有经验，能踢之花式均有百余种之多，观者无不赞美。""比赛结果：河北杨介人获普通踢（盘踢）和花样踢第1名；北京运动员溥子衡、金幼申并列普通踢和花样踢第2名，3人所踢花样都有百余种之多，第4名踢的花样有30种，第5名踢的花样有20种。"在发奖会上，杨介人、溥子衡、金幼申3人再次进行了表演，还拍摄了电影纪录片。

1933年10月举行的全国体育运动会上，踢毽子同拳术、摔跤、弹弓、剑术等民间运动项目一起进行了比赛。上海运动员周柱国、北京运动员溥子衡和金幼申分别获普通踢的前3名，浙江运动员谢叔安获第4名。上海运动员陈鸿泰获特别踢（交踢、北京叫小毽股）第1名，上海运动员周柱国和北京运动员金幼申分别获特别踢的第2、3名，第4名为河南运动员路锦城获得。比赛后，北京运动员金幼申、溥子衡还在南京、上海等地的一些大学、中学进行了多场表演，得到了各界人士的好评。但自此之后，踢毽子运动逐渐衰落了，直到新中国成立后，这项民族体育运动才逐渐得到了恢复和发展。

1950年，北京市吸收了在街头靠踢毽子糊口的艺人参加了杂技团，专设了踢毽子节目，并出国进行表演，受到了国外观众的热烈欢迎。1961年6月，中央新闻电影制片厂拍摄了"飞毽"的电影，介绍了踢毽的运动的历史和踢法，推动了这一运动的发展。天津、上海、保定、哈尔滨等地参加踢毽子的人越来越多。上海电视台也形象地向广大观众推荐踢毽运动，上海《青年报》还组织了全市中学生"红花怀"踢毽比赛，历时两个多月。

1963年，踢毽子同跳绳等，被列入国家提倡开展的体育活动，踢毽子运动还被编入了小学体育教材。北方冰城哈尔滨市，参加踢毽子的活动人数逐年增加，全市半数以上的中小学的大约35万余名学生参加了比赛。1982年，哈市136中学初中三年级女生王丽萍，用1小时28分踢了5684个的优异成绩获得全市中、小学生踢毽子比赛的双脚踢（盘踢）第1名。这个成绩，远远超过了1933年10月，全国性体育运动会踢毽第1名4986个的成绩。 在我国著名的毽乡之一河北承德，出现了新气象，家家有毽，人人善踢，逢年过节，更是热闹，街头巷尾，到处可以看到踢毽的活动，为节日增添了特有的喜庆气氛。

1984年，原国家体委将毽球列为正式比赛项目，并组织了全国毽球邀请赛。在政府和体育部门的倡导下，毽球运动在北京、湖北、山东、广东、上海、陕西、河南、山西及东北各省广泛开展，各地相继组织了各种类型的毽球比赛，越来越多的人民群众参加到了这项活动之中，充分显示了毽球运动的强大生命力。

## 第二节  基本技术与练习方法

毽球基本技术动作包括准备姿势与移动、起球、发球、进攻、防守和拦网。

### 一、准备姿势及练习方法

毽球运动中的站立姿势就是准备姿势，它是运动员在场上未接球时身体的一种等待状态，保持良好的姿势是为了迅速起动，快速移动接近球，使身体能随时在瞬间由静变动，由被动状态变为主动状态的关键。基本站立姿势包括：平行站立法和前后站立法。

#### （一）平行站立法

动作要领：两脚左右开立，比肩略宽，两脚几乎站在同一条直线上，两脚尖内收成内八字，脚跟稍提起，脚掌内侧着地，两膝稍弯曲，重心置于两腿之间，上体放松稍前倾，两臂自然屈于体侧，保持待动状态，目视来球。重点在于两脚掌内侧用力着地，重心下降，两膝内扣；难点在于身体随时保持待动状态。

#### （二）前后站立法

动作要领：两脚前后分开站立，支撑脚在前，两脚稍内扣，用脚内侧用力，后脚跟稍提起，两膝稍弯曲，重心稍前移下降，两臂自然屈于体侧，保持待动状态，目视来球。重点在于两脚掌着地，重心落在前脚；难点在于身体随时保持待动状态。

#### （三）准备姿势练习方法

1. 根据上述动作要领反复进行准备姿势练习。
2. 看教师手势或听教师口令快速做出正确准备姿势。
3. 两人或多人一组互帮互练反复进行准备姿势练习。

### 二、移动技术及练习方法

移动的目的就是调整好人与球的最佳位置，有利于更好地发挥传、接、攻、防等各种技术，步法是移动的灵魂，因此，移动必须快速、准确。

#### （一）前上步

前上步或斜前上步时，踢球脚蹬地，支撑脚向前或者斜前上方迈出一步，踢球脚做好踢球时准备姿势。

#### （二）后撤步

后撤时支撑脚向后蹬地，重心后移，同时踢球脚向后迈出一步，支撑脚跟上成踢球准备姿势。

#### （三）左右滑步

平行站立时，左(右)脚用力侧蹬，重心侧移，同时右(左)脚向右(左)侧迈出，左(右)脚迅速地跟上，可连续滑步。

## （四）并步

前并步时，右(左)脚向前蹬，重心前移，左(右)脚向前迈出一步，同时右(左)脚跟上并步，准备接球或起跳。左(右)并步时，右(左)脚向左(右)侧蹬地，重心向左(右)移，左(右)脚向左(右)侧迈出一步，右(左)脚并步跟上成准备姿势。

## （五）交叉步

向右(左)交叉步移动时，左(右)脚向右(左)侧蹬地，把身体重心移到右(左)脚，左(右)脚从右(左)脚前往右(左)侧交叉迈出，同时右(左)脚向外侧蹬地，从左(右)脚后侧迈出，成踢球准备姿势。

## （六）跨步

支撑脚用力向前或者斜前方蹬地，重心前移，踢球脚随即跨出成救球姿势。

## （七）转体上步

左(右)转体时，以右(左)脚为轴，左(右)脚向后蹬地，重心下降稍后移，以髋带动身体向左(右)转体90°～180°，成踢球准备姿势。

## （八）跑动步

在来球离身体较远，运用以上移动步法都不能很快接近来球时所采用的一种移动形式；跑动时两臂应用力摆动，以加快速度，争取用最快的速度接近球的落点，然后重心稍下降成踢球准备姿势。

## 三、发球技术及练习方法

发球既是比赛的开始又是一项进攻技术，既可以直接得分又能破坏对方一传，也为防守和反击创造有利条件；发球的时候可以采用盯人、找空、压后、吊前等手段，发出各种战术球，以达到破坏对方组织进攻或直接得分的目的。发球的方法一般有：脚内侧发球、脚正面发球和凌空发球。

### （一）脚内侧发球

身体和球网约呈45度角站立，左脚在前与端线成45度角，右脚在后与端线平行站立，膝关节微屈；左手将球垂直抛起于体前，距离身体约一臂远，身体重心前移至左脚上，右腿以髋关节为轴，屈膝外转，脚掌与地面平行，小腿迅速前摆，用脚内侧将球击出。重点：毽球与脚内侧接触的部位；难点：全身协调用力。

### （二）脚正面发球

身体面对网站立，左脚在前右脚在后，两膝微屈，上体稍前倾，重心落在两脚间，左手持球于腹前；左手将球垂直抛起于体前，距离身体约一臂远，抛球的同时，重心前移到左脚上，右脚迅速蹬地，小腿后屈，尽量靠近大腿，击球刹那间，小腿迅速前摆，脚面绷直，用脚背正面将球击出。

重点：毽球与脚背正面接触的部位。
难点：全身协调用力。

### （三）凌空发球

身体侧对出球方向，左脚尖指向出球方向，左手持球于体前，距离身体约一臂远，将球向上抛起，球要高过头顶，当球下落到大约肩部高度时，右腿迅速抬起，大腿带动小腿快速摆动，脚面绷直，用脚正面将球击出；击球后身体随即转向出球方向，保持身体平衡。重点：毽球与脚面接触的部位；难点：击球时机与全身协调用力。

## 四、起球技术及练习方法

起球技术是指利用脚、腿、胸、腹、头（除两手臂外）等身体有效部位把对方击过网或突破拦网后的球击起，并组织进攻的击球动作。

### （一）脚内侧起球

脚内侧起球是指用脚的内侧面击球的起球动作。其要领在于，起球前两脚前后自然开立，踢球脚在后，两膝微屈，两手臂放松自然下垂于体侧。起球时，身体重心转移到支撑脚上，踢球腿大腿带动小腿由后向前上放摆动。在摆动过程中逐渐形成髋关节外张，膝关节弯曲，踝关节内翻的基本姿势。击球的一刹那脚部击球面端平，击球部位应在脚内侧面的中部，击球点一般应在支撑腿膝关节高度的体前约40cm处。起球的全过程应注意柔和协调，大腿小腿应完成向前上放送球的动作。

脚内侧起球技术动作的运用时机及运用范围。在起球基本技术中，脚内侧起球是一项使用频率最高的基本技术。它不但可以单独运用，而且还可以与头部、胸部、腿部起球技术衔接使用。在毽球比赛中，脚内侧起球主要在以下3种情况中进行运用。

1. 接发球时运用

此时要求队员必须积极移动，调整好人与球之间的位置，做到一次起球到位，给二传队员提供一次自我调整球的机会。

2. 组织进攻时运用

脚内侧起球是一项传球的专项技术，要想传好球，必须养成良好的习惯，即通过积极移动以及第一次调整击球的机会，处理好人与球之间、人与传球方向之间、传球队员与攻球队员之间的合理关系，在此基础上，提高传球队员的控球能力，使之具备能传高球也能传低球，能传集中球也能传拉开球，能传近网球也能传远网球，以及变向球的能力。

3. 防守时运用

由于毽球比赛攻球的飞行路线短、速度快、落点变化多，所以给防守增加了难度，脚内侧起球的主要作用是防守正面高度在踝关节与膝关节之间的来球，以及其它起球技术防起后的第二次起球到位。这就要求在训练中加强防快速球、大力量球，提高出脚速度的练习，加强其它起球技术与脚内侧起球技术的衔接能力练习，保证在困难条件下合理运用脚内侧起球技术。

脚内侧起球的练习方法多种多样，可以先进行原地练习而后在移动中练习，从单人练习过渡到多人的配合练习。随着熟练程度的提高，逐渐在起球的速度、弧度和落点上加大变化和难度。在练习过程中要注意对正确技术动作的体会，具体练习方法如下。

练习1：原地起球练习。高度为肩高，反复练习，逐渐把球送过头顶，此时应提醒注意眼要盯住球，认真体会送球动作和触球部位准确的感觉。

练习2：原地高低起球练习。先起一次低球（约1.8m高），接着起一次高球（约3m高），规定若干对为一组反复练习，认真体会踢高球的送球动作，提高脚的感受能力和控球能力。

练习3：向前移动中起球练习。先原地起一次低球，接着向前3米处起一次高球，迅速向前移动再起一次低球……。规定若干对为一组反复练习。认真体会向前上方踢高球的送球动作，以及移动与起球的衔接动作。

练习4：原地变向起球练习，（1）背向起球，先原地起球1~2次，再把球踢到背后，迅速转体180度踢体前低球,规定若干对为一组反复练习。(2)顺或逆时针转体90°起球,例如顺时针方向,先原地起球1~2次,再把球向右侧送,转体90°起低球,再向右侧送。规定若干圈反复练习。认真体会背向、侧向起球的送球动作,提高在转身情况下的时空感受能力。

练习5:原地两人对面起球练习。两人为一组面对面站立,距离先近后远,相互起球练习。根据训练任务的不同,对起球次数、动作要求给球的弧度以及落点等都提出不同的要求。

练习6:原地三角形站位起球练习。3人一组成三角形站立,间距约4米,可按顺或逆时针方向起球,先要求两次起球到位,而后逐渐要求一次起球到位,体会来球方向不同的起球方法。

## (二)脚外侧起球

脚外侧起球是指用脚的外侧面击球的起球动作。其技术动作要领在于,起球前两脚自然开立,两膝微曲做好准备姿势。起球时,重心移到支撑脚上,击球腿的髋、膝关节内扣,踝关节背应,膝、踝关节外翻,使脚外侧尽量与地面平行,做好击球前的准备动作。击球是利用小腿外翻快速上抬的动作完成的。脚接触球的部位一般在脚外侧面的中部或中后部,击球点的高度一般不超过膝关节。当来球较高并快速向体侧后方飞行时,触球脚的小腿外转迅速沿地面后摆,伸脚插入球下,踝关节自然勾起向外翻转,脚指向体侧,脚的外侧面约成水平,身体保持前倾。击球是利用小腿快速屈膝上抬的动作向体前上方击球。

脚外侧起球是一项重要的防守技术。当对方来球平面快,落在身体两侧或从体侧、肩上向后场飞行,来不及移动和转身时采用。其具体练习方法如下。

练习1:原地外侧起球练习。右手托球放于体侧,轻抛球后单脚垂直起球,踢球失误用手接住。反复练习,然后换左脚做。认真体会动作要领,形成正确的动力定形。

练习2:原地内接外起球练习。(1)单脚内接外起练习,(2)双脚内接外起练习,先右脚内侧起球一次,而后接左脚外侧起球。

练习3:脚外侧交替练习。

练习4:向身体两侧的抛球练习。教练员站在离队员约4米的地方,把球抛向队员的体侧,队员用脚外侧起球到体前,而后用脚内侧传给教练,或一次起球给教练。

练习5:脚外侧防起手攻球练习。方法同上,只是教练员用手攻球或用力扔球到防守队员的身体两侧。

## (三)脚背起球

脚背起球是指用脚的背面击球的起球动作。其技术动作要领在于,起球时,一脚支撑身体,另一脚主动插入球下,脚背与地面基本是水平,当球快落到脚背上时,利用适度的膝和踝关节背面的协调勾踢动作,把球向上踢起。击球部位在脚的趾关节处,击球点应在离地面10~15cm的高度为好。击出球的方向、弧度和落点可通过脚背面的变化、踝关节勾踢的程度来调整。

脚背起球技术是毽球比赛中防守救球的重要技术,左右脚都必须掌握。当对方的来球速度快、落点低以及球的落点离身体较远不能及时移动到位时,必须运用脚背起球。具体练习方法如下。

练习1:自抛自踢练习。首先踢起一次就用手接住,反复练习,认真体会膝、踝关节的协调用力和击球时机,当有一定熟练程度后,可以连续踢和左右脚交替踢。

练习2:向前移动中的练习。

练习3:脚背向体身起球。

练习4:防快速手攻抛球接脚内侧起球。教练员与队员相距4m站位,教练员用手快速抛球到运动员体前40cm处,队员用脚背低点防起来球,而后用脚内侧平稳地把球送出。

## （四）腿部起球

腿部起球是指用大腿正面部位击球的起球动作。其技术动作要领在于，当来球飞近大腿时，重心移到支撑腿上，击球腿自然屈膝，大腿带动小腿由后向前上方快速抬起，用大腿的前三分之一处击球，抬腿力量的大小应根据起球的弧度和落点要求加以控制。腿接触球时应与地面保持一定角度，形成良好的反射角。击球后，腿应立即放下，准备移动或接做下一个动作。

腿部起球一般运用于来球速度较快，高于膝关节、低于腹部时，接发球时也常用。其练习方法如下。

练习1：原地腿部起球练习。先进行单腿练习，逐步过渡到双腿交替练习，认真体会技术要领，特别是抬腿时机、击球部位和角度控制。

练习2：向前移动中的练习。

练习3：双人对练。两人一组，相距4m，一队员用脚内侧传球给另一队员，此队员用腿部起球，接着用脚内侧传球。规定若干个数为一组，计算成功率。

## 五、触球技术及练习方法

触球一般是指用膝关节以上部位接触球的动作。触球的方法有：腿部触球、腹部触球、胸部触球、肩部触球和头部触球。

### （一）腿部触球

左脚支撑身体，右腿屈膝，大腿带动小腿上提，当球下落到髋部附近时，用膝关节以上大腿前部接触球，将球弹起。

重点：毽球与大腿接触的部位。

难点：大腿触球的时机与用力。

### （二）腹部触球

身体对准来球，两腿屈膝，上体稍后仰，稍含胸收腹，当腹部接触球的刹那间稍挺腹将球轻轻弹出。

重点：触球前的收腹与屈髋动作。

难点：挺髋与收腹的时机。

### （三）胸部触球

两脚前后或左右站立，身体正对来球，两膝微屈，上体稍后仰，当球距胸前约10cm时，两臂自然微屈，两肩稍用力向后拉，接触球地刹那间挺胸，两脚蹬地，用胸部将球弹起。

重点：毽球与胸部接触的部位。

难点：毽球与身体接触的时机。

### （四）肩部触球

两脚前后或左右站立，身体正对来球，两膝微屈，上体稍后仰，当球距肩部约10cm时，两臂自然微屈，两肩稍用力向后拉、前摆，用肩部将球弹起。

重点：毽球与肩部接触的部位。

难点：全身协调配合。

### （五）头部触球

两脚前后或左右站立，身体正对来球，两膝微屈，上体稍后仰，当球距头部前方约10cm

时，两脚蹬地，收腹屈体，同时颈部稍紧张向前摆头，用前额正面将球弹起。
重点：毽球与前额接触的部位。
难点：毽球与前额接触的时机。

## 六、传球技术及练习方法

传球技术在接发球、一传和二传组织进攻以及防守组织反击中起着串联和纽带作用，是组织各种进攻战术、变换战术和创造进攻得分地有效手段。传球在练习中应贯彻"稳、准、快、变"的原则。

### （一）稳

首先是情绪稳定，思想稳定，沉着冷静，对任何的来球都要充满信心，并协调柔和用力地稳定控制传球。

### （二）准

主要体现在判断准、移位准、传球目标准，特别注意二传的准确性。

### （三）快

要判断快，起动移动快，选位出球快和与战术配合衔接快，能体现快攻的节奏。

### （四）变

主要应体现在传球的瞬间，动作有变化，在方向、速度、力量、弧度上的改变，都能体现出组织战术进攻球的特色，使对方难以捉摸。

传球一般有脚内侧传球和正脚背传球。

#### 1. 脚内侧传球

身体稍向前微屈，注视来球，大腿带动小腿，脚内侧端平，用脚弓将球向上或前上方传出。
重点：脚内侧端平与地面平行。
难点：全身协调用力。

#### 2. 正脚背传球

身体稍向前微屈，注视来球，大腿带动小腿，踝关节前屈，脚面绷直，用脚背正面将球传出。
重点：踝关节前屈，脚面绷直。
难点：全身协调用力。

## 七、进攻技术及练习方法

进攻是得分的主要手段，是决定比赛胜负的关键。进攻技术一般有倒钩攻球、脚踏攻球和头部攻球。

### （一）倒钩攻球

倒钩攻球有正倒钩攻球、外侧倒钩攻球和内侧倒钩攻球。

#### 1. 正倒钩攻球

背向网平行站立，右腿蹬地起跳，左腿屈膝上摆，摆到最高点时，左腿迅速下摆，同时右腿屈膝，大腿带动小腿用力上摆，当球下落到头的前上方时，小腿快速用力摆动，击球瞬间，脚腕抖屈，用脚趾跟部以上部位将球击过网，两腿顺势依次缓冲着地，保持身体平衡。

重点：毽球与脚接触的部位。
难点：击球时机与全身协调配合。

2. 外侧倒钩球

背向网平行站立，右腿蹬地起跳，左腿屈膝上摆，摆到最高点时，左腿迅速下摆，同时右腿屈膝，大腿带动小腿用力上摆，当球下落到头的前上方时，小腿快速用力摆动，击球瞬间，右腿向外侧摆动，同时脚腕抖屈，用脚趾跟部以上部位将球在身体外侧击过网，两腿顺势依次缓冲着地，保持身体平衡。

重点：右腿向外侧摆动。
难点：击球时机与全身协调配合

3. 内侧倒钩球

背向网平行站立，右腿蹬地起跳，左腿屈膝上摆，摆到最高点时，左腿迅速下摆，同时右腿屈膝，大腿带动小腿用力向内侧斜前上方摆动，当球下落到头的斜前上方时，小腿快速用力摆动，击球瞬间，脚腕内翻抖屈，用脚趾跟部以上部位将球在身体内侧击过网，两腿顺势依次缓冲着地，保持身体平衡。

重点：右腿向内侧斜前上方摆动。
难点：击球时机与全身协调配合。

## （二）脚踏攻球

脚踏攻球分为直腿脚踏攻球、屈腿脚踏攻球两种。

### 1. 直腿脚踏攻球

面向网站立，左脚向前迈出一步支撑身体或跳起腾空，右腿迅速上摆，当球下落到前下方时，击球瞬间展髋、展腹，脚面绷直，扣脚趾，快速收小腿，用前脚掌将球击过网。

重点：毽球与脚掌接触的部位以及快速收小腿动作。
难点：击球时机与全身协调配合。

### 2. 屈腿脚踏攻球

面向网站立，左脚向前迈出一步支撑身体或跳起腾空，右腿迅速上摆，当球下落到前下方时，击球瞬间大腿带动小腿加速上摆，踝关节放松，小腿带动脚掌快速向下做鞭打动作将球击过网。

重点：击球时地鞭打动作。
难点：击球时机与全身协调配合。

## （三）头攻球

随着规则的改变，用头攻球的机会也随之减少，进攻的威力远远小于倒钩攻球和脚踏攻球，所以只在一般接球时使用。要求身体正对来球，在限制线后原地或者跳起，身体后仰成反弓，当球下落到头的前上方时，收腹屈体，上体快速前摆，用头将球击过网。

重点：毽球与前额接触的部位。
难点：击球时机与全身协调配合。

# 八、防守技术及练习方法

防守是毽球比赛中反攻的重要环节，掌握好此项技术能在比赛中限制对方的进攻，有利于创造反击得分的机会。防守技术一般有：无人拦网、单人拦网和双人拦网。

## （一）无人拦网

对方进攻的来球点离网较远，3人防守时可以站成"马蹄"形，根据对方进攻方式的变化来判断对方攻球的方向；2、3号位的队员注意防守网前球，1号位队员防守后排球。

重点：判断攻球路线。

难点：步法移动及整体配合。

## （二）单人拦网

面向球网距球网约20厘米，双脚平行站立，与肩同宽，稍屈膝，重心落在两脚间，收腹，上体稍前倾，两臂自然屈于体侧，注视来球，准备起跳拦网；当对方攻球时，两脚用力蹬地跳起，两臂收拢自然下垂于体侧，提腰、收腹、挺胸堵击球，击球后身体下落，两脚掌先着地，屈膝缓冲，衔接下一个动作。

重点：收腹挺胸。

难点：起跳时机。

## （三）双人拦网

判断好对方击球点，双人在网前滑步选准位，同时起跳，提腰、收腹、挺胸堵击球，击球后身体下落，两脚掌先着地，屈膝缓冲，衔接下一个动作。

重点：起跳时机。

难点：拦正面、挡侧面。

# 九、毽球基本战术及练习方法

毽球战术就是毽球各项基本技术在比赛中的综合运用。它是场上双方根据自身的具体情况所采取的有目的进攻或防守的集体配合。毽球基本战术包括：进攻战术和防守战术两种。

## （一）进攻战术

在确定一个队的基本进攻战术时，首先要根据本方队员的具体情况、具体技术特点进行合理恰当的阵容配备。一般有："一、二"配备、"二、一"配备和"三、三"配备。

1. "一、二"配备

是场上3名队员中有1名主攻手和2名传球手的组合形式。它是最基本的阵容配备，适用于最初阶段的比赛战术。

2. "二、一"配备

是场上3名队员中有1名主攻手、1名副攻手和1名传球手的组合形式。这种阵容适用于场上有勾球手、踏球手各1人以及1名二传手的阵容。

3. "三、三"配备

是场上3名队员都能攻球又能传球的组合形式。这种阵容配备是最先进的进攻战术配备，是现在国内众多高水平队伍都采用的一种阵容配备。

## （二）防守战术

防守战术首先应根据场上对方进攻战术的不同特点，结合本队的具体情况，制定基本防守战术阵型。

1. "马蹄"形防守

就是3名队员在场上成"马蹄"形站位防守。

2. "一拦二防"

就是场上3名防守队员中有1名队员在网前拦网，另2名队员在他身后两侧站位防守。

3. "二拦一防"

就是场上3名防守队员中，有2名队员在网前拦网，另1名队员在中间后方站位防守。

毽球基本战术实际就是攻防双方在技术上、心理上利用各自的基本技术，根据临场的具体情况，不断组成制约与反制约的攻防对抗。可以说，强有力的进攻就是防守，而有效的防守也是进攻。二者既可互为依存条件，又可互为转化条件，可谓是瞬间万变，关键在于能否及时、准确分析出对方的强、弱之处，组织起各种多变的攻防战术，发挥自己的长处，攻击对方的短处。所谓"知己知彼，百战不殆"，其道理就在其中。

## 第三节　练习时的注意事项

毽球是一种对身体素质要求比较高的体育项目。由于网上激烈地争夺及"两米线"对头部的限制，使得脚部进攻成为极其重要的手段。所以对身体柔韧性素质要求特别高。因此在日常教学与训练中要特别注意柔韧性素质的练习。柔韧素质是运动员完成大幅度动作的能力，也是肌肉、肌腱、韧带的弹性和伸展性。柔韧性好，有利于运动员正确掌握技术动作，大幅度完成进攻技术动作，并可防止运动员损伤。

怎样有效地进行柔韧素质练习？

### （一）借助外界力量发展柔韧素质

关节的活动幅度由人体解剖结构所决定。越接近解剖极限，柔韧性越好。要想到目的，必须借助外界力量来实现。借助外力的训练方法主要有肩部的压、拉，腰部的甩、压，腿部的压、板等。但在进行被动的静力拉伸后，一般都要再进行主动的动力拉伸练习。其方法主要有踢、摆、蹦、环绕等。

### （二）通过体操发展柔韧素质

毽球运动员所要求的柔韧性不是软而无力的柔轻，而是要求在做大幅度动作时，肌肉仍能快速有力地收缩。要达到此目的，在日常练习中就要把静力性拉伸与动力性拉伸结合起来进行。而体操（徒手操、轻器械体操）就是一种比较好的方法。体操按照人体解剖结构特点，分为头部、肩部、胸部、腰部、髋部、上下肢等部位的运动；不但可以改变关节软骨、关节囊、韧带的弹性和肌肉的伸展性，而且可提高对抗肌之间的协调性。体操的形式活泼，融运动、韵律于一体，简单易行，学生乐于接受，所以效果比较好。

柔韧素质练习应注意哪些问题？

1. 柔韧素质通过训练可获得很好的发展，但在停止练习后消退得比较快。所以柔韧素质训练应保持经常性。

2. 年龄与柔韧素质有很大的关系，儿童时期最好，女生优于男生。所以在日常练习中应掌握自然规律，切忌盲目。

3. 在练习中要将静力性训练与动力性训练、柔韧素质与力量素质结合起来，这样肌肉才会柔而不软，韧而不僵。

4. 要注意与相连关节结合，并采用与专项动作相似的伸展练习。一般的动作不仅是一个关节，而是几个相联的关节和部位共同作用产生的。所以在进行专项柔韧素质练习时要注意做与专项动作相似的动作，动作幅度应比技术动作大，这样才能加大动作幅度，并能保持动作的结构。

5. 要注意训练的安排。柔韧练习应放在早操与训练课的准备部分进行。在练习之前要做一般性准备活动，使身体发热；练习时动作幅度由小到大、速度由慢到快；身体疲劳时不宜做柔韧练习，以免受伤。

# 第二十八章 游泳运动

## 第一节 游泳运动的起源与发展

### 一、游泳运动的起源

远古时代,人类为了生存,在与水的搏斗中逐渐学会了游泳。从此,游泳在日常生活、生产劳动、军事、娱乐等方面起着越来越重要的作用。根据现有史料考证,古代游泳的人主要居住在江、河、湖、海一带,他们为了生存,必然要在水中捕捉水鸟和鱼类作食物,通过观察和模仿鱼类、青蛙等动物在水中游动的动作,逐渐学会了游泳。如今游泳运动深受男女老幼喜爱。

现代游泳运动起源于英国。17世纪60年代,英国不少地区的游泳活动就开展得相当活跃。1828年,英国在利物浦乔治码头修造了第一个室内游泳池,这种泳池到19世纪30年代,在英国各大市城相继出现。1837年,在英国伦敦成立了第一个游泳组织,同时举办了英国最早的游泳比赛。1869年1月,在伦敦成立了大城市游泳俱乐部联合会(现英国业余游泳协会前身)并把游泳作为一个专门的运动项目正式固定下来。此后游泳运动传入各英殖民地,继而传遍全世界。

随着游泳运动的发展,游泳被分为实用游泳和竞技游泳两大类。实用游泳又分为侧泳、潜泳、反蛙泳、踩水、救护、武装泅渡;竞技游泳分为蛙泳、爬泳、仰泳、蝶泳。竞技游泳,从第一届奥运会(1896年)就列入了奥运会正式项目,国际业余游泳联会(FINA)成立于1908年。各种锦标赛,国际大型比赛不断推动着竞技游泳的发展,使它的技术动作更完善,创下了一个又一个优异的成绩。

花样游泳也称为"艺术游泳"。是集舞蹈、体操、游泳等项目于一体的竞技体育项目,对运动的身材、泳装、头饰、音乐及动作,编排都有很高的要求。它分为单人、双人、集体的比赛项目。它通过运动员的肢体在水面上的运动配合音乐,展现出各种优美动作和各种造型的艺术性技巧,大给群众美好的享受,故有"水上芭蕾"美誉之称。

## 二、游泳运动的发展

国际业余游泳联合会（FINA），简称国际泳联，1908年在比利时、丹麦、芬兰、法国、德国、英国、匈牙利和瑞典等国倡议下成立，总部设在瑞士的洛桑，现有协会会员179个。国际泳联是国际单项体育联合会总会成员，正式用语为英语和法语，工作用语为英语。中国在中华人民共和国成立前即为国际泳联会员，1958年退出，1980年7月恢复会员资格。从1896年第一届奥运会起，游泳就是奥运会的竞赛项目。国际泳联的任务是确定奥运会和其他国际比赛中游泳、跳水、水球和花样游泳的规则，审核和确认世界纪录，指导奥运会中的游泳比赛。

国际泳联负责主办的赛事除了奥运会游泳比赛外，还有世界锦标赛（1973年始）、世界杯赛（1979年始）、世界短池锦标赛（1993年始）、跳水大奖赛（1994年始），跳水世界杯中增加花样跳水（1994年始），在世界水球锦标赛中增加少年女子水球比赛（1995年始）。

## 三、游泳运动与身体健康

### 1. 游泳对人体健康的好处

游泳不仅同许多体育项目一样，对多种慢性疾病有一定的预防功能，而且还有其独特的治疗作用。

（1）游泳是在阳光、空气、冷水三浴兼并的良好的自然环境中进行的体育运动项目，从而集中了阳光浴、空气浴和冷水浴对人的所有疗效。

（2）游泳锻炼是一种全身性的锻炼，因而它对疾病的治疗也是一种综合性、全面性的治疗。通过游泳锻炼，可增强人体神经系统的功能，改善血液循环，提高对营养物质的消化和吸收，从而能增强体质，增强对疾病的抵抗力，并获得良好的治疗效果。

（3）游泳锻炼能增强人体各器官、系统的功能，慢性病人通过游泳锻炼，可增强发育不健全的器官、系统的功能，使已衰弱的器官、系统的功能得到恢复和增强，从而使疾病得到治疗。

（4）游泳锻炼既可陶冶情操、磨炼意志，培养人同大自然搏斗的拼搏精神，又能使病人建立起战胜疾病的信心，克服对疾病畏惧烦恼的消极心理，因而十分有利于健康的恢复和疾病的治疗。

### 2. 肌肉群的锻炼

在游泳过程中，身体的各个肌肉群都会参与运动，各种泳姿侧重于不同的肌肉群。蛙泳，手臂与肩部肌肉充分伸展，且抬头吸气时，要求颈部肌肉与背部肌肉有一定的紧张度；自由泳，对速度起决定性作用的两臂划水，主要靠胸大肌来发力，对发达胸大肌效果明显；仰泳，肢体运动与自由泳类似，不同之处是这种姿势有利于背部肌肉得到充分锻炼；蝶泳，对身体素质要求很高，因身体做波浪形运动，故要求背部与腹部肌肉协调用力。虽然上述游泳姿势各有特点，但有一点是相同的，那就是参加运动的肌肉都是紧张与放松相交替，经过长时间锻炼，会使肌肉变得柔软而富有弹性。

水中运动的特殊性决定了其呼吸要比其他运动更困难。一方面，为不影响速度，将嘴伸出水面吸气的时间极短，这就要求肺能容纳更多的空气，要求吸气迅速有力；另一方面，因为水的密度比空气大，故游泳时胸廓要承受一定的压力，对呼吸肌提出了更高的要求。因此，长期进行游泳锻炼的人，胸部肌肉丰满，肺活量大。

### 3. 游泳与卫生保健

游泳时最好戴防水眼镜，若游泳后感觉眼部不适，可点用消炎眼液或0.25%氯霉素眼液进行预防，注意勿用手揉眼或用不洁毛巾擦眼。游泳时眼部防护不当，会引发结膜炎，表现为眼红肿、异物感、疼痛不适等，其中最常见的是由衣原体引起的游泳池性结膜炎和细菌引起的急性结膜炎。当"红眼病"流行时，最好不要去游泳，以防传染。

中耳炎多因池水进耳或屏气、呼吸气不匀所致，以耳痛为主要表现。当池水入耳道后，可将头向入水侧倾斜，或辅以单脚跳动，使其自然流出，切忌用手或他物去抠。为防止池水进耳，最好是戴耳塞。

鼻炎常因呛水或吸气时鼻内入水引起，可出现鼻塞、鼻痛、鼻流粘涕或头痛等症状。治疗时可用1%麻黄碱滴鼻液与链霉素滴鼻液交替滴鼻。池水进鼻后，不可用手捏紧两鼻孔使劲擤，而应指压单侧鼻孔逐一轻轻擤，或内吸后自口中吐出。

咽喉炎多在呛水或吞水后诱发，除咽喉不适或疼痛外，常伴有咳嗽。轻者可用多贝尔氏液含漱，重者需加用抗生素治疗。咳嗽严重时，应及时去医院检查。

# 第二节　游泳的练习方法

## 一、熟悉水性练习

熟悉水性的目的是体会和了解水的特性，适应水的环境，习惯于在水中活动，消除怕水心理，培养对游泳的兴趣的必经之路。学会最基本动作，才能为学习各种游泳技术打下基础。应选择在齐腰深的水进行熟悉水性练习，呼吸和漂浮是学习的重点。

1. 水中行走

水中行走可以体会水的阻力、浮力、压力，消除怕水心理。在齐腰深的水中，向各个方向的行走或跑，也可以跳跃。

① 手扶池边向前、向后、向左、向右行走。

② 2人或多人拉手向前、向后、向左、向右行走。

③ 向上、向前跳跃。

2. 闭气与呼吸

用口深吸气后把头埋入水中，在水中用口鼻均匀地呼气。

① 扶池壁或在同伴的帮助下，用口深吸气后闭气，然后慢慢下蹲把头全部浸入水中，停留片刻后起立，在水面换气。

② 把头慢慢浸入水中，稍闭气片刻，即用嘴鼻同时呼气，一直呼到快完，然后起立在水面上用口吸气。

③ 两脚原地开立，按以上要求独立完成有节奏的连续吸、闭、呼的动作20～30次。

3. 水中漂浮与站立

体会水的浮力，学会在水中控制身平衡，消除怕水心理。

① 抱膝漂浮。原地站立，深吸气后，下蹲低头抱膝，双膝尽量靠近胸部，下颌靠近膝盖，前脚掌蹬离池底，成抱膝团身姿势，使自己自然漂浮水中。

② 伸展漂浮。两脚并立，两臂放松向前伸出。深吸气后，身体前倒并低头，两脚轻轻蹬离池底，成俯卧姿势漂浮于水中，两臂两腿自然伸直。站立时，收腹，收腿，两臂向下按压水并抬头，两脚伸直，脚触池底站立。

4. 滑行练习

滑行练习是为各种泳姿打基础的动作，是熟悉水性练习的重点，目的是进一步体会水中的平衡和身体的滑行姿势。

① 蹬池壁滑行。背向池壁，一手握住水槽，另一手前伸，一脚站立，另一脚贴池壁。深吸气后低头，上体在水中前倾或俯卧姿势，大小腿尽量收紧，臀部靠近池壁，两脚掌贴住池壁。握住水槽的手臂向前伸出与伸直的手臂并拢，头夹在两臂之间，两脚用力蹬出向前滑行。

② 提双腿蹬池壁滑行。背对池壁站立，两臂前伸，深吸气后上体前倒并屈膝提双腿，当头、肩浸入水中时前脚掌用力蹬池壁，随后两脚并拢向前滑行。

## 二、蛙泳的技术

蛙泳是最古老的游泳姿势。蛙泳的手臂和腿的所有动作始终同步且对称，便于观察和掌握方向且能负重，是一种具有实用价值的游泳技术。

1. 蛙泳的身体姿势

在游进中，身体自然伸直，头略抬起，身体纵轴与水平面约成5°～10°。身体保持一定的紧张度，眼向前下方。

2. 蛙泳的腿部技术

腿部动作是蛙泳推进力的主要来源之一，可分为收腿、翻脚、蹬夹水和滑行四个步骤。

（1）收腿

收腿时屈膝屈髋，脚跟向臀部靠拢，两膝之间与肩同宽。收腿速度慢，力量小且自然，以减小阻力。收腿完成后，大腿与躯干之间成120°～140°，大腿与小腿之间成40°～45°。

（2）翻脚

收腿结束，两膝内扣的同时，两脚外翻，勾脚。翻脚技术的好坏，直接影响蹬水的效果。

（3）蹬夹水

蹬夹水是由腰腹与大腿协同发力，通过伸髋伸膝，以大腿小腿内侧面和脚掌向后做快速而有力的弧形蹬夹水。蹬水结束，踝关节伸直并拢。

（4）滑行

蹬夹水结束后，由于蹬腿的惯性作用，两腿有一个短暂的滑行阶段。这时两腿应尽量伸直并拢，以减小迎面阻力，为下一个动作周期做好准备。

3. 蛙泳的手臂技术

蛙泳手臂动作，由抓水、划水、收手和向前伸臂四个连贯动作所组成。

（1）抓水

两肩和手臂前伸，掌心转向外开始抓水。抓水时小臂、上臂内旋，两掌心外斜并稍屈腕，两手分开向斜下方抓水，使手掌和前臂有压力感。当抓水结束时，两臂分开成40°～45°。

（2）划水

划水是产生推进力的主要部分。当两臂分成40°～45°角时，手腕继续弯曲，逐渐屈肘向两侧下后方积极划水。到划水即将结束时，肘关节最大屈角为90°左右。整个划水过程应保持高肘完成，为迅速收手前伸创造有利条件。

（3）收手

收手是划水的继续，能产生较大的升力和推进力。收手时，两掌心相对，肘的位置低于手，肘关节弯曲成较小的锐角。

（4）伸臂

伸臂是在收手的基础上完成的，伸臂时掌心可以向下，也可以向内，在即将结束时再转为向下。为避免出现潜入过深，应注意伸臂时肩要向前，同时向前压水，减小阻力。

#### 4.蛙泳的呼吸及完整配合技术

蛙泳呼吸是用嘴吸气,用嘴鼻呼气。吸气时抬头使嘴露出水面做及时有力的快吸,再低头闭气,逐渐呼气。蛙泳的完整配合动作多采用划臂1次,蹬腿1次,呼吸1次的配合。

(1) 早呼气和晚吸气

早吸气是指手臂刚开始划水时抬头吸气,收手和伸臂时低头呼气;晚吸气是指划水结束时吸气,吸气时间较短,伸臂时低头呼气,这样有利于加强划水的力量,游泳运动员都采用晚吸气技术。

(2) 手腿配合

蛙泳手腿配是动作协调、连贯和速度均匀的关键。手臂划水时腿自然伸直,收腿时腿自然屈膝,开始伸臂时收腿,并快速蹬腿。专业运动员游进时头部起伏较大,且位置较高,高肘划水,快速窄蹬腿,整个动作频率较快。

## 三、蛙泳的学练方法

1.腿部动作

(1) 陆上模仿练习

① 坐在池边,上体稍后仰,两手体后撑,做收、翻、蹬夹、停的动作。

② 俯卧凳上做收、翻、蹬夹、停动作。先做分解动作练习,然后过渡到完整动作练习。

(2) 水中练习

① 一手抓住水槽,一手撑在池壁上,身体成俯卧浮于水中,做蹬腿练习,或在同伴帮助下做蹬腿练习。

② 在水中靠池壁站立,蹬池边滑行后做蹬腿动作。要求边收边分,及时翻脚,用力蹬夹,动作连贯。

③ 两手扶住浮板的近端,两臂伸直,面部浸入水中做蹬腿动作。

2.手臂划水与呼吸配合

(1) 陆上模仿练习

① 在陆上两脚左右开立,向前弯腰做伸、划、收、伸的臂部动作。

② 在陆上两脚左右开立,向前弯腰,两臂向前伸直并拢,做臂部与呼吸的配合练习。

(2) 水中练习

① 两脚前后开立,向前弯腰,两臂两肩浸没水中,边走边做手臂划水练习。

② 同伴抱住练习者的双腿,做手臂与呼吸配合动作练习。

③ 夹浮板做手臂与呼吸配合动作练习。

3.完整配合动作

(1) 陆上模仿练习

① 站立,两臂向上伸直并拢。一腿支撑,另一腿做模仿练习。配合动作是:划臂、收手、收腿、伸臂、蹬腿。

② 划臂、收手、收腿、伸臂、蹬腿,配合抬头呼吸动作。

(2) 水中练习

① 蹬池边滑行后闭气做臂、腿配合。划一次臂后蹬一次腿,臂和腿依次交替进行。

② 闭气滑行时划臂,腿伸直,收手同时收腿,臂伸直时蹬腿。

③ 在练习②的基础上加呼吸配合,做2次蹬腿、1次划臂、1次呼吸的练习。

④ 一次臂、一次腿和一次呼吸的完整配合。

⑤ 逐渐增长游泳距离,在长距离游泳中注意改进技术。

## 第三节 游泳运动的注意事项

### 一、游泳对人体的作用

1. 增强心肌功能

人在水中运动时,各器官都参与其中,耗能多,血液循环也随之加快,以供给运动器官更多的营养物质。血液速度的加快,会增加心脏的负荷,使其跳动频率加快,收缩强而有力。经常游泳的人,心脏功能强。一般人的心率为70～80次/min,每搏输出量为60～80mL。而经常游泳的人心率可达50～55次/min,很多优秀的游泳运动员,心率可达38～46次/min,每搏输出量高达90～120mL。游泳时水的作用使肢体血液易于回流心脏,使心率加快。长期游泳会有明显的心脏运动性增大,收缩有力,血管壁厚度增加弹性加大,每搏输出血量增加。所以,游泳可以锻炼出一颗强而有力的心脏。

2. 增强抵抗力

游泳池的水温常为26～28℃,在水中浸泡散热快,耗能大。为尽快补充身体散发的热量,以供冷热平衡的需要,神经系统便快速做出反应,使人体新陈代谢加快,增强人体对外界的适应能力,抵御寒冷。经常参加冬泳的人,由于体温调节功能改善,就不容易伤风感冒,还能提高人体内分泌功能,是脑垂体功能增加,从而提高对疾病的抵抗力和免疫力。

3. 减肥

游泳时身体直接浸泡在水中,水不仅阻力大,而且导热性能也非常好,散热速度快,因而消耗热量多。就好比一个刚煮熟的鸡蛋,在空气中的冷却速度,远远不如在冷水中快,实验证明:人在标准游泳池中跑步20min所消耗的热量,相当于同样速度在陆地上的1h,在14℃的水中停留1min所消耗的热量高达100kJ,相当于在同温度空气中1h所散发的热量。由此可见,在水中运动,会使许多想减肥的人,取得事半功倍的效果,所以,游泳是保持身材最有效的运动之一。

4. 健美形体

人在游泳时,通常会利用水的浮力俯卧或仰卧于水中,全身松弛而舒展,使身体得到全面、匀称、协调的发展,使肌肉线条流畅。在水中运动由于减少了地面运动时地对骨骼的冲击性,降低了骨骼的老损概率,使骨关节不易变形。水的阻力可增加人的运动强度,但这种强度,又有别于陆地上的器械训练,是很柔和的,训练的强度又很容易控制在有氧域之内,不会长出很生硬的肌肉块,可以使全身的线条流畅,优美。

5. 加强肺部功能

呼吸主要靠肺,肺功能的强弱由呼吸肌功能的强弱来决定,运动是改善和提高肺活量的有效手段之一。据测定:游泳时人的胸部要受到12～15kg的压力,加上冷水刺激肌肉紧缩,呼吸感到困难,迫使人用力呼吸,加大呼吸深度,这样吸入的氧气量才能满足机体的需求。一般人的肺活量大概为3200mL,呼吸差(最大吸气与最大呼气时胸围扩大与缩小之差)仅为4～8cm,剧烈运动时的最大吸氧量为2.5～3L/min,比安静时大10倍;而游泳运动员的肺活量可高达4000～7000mL,呼吸差达到12～15cm,剧烈运动时的最大吸氧量为4.5～7.5L/min,比安静时增大20倍。游泳促使人呼吸肌发达,胸围增大,肺活量增加,而且吸气时肺泡开放更多,换气顺畅,对健康极为有利。

6. 护肤

人在游泳时，水对肌肤、汗腺、脂肪腺的冲刷，起到了很好的按摩作用，促进了血液循环，使皮肤光滑有弹性。此外，在水中运动时，大大减少了汗液中盐分对皮肤的刺激。

## 二、游泳运动量的掌握

游泳锻炼，与人们从事的其他体育锻炼项目一样，只有科学地掌握运动量，才能使每次锻炼既达到锻炼的目的，又不致发生过度的疲劳和使身体产生不良反应。掌握游泳锻炼的运动量的方法有多种，但对普通游泳爱好者来说，最为简便的方法，是根据游泳者脉搏变化的情况，来衡量运动量的大小。

正常人安静脉搏频率为每分钟60～80次。经常参加游泳锻炼的人，安静脉搏频率较为缓慢，为每分钟50～60次；锻炼有素的人，脉率还要低一些。对普通的游泳爱好者来说，每次游泳后，脉搏频率达到每分钟120～140次，此次锻炼的运动量则为大运动量；脉搏频率为每分钟90～110次，则为中运动量；游泳锻炼后，脉搏变化不大，其增加的次数在10次以内，则为小运动量。

选择游泳锻炼的运动量时，要因人而异，量力而行。普通的游泳爱好者，即使是年轻力壮者，每周大运动量的锻炼，也不应超过2次；而中年人则以中等的运动量为宜，不要或少进行运动量过大的游泳锻炼；老年人最适宜小运动量和中等偏小的运动量的游泳锻炼。